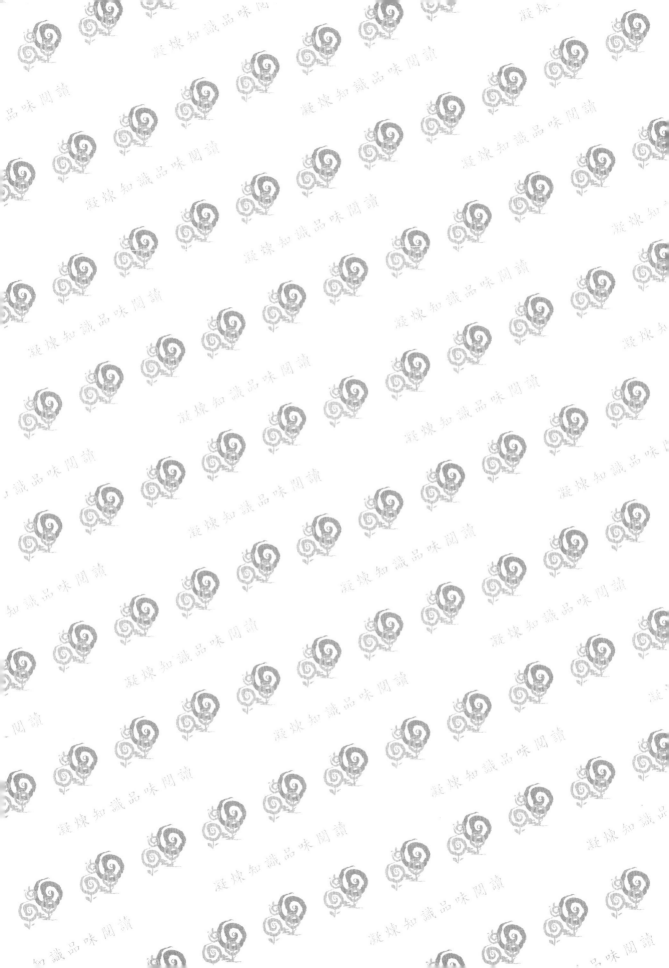

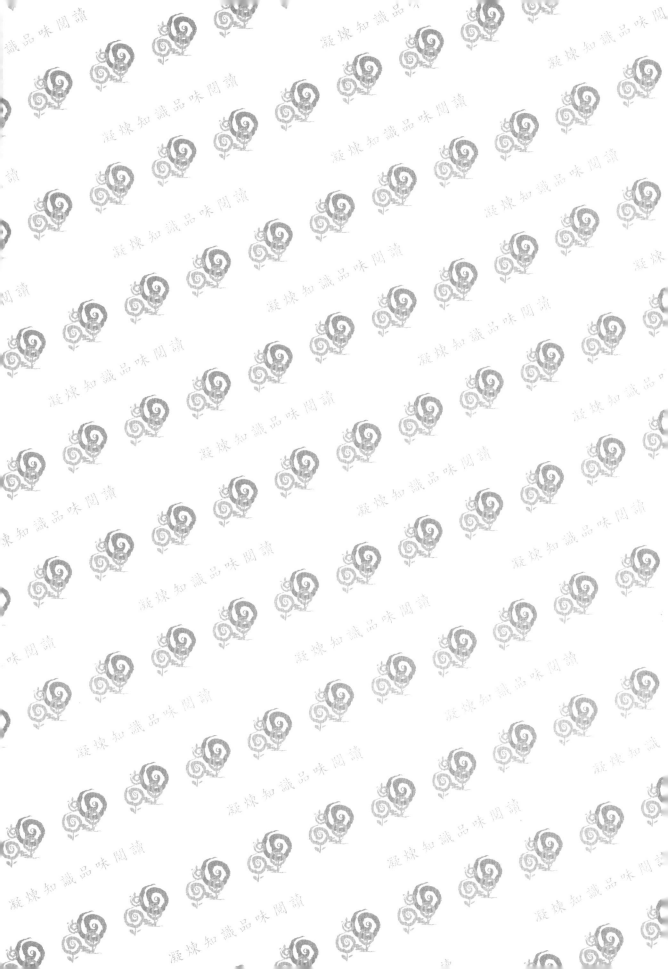

運輸工程

TRANSPORTATION ENGINEERING

陳惠國 —— 著

五南圖書出版公司 印行

序言

　　「運輸工程」是針對各種運輸工具（包括公路、軌道、空運、海運）之工程與相關設施所進行之規劃、功能設計、營運及管理，以期提供一安全、快速、舒適、方便、經濟及環保的人、貨運輸系統。因此，運輸工程是建構優質運輸系統不可或缺的方法與手段，也是交通運輸專業人員所必須具備的專業知識。

　　運輸工程既是交通運輸科系的核心課程，也是交通工程技師的核心考科，本書根據國內各大專學校授課之需要，含括公路幾何設計、公路工程、公路容量與服務水準分析、交通事故分析與交通安全、運輸規劃與需求預測、工程經濟分析、智慧型運輸系統、軌道運輸、航空運輸，以及水道運輸等內容在內。除此之外，也納入過去相關考題提供讀者練習之用，期望這樣的課程內容安排方式，能夠提供一個兼具基本知識與各類考試需要的大專用書。

　　本書之編纂過程之中，曾經多方收集資料，包括中英文專書、國家出版品與刊物以及網站等資料來源。本書內容主要是針對「運輸工程」教學之需要而設計，但部分章節內容亦可作為「交通工程」等學科之參考。至於審閱校稿的工作，承蒙許多交通運輸學界教授、實務界專家大力相助，仔細閱讀並提供寶貴的修正意見，他們的寶貴意見絕大部分已遵照辦理，在此特申謝忱。除此之外，舉凡初稿編輯、校稿等事務，均有賴中央大學土木系歷屆研究生之專業協助且細心處理。最後，還要特別感謝我們的家人，沒有他們的鼓勵與支持，本書將無法順利完成。

陳惠國 謹誌
2019 年 7 月

目 錄

第 1 章

緒 論

　　運輸工程（transportation engineering）是建構優質運輸系統不可或缺的方法與手段。根據美國運輸工程師學會 ITE（The Institute of Transportation Engineers, 1987）的定義，「運輸工程」是利用科學原理與技術對各種運輸工具（包括公路、軌道、海運、空運、管道）之相關設施所進行之規劃、功能設計、營運及管理，以期提供一安全、快速、舒適、方便、經濟及環保的人、貨運輸系統。運輸工程與交通工程（traffic engineering）關係密切但並非完全相同。美國運輸工程師學會認為「交通工程」是運輸工程的一個階段，主要是針對道路（市區街道及城際公路）之路網、場站、毗鄰土地，以及與其他運輸系統間相互關係，進行之規劃、幾何設計及交通管理（Roess et al., 2004）。由此可知，交通工程僅是運輸工程之一環，特別著重於道路交通系統之規劃設計與營運管理。

　　本章節之順序安排如下：第一節介紹運輸系統之基本要素；第二節說明運輸系統之分類；第三節介紹運輸工程之相關知識、基本目標與發展趨勢；第四節說明本書之章節架構；第五節強調運輸工程師之倫理與責任；第六節為結論與建議。

1.1 運輸系統之基本要素

　　運輸系統之建置源自於運輸需求（transportation demand），而運輸需求本身屬於一種衍生需求（derived demand）或間接需求（indirect demand），是人們為了參與就學、就業、購物、遊憩等社會經濟文化活動所產生空間移動之需求。因此，運輸活動或旅次就代表一種克服空間阻抗之行為。高效率的運輸工具能夠將人與貨以最短之時間、最低之支出、且最舒適的方式，克服空間的阻礙，從起點運送至目的地（迄點），而這整個移動的過程中都必須在運輸系統（transportation system）中進行。運輸系統主要是由固定設施（fixed facilities）、流量實體（flow entities）、控制系統（control system）三個主要模組所組成[1]。

1.1.1 固定設施

　　固定設施可劃分為兩種：

　　1. 節線（links）：包括路段（road segment）、軌道（railway track）、管線（pipes）。

---

[1]　運輸系統亦常分解成四個基本要素，即人、車、路與控制單元；這四個基本要素彼此關聯相互影響，缺一不可。

2. 節點（nodes）：包括路口（intersection）、交流道（interchange）、捷運場站（transit terminal）、港埠（harbor）、航站（airport）。

固定設施的設計通常屬於土木工程師之工作範疇，其專業包括土壤與基礎工程、結構設計、下水道設計、幾何設計。其中幾何設計著重固定設施各項元素間的實質比例與配置，這點與其他土木設計著重結構強度是相當不同的。

1.1.2 流量實體

流量實體是指在固定設施上移動的單位，包括車輛、火車、貨櫃等。以公路系統為例，固定設施必須服務許多不同的車輛種類，範圍從最簡易的自行車一直到最重型的聯結車（tractor-trailer）都包括在內。由於每一種車輛都有不同之特性，若要全部納入道路設計考慮實在太過複雜，因此基於實務之考量，必須擬定一組通用之設計車輛（design vehicle）標準以為道路幾何設計之依據。一般說來，運輸工程通常不考慮流量實體本身特殊的技術水準，因為那是屬於電機工程師或機械工程師的專業，運輸工程師所著重的是車輛基本屬性，包括大小、重量、加減速度，以及彼此之間的關係，並將這些標準與參數應用到道路設計與交通管理上。

1.1.3 控制系統

控制系統可劃分成車輛控制與流量控制兩種。

1. 車輛控制：係指在固定設施上操作或導引個別車輛的技術方法，包括手動或自動控制在內。手動控制是由駕駛人進行車輛的控制，固定設施之設計除了要考慮車輛特性，也必須納入駕駛人特性予以考慮，例如駕駛人對刺激之感知與反應時間。至於自動控制則由儀器進行車輛的控制，與手動控制類似但反應時間必須估計得更為精確。

2. 流量控制：是指減少車輛之間的衝突，並順暢車流之有效方法，這種流量控制系統包括三種重要的工具：標線、標誌與號誌。

1.2 運輸系統之分類

運輸系統可根據不同之標準劃分成不同的種類，這些劃分標準包括：技術型式、服務之型式或功能、持有、或負責營運等在內。以下僅按照運輸介質、運輸功能與服務對象三種標準，將運輸系統分類如下。

1.2.1 運輸介質之角度

運輸系統可按運輸工具行駛之介質劃分成四個主要的子系統以及其他子系統如下：

1. 陸運：公路、鐵路。
2. 空運：國內與國際航線。
3. 水運：內陸航運、近海或遠洋航運。
4. 管線：油管、天然氣管線。
5. 其他：輸送帶、複合運輸（例如：聯運）、前瞻性運輸（例如：氣墊車），以及準運輸（例如：電話、傳真等）。

1.2.2 運輸功能之角度

每一種運具均有其優點與缺點，適用的情境也不同，若能妥善規劃設計，將可達到無縫運輸的目標。一般說來，旅行距離之長短會影響運輸工具之選擇，短距離之旅次會選用速度較低之運具；而反過來說，長距離之旅次會選用速度較高之運具。

圖 1-1 顯示幹道長度占所有道路長度的 8%，但使用之車公里數卻高達 73%。至於收集道路之長度與車公里數所占百分比分別為 25% 與 19%，而區域道路則分別為 67% 與 8%。圖 1-2 則表示旅行距離與運輸工具之間的關聯性，行人之活動範圍小但運輸需求量高，而航空運具為長程運輸工具但運輸需求量相對較低，至於其他運具包括自行車、機車、公車、鐵路等則介於兩個極端頻譜之間。

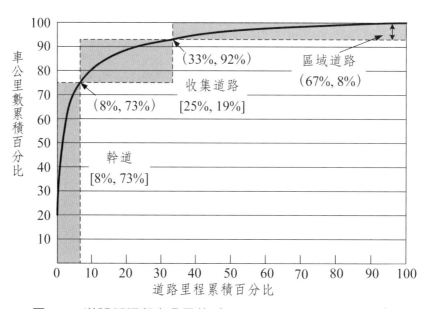

圖 1-1　道路種類與車公里數（Khisty and Lall, 1998, p. 19）

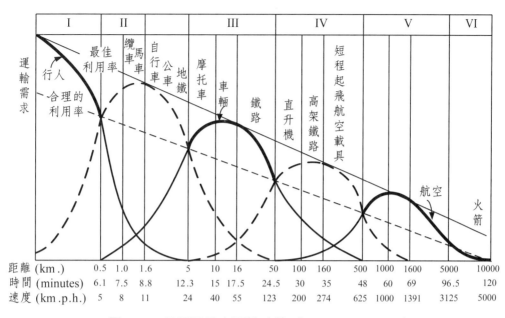

圖 1-2　各種運具之運輸功能（Abler et al., 1971）

1.2.3 顧客服務之角度

依照對顧客服務之限制條件，運輸服務可以分成三種：

1. 私人運輸：非出租服務（not-for-hire-service），例如私家車。

2. 公共運輸：出租服務（for-hire-service）供社會大眾使用，屬於不需訂定契約的共用運具（common carrier），通常具有固定路線、班表，以及費率的特性，例如公共汽車。

3. 準大眾運輸：屬於需訂定契約的運具（contract carrier），例如出租汽車、計程車等。

以上僅說明車輛運輸服務的對象，與車輛本身之所有權無關。一般來說，大量使用私人運輸工具，對於交通運輸系統本身以及節能減碳之政策均有不利之影響，因此必須適當地加以限制。

1.3 運輸工程之相關知識、基本目標與發展趨勢

1.3.1 運輸工程之相關專業知識

運輸工程是一門跨領域的學科，如圖 1-3 所示，主要包括土木工程、交通工程與運

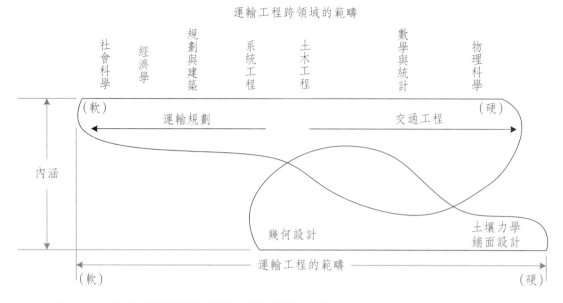

圖 1-3　運輸工程與其跨領域專業知識的內涵（Khisty and Lall, 1998, p. 7）

輸規劃三大部分。土木工程與交通工程比較偏向硬體部分，而運輸規劃則比較偏向軟體部分。除此之外，運輸工程師尚需具備之知識包括：經濟學、地理學、作業研究、區域計畫、社會學、心理學、機率與統計，以及傳統工程用之分析工具。

1.3.2 運輸工程之基本目標

優質的道路交通系統是運輸工程的基本目標（陳惠國、邱裕鈞、朱致遠，2010），其項目包括：快速、方便、舒適、經濟、美觀、安全及環保等在內：

1. 快速：即所謂易行性（mobility），係指快速的將人與貨從起點運送至迄點。

2. 方便：即所謂可及性（accessibility），是指及戶（door to door）運輸的便利性。

3. 舒適：則指用路人能充分享受道路交通設施的使用，諸如寬裕的行車空間、平整的道路鋪面、平順的道路線形，以及合宜的交通管制措施等。

4. 經濟：係指道路交通系統之興建、管理及營運必須在有限資源中達成，不可浪費。

5. 美觀：則指道路交通系統必須相容於周遭環境，不致過於突兀而破壞當地環境之美感。經由妥善設計之交通設施，甚至可成為當地的觀光景點。

6. 安全：安全是回家唯一的道路，是無可取代的考量因素。

7. 環保：交通運輸雖然帶來行動的便利，提高人類的福祉，但相對的也產生噪音、空氣、振動污染等負作用，造成地球暖化現象，嚴重破壞生態環境。基於我們只有一個

地球的體認，在節能減碳的趨勢下，符合環保要求的綠色運輸系統，以降低運輸工具使用對生態環境造成之傷害，更是規劃設計時的一項重要的考量。

1.3.3 運輸工程之發展趨勢

由於道路交通是一個非常複雜及快速變遷的系統，因此運輸工程理論與技術之發展一日千里。運輸工程師必須能夠與時俱進，因應環境與技術的變化，時時更新自身的專業知識與規劃理念。例如，早期在處理運輸需求不足的問題時，大多以增加運輸供給作爲主要對策，包括新闢道路、擴建車道、增建停車設施等。但是，提高運輸供給的同時，也促使民眾多持有使用私人運具。根據我國及世界各國的經驗，私人運具的成長比例通常遠高於運輸供給的增加幅度，致使交通問題反而更形惡化。因此，在不致過度影響民眾社會經濟活動的情況下，應適當限制私人運具的過度發展。

除此之外，由於先進技術的發展與引進，也間接帶動運輸系統的全面性創新與改進，這個系統雛型稱之爲智慧型運輸系統，其主要內涵包括下列九大服務領域：

1. 先進交通管理服務（Advanced Traffic Management Services, ATMS）。

2. 先進旅行者資訊服務（Advanced Traveler Information Services, ATIS）。

3. 先進公共運輸服務（Advanced Public Transportation Services, APTS）。

4. 先進車輛控制安全服務（Advanced Vehicle Control and Safety Services, AVC-SS）。

5. 商車營運服務（Commercial Vehicle Operations, CVO）。

6. 緊急事故支援服務（Emergency Management Services, EMS）。

7. 電子收付費服務（Electronic Payment System & Electronic Toll Collection, EPS & ETC）。

8. 弱勢使用者保護服務（Vulnerable Individual Protection Services, VIPS）。

9. 資訊管理系統（Information Management System, IMS）。

1.4 本書之章節架構

運輸工程之內容劃分爲陸運（第二～九章）、空運（第十章）、水運（第十一章）三大部分（參見圖1-4），其中陸運部分又可細分爲公路（第二～八章）與軌道（第九章）兩種。傳統上，公路運輸系統爲運輸工程之主流，其涵括內容相當豐富，本書按照其作業流程再區分爲三個階段如下：

1. 規劃階段：運輸規劃與需求預測（第六章）。

2. 設計階段：公路幾何設計（第二章）、公路工程（第三章）、工程經濟與風險評估（第七章）。

3. 營運階段：公路容量與服務水準分析（第四章）、交通事故分析與交通安全（第五章）、智慧型運輸系統（第八章）。

這三個階段雖然是循序執行，例如運輸需求預測結果可以直接作為公路幾何設計作業之重要依據，但彼此之間卻是相互影響，具有反饋之機制，例如服務水準分析以及交通安全分析亦可回饋給規劃與設計階段進行必要之調整。

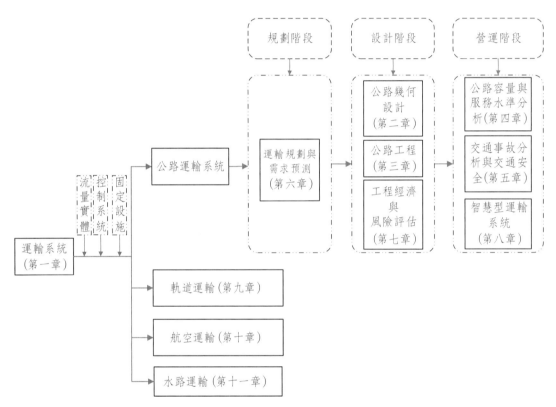

圖 1-4　運輸工程之作業流程與本書之章節架構

1.5 運輸工程師之倫理與責任

運輸工程師與一般民眾有著相當特殊的關係，其關係之密切，甚至超過其他任一類工程師。因為，運輸工程師負責規劃設計民眾日常使用之道路交通系統，與民眾行之安全與便利息息相關。基此，運輸工程師的責任也比其他工程師更為重要，必須充分運用專業智能及可用資源，俾規劃設計出優質的道路交通系統。

此外，運輸工程師也和其他工程師一樣必須恪遵下列工程人員之倫理守則（行政院公共工程委員會所定）：

　1. 善盡個人能力，強化專業形象。
　2. 涵蘊創意思維，持續技術成長。
　3. 發揮合作精神，共創團隊績效。
　4. 維護雇主權益，嚴守公正誠信。
　5. 體察業主需求，達成工作目標。
　6. 公平對待包商，分工達成任務。
　7. 落實安全環保，增進公眾福祉。
　8. 重視自然生態，珍惜地球資源。

1.6 結論與建議

本章僅簡單介紹運輸系統之基本要素、運輸系統之分類，以及運輸工程之相關知識與發展趨勢，有興趣之讀者若欲對交通運輸進行詳細之認識，可進一步閱讀運輸規劃、交通工程、車流理論、運輸經濟等教科書。至於若欲熟悉相關之研究方法或演算法，則需參閱研究方法、網路分析、多評準決策、多變量分析等專業書籍。

問題研討

1. 請分別說明「運輸工程」與「交通工程」定義與內涵。又兩者之間的關係為何？
2. 請說明運輸工程的基本要素與其內涵。
3. 請說明運輸系統之分類。
4. 請說明運輸工程之相關知識領域、基本目標與發展趨勢。
5. 何謂智慧型運輸系統，其詳細內容為何？
6. 請說明運輸工程師之倫理與責任。

相關考題

1. 繪示意圖並簡答下列各題：（97 專技高）

(1) 何謂運輸系統？其系統組成元素與輸入輸出各為何？

(2) 未來 30 年運輸工程師面臨的重大課題是什麼？試繪重大因素變化趨勢圖。

2. 近年來，為了迎合節能減碳及環境永續之綠色生態理念，公共工程設計皆需考量「綠色內涵」之經費需在某額度以上。今以某新建高速公路（內含路堤段、路塹段、橋樑與隧道、休息區）為例，其可考量以「綠色內涵」設計之項目有那些（至少五項）？請條列式說明之。（20分）（100 專技高）

參考文獻

一、中文文獻

1. 行政院公共工程委員會（2007），工程倫理手冊，技術叢書。

2. 陳惠國、邱裕鈞、朱致遠合著，2010.09，交通工程，五南圖書出版有限公司，ISBN-978-957-11-6110-5，臺北。

二、英文文獻

1. Roess, R.P., Prassas, E.S. and McShane, W.R. (2004) Traffic Engineering, Third edition, Pearson Prentice-Hall.

2. Institute of Transportation Engineers (ITE) (1987) Membership Directory, ITE, Washington, D.C.

3. Khisty, C.J. and Lall, B.K. (1998) Transportation Engineering- An Introduction, Prentice-Hall International, Inc., New Jersey, USA.

4. Abler, R., Adams, J. and Gould, P. (1971) Spatial Organization, Prentice-Hall, Englewood Cliffs, NJ.

第 2 章

公路幾何設計

幾何設計強調公路外形上可見部分之設計，主要係著重實體設施之比例配置，因此不包含傳統土木結構設計在內。一般說來，不論是 (1) 公路、市區道路，(2) 交叉路口，或是 (3) 交流道等道路設施，在新建之初或進行改善之際，或多或少均會應用到道路幾何設計的基本觀念與作業標準。良好之幾何設計除了可以降低建造成本、增進美觀、保護環境，也可以降低延滯、提升服務水準，以及減少事故的發生。囿於篇幅，公路幾何設計、交流道設計，以及交叉路口設計之詳細內容，請參見五南圖書公司出版之《交通工程》教科書。

本章節之順序安排如下：第一節介紹公路設計考量因素及路線定線；第二節探討線形設計，包括平面線形、超高、縱面線形以及橫斷面設計；第三節說明交叉路口設計；第四節介紹交流道設計；第五節為結論與建議。

2.1 公路設計考量因素及路線定線

幾何設計之原理與所需考量依據可劃分為三大類。

1. 用路人特性：包括用路人感知反應時間、停車視距、應變視距、超車視距、側向位移和步行速率等項目。

2. 車輛操作特性：包括車輛類型與轉向軌跡，以及馬力與加減速等項目在內。

3. 交通特性：包括車流量。

不論是新建或修改現有道路設施都必須執行相同的現地勘察作業（field work）與路線配置（layout of routes）。路線定線作業需配合原有生態體系，檢討道路構造物的佈設型式，在深開挖路線區域宜採隧道方式取代，至於高填土區域路線則應以橋梁方式穿越，以減少對地表干擾程度。此外，公路路廊應盡量迴避法令規定之自然保留區與國家保護動植物棲息地，並依迴避、衝擊減輕及棲地補償，以評估對環境最友善方案；而市區道路路廊應避免大量拆遷原有房屋，並考量對鄰近環境噪音及污染的影響。

路線定線的工作項目順序為：(1) 前置作業（reconnaissance），(2) 工程與經濟資料（engineering and economic data）的收集與分析（data analysis），(3) 初步調查（preliminary survey），(4) 定案區位調查（final location survey）等四項。目前路線定線作業均會大量使用空照與衛星遙測圖等資料，可提高選線之品質。當道路完成路線定線後，就進入實質之幾何設計的階段。

公路或市區道路都是由三度空間所構成，亦即其組成元素可區分平面線形、超高、縱面線形、橫斷面，以及（平面與立體）道路交叉部分，在道路幾何設計中，這些元素必須整合考量，缺一不可。

道路設計之程序，主要分成兩大部分：(1) 初步設計：包括規劃方案產生、工地探勘、現地測量、地質鑽探、幾何配置設計在內；(2) 細部設計：係將選定之方案進行更細部的設計，作為發包與施工之依據，包括機電、土建等相關部分在內。

2.2 線形設計

道路建設應避免大規模的土方挖填作業，因此線形規劃應以最小開挖面積及最短運距挖填平衡方式進行。道路之線形設計包括平面線形（horizontal alignment）、超高（superelevation）、縱面線形（vertical alignment），與橫斷面（cross-sectional）設計等四個部分，依序介紹如下。

2.2.1 平面線形

道路之平面線形設計，主要是由直線（straight line）與平曲線所構成，平曲線又可區分為：圓曲線（circular curve）及緩和曲線（transition curve）二類。其整體架構如圖 2-1 所示。

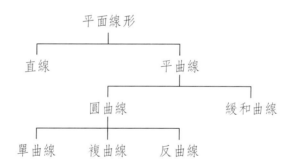

圖 2-1　道路平面線形之組成

2.2.1.1 圓曲線

圓曲線可再區分為：單曲線（simple curve）、複曲線（compound curve）、反曲線（reverse curve）三種類型。

1. 單曲線

單曲線為最基本之曲線，係指曲線半徑保持一定之圓曲線，只有單一的曲線半徑，如圖 2-2 所示。

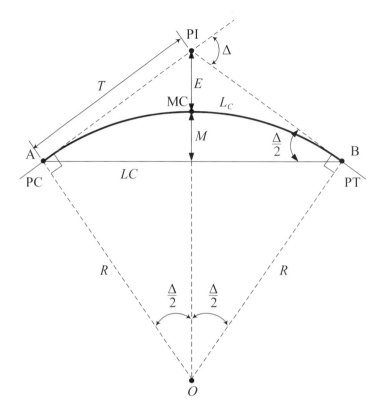

圖 2-2　單曲線中心線的水平定線圖（Papacostas and Prevedouros, 2005, p. 49）

其中，

MC：單曲線弧長之中點（midpoint of curve）

PC：單曲線之起點（point of curvature）（由直線段進入單曲線之點）

PT：單曲線之終點（point of tangency）（由單曲線進入直線段之點）

R：單曲線之曲線半徑

Δ：兩直線段之偏（夾）角〔或稱切線偏（夾）角〕

T：切線長（length of tangent）$= R \tan \dfrac{\Delta}{2}$（由 PC 點至 PI 點或由 PI 點至 PT 點之水平距離）

E：外距或外線縱距（external distance）$= R \left(\sec \dfrac{\Delta}{2} - 1 \right)$（由 PI 點至 MC 點之水平距離）

M：中距或中央縱距（middle ordinate distance）$= R \left(1 - \cos \dfrac{\Delta}{2} \right)$（由 MC 點至長弦中點之距離）

LC：長弦（long chord）$= 2R \sin \dfrac{\Delta}{2}$（由 PC 點及 PT 點連線之弦線長度）

O：單曲線之圓心

PI：交會點（point of intersect）

L_c：由 PC 點及 PT 點連線之曲線長度（length of curve）

$$L_c = 2\pi R \, \frac{\Delta}{360}$$

（2-1）

2. 複曲線

　　複曲線係指兩個或兩個以上圓曲線相連接之圓曲線，各圓曲線之圓心皆位於道路同一側。複曲線適用於地形上不適用單曲線之處，大小圓曲線之圓半徑不可差異太大，如圖 2-3 所示。

3. 反曲線

　　反曲線係指兩個圓心分居於道路兩側之圓曲線所組成之圓曲線，如圖 2-4 所示。

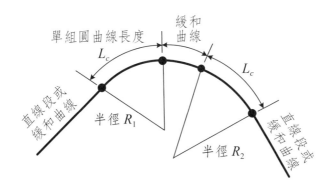

圖 2-3　複曲線示意圖（徐耀賜，2010）

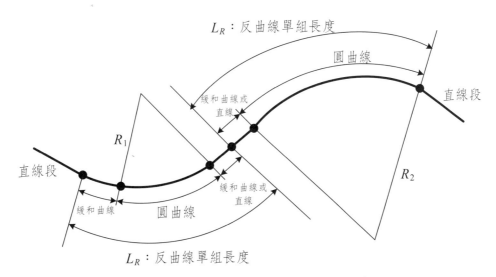

圖 2-4　反曲線示意圖（徐耀賜，2010）

2.2.1.2 緩和曲線

緩和曲線又稱介曲線，是指道路在直線段與圓曲線段之間，或兩個圓曲線段之間，所加入的一段漸變曲線。在高流量之公路，當曲線中心角達 2% 以上，就需在直線與圓曲線之間插入緩和曲線避免不慎侵入相鄰車道。緩和曲線的主要功能包括：(1) 路線方向的調整、(2) 路面傾斜度的漸變，以及 (3) 路面加寬的漸變段三部分。道路在直線段並無曲率，但進入彎道的曲線路段則有一定的曲率，因此車輛由直線段進入曲線段在此兩路段間必須逐漸調整方向；而在曲線路段內之車輛有一定的離心力，在公路及市區道路設計時亦需要有一路段區間以供調整路面的超高率（superelevation rate）以平衡車輛離心力；再則車輛後輪在曲線路段內會產生偏移，所以曲線路段需要加寬。

緩和曲線之種類分為：螺旋曲線（spiral curve）〔或稱克羅梭曲線（Clothoid curve）〕、雙葉曲線（lemniscate），以及三次拋物線（cubic parabola）等。臺灣地區公路系統大部分採克羅梭曲線。

公路合於以下條件之一者，得免設緩和曲線。

1. 符合「複曲線」規定者。

2. 公路設計速率 $V_d \leqq 40$ 公里 / 小時，且受地形或其他特殊限制者。

3. 平曲線半徑大於表 2-1 規定者，一般情況宜採用表中之建議值。

表 2-1　免設緩和曲線之平曲線半徑

設計速率 V_d （公里 / 小時）	免設緩和曲線之平曲線半徑 R_s（公尺）	
	容許最小值	建議值
120	2,100	4,200
110	1,750	3,500
100	1,450	2,900
90	1,200	2,400
80	950	1,900
70	700	1,400
60	500	1,000
50	360	720
40	230	460
30	130	260
25	90	180
20	60	120

註：快速道路之設計速率為 20～100（公里 / 小時）

緩和曲線最短長度之計算公式如下，但不得短於第 2.2.2.4 節建議之超高漸變長度。

$$L_s \geq \frac{V_d^3}{47J \times R} \qquad （2\text{-}2a）$$

其中，

L_s：緩和曲線長度（公尺）

V_d：設計速率（公里 / 小時）

R：平曲線半徑（公尺）

J：向（離）心加速度變化率（公尺 / 秒³）

建議值：

$$J^* = 0.7 - \frac{V_d}{400} \qquad （2\text{-}2b）$$

容許最大值：

$$J_{max} = 1.1 - \frac{V_d}{200} \qquad （2\text{-}2c）$$

2.2.1.3 平曲線最小半徑

平曲線最小半徑 R_{min} 之計算公式如下：

$$R_{min} = \frac{V_d{}^2}{127(e_{max} + f_s)} \qquad （2\text{-}3）$$

其中，

R_{min}：最小曲線半徑（公尺）

V_d：設計速率（公里 / 小時）

e_{max}：最大超高率，為 tan 角度值

f_s：側向摩擦係數（採用表 2-3 之主線數值）

當最大超高率 $e_{max} = 0.04$ 時，適用速率範圍為 20～90（公里 / 小時），$e_{max} = 0.06～0.10$ 時，速率範圍為 20～120（公里 / 小時），常見數值參見表 2-2 所示。

表 2-2　平曲線最小半徑

設計速率 V_d（公里／小時）	平曲線最小半徑 R_{min}（公尺）			
	$e_{max} = 0.04$	$e_{max} = 0.06$	$e_{max} = 0.08$	$e_{max} = 0.10$
120	—	700	620	560
110	—	560	500	450
100	—	440	390	360
90	380	340	300	280
80	280	250	230	210
70	210	190	170	160
60	150	140	120	110
50	100	90	80	75
40	60	55	50	45
30	35	30	30	25
25	25	20	20	20
20	15	15	10	10

註：市區道路之設計速率為 20～100（公里／小時）。

2.2.1.4 摩擦係數

側（橫）向摩擦係數（side friction factor）取決於許多因素，如車速、路面型式、輪胎之品質及表面狀況等。摩擦係數隨車速之增加而降低，在乾燥路面約為 0.4～0.8；在潮濕路面上約為 0.25～0.4；路面結冰或積雪時，降到 0.2 以下；在光滑的冰面上可降至 0.06。

公路設計不可採用最高側向摩擦係數值，因為由其所計算出之曲線半徑過短，不利於駕駛人之安全與舒適。因此依照美國州公路及運輸官員協會（AASHTO）所設定之規範（AASHTO, 2001）採用最大容許側向摩擦係數，此一數值為駕駛人在不同的設計速率下，因曲線上之離心力而有不適感受時，所推求之最大容許側向摩擦係數。

設計速率與最大容許側向摩擦係數之關係，如表 2-3 所示。

表 2-3　側向摩擦係數 f_s

設計速率 V_d（公里／小時）	側向摩擦係數 f_s		
	主線	匝環道	轉向彎道 *
120	0.100	—	—
110	0.110	—	—
100	0.120	—	—
90	0.130	—	—
80	0.140	0.140	—
70	0.146	0.146	—
60	0.152	0.152	0.173
50	0.158	0.158	0.197
40	0.164	0.164	0.230
30	0.170	0.170	0.276
25	0.173	0.173	0.307
20	0.180	0.180	0.350

* 轉向彎道：係指槽化路口供轉向且與主線分離之車道。

註：市區道路之設計速率為 20～100（公里／小時）。

2.2.1.5 平曲線行車道加寬

車輛後輪軌跡半徑較前輪小，因此駕駛人會向車道兩側偏離之傾向，為了行車在平曲線時能與直線行車一樣平穩安全，曲線路段需將行車道加寬。

1. 平曲線行車道加寬 ΔW 應依照下式計算，ΔW 小於 0.5 公尺者，得免設加寬。

$$\Delta W = W_c - W_n = \left[N(U_c + C_c) + Z_c \right] - W_n \qquad (2\text{-}4)$$

其中，

W_c：平曲線段行車道寬（公尺）

W_n：直線段行車道寬（公尺）

N：車道數

U_c：彎道車體幾何路幅（公尺）：$U_c = 2.5 + \sqrt{R^2 + X} - \sqrt{R^2 - Y}$

（X、Y 為設計車種尺寸係數，如表 2-4 所示）

C_c：彎道車側淨距（公尺）：$C_c = (V_d + 90)/200$

Z_c：彎道寬裕量（公尺）：$Z_c = 0.1 V_d / \sqrt{R}$

V_d：設計速率（公里／小時）

R：平曲線半徑（公尺）

表 2-4 車輛尺寸係數

設計車種		車輛尺寸係數	
		$X = L_a(2L_1 + L_a)$	$Y = (L_1)^2 + (L_2)^2$
貨車	SU	15.8	36.0
大客車	BUS	36.3	57.8
中型半聯結車	WB12	10.8	71.5
大型半聯結車	WB15	10.5	110.2

註：L_a：車輛前懸；L_1：車輛前軸距；L_2：車輛中軸距

　　配合車種、路寬、設計速率及半徑所對應之車道加寬，請參考「公路路線設計規範」（2008）及「市區道路及附屬工程設計規範」（2009）。

2. 車道加寬應平均分配於每一車道內側，其漸變段宜配合緩和曲線佈設。

2.2.2 超高

　　車輛行駛於平曲線時，會產生離心力，此時車輛將會產生滑出車道之傾向，嚴重者甚至造成翻車。因此為避免此種情況發生，有兩種方法可採用：1. 增加路面之側向摩擦力；2. 提高平曲線外側路面，即設置超高，使產生向心力以抵消離心力。

2.2.2.1 超高率

　　超高率的設置介於最小超高率與最大超高率之間。最小超高率依正常路拱規定，路拱之設計標準視排水需求而定，通常介於 10.42～20.83（mm/m）之間。最大超高率依區位及氣候規定如表 2-5 所示。

表 2-5 最大超高率 e_{max}

區位及氣候		最大超高率 e_{max}
鄉區	一般地區	0.06～0.10
	冰雪地區	0.06～0.08
市區		0.04～0.08

註：一般地區：無積雪結冰地區。
　　冰雪地區：有積雪結冰地區。

2.2.2.2 超高漸變設置規定

　　超高漸變（superelevation runoff）係指鋪面由正常之路拱（兩側低、中心高）漸

變至全超高之橫斷面之路段。超高率在路段上之變化情形，參見圖 2-5。其中 A 點位於正常鋪面上，稱之為正常路拱（normal crown）；B 點之道路外緣已旋轉至道路中心線的高度，但道路內緣仍維持正常路拱坡度，稱之為水平路拱（level crown）；C 點的道路外緣、中心線、內緣之斜率相同且等於路拱坡度，稱之為反向路拱（reverse crown）；D 點位於平曲線之起點；E 點為達到全超高之點，稱之為全超高（full super-elevation）。A 點與 B 點之間的水平距離稱之為切線延伸[1]（tangent runout），A 點與 C 點之間的水平距離稱之為逆向路拱移除（adverse crown removal），A 點與 E 點之間的水平距離稱為緩和長度（transition length），B 點與 E 點之間的水平距離稱之為超高漸變。

　　超高漸變應設置於緩和曲線路段範圍內。未設緩和曲線者，超高漸變設置宜適當分配於直線路段與曲線路段，設置於曲線路段部分不得超過 50%，建議採 20～40%。因此，在實務上可將簡單平曲線之超高漸變的 2/3 是分配至直線路段上，即 BD = 2/3BE，另有 1/3 的超高漸變是分配至曲線路段上，即 DE = 1/3BE。

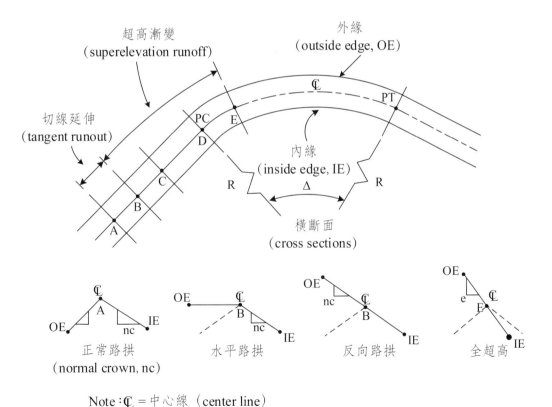

Note：℄ = 中心線（center line）

圖 2-5　超高之發展過程（Papacostas and Prevedouros, 2005, p. 52）

1　亦譯為正切伸出。

2.2.2.3 最大超高漸變率

超高漸變率（superelevation runoff rate）[2] 係指旋轉軸與行車道外側邊緣線之間相對坡度（或升降）的比率。當漸變率過高，超高漸變過快，將導致車輛側向滑移；反之，當漸變率過低，鋪面橫斷面路拱平坦，將不利排水。最大超高漸變率之規定，如表 2-6 所示。在正常路拱與反向路拱間，超高漸變率絕對值 $G_r \geqq 0.003$。

表 2-6　最大超高漸變率

設計速率 V_d（公里／小時）	最大超高漸變率 G_r	
	容許最大值	建議值
120	1/250	1/300
110	1/230	1/280
100	1/210	1/260
90	1/190	1/240
80	1/170	1/220
70	1/150	1/200
60	1/130	1/180
50	1/110	1/160
40	1/90	1/140
30	1/70	1/120
25	1/60	1/110
20	1/50	1/100

註：最大超高漸變率（G_r）：以雙向雙車道為基準計算，且以行車道中心縱坡（定義於第 2.2.3.1 節）基線（profile grade line, PGL）為轉軸佈設超高漸變長度（定義於第 2.2.2.4 節）。

2.2.2.4 超高漸變長度

超高漸變長度不得小於下列二式之較大值。

$$L_e \geq \frac{(B+W) \times \Delta e}{2G_r} \tag{2-5a}$$

$$L_e \geq \frac{V_d \times s}{3.6} \tag{2-5b}$$

其中，

　　L_e：超高漸變長度（公尺）

2　亦稱之為 superelevation runoff gradual change ratio。

B：縱坡基線至最外側車道邊線之寬度（公尺）

Δe：超高率代數差絕對值；例如，e_1 與 e_2 兩個超高率之代數差 $\Delta e = |e_1 - e_2|$

G_r：超高漸變率

V_d：設計速率（公里／小時）

s：駕駛人操控駕駛盤的反應時間（秒）（最小值 $s = 2$，建議值 $s = 3$，一般情況宜採建議值）

W：汽車道寬（公尺）

2.2.3 縱面線形

道路之縱面線形，需考量三部分：(1) 縱坡、(2) 爬坡車道，以及 (3) 豎曲線（vertical curve）。

2.2.3.1 縱坡

道路在長度方向的高低起伏，即為道路之縱向坡度〔簡稱縱坡（grade）〕。道路之縱坡，指沿著道路中心線〔或稱縱坡基線（profile grade line, PGL）〕路面之傾斜度，以兩點之高程差與兩點間水平距離之百分比表示，正值表示上坡道、負值表示下坡道。

1. 最小縱坡度

路塹及橋梁、隧道路段考慮排水之最小縱坡度以 0.3% 為宜。

2. 最大縱坡度

最大縱坡度，按設計速率規定如表 2-7 所示，一般情況宜採用建議值。但冰雪地區不得大於 8%。需要機械通風設施之隧道，其縱坡度以小於 2% 為宜；無需機械通風之隧道，縱坡度以小於 3% 為宜。

1. 縱坡長度限制

(1) 設計載重車輛上坡速差（即表 2-8 之設計載重車輛速率減去低流量平均行駛速率之差值），以小於 15 公里／小時為宜，最大不宜超過 25 公里／小時。

(2) 設計載重車輛產生速差達 15 公里／小時之上坡長度稱為縱坡臨界長（L_o），產生速差達 25 公里／小時之上坡長度稱為縱坡限制長（L_i）。

(3) 連續坡應按爬坡性能曲線決定其坡長。馬力載重比為 10 馬力／公噸（P_s / t）之載重車輛，進坡為水平時之縱坡臨界長與縱坡限制長，參見圖 2-6（1 馬力 = 75 公斤‧公尺／秒）。

表 2-7　最大縱坡度

設計速率 V_d （公里／小時）	最大縱坡度 G_{max}（％）	
	容許最大值	建議值
120	4	3
110	4.5	3.5
100	5	4
90	5.5	4.5
80	6	5
70	7	6
60	8	7
50	9	8
40	10	9
30	11	10
25	12	11
20	12	11

註：市區道路之設計速率為 20～100（公里／小時）。

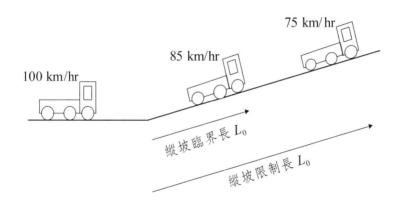

圖 2-6　縱坡臨界長與縱坡限制長

(4) 設計速率 $V_d \leqq 50$ 公里／小時之公路，其連續坡各不同坡度之坡長 L_j，以 $\sum_j \dfrac{L_j}{Lt_j} \leq 1$ 設計之（Lt_j 為連續各坡段之縱坡臨界長 L_o 或縱坡限制長 L_i）。

縱坡長度限制之規定，如表 2-8 所示。

表 2-8　縱坡長度限制

設計速率 V_d （公里／小時）	低流量平均 行駛速率 V_r （公里／小時）	縱坡度 G （%）	縱坡臨界長 L_o （公尺）	縱坡限制長 L_i （公尺）
120 110	97 91	2 3 4	800 450 300	— 800 500
100	85	3 4 5	450 300 250	900 550 400
90	78	3 4 5	550 350 250	— 600 400
80	70	4 5 6	350 250 200	850 450 300
70	62	4 5 6 7	500 300 200 150	— — 350 250
60	54	5 6 7 8	400 200 150 120	— 500 300 200
≤ 50	≤ 46	7 8 9 10 11 12	180 120 100 80 70 60	500 400 300 200 180 150

註：市區道路之設計速率 ≤ 50～100（公里／小時）。

2. 緩和區間

凡縱坡度已達限制長度時，宜以緩和區間銜接；該區間內之縱坡度宜小於 3%，其長度宜大於 60 公尺。

2.2.3.2 爬坡車道

　　重車較多之道路，若縱坡坡度大且車道又長，則重車速率將嚴重降低，影響其他車輛行進，甚至造成道路壅塞等狀況，故應於坡道路段外側加設一車道，供慢速車行駛，此一專供載重慢速車行駛之車道，稱為爬坡道（climbing lane），如圖 2-7 所示。

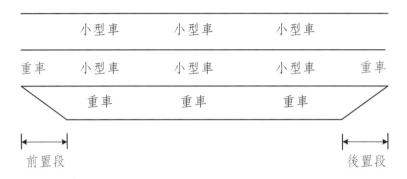

圖 2-7　重車爬坡道俯視示意圖（徐耀賜，2010）

2.2.3.3 豎曲線

　　在縱坡度變化時，兩坡度將形成一轉角，當車輛通過該轉角處時，應於縱坡度變化處設置一段曲線，使坡度逐漸變化，如此路線才能平滑順暢，此曲線稱之為「豎曲線」，如圖 2-8 所示。

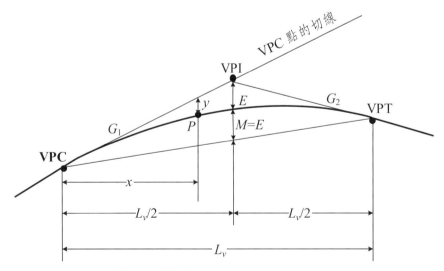

圖 2-8　凸形豎曲線示意圖（Papacostas and Prevedouros, 2005, p. 56）

　　在豎曲線上任一點 p 高程可用下式計算：

$$p \text{ 點之高程} = \left[\text{VPC 點的高程} + \left(\frac{G_1}{100} \right) x \right] - y \qquad （2\text{-}6）$$

其中，

y：垂直支距（vertical offset）[3]，指豎曲線起點切線與豎曲線在 p 點之高程差，

$y = 4E \left(\dfrac{x}{L_v} \right)^2$。在凸形豎曲線上，$y$ 值為負；在凹形豎曲線上，y 值為正

x：豎曲線起點與 p 點之水平距離；當 p 點係指高點（high point）時，$x = \dfrac{L_v G_1}{G_1 - G_2}$

L_v：豎曲線之水平長度（以下亦使用 L 符號）

E：外線縱距（external distance），簡稱外距，表豎曲線起點切線與豎曲線在垂直交會點（VPI）的高程差，$E = \dfrac{A L_v}{800}$

M：中央縱距或中距

G_1：上坡縱坡度，單位為 %

G_2：下坡縱坡度，單位為 %

A：坡度變化率，$A = G_1 - G_2$

VPC：豎曲線起點（vertical point of curvature）

VPT：豎曲線終點（vertical point of tangency）

VPI：豎曲線之兩條切線交會點（vertical point of intersection）

依照凸形豎曲線（crest vertical curve）（參見圖 2-9）、凹形豎曲線（sag vertical curve）（參見圖 2-10）二種情境，豎曲線最短長度可分別計算如下：

1. 凸形豎曲線

$$L_v = \begin{cases} K \times \Delta G = \dfrac{S^2 \Delta G}{200 \left(\sqrt{h_1} + \sqrt{h_2} \right)^2} & , S \le L_v \\[4mm] 2S - \dfrac{200 \left(\sqrt{h_1} + \sqrt{h_2} \right)^2}{\Delta G} & , S \ge L_v \end{cases} \qquad （2\text{-}7）$$

其中，K 值係以停車視距 [4]S 之標準值與最小值代入；視點高度 $h_1 = 1.05$ 公尺；標

3　亦稱垂直偏移。

4　視距種類可細分為：停車視距、應變視距、超車視距三種。

 (1)　停車視距 S_s：安全停止車輛之視距。駕駛人發現車道中有障礙物，自反應、煞車至完全停止車輛所需之距離。

物高度 $h_2 = 0.15$ 公尺。

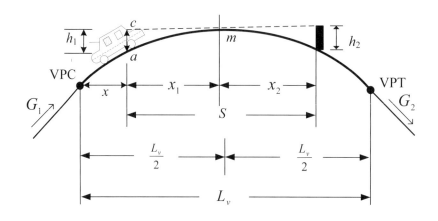

(a) $S \leq L_v$

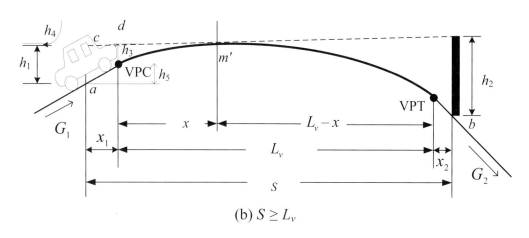

(b) $S \geq L_v$

圖 2-9　凸形豎曲線之幾何圖形

(2)　應變視距 S_d：安全變換車道、車速、車向或停止之視距。在車輛行進中遇到非預期或較複雜
　　　的資訊、路況，可能影響駕駛人辨識或認知其潛在危險性，駕駛人仍得以充分、有效地變換
　　　適當車道、車速、車向或停止，完成安全駕駛所需之距離。

(3)　超車視距 S_p：雙向雙車道，安全超越前車之視距。在雙向雙車道之公路，駕駛人得以不影響
　　　前方車輛行駛，行駛對向車道於對向來車會車前，完成安全超越前車所需之距離。

2. 凹形豎曲線

$$L_v = \begin{cases} K \times \Delta G = \dfrac{S^2 \Delta G}{200(h + S \tan\beta)} & , \ S \le L_v \\[4mm] 2S - \dfrac{200(h + S \tan\beta)}{\Delta G} & , \ S \ge L_v \end{cases} \qquad (\text{2-8a} \cdot \text{2-8b})$$

其中 K 值係以停車視距 S 之標準值與最小值代入；光幅角度 $\beta = 1°$；車燈高度 $h = 1.6$ 公尺。

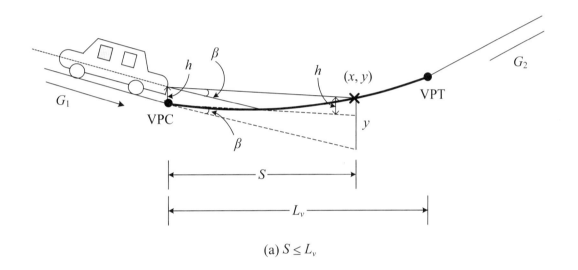

(a) $S \le L_v$

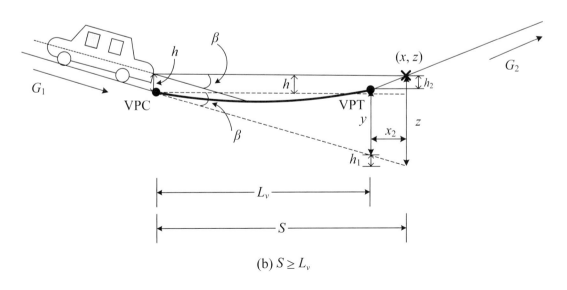

(b) $S \ge L_v$

圖 2-10 凹形豎曲線之幾何圖形

2.2.4 橫斷面設計

道路橫斷面（cross section），係指沿著道路寬度所切開之剖面，道路空間佈設需配合當地環境機能需求選擇不同的功能，除提供汽車使用外應注意行人、腳踏車、機車及大眾運輸之使用。

2.2.4.1 道路橫斷面構成要素

二車道與四車道之橫斷面設計如圖 2-11a、2-11b 所示。

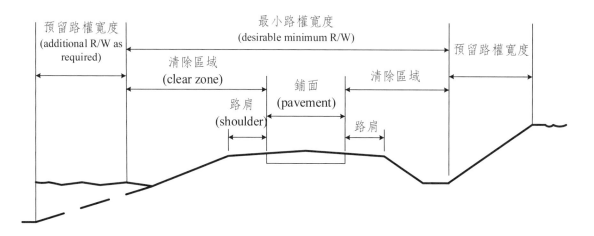

圖 2-11a　二車道之橫斷面設計（Papacostas and Prevedouros, 2005, p. 46）

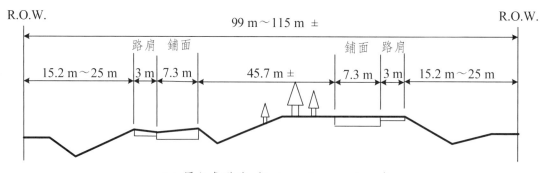

(a) 獨立式道路（Independent roadway）

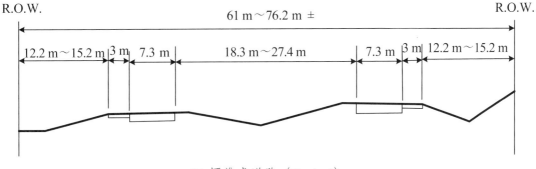

(b) 標準式道路（Typical）

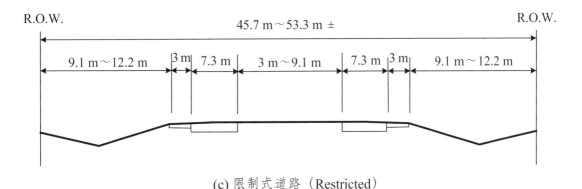

(c) 限制式道路（Restricted）

圖 2-11b　四車道之橫斷面設計（Papacostas and Prevedouros, 2005, p. 47）

公路及市區道路的橫斷面構成要素依道路種類而異，由行車道、路肩、分隔帶、邊坡，以及交通工程、停車、排水、擋土或其他附屬設施組成。

2.2.4.2 車道寬

車道種類包含汽車道、輔助車道、慢車道、混合車道，以及專用車道（機車道、自行車道及公車專用道）等在內。車道寬度直接影響用路人之安全與舒適感，同時亦影響行車速率與交通容量。以下依序介紹各種車道寬度之規定。

1. 汽車道

汽車道係指供汽車行駛之車道，其寬度規定如下：

(1) 雙車道以上，每車道寬按設計速率規定如表 2-9 所示。

(2) 未劃設行車分向線，但提供雙向行車之車道（以下稱單車道），其寬度宜 4.5 公尺以上，且含兩側路肩總寬度宜 5.5 公尺以上。

(3) 快速道路每車道寬度以 3.5 公尺以上為宜，最小不得小於 3.25 公尺。

(4) 主要道路及次要道路每車道寬度不得小於 3.0 公尺。

(5) 服務道路每車道寬度不得小於 2.8 公尺。

表 2-9　設計速率與每車道寬

設計速率 V_d （公里／小時）	每車道寬 W （公尺）
$V_d \geq 80$	3.50～3.75
$50 < V_d < 80$	3.25～3.50
$V_d \leq 50$	3.00[註]～3.50

註：設計速率低於 30 公里／小時，受地形或空間限制之路段，最小車道寬得採 2.75 公尺。

2. 輔助車道

輔助車道指附設於主線車道外側，提供車輛超越、轉向、交織、重車爬坡等使用之附加車道，包括左右轉車道、加減速車道、爬坡車道等。其車道寬度宜與主線車道同寬，但受地形或空間限制時，設計速率 50 公里／小時以上時，最小得採 3 公尺；設計速率 50 公里／小時以下時，最小得採 2.75 公尺，但爬坡車道除外；路肩寬度得予縮減，除轉向車道另依第 2.3.2.8 節規定外，最小得採 0.25 公尺。

3. 慢車道

(1) 慢車道係指在有劃分快慢車道之道路，供機車、人力行駛車輛、獸力行駛車輛等使用之車道。

(2) 道路應視實際需要設置慢車道，車道寬最小 2.0 公尺。慢車道之設置若與高、快速公路平行，應於高、快速公路路肩外採用分隔設計，車道寬最小 2.5 公尺。

(3) 採分隔設計之慢車道，若供汽車共同使用時，車道加路肩寬宜採 5.5 公尺以上，最小不得小於 4.0 公尺。

4. 混合車道

混合車道係指汽車、機車及人力車輛皆可使用之車道，其寬度規定如下：

(1) 主要道路及次要道路其寬度不得小於 3.5 公尺，於服務道路寬度不得小於 2.8 公尺。

(2) 主要道路及次要道路如採分隔設計時，車道加路肩寬度宜大於 4.5 公尺。

5. 專用車道

專用車道包括機車道、自行車道及公車專用道，其寬度規定如下：

(1) 機車道：詳細內容參見「機車專用道之設計與設置準則初探」（2001）。

(2) 自行車道：詳細內容參見「自行車路線規劃設計之原則參考手冊」（2009）。

(3) 公車專用道：指專供公車行駛之車道，其寬度以 3.5 公尺為宜，不得小於 3.25 公尺，於站台區之車道寬不得小於 3.0 公尺。

2.2.4.3 路肩

路肩（shoulder）係指行車道（traveled way）外側與邊溝（或緣石、邊坡）內側之間的地面；若設有中央分隔帶之公路，最內側車道與分隔帶之間亦常設置路肩。路肩之主要功用包括：(1) 車輛臨停及檢修，(2) 增加行車視距，(3) 提高公路容量，(4) 設立標誌、號誌、護欄及公車站，(5) 防止地面水滲流破壞鋪面結構。

路肩之寬度必須是連續的，才能充分發揮上述之功用，設計標準如下：

1. 路肩寬度按照公路等級規定如表 2-10 所示。橋梁、隧道或地形及空間受限制之路段，最小得採 0.25 公尺。

2. 市區道路之快速道路應設置路肩，內路肩寬度不得小於 0.25 公尺，外路肩寬度最小 0.25 公尺、宜大於 0.5 公尺；其他道路設置路肩寬度宜大於 0.25 公尺。

3. 雙車道以上，設有人行道並劃設有快慢車道者，得免設外側路肩。

4. 如有中央分隔島或快慢分隔島，其邊緣應留設 0.1 公尺以上淨距。

表 2-10 公路等級與路肩最小寬度

公路等級	路肩寬 W_s（公尺）			
	內（左）側		外（右）側	
	建議值	容許最小值	建議值	容許最小值
一級路	1.0	0.5	3.0	2.5
二級路	1.0	0.5	2.5	2.5
三級路	0.5	0.25	1.5	1.2
四級路	0.5	0.25	1.5	1.2
五級路	0.5	0.25	1.0	0.5
六級路	0.5	0.25	1.0	0.5

2.2.4.4 中央分隔帶

分隔帶係指在公路用地範圍內，為了區分車道、導引行車、分隔人車、設置公共設施、植栽綠化等目的而設置之帶狀空間，其型態種類可分為中央分隔帶（median）、車道分隔帶、植栽綠帶、公共設施帶、邊緣帶等。

中央分隔帶係介於車道分向邊線間之範圍，作為公路分隔對向車道之用。公路設有內路肩時，中央分隔帶則包含內路肩寬度。中央分隔帶設置規定如下：

1. 一、二級公路應設置中央分隔帶；其寬度應 1.8 公尺以上。

2. 三級路四車道以上公路，宜設置中央分隔帶。

2.2.4.5 道路用地寬度

　　道路用地寬度稱為用地寬或路權寬。用地寬應考量行車道、路肩、分隔帶、邊坡，以及交通工程、停車、排水、擋土或其他附屬設施所需之總寬度。

2.2.4.6 橫斷面構成要素

　　公路與市區道路之構成要素不盡相同。

1. 公路橫斷面

　　公路橫斷面所需考量之因素甚多，包括：自然邊坡，擋土邊坡，劃設快、慢車道，人行道、自行車道、停車設施等在內。

2. 市區道路橫斷面

　　市區道路所需考量因素甚多，包括：公車專用道、車道分隔島、自行車道等，依交通需求及路權條件而設置。

2.2.4.7 鋪面種類與路拱

　　路面設計應綜合考量交通量、交通特性，就近可使用之路面材料、建造成本，及完工後維護成本等；另路拱之設置與鋪面類型息息相關。

1. 鋪面種類

　　鋪面種類按公路等級設置，其原則如表 2-11 所示。

表 2-11　公路等級與鋪面種類

公路等級	鋪面種類
一級路	瀝青混凝土、水泥混凝土
二級路	瀝青混凝土、水泥混凝土
三級路	瀝青混凝土、水泥混凝土
四級路	瀝青混凝土、水泥混凝土
五級路	瀝青混凝土、水泥混凝土、碎石
六級路	瀝青混凝土、水泥混凝土、碎石

2. 路拱

　　基於排水因素之考量，路面中某處需較兩側為高，形成自中央由高處往兩邊之路緣傾斜，形成之坡度為路拱，如圖 2-12 所示。

　　直線段路拱需依照鋪面種類設置，其原則如表 2-12，至於曲線段路拱則應依第 2.2.2 節超高之規定設置。

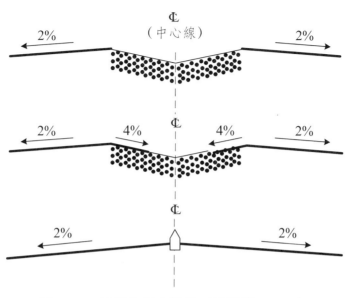

圖 2-12　公路典型之路拱（徐耀賜，2010）

表 2-12　鋪面種類與路拱

鋪面種類	路拱（%）
瀝青混凝土、水泥混凝土	1.0～2.5
碎石	2.0～4.0

2.2.4.8 公路邊坡

公路之邊坡（side slope）係指公路邊側之土、岩、人工護坡，其設計規範如下：

1. 公路邊坡以自然邊坡為宜，坡度規劃應就地質狀況、地形條件、基礎土層、填方材料、土方處理、工程經濟、行車安全、視覺景觀、環境生態、天候水文，以及用地等條件分析。

2. 填方邊坡之坡度依填方材料及填方高度而定，並應對平台設置、坡表覆土，及坡面排水等事項分析，檢核邊坡穩定性。

3. 挖方邊坡之坡度依地層之岩石與土壤性質、狀態，以及挖方高度而定，並應對開挖坡面隨時間之變化分析，檢核邊坡穩定性。

4. 考量邊坡穩定性及用地條件，得設置必要之坡面保護措施或擋土設施，設施型式應兼具工程安全、經濟、景觀，以及生態考量。

2.2.4.9 人行道

人行道（行人專用道）係指在道路兩旁，專為行人而鋪設的道路。設人行道與否，

應視行人之多寡、交通量,以及行車速度而定。人行道在市區是非常普遍的,一般街道旁均有人行道;人行道在鄉村比較少。

2.3 交叉路口設計

交叉路口設計應確保用路人有足夠安全視距及轉彎半徑。道路交叉之型式主要可分為平面交叉(at-grade intersection or grade crossing)及立體交叉(grade-separated intersection or grade separtation)兩種。道路交叉設計原則如下:

1. 高速公路與各級道路相交,均應採用立體交叉。
2. 設計速率 80 公里 / 小時以上之公路與各級道路相交,宜採用立體交叉。
3. 其他道路交叉需考量路口交通特性、肇事率、幾何條件等因素決定交叉型式。

2.3.1 道路平面交叉

道路平面交叉是指兩條道路在同一個平面上交叉的部分,俗稱路口,道路平面交叉在市區道路中很常見。道路平面交叉考量設置之交通設施包括:標誌、標線、號誌、**轉**向控制、行人控制、停車控制、照明、公車停靠等。交通不繁忙的路口,靠道路交通標誌提醒駕駛人和行人自行避讓;但在交通繁忙的路口則需由交通號誌來控制。

2.3.1.1 平面交叉型式

道路平面交叉的基本設置原則如下:

1. 路線應盡量平直。
2. 交叉角度以 ≥ 60° 為宜。
3. 交叉處縱坡宜平緩,路口處宜 < 3%。
4. 平面交叉之交角以直角為佳,斜交時其相交銳角宜大於 75°,不宜小於 60°。交角較小時宜局部調整路線或採用槽化處理。

道路平面交叉型式可依照:(1) 交叉之數量,以及 (2) 平面交叉處理方式來分類。(市區道路交通島設計手冊,2003)

1. 道路平面交叉型式依照交叉之數量分為以下四種(參見圖 2-13):

(1) 三叉(或支或路)交叉(three-leg or three-arm intersection)

依交叉形狀角度不同,可區分為:

a. Y 型交叉(Y-shaped intersection):交叉之銳角 θ < 75°(或無垂直交叉)。

b. T 型交叉(T-shaped intersection):交叉角 θ 介於 75° 至 105° 之間。

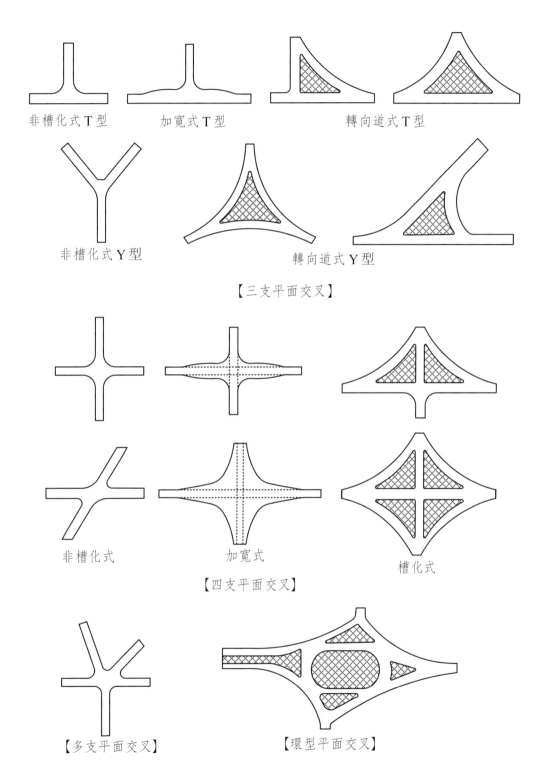

非槽化式 T 型　　加寬式 T 型　　轉向道式 T 型

非槽化式 Y 型　　　　轉向道式 Y 型

【三支平面交叉】

非槽化式　　　　加寬式　　　　槽化式

【四支平面交叉】

【多支平面交叉】　　　【環型平面交叉】

圖 2-13　道路平面交叉之型式（臺灣世曦工程顧問股份有限公司，2010；本書修正）

(2) 四叉交叉（four-leg intersection）

　　依交叉角度及型式不同角度不同，可區分為：

　　a. 直角交叉（right-angle intersection）：即十字形，交叉之 $\theta = 90°$。

　　b. 分枝交叉（offset or staggered intersection）：錯開的交角。

　　c. 斜向交叉（oblique intersection）：即 X 形交叉角 θ 介於 75° 至 105° 之間。

(3) 多叉交叉（multi-leg intersection）：係指大於四叉情況，多叉交叉宜避免使用或應以槽化方式處理。

(4) 環形交叉（rotary intersection）：即圓環。路口交通量較小且有景觀或交通安全考量時，得採環形交叉。

　　除此之外，尚有分隔帶開口可供車輛迴轉、車輛及行人穿越之中央分隔帶開口，或快慢車道間分隔帶之開口。

2. 道路平面交叉型式依交叉處理方式分為：

(1) 非槽化式（unchannelization）

　　在交叉路口完全無槽化設施。非槽化式平面交叉僅能設置在交通需求量低，地形簡單，交叉道路較少之交叉路口。

(2) 槽化式（channelization）

　　a. 槽化式平面交叉適用範圍較廣，於路面設置緣石（curb）、凸島（raised island）等以導引或約束車輛之行進，增加交通量及安全。

　　b. 槽化之目的在於運用交通島或其他適當方法，分隔易發生衝突之車輛動線，或縮小及減少衝突點方式，並導引其行駛軌跡以便行人與車輛能安全有秩序的行進。

　　c. 就視距觀點而言，槽化設施不應配置於平曲線或凸形豎曲線上，若特殊情況受路權限制時，應力求平整以增加視距。

　　d. 平面交叉之交角以直角為宜：斜交時其交角宜在 60° 以上。

　　e. 根據市區道路交通島設計手冊（2003），槽化方式可分為以下四種：

　　　(a) 利用標線或路面標記槽化

　　　　交叉路口槽化設計時，可利用標線或路面標記繪成槽化島圖形，用以區隔直行與轉向之車道。槽化線分為單實線、Y 型線與斜紋線三種線型，其顏色應與其連接之行車分向線、分向限制線或車道線相同。利用標線或路面標記之非實體阻隔方式係最經濟之槽化方法，但因非實體阻隔，對不遵守交通規則之駕駛人未能絕對防止超越，故僅適合於較單純之道路使用。

　　　(b) 利用槽化島槽化

　　　　平面交叉路口使用實體阻攔物做成不同之槽化島，將更能有效管制及保

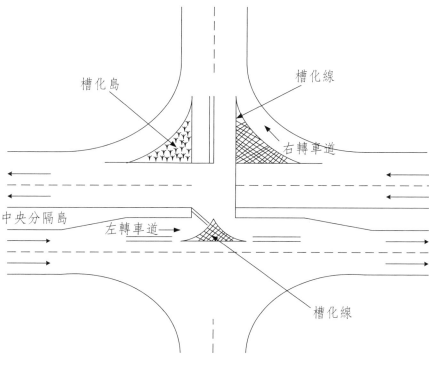

圖 2-14　平面交叉路口槽化示意圖

　　護車輛與行人，如圖 2-14 所示。

(c) 利用路面加寬槽化

　　若道路路權允許，為避免直通車輛受到轉向車輛之干擾，可將主要道路交叉路口部分之路面予以加寬，加寬部分之寬度至少需具有一車道，長度應按變速車道[5] 設計。

　　受到都市計畫劃設之道路寬度之限制，路面加寬往往必須縮減人行道寬度，基於以人為本之考量，此種作法較為少見。

(d) 利用圓環槽化

　　環型交叉為平面交叉之一種特殊型式，較適合於多叉交叉之路口；圓環係使車輛循反時鐘方向運行，以交織（weaving）代替直接交叉，以保持平順之運轉。

　　除交通量較少的路口或為達成減緩車速之目的之交通寧靜區（traffic calming zone）外，市區道路仍宜盡量避免圓環設計。

5　為加速或減速車道之總稱。加速車道是為了保障匯入車輛能安全加速以進入幹道所設置之變速車道；減速車道則是為保障車輛安全駛出高速車流以進入低速車道所設置的變速車道。

2.3.1.2 平面交叉之設計速率

平面交叉設計之速率，規定如下：

1. 平面交叉處之直行設計速率宜與一般路段之設計速率相同。

2. 轉向設計速率低於直行設計速率達 25 公里／小時者，應參照第 2.4.5 節（匝道分匯流區）之相關規定。

2.3.1.3 平面交叉之交通管制與視界

為了發揮道路設施之交通功能，有必要對平面交叉進行交通管制以保持清楚的視界，設置平面交叉之交通管制的一般性原則如下：

1. 平面交叉之管制可分為：號誌、「讓」或「停」標誌，以及無管制三種管制方式。

2. 平面交叉處需有充分視界，以看清叉路上左右來車。

2.3.1.4 平面交叉處之縱坡度與超高

受到地形影響，有些交叉亦需考量縱坡度與超高的因素，其設計規定為：

1. 平面交叉處之線形宜平直，若需設置超高時宜小於 3％。

2. 平面交叉處之縱坡宜平緩，交叉路口之縱坡度宜小於 3％，惟如地形特殊及情況受限者，不得大於 5%。車輛停等區範圍內，縱坡最大不得大於 6%。

3. 前項平面交叉路口，係指道路或人行道邊緣虛擬連接線以外 5 公尺，或停止線劃設後（不含截角）所涵蓋之路面，如圖 2-15 所示。

2.3.1.5 平面交叉轉角設計

平面交叉之轉彎大多數屬急轉彎狀態，因此平面交叉之轉角行車道邊線，宜與設計車種之轉向軌跡邊線保持 0.25 公尺以上之側向淨距。

2.3.1.6 緣石與緣石交通島之設計原則

緣石之設計原則如下：

1. 緣石側面至車道邊線之淨距宜大於 0.5 公尺，最小 0.25 公尺。緣石起點處與車道邊線之淨距宜大於 1.0 公尺，最小 0.5 公尺。

2. 緣石頂與路面之高差大於 20 公分時，其淨距應按前述規定增加 0.25 公尺。

3. 不同淨距界面之漸變比例宜大於 V_d/5 比 1，其中 V_d 係指設計速率。

至於緣石交通島之設計原則如下：

1. 緣石交通島之面積宜大於 7.0 平方公尺。

2. 三角形緣石交通島之邊長均宜大於 4.0 公尺，所有轉角處應有曲度。

3. 長條形緣石交通島之寬度宜大於 1.0 公尺，最小 0.5 公尺。長度不得小於 6 公尺。

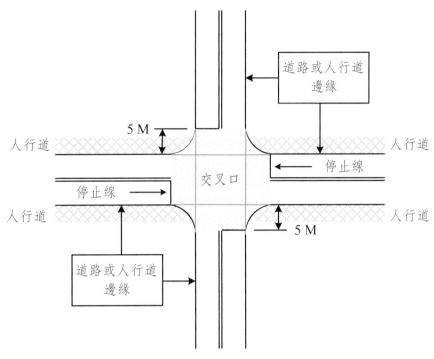

圖 2-15　平面交叉路口範圍示意圖

2.3.1.7 轉向彎道

轉向彎道（turning roadway）係於公路交叉處，因實際需要設置槽化路口供轉向且與主線分離之車道。轉向彎道至少需符合下列之規定：

1. 轉向彎道之最短停車視距需符合規定。

2. 轉向彎道內緣最小半徑 R_{min} 及超高率 e 宜大於表 2-13 規定。

3. 轉向彎道之超高漸變長度同第 2.2.2.4 節規定，超高漸變率得採容許最大值。

4. 表 2-13 中粗框外之超高率可不設緩和曲線。其餘同第 2.2.1.2 節緩和曲線規定。

5. 轉向彎道複曲線之相鄰兩圓曲線，大圓半徑不得大於小圓半徑之兩倍。複曲線中每一圓曲線段最短長度，依曲線半徑規定如表 2-14 所示。

6. 轉向彎道分匯流區，彎道與主線之橫向坡差，不得大於表 2-15 規定。橫坡超高漸變率規定應依第 2.2.2.3 節辦理。

7. 轉向彎道路寬

　(1) 設計交通狀況依行車運轉及主要設計車種，分為九種情況如表 2-16 所示。

　(2) 轉向彎道最小全寬依車道內緣半徑及設計交通狀況，規定如表 2-17 所示。

表 2-13　轉向彎道最小超高率

內緣半徑 R（公尺）	轉向彎道超高率 e（%）					
	$V_d = 20$	$V_d = 25$	$V_d = 30$	$V_d = 40$	$V_d = 50$	$V_d = 60$
500	NC	NC	NC	NC	NC	2.0
400	NC	NC	NC	NC	RC	2.5
300	NC	NC	NC	NC	2.0	3.5
200	NC	NC	NC	NC	2.5	5.0
150	NC	NC	NC	RC	3.5	6.5
120	NC	NC	NC	2.0	4.0	8.0
100	NC	NC	NC	2.0	5.0	$R_{min} = 115$
80	NC	NC	NC	2.5	6.0	
60	NC	NC	NC	3.5	$R_{min} = 80$	
50	NC	NC	NC	4.0		
40	NC	NC	RC	$R_{min} = 45$		
30	NC	NC	2.0			
25	RC	RC	2.0			
20	2.0	2.0	$R_{min} = 25$			
15	2.0	$R_{min} = 15$				
	$R_{min} = 10$					

註：(1) 若使用最小半徑時，採該設計速率之超高最大值。
　　(2) 內緣半徑係指靠圓心側之車道邊線半徑。
　　(3) NC：正常路拱。
　　(4) RC：反向路拱。

表 2-14　轉向彎道圓曲線最短長度

曲線半徑 R（公尺）	轉向彎道圓曲線段最短長度（公尺）	
	容許最小值	建議值
≥ 150	40	60
120	35	50
100	30	45
80	25	40
60	20	35
50	18	30
40	15	25
30	12	20
20	10	15

註：設計速率 20 公里／小時以下之轉向彎道應依據設計車輛轉向軌跡設計，不受上述表 2-14 及半徑比例之限制。

表 2-15　轉向彎道分匯流區橫向坡差

轉向彎道分匯流區設計速率 V_d（公里／小時）		≤ 30	40	50	≥ 60
橫向坡差 (%)	容許最大值	8	7	6	5
	建議值	5	5	5	4

表 2-16　轉向彎道設計交通狀況

行車運轉	主要設計車種	設計交通狀況代號
單車道不超車	小客車 P	1A
	貨車 SU	1B
	中型半聯結車 WB12	1C
單車道超越停止車輛	小客車 P– 小客車 P	2A
	小客車 P– 貨車 SU	2B
	貨車 SU– 貨車 SU	2C
雙車道行車	小客車 P– 貨車 SU	3A
	貨車 SU– 貨車 SU	3B
	中型半聯結車 WB12–WB12	3C

表 2-17　轉向彎道最小全寬

內緣半徑 R（公尺）	轉向彎道最小全寬（公尺）								
	單車道不超車			單車道超越停止車輛			雙車道行車		
	1A	1B	1C	2A	2B	2C	3A	3B	3C
≥ 200	3.7	4.2	4.3	5.2	5.7	6.2	7.3	7.8	8.0
150	3.8	4.3	4.4	5.3	5.8	6.3	7.4	7.9	8.1
135	3.8	4.3	4.4	5.4	5.9	6.4	7.5	8.0	8.2
120	3.8	4.3	4.4	5.4	5.9	6.4	7.5	8.0	8.3
100	3.8	4.4	4.5	5.4	5.9	6.5	7.5	8.1	8.4
80	3.8	4.4	4.6	5.5	6.0	6.6	7.6	8.2	8.6
70	3.9	4.5	4.7	5.6	6.1	6.7	7.7	8.3	8.7
60	4.0	4.5	4.7	5.6	6.1	6.8	7.7	8.4	8.9
50	4.1	4.6	4.9	5.7	6.2	7.0	7.8	8.5	9.1
45	4.2	4.6	4.9	5.8	6.3	7.0	7.9	8.6	9.2
40	4.3	4.7	5.0	5.9	6.4	7.2	8.0	8.7	9.4
35	4.4	4.8	5.2	6.0	6.5	7.3	8.0	8.9	9.6
30	4.5	4.9	5.3	6.1	6.6	7.5	8.2	9.0	9.9
25	4.7	5.0	5.5	6.3	6.8	7.7	8.5	9.3	10.2
20	5.0	5.2	5.8	6.5	7.1	8.1	8.9	9.6	10.8
15	5.5	5.5	6.4	6.8	7.5	8.7	9.5	10.2	11.8

註：本表與表 2-23 相同。

2.3.1.8 轉向車道

轉向車道包括：平面交叉路口需停等之左、右轉車道，及不需停等直接銜接轉向彎道之加、減速車道。轉向車道的寬度、長度，以及設計速率說明如下：

1. 轉向車道寬度

(1) 轉向車道宜與直行車道同寬度，至少 2.75 公尺。需停等之轉向車道，得不設緣石淨距及路肩。

(2) 減速車道寬度漸變比例規定如表 2-18 所示。

表 2-18　減速車道寬度漸變比例

漸變比例	設計速率 V_d（公里／小時）							
	20	30	40	50	60	70	80	90
最小比例	3:1	4:1	6:1	8:1	10:1	12:1	14:1	15:1
最大比例	4:1	6:1	8:1	10:1	12:1	14:1	16:1	18:1

2. 轉向車道長度

(1) 需停等時之等待長度，依交通需求設定，最小 20 公尺；減速長度（包括車道漸變段）規定如表 2-19 所示。

表 2-19　最短減速長度

最短減速長度	設計速率（公里／小時）							
	20	30	40	50	60	70	80	90
最小值（公尺）	25	30	35	45	65	80	100	120
建議值（公尺）	35	40	60	75	95	115	135	150

(2) 不需停等而直接與轉向彎道銜接之加、減速車道長度，與 2.4.5 節（匝道分匯流區）規定相同。

3. 轉向設計速率低於直行設計速率達 25 公里／小時者，宜加設加減速車道。但設有「停」標誌或號誌管制之公路不在此限。

2.3.1.9 中央分隔帶開口

中央分隔帶開口之設計規定如下：

1. 除寬度 8 公尺以上之橫交道路、有行人穿越需求、備有救護車之醫院大門口、消防隊等外，原則上中央分隔帶不設開口。專供汽車迴轉及慢車穿越者，其間距不宜小於 300 公尺。

2. 分隔帶開口，供車輛穿越者應依交通量及設計車輛行駛軌跡，比照交叉路口設計，其側向淨距宜保持 0.25 公尺以上。

3. 分隔帶開口，供車輛迴轉者應符合設置轉向車道或交叉路口之規定，但供緊急車輛迴轉之開口不在此限，惟需設置必要之管制設施。

4. 分隔帶開口之最小長度，不得小於橫交道路全寬（不含人行道）且不小於行車道加 2.5 公尺，亦不得小於 12.5 公尺。專供車輛迴轉之分隔帶開口，不受此限。

5. 專供人行之開口，應有適當之交通管制設施。

2.3.2 道路與軌道系統之平面交叉

平交道係指鐵路與公路相交處，為維護列車行經平交道之安全，設置交通控制設備。軌道平交道應依照軌道系統相關規章辦理。

2.3.3 路口之立體交叉設計

路口之立體交叉為多條道路或道路與軌道系統在不同平面上交叉。

2.3.3.1 道路立體交叉

1. 立體交叉設計型式

立體交叉可分為無匝道立體交叉及有匝道立體交叉。無匝道立體交叉係指上下兩公路無匝道相連，故無需考量匝道處之匯入（merging）與分流（diverging）問題。

2. 立體交叉處之視距

公路及市區道路在立體交叉處之視距不得小於最短停車視距之規定。在出口處宜採用更長之視距。

3. 立體交叉處縱坡、超高率與曲線半徑

(1) 無匝道立體交叉之縱坡度、超高率與平曲線最小半徑同第 2.2 節之規定。

(2) 立體交叉之匝道分匯流區主線之最大縱坡度規定如表 2-20，地形受限制或其他特殊情況得增加 1%。（註：「市區道路及附屬工程設計規範」（2009）中，將「立體交叉之匝道分匯流區主線」定義為「交流道匝道分匯流區主線」）

表 2-20　立體交叉之匝道分匯流區主線最大縱坡度

主線設計速率 （公里／小時）	120	110	100	90	80	70	60	50
最大縱坡度（%）	2	2	2	3	3	4	5	6

註：市區道路之設計速率為 50～100 公里／小時。

(3) 立體交叉之匝道分匯流區主線之最大超高率與平曲線最小半徑規定如表 2-21 所示，一般情況宜採用建議值。

表 2-21　立體交叉之匝道分匯流區主線最大超高率與平曲線最小半徑

主線設計速率 （公里／小時）		120	110	100	90	80	70	60	50
最大超高率（%）		3	3	3	3	3(4)	3(4)	4(5)	5(5)
最小半徑 （公尺）	建議值	2,300	2,000	1,700	1,450	1,150	900	500	250
	容許 最小值	1,500	1,250	1,000	800	600 (500)	450 (350)	300 (200)	180 (150)

註：市區道路之設計速率為 50～100（公里／小時）；括弧內數值為地形受限制或其他特殊情況。

4. 立體交叉之淨空

立體交叉之淨空考量，主要爲了顧及上方或下方車輛通行之順暢。因此需符合以下設計標準：

(1) 立體交叉之垂直淨空

(a) 立體交叉處之行車道及路肩淨高宜大於 4.6 公尺。

(b) 限制車種通行者，淨高不得小於最大可通行車輛高度加 0.5 公尺，並應設置限高或警告設施。

(c) 專用慢車道之淨高宜大於 2.5 公尺。

(2) 高架道路與建築物之側向淨空

高架道路與建築物結構外緣線間之側向淨空，在主線結構不得小於 4.5 公尺，在匝道結構不得小於 3 公尺。

此外，除非特殊情況，立體交叉處跨越橋及穿越道之橫斷面宜和前後接續道路一致。行車道外之側向淨寬在立體交叉結構前若有縮減，跨越橋應以設計速率 $V_d/5$ 比 1 以上之漸變率達成，穿越道應以 $V_d/2$ 比 1 以上之漸變率達成。

5. 立體交叉之側車道寬度

立體交叉如需設置高架橋下之平面側車道時，其全寬度以大於 4.5 公尺爲宜，不得小於 3.0 公尺，並應留設迴轉車道空間。

2.3.3.2 道路與軌道系統之立體交叉

道路與軌道系統立體交叉之規定如下：

1. 設計速率 80 公里／小時以上之道路（快速道路以上）與軌道系統相交，應採用立體交叉。

2. 其他道路與軌道系統交叉，除輕軌系統外，宜採用立體交叉，並應參照各類軌道系統相關規章辦理。

至於道路與軌道系統立體交叉處，其視距、縱坡度、淨空之設計同第2.3.1節規定。

2.4 交流道設計

交流道（interchange）係指高速公路、快速公路或高架道路與其他道路交匯之處，由「立體交叉」或「平面交叉」與數個匝道（ramps）或集散道（collector/distributor roadways, C-D roadways）所組成，用以引導車輛轉換不同公路的一種交通設施。當兩條高速公路（主幹線）交會時的交流道，則稱之為系統交流道。

2.4.1 交流道之型式

交流道之型式有很多種，分類之型式也各有不同，本節區分成立體（grade-separated）及平面（at-grade）兩種。

2.4.1.1 立體型交流道

立體型交流道之設置型式可分成以下三種：

1. 喇叭型（trumpet）

喇叭型交流道亦稱之為 T 型交流道，為高速公路與其他公路交叉，出入口皆位於同一處，因設置數個匝道與一環道形似喇叭而得名，其中環道（loop）供車流量較小的一方進出。此型交流道適合匝道收費之高速公路系統使用，是次世代的交流道型式，參見圖 2-16(a)、(b)。

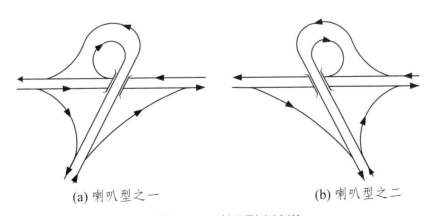

(a) 喇叭型之一　　　　　(b) 喇叭型之二

圖 2-16　喇叭型交流道

（資料來源：維基百科）

2. Y型

Y型交流道捨去環道，改以路線較長、起伏較大的高架橋梁連貫動線。Y型交流道同樣也是次世代之交流道型式，參見圖 2-17(a)、(b)、(c)。

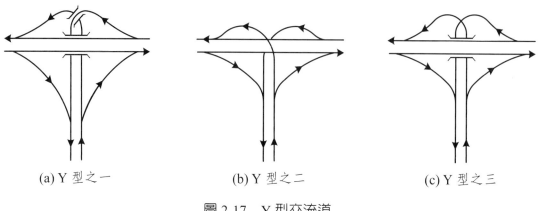

(a) Y 型之一　　　　　　(b) Y 型之二　　　　　　(c) Y 型之三

圖 2-17　Y 型交流道

（資料來源：維基百科）

3. 其他型式

(1) 苜蓿葉型（cloverleaf）

苜蓿葉型交流道（也稱四葉型、幸運草型），設置四個環形匝道，讓左轉車輛行駛約 270° 的環道後自右側匯入高速公路，適用於高速公路與交通量大之連接道路。其優點在於高速公路連接道路無平面交叉，匝道不互相干擾，轉向交通皆能快速通行，此型式僅需一座高架橋就可使交通暢通；但其缺點為用地較廣、路線迂迴較長、兩環間的路段也容易形成交織路段、直行車輛易受轉向車輛干擾。為解決上述問題，部分交流道加入集散道的設計，舒緩交織路段的交通，參見圖 2-18a。

AASTHO（1990）亦納入半苜蓿葉型（partial cloverleaf）設計，類似 Y 型設計，半苜蓿葉型交流道通常有兩個環道與兩個出口匝道，僅需一座高架橋梁，一般用於高速公路與地區道路成十字交叉之路線上。此型式可疏導之交通量較鑽石型交流道大，且設有環道避免交叉之交通衝擊，但工程費用亦較鑽石型高，參見圖 2-18b。

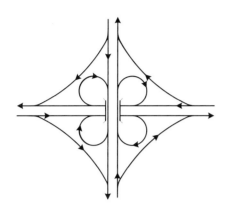
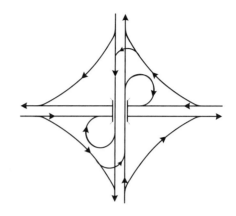

圖 2-18a　苜蓿葉型　　　　圖 2-18b　半苜蓿葉型（AASHTO, 1990）

（資料來源：維基百科）

(2) 環狀型（stack）

環狀型交流道與四叉全定向型交流道[6]（all directional four leg interchange）相同，為設置「高架匝道」穿越兩高速公路間，與對向右轉匝道相互匯流後再匯入高速公路；其交流道層數多，無苜蓿葉型之缺點，但造價較昂貴，一般為三層之形態，參見圖 2-19a。AASTHO（1990）亦納入三叉定向型交流道（directional three leg interchange）設計，參見圖 2-19b。

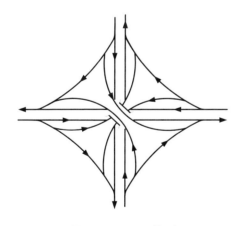

圖 2-19a　環狀型　　　　　圖 2-19b　三叉定向型（AASHTO, 1990）

（資料來源：維基百科）

6　亦稱四叉全直接型交流道。

(3) 四環混合型

　　四環混合型交流道，為苜蓿葉型交流道和環狀型交流道的結合體。不但可以擁有環狀型交流道的優點，造價也相對便宜。

(4) **鑽石型**（diamond）

　　鑽石型交流道（也稱菱形），其優點為動線單純、用地較小、由主要公路駛出之車輛均順向行駛、匝道線形較平直且長度可任意決定，但其缺點為交通量大時容易堵塞，常見於聯絡地區性道路的交流道上（如台 61 線快速道路），參見圖 2-20。

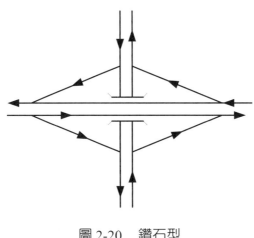

圖 2-20　鑽石型

（資料來源：維基百科）

(5) **單象限型**（one quadrant）

　　單象限型，參見圖 2-21。

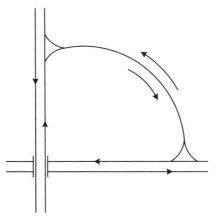

圖 2-21　單象限型（AASHTO, 1990）

受到土地資源稀少，地形限制等影響，位於都會區中的交流道大部分皆為多重混合型。多重混合型乃是綜合以上各種交流道型式之特點，以適應各種因素限制之交流道型式。

2.4.1.2 平面型交流道（平交匝道）

臺灣某些省道等級快速公路的交流道，是以平面交叉的型式來聯絡地區道路（如台61線和台66線）。其旁邊通常會佈設不屬於快速公路系統的二線道側車道供地區聯絡使用，並兼作為平面交流道的集散道，讓快速公路主線保有直行的路權。此種交流道型態可說是鑽石型立體交流道的簡化版，如圖2-22所示。

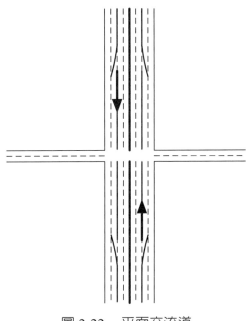

圖2-22　平面交流道

（資料來源：維基百科）

2.4.2 交流道之間距

交流道之間距，係指與交流道相交之聯絡道間之距離。交流道車流頻繁匯出、匯入影響正常行車，短程旅次的湧入，更使車流量大幅增加，導致常態性塞車主因。因此交流道之間距在市區宜大於1.5公里，在鄉村區宜大於3公里，且必須符合環保、地形要求。若密度過高，則會導致短程旅次大量湧入，高速公路通車便利性大為降低。

臺灣中山高速公路之交流道數量目前為75處，密度之高全球罕見，桃園縣為短程旅次比例最大的縣市，根據中山高桃園路段車流監測資料，該路段單純往來於桃園縣境

各處交流道的車輛，將近四成五。

2.4.3 交流道車道平衡、車道縮減，以及分匯流輔助車道

交流道設計必須考量車道平衡、車道縮減，以及分匯流輔助車道之佈設：

1. 車道平衡

車道平衡之主要目的在於控制匯流、分流前後之車道數變化，使分匯流不至於影響高、快速公路之主線交通。

(1) 匯流後車道數大於或等於匯流前車道數之和減 1。

(2) 分流前之車道數等於分流後車道數之和減 1。

(3) 車道平衡宜藉分匯流輔助車道之設置以達成，並宜兼顧基本車道數及路線之連續性與一致性。

2. 車道縮減

公路之車道數並非不可改變，但車道必須逐次縮減，不可同時縮減二車道以上。基本車道縮減之漸變率宜採用 $V_d/2$ 比 1（V_d 表設計速率）。

3. 分匯流輔助車道

分匯流輔助車道寬度和主線車道相同。路肩寬度宜大於 1.8 公尺，最小 0.5 公尺（若特殊狀況下，不宜小於 0.25 公尺）。

2.4.4 匝道設計

匝道又稱引道，有上、下匝道（進口、出口匝道）之區別，為交流道的主要設施之一，通常指提供車輛進出主幹線（高速公路、高架道路、橋梁，及行車隧道等）的一小段輔助車道（auxiliary road），主幹線的陸橋／斜道／引線連接道，以及集散道等之附屬接駁路段。匝道型態分為以下幾種：

（以下專有名詞係以靠右行駛的道路設計為例加以說明，與靠左行駛的道路設計，僅需將左右兩字互換。）

1. 定向式匝道（directional ramp/road）：由主線右外側車道分流後，再右轉彎之匝道型式。

2. 半定向式匝道（semi-directional ramp/road）：由主線右外側車道分流後，再以90 度角左轉彎之匝道型式。

3. 非定向式匝道（non-directional ramp/road）：環道（loop ramp）由主線右外側車道分流後，再以 270 度角左轉彎之匝道型式。

4. 迴轉匝道（U-turn ramp/road）：U 型轉向的匝道。

此外，匝道設計之規範如下：

1. 設計速率

    (1) 匝道之設計速率為主線設計速率之 50～80%，一般視匝道型式，採用下列規定：

    a. 定向式匝道設計速率不宜低於 60 公里／小時。

    b. 半定向式匝道設計速率不宜低於 50 公里／小時。

    c. 環道設計速率不宜低於 40 公里／小時。

    (2) 若因特殊條件不能達到上列標準時，必須佈設適當之集散道路或加減速車道。

2. 視距

    匝道上之視距應符合最小之停車視距。

3. 縱坡度與豎曲線

    (1) 匝道之縱坡度依設計速率規定如表 2-22 所示，一般情況宜採用建議值。

    (2) 匝道之豎曲線同第 2.2.3.3 節規定。

表 2-22　匝道縱坡度（%）

縱坡度	設計速率（公里／小時）						
	25	30	40	50	60	70	80
最大建議值	7.5	7.0	6.0	5.5	5.0	4.5	4.0
容許最大值	10.0	9.5	9.0	8.5	8.0	7.0	6.0

4. 道之最小半徑、超高、超高漸變長度，及緩和曲線長度宜和主線相同，銜接地區道路端匝道不得小於第 2.3.1.7 節（轉向彎道）規定。匝道之複曲線同第 2.2.1.1 節規定。

5. 行車道寬度

    (1) 匝道行車道最小寬度、單車道匝道行車道加兩側路肩最小總寬規定如表 2-23 所示。

    (2) 匝道每側路肩不得小於 0.5 公尺（特殊狀況下，不得小於 0.25 公尺），右側路肩宜大於 1.8 公尺。

    (3) 單向匝道行車道與兩側路肩之總和不宜大於最小行車道寬度加 3.0 公尺。

表 2-23　匝道行車道最小寬度

內緣半徑 R（公尺）	匝道行車道最小寬度（公尺）								
	單車道行車道			單車道行車道加路肩			雙車道行車道		
	小客車	貨車	中型半聯結車	小客車	貨車	中型半聯結車	小客車	貨車	中型半聯結車
≥ 200	3.7	4.2	4.3	5.2	5.7	6.2	7.3	7.8	8.0
150	3.8	4.3	4.4	5.3	5.8	6.3	7.4	7.9	8.1
135	3.8	4.3	4.4	5.4	5.9	6.4	7.5	8.0	8.2
120	3.8	4.3	4.4	5.4	5.9	6.4	7.5	8.0	8.3
100	3.8	4.4	4.5	5.4	5.9	6.5	7.5	8.1	8.4
80	3.8	4.4	4.6	5.5	6.0	6.6	7.6	8.2	8.6
70	3.9	4.5	4.7	5.6	6.1	6.7	7.7	8.3	8.7
60	4.0	4.5	4.7	5.6	6.1	6.8	7.7	8.4	8.9
50	4.1	4.6	4.9	5.7	6.2	7.0	7.8	8.5	9.1
45	4.2	4.6	4.9	5.8	6.3	7.0	7.9	8.6	9.2
40	4.3	4.7	5.0	5.9	6.4	7.2	8.0	8.7	9.4
35	4.4	4.8	5.2	6.0	6.5	7.3	8.0	8.9	9.6
30	4.5	4.9	5.3	6.1	6.6	7.5	8.2	9.0	9.9
25	4.7	5.0	5.5	6.3	6.8	7.7	8.5	9.3	10.2
20	5.0	5.2	5.8	6.5	7.1	8.1	8.9	9.6	10.8
15	5.5	5.5	6.4	6.8	7.5	8.7	9.5	10.2	11.8

註：本表與表 2-17 相同。

2.4.5 匝道分匯流區

　　高速公路匝道係指與高速公路連接而供車輛上下之輔助車道。入口匝道與主線之車輛會產生匯流現象；反之，出口匝道與主線之車輛會產生分流現象。出入口匝道之設計規範分別敘述如下：

1. 出口匝道（參見圖 2-23）

　　(1) 減速長度 DL 由匝道車道寬度等於主線車道寬度處起算，至減速長度終點可達速率之對應點止，不得小於表 2-24 規定。

　　(2) 平行式出口匝道（參見圖 2-23(a)、圖 2-23(b)），減速車道漸變段 DT，及平行段長 DP（車道漸變段終點至鼻端距離），不得小於表 2-25 規定。

　　(3) 定向式出口匝道（參見圖 2-23(c)、圖 2-23(d)），岔出長度 DS（車道漸變段起點至鼻端之總長）不得小於表 2-26 規定。

(4) 鼻端處緩衝區鋪面漸縮長度 DZ = 0.3CV_r，其中：

　　C 爲主線或匝道之鼻端退縮距離，宜大於路肩寬度，特殊情形得免設。

　　V_r 爲主線或匝道在鼻端處之低流量平均行駛速率。

(5) 雙車道出口匝道分流區應加設平行車道以維持車道平衡。平行車道標準長度同平行式出口匝道平行段長度 DP。

(6) 出口匝道鼻端距離主線隧道出口宜 300 公尺以上。

表 2-24　減速長度

主線設計速率 V_d （公里／小時）	匝道速率 V'（公里／小時）							
	80	70	60	50	40	30	20	0
	減速長度 DL（公尺）							
100	100	110	120	135	145	155	160	165
90	—	95	105	115	125	135	145	150
80		—	80	95	105	115	125	130
70			—	70	85	95	105	110
60				—	65	75	85	90
50					—	55	65	75

表 2-25　平行式減速車道

主線設計速率 V_d （公里／小時）	120	110	100	90	80	70	60	50
車道漸變段 DT（公尺）	80	75	70	65	55	50	45	40
平行段長 DP（公尺）	120	110	100	90	80	70	60	50

註：市區道路之主線設計速率爲 50～100（公里／小時）。

表 2-26　定向式減速車道

主線設計速率 V_d （公里／小時）	120	110	100	90	80	70	60	50
岔出長度 DS（公尺）	180	170	160	145	125	110	90	75

註：市區道路之主線設計速率爲 50～100（公里／小時）。

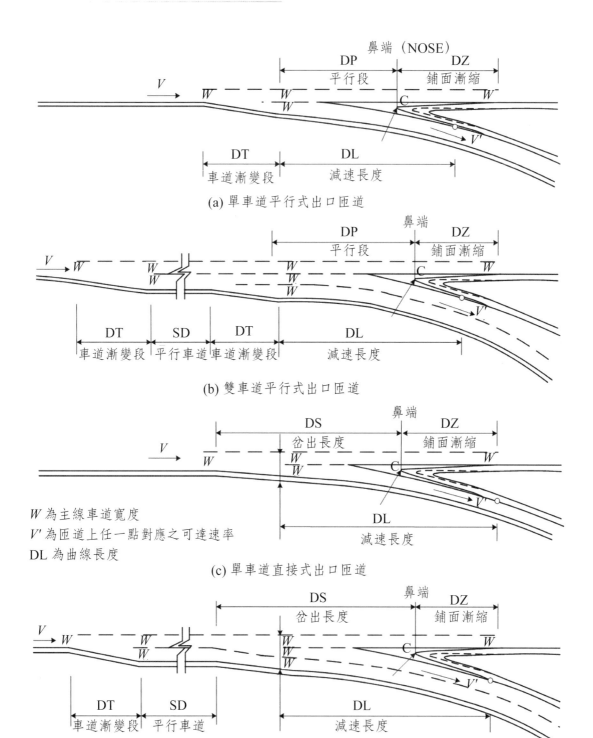

(a) 單車道平行式出口匝道

(b) 雙車道平行式出口匝道

W 為主線車道寬度
V' 為匝道上任一點對應之可達速率
DL 為曲線長度

(c) 單車道直接式出口匝道

(d) 雙車道直接式出口匝道

圖 2-23　出口匝道分流區

2. 入口匝道（參見圖 2-24）

(1) 入口匝道之加速長度 AL、入口前加速長度 BL、匯入操作長度 ML，及平行式入口匝道（參見圖 2-24(a)、圖 2-24(b)）之加速車道漸變段 AT，不得小於表 2-27 規定。

(2) 加速長度 AL 由加速長度起點可達速率之對應點起算，至匯入操作區之終點為止。

(3) 入口前加速長度 BL 由加速長度起點可達速率之對應點起算，至匯入操作區之起點為止。

(4) 匯入操作區之起點為匝道內側邊緣距主線邊緣 0.6 公尺處。匯入操作區之終點為匝道外側邊緣距主線邊緣 2.1 公尺處。

(5) 雙車道入口匝道匯流區，應加設平行車道以維持車道平衡。平行車道標準長度同入口匝道匯入長度 ML。

表 2-27　加速長度

主線設計速率 V_d（公里／小時）	AT（公尺）	ML（公尺）	匝道速率 V'（公里／小時）								
			90	80	70	60	50	40	30	20	0
			加速長度 AL／入口前加速長度 BL（公尺）								
120	95	165	240 / —	285 / 65	370 / 130	425 / 190	475 / 235	505 / 265	530 / 290	550 / 305	560 / 315
110	90	145	—	190 / —	275 / 65	330 / 120	375 / 170	410 / 200	440 / 225	450 / 240	465 / 250
100	85	130		—	190 / 10	250 / 70	300 / 120	330 / 150	350 / 170	370 / 190	380 / 200
90	75	115			—	165 / 15	210 / 60	245 / 95	270 / 120	285 / 135	295 / 145
80	70	100				—	130 / 10	165 / 45	190 / 65	205 / 85	215 / 95
70	60	85					— / —	110 / 10	130 / 30	150 / 50	160 / 60
60	55	70						75 / —	100 / —	115 / 20	125 / 30
50	45	60						—	75 / —	90 / —	105 / —

註：市區道路之加速長度，參見匝道速率 0～70（公里／小時）、主線設計速率 50～100（公里／小時）。

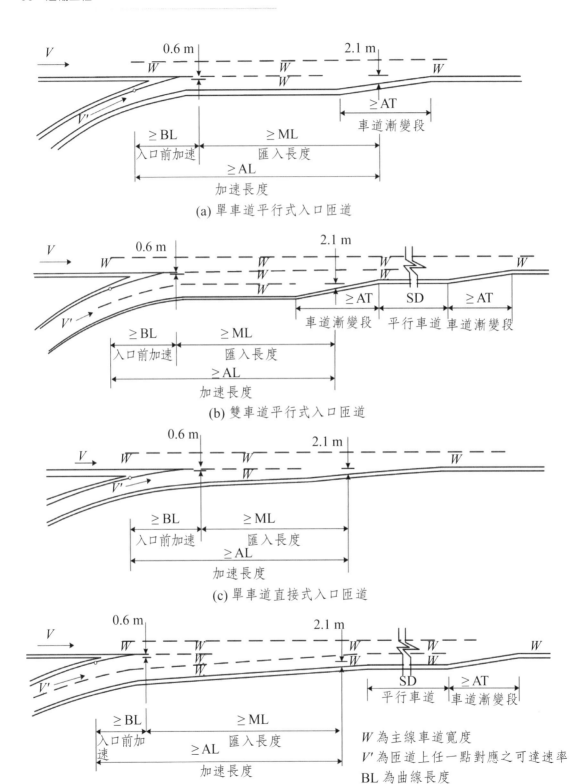

(a) 單車道平行式入口匝道

(b) 雙車道平行式入口匝道

(c) 單車道直接式入口匝道

W 為主線車道寬度
V′ 為匝道上任一點對應之可達速率
BL 為曲線長度

(d) 雙車道直接式入口匝道

圖 2-24　入口匝道匯流

3. 加減速長度之坡度修正係數

加減速車道之縱坡度大於 2% 時，變速長度應按表 2-28 係數修正之。

表 2-28 　變速長度坡度修正係數

縱坡度 (%)	減速長度 修正係數	加速長度修正係數 V_d（公里／小時）			
		$V_d=120$	$V_d=100$	$V_d = 80$	$V_d = 60$
6	0.79	3.00	2.50	2.10	2.00
5	0.82	2.20	2.00	1.80	1.70
4	0.85	1.80	1.70	1.60	1.50
3	0.88	1.50	1.50	1.40	1.30
2	0.92	1.30	1.30	1.20	1.20
−2	1.10	0.85	0.85	0.90	0.90
−3	1.15	0.75	0.80	0.80	0.85
−4	1.21	0.70	0.75	0.75	0.80
−5	1.28	0.65	0.70	0.70	0.75
−6	1.35	0.60	0.65	0.65	0.70

註：市區道路之設計速率為60～100（公里／小時），其變速長度坡度修正係數，參見本表之加速長度修正係數。

 例題 2-1

已知主線道設計速率 V_d 為 100 公里／小時，匝道速率 V' 為 70 公里／小時，縱坡度為 +6%，則出口減速長度（AL）與入口減速長度（DL）為多少公尺？

 解答 2-1

(1) 出口匝道

表 2-24 得減速長度 = 95 公尺，表 2-28 得減速長度修正係數 = 0.79，修正後之減速長度 = 95 × 0.79 = 75.05 公尺。

(2) 入口匝道：

由表 2-27 得加速長度 = 190 公尺，由表 2-28 得加速長度修正係數 = 2.50 修正後之加速長度 = 190 × 2.50 = 475 公尺。

4. 匝道分匯流區之橫坡差

匝道分匯流區之橫坡差規定應參照第 2.3.1.7 節（轉向彎道）之規定。

5. 匝道分匯流區之超高漸變

匝道分匯流區之超高漸變規定應參照第 2.2.2.3 節及第 2.2.2.4 節之規定。

2.5 結論與建議

道路設計程序及準則，所涵蓋內容包括道路平面線形、超高、縱面線形、橫斷面、交叉路口，以及交流道設計等在內。由於道路幾何設計的整體設計複雜，再加上設計標準會受到車輛性能提升、科技進步，以及鋪面材料的改良而不斷有所調整，因此必須善用電腦繪圖與設計軟體才能達到最佳的設計成果。

交叉路口為各方來車、行人匯入與匯出之節點，也是發生交通衝突最多的地方，為了保持交通之安全與順暢就必須透過時間區隔與空間區隔的設計，才能達到設定之安全與效率目標。

在交叉路口進行路權的時間區隔，主要指的是號誌設計的部分。至於在交叉路口進行路權的空間區隔，主要就是本章所講的平面交叉設計與立體交叉設計兩種。平面交叉的成本較低，但防護性較不高；而立體交叉設計則剛好相反。根據統計，交叉路口為肇事率最高的地點之一，因此為了有效降低路口之肇事率，除了應用傳統的交通工程手段之外，必須更進一步導入新的科技，如碰撞預警設備，以及減少交通衝突點的交通管理方式，如兩階段左轉等措施，才能有效改善現況的缺失。

至於交流道為高、快速道路之重要組成元素，用以連接都市、鄉村之人口聚集區域或其他交通設施。適當的交流道設置可帶來非常大的便利性，並帶動區域的發展，但由於交流道的設置會造成匯入與匯出的加、減速之駕駛行為，因此無可避免的會減少高、快速道路容量，也會造成交通安全的問題，因此交流道的設置宜審慎為之。

臺灣高速公路的交流道設置密度非常高，短途使用的比例也偏高，此一現象有違高速公路當初闢建之目的，若能採用匝道收費的方式，落實使用者付費之原則或許可以減少短途車輛的比例，從而提高高速公路的使用效率。

近年來由於生活水準提升，環保意識日益增強，民眾對於道路已逐漸由「量」的需求轉變至「質」的提升。然而，目前道路的規劃設計，均以機動車輛的使用效率及安全性為主，且規劃設計人員大多僅著重可見的工程效果，甚少納入永續經營的理念。此外，強調環保與人本的「綠色運輸工具」及強調社會公平的「無障礙運輸環境」等均已是全世界道路建設發展潮流，而國內道路的規劃與設計者卻普遍缺乏對環境與人本思想的結合，經常忽略這兩者的使用需求。因此，未來尚需藉由導入永續發展理念與做法，改正以往傳統的道路規劃與設計方式，減少道路興建後之負面影響，其犖犖大者包括：

(1) 環境保護、(2) 人性化要求、(3) 生態工法的應用、(4) 道路景觀與綠美化，以及 (5) 道路環境保水性與透水性需求。

問題研討

1. 請說明道路設計之程序。
2. 道路設計內容可列分為幾個部分？請分別詳細說明之。
3. 請說明道路橫斷面之構成要素及其設計準則。
4. 試詳述道路平面設計的組成及其詳細內容。
5. 請說明超高設置之相關規定與計算公式。
6. 道路之縱向坡度（簡稱縱坡）設計所需注意的相關規定有哪些？
7. 何謂爬坡車道，其設置時機與設置方式為何？
8. 何謂豎曲線，其設計之時機與相關規定有哪些？
9. 請說明道路平面交叉設計之型式與處理槽化的方式。
10. 請說明道路立體交叉設計之型式與其設計標準。
11. 請說明道路與軌道系統之平面交叉，以及立體交叉設計規定。
12. 請說明評選設置交流道的重要原則。
13. 請說明交流道之設置型式及其優劣點。
14. 請說明交流道匝道型態之種類。
15. 試說明交流道進口、出口匝道之種類與設計標準。

相關考題

1. 若一平面交叉路口由主要公路與次要公路相交，且其交通控制設施僅有在次要公路上設置「讓」標誌，試繪出到達平面交叉之視線三角形（sight triangle）以輔助說明如何求得此次要公路之安全速率。（25 分）（90 專技高）
2. 請分別說明下列三種視距的定義，及其在道路規劃設計有何應用？（每小題 10 分，共 30 分）（91 專技高）
   （一）停車視距
   （二）超車視距平面

（三）交叉路口視距

3. 請說明公車專用道於道路橫斷面上的配置方式有幾種？其優缺點及適用的時機及考慮因素為何？（20 分）（95 專技高）

4. 繪示意圖並簡答下列各題：（70 分）（97 專技高）

（十）試繪時空圖說明郊區雙向二車道中，甲車能在對向丙車未到達撞擊點前安全超越乙車之時空變化圖。

5. 計算題：（30 分）

（一）試由駕駛人之認知及煞車反應時間（t）與能量不滅定律（97 專技高）

1. 證明停車視距 $D = 0.278tV + \dfrac{V^2}{254f}$

2. 若摩擦係數 $f = 0.3$，則 DHV = 100 km/hr 坡度為 3% 之公路下坡路段的停車視距為何？

3. 狀況完全相同之兩車同時以 100 km/hr 之速率行駛於前述下坡路段，若後車之反應時間 t 為 2 秒時，則安全之跟車距離是多少？

6. 試述公路線形設計之重要性，並述線形設計時應考慮之事項。（25 分）（99 專技高）

7. 試述「通用設計」（universal design）之意義及其七項原則，並舉兩項未能符合通用設計原則之現有交通運輸設施，且述如何改善之。（25 分）（99 專技高）

8. 公路幾何設計時之豎曲線（vertical curve）可採用圓曲線、二次拋物線或螺旋曲線，惟實務上，公路設計一般均採二次拋物線。請詳述其原因。（20 分）（100 專技高）

9. 某高速公路上之既有 A、B 兩交流道，其距離為 12 公里，因地方民意之強烈需求，建議在位於 A、B 交流道中點處增建一全新交流道與既有地方集散道路連通，以促進當地之產業發展。請回答下列兩項問題：（20 分）（100 專技高）

（一）可增建此交流道之先決準則為何？

先決準則意指符合增建交流道之必備條件。

（二）如先決準則已全然具備，欲增建此交流道之充分準則有那些？

充分準則意指可說服社會大眾及「高速公路增設交流道審議委員會」接受增建此交流道之輔助或補強之條件。

10. 一般在設計公路的圓曲線的單曲線時，在已知曲線半徑（R）與曲線中心角度（D）或偏向角（Δ）之下，可以計算該單曲線的各要素，包括：單曲線的長度（L）、長弦（L_c）、中央縱距（M）、外線縱距（E）等資料。試以上述符號為例，回答以下問題，並請繪製必要的圖示，以輔助解題說明：（101 專技高）

（一）試計算中央縱距。（10 分）

（二）求解中央縱距的目的為何？（5 分）

（三）該單曲線長度大於水平視距的安全停車視距，試計算障礙物支距（offset distance, M）至少必須大於何數值，以確保行車安全？（10分）

11. 臺灣地區西部運輸走廊高速公路穿越的主要都會區中，由於經濟活動頻繁且人口密集，中、長途的高速公路旅次逐年增加，因而對於增設交流道的需求日益殷切；雖然增設交流道可以擴大高速公路的服務範圍與旅運需求，但對於高速公路提供中長途的高速運輸效率，將造成負面的衝擊，且所需經費龐大，因此必須進行審慎的評估程序與決策流程。試以高速公路增設交流道為例，從促進經濟發展、工程設計、成本效益，以及環境生態等面向，進行高速公路增設交流道的系統化分析，並輔助說明相關的工程與管理內涵。（25分）（101專技高）

12. 某車輛正以速度 V 高速行駛於某郊區公路的特定路段，進行等圓周運動；該路段轉彎半徑 R、超高度 e（Rate of superelevation）、道路內外側車道的高程差夾角 α，車輛輪胎與路面的側向摩擦係數為 f_s、車重為 W。試以上述案例，推導該道路的轉彎半徑與超高度之間的關係；推導過程中，請說明必要的假設，並繪製對應的圖形輔助說明。（20分）（103專技高）

13. 公路路線在定線時應遵行的指導原則與注意事項為何？（20分）（104專技高）

參考文獻

一、中文文獻

1. 內政部營建署，2009，市區道路及附屬工程設計規範，臺北。

2. 內政部營建署，2009，自行車路線規劃設計之原則參考手冊。

3. 內政部營建署全球資訊網，2003.04，市區道路交通島設計手冊，網址：http://www.cpami.gov.tw/。

4. 內政部營建署，2001，市區道路工程規劃及設計規範之研究。

5. 交通部運輸研究所，2001，機車專用道之設計與設置準則初探。

6. 內政部，1975，市區道路地下管線埋設物設置位置圖說明，臺北。

7. 交通部公路總局，2010.03，認識公路，網址：http://www.thb.gov.tw/tm/Menus/Menu08/main0801/main0801-3.aspx。

8. 交通部公路總局，2009，公路橫斷面最適化使用手冊之修訂，臺北。

9. 交通部高速公路局，2018.10，交流道、服務區里程一覽表，網址：https://www.freeway.gov.tw/Publish.aspx?cnid=1906&p=4617。

10. 交通部，2009，公路排水設計規範，臺北。

11. 交通部，2008，公路線設計規範，臺北。

12. 交通部，1995，公路橋梁設計規範，二版，臺北。

13. 交通部，2010.12，交通工程手冊，臺北。

14. 臺灣世曦工程顧問股份有限公司運輸土木部，2010.03，公路、市區道路路線設計概論，投影片，臺北。

15. 王文麟，1993，交通工程學——理論與實用，三版，臺北。

16. 徐耀賜，2010，公路幾何設計，五南圖書出版股份有限公司，臺北。

17. 周義華，2007，運輸工程，六版，華泰文化事業有限公司，臺北。

18. AutoCAD Civil 3D 2011 用戶手冊，2010.08，超高變量和公式，網址：http://docs.au-todesk.com/CIV3D/2011/CHS/indexMadRiverCUG.html?url=./filesMadRiverCUG/WSfac-f1429558a55de171c2d5102c8ac2e75-6e1b.htm,topicNumber=MadRiverCUGd0e138416。

19. 交通論壇，2010.02.04，永續的道路規劃與設計規範之研究，網址：http://www.atci.com.tw/newsite/info_03.htm。

20. 維基百科，2010.05.22，網址：http://zh.wikipedia.org/zh-tw/。

21. 朱育正，2006，公路超高計算及佈設，臺灣公路工程，第 32 卷，第 16 期，pp. 2-18。

22. 陳惠國、邱裕鈞、朱致遠合，2010.09，交通工程，五南圖書出版有限公司，臺北。

二、英文文獻

1. Papacostas, C.S. and Prevedouros, P.D., 2005, Transportation Engineering and Planning, SI ed., Pearson Education South Asia Pte Ltd, Singapore.

2. American Association of State Highway and Transportation Officials (AASHTO), 2001, A Policy on Geometric Design of Highways and Streets, AASHTO, Washington, D.C.

第 3 章

公路工程

　　道路運輸是最為常用之運輸工具，自古以來就有各種不同之型式之道路出現，例如，小徑、人行步道、鄉間道路、市區道路、高速公路等，遠古時代之公路與人們日常生活需求有關，而近代公路建設則成為國家之基本建設，其與地區經濟發展，乃至與國家整體發展有著密不可分的關係。

　　公路工程泛指道路、橋梁與附屬設施之規劃、設計、建造、營運、維修等項目，其主要目標為提供人與貨舒適、有效且安全之道路運輸，為土木、交通專業所必須具備之專業知識。

　　公路規劃主要是指調查基年與推估目標年的道路交通流量，以及產生滿足成長需求之想法與措施；公路設計則是針對運輸系統三個主要因素，包含人、車、路在內，進行設計；公路建造則包括新建或翻修鋪面[1]、排水設施，甚至交通控制設備等在內；公路營運之目的在於提高公路使用之效率、益本比與安全等；公路維修則為維持公路功能所進行之必要措施。近年來，有鑒於全球暖化問題日趨嚴重，為了保護脆弱的生態環境，除了盡量避免不必要之道路闢建之外，與生態、環境有關的公路工程研究以及實驗也獲得相當的關注與重視。

　　本章節之順序安排如下：第一節介紹公路之定義及分類；第二節說明公路測量及選線；第三節介紹公路土方工程；第四節公路鋪面工程；第五節介紹公路排水工程設施；第六節道路管理權責單位；第七節公路工程建設之議題；第八節為結論與建議。

3.1 公路之定義及分類

3.1.1 定義

　　「公路」係指供公眾交通使用，在土地上所做之設施；其除了指特定的對象外，也擁有特定之設計標準。「公路」一詞常與「道路」混為一談，但道路之含義較廣，泛指供車輛、行人通行之通路。

　　公路與道路之區分，常因各國行政法令之不同，而有不同之解釋。以美國為例，「公路」係指利用公費來維修之道路，美國的州際公路、州公路、郡鄉公路等，皆統稱為公路；美國的「道路」則係指一般大眾有權通過或穿越之交通設施。

　　我國所稱之「公路」，係指公路法第二條第一款所列舉之國道、省道、市道、縣道、鄉道、專用公路等公路有關設施，且可供車輛通行之道路。換言之，若非屬前述之

1　鋪面亦可稱之為路面。

道路，即使亦供車輛通行，仍不能稱之爲公路。爲便於主管機關進行管理，公路路線均有編號，其中南北向之路線，由北向南依次編爲奇數，而東西向之路線，則由西向東依次編爲雙數。

3.1.2 分類

　　各國的公路系統因地理環境、提供之功能及設計標準等差異，而導致路線系統之制定、路權歸屬之判定、主管機關之認定及經費負擔之原則等公路行政管理事務均有所不同，故公路系統必須予以分類，以便於公路之管理。

1. 依行政系統分類

　　國內公路分類，依照我國公路法第二條所定之分類有以下四級（參見表 3-1）：

　　(1) 國道：指聯絡兩省（市）以上，及重要港口、機場、邊防重鎮、國際交通與重要政治、經濟中心之主要道路。

　　(2) 省道：指聯絡重要縣（市）及省際交通之道路。

　　(3) 縣道：指聯絡縣（市）及縣（市）與重要鄉（鎮、市）間之道路。

　　(4) 鄉道：指聯絡鄉（鎮、市）及鄉（鎮、市）與村里間之道路。

表 3-1　各公路標誌之圖例

① 國道	③ 省道
106 縣道	竹22 鄉道

2. 依運輸功能分類

　　每條公路在整體公路運輸網路中所扮演之角色不同，而依其所承擔之功能所做的分類方法，故亦稱功能系統分類。公路系統猶如人體之血管，有主、分支的分別，主要幹線具有易行性（機動性），但缺乏可及性；地方公路則具有極高之可及性，但缺乏易行性（參見表 3-2）。因此，應就整體運輸之觀點，進行路網規劃，分派各別路線應扮演的功能，才能使整體運輸系統靈活運轉，就運輸功能分類情形，分述如下：

(1) 高速公路

高速公路爲幹線公路中標準最高者,其易行性爲最高,但可及性爲最低之公路。此種公路作爲城際間運輸及區域中心間交通爲其主要功能,因出入口完全管制,僅能倚賴交流道進出,爲全線封閉之汽車專用公路,其斷面佈設爲雙向分隔行車且單向車道數需在雙車道以上者。

(2) 快速公路

快速公路爲幹線公路中標準次高者,其易行性略次於但其可及性則略高於高速公路。此種公路係以承擔都會區與主要地方中心間、兩主要地方中心間,或區域中心與交流道間等之聯絡爲主要的功能。其出入口可分爲完全管制與部分管制兩種,在與主要公路相交時,設置交流道或簡易進出匝道;在與次要公路或地方道路相交時,得使用號誌管制交通。其斷面佈設爲雙向分隔行車且單向車道數在雙車道以上者。

(3) 主要公路

主要公路之易行性低於但可及性高於快速公路,在都會區亦可稱之爲主要幹道。爲縣市、鄉鎮(主要地方中心與次要地方中心)間或都會區內之交通幹線,以服務都會區通過性之交通及地方主次要中心之間的交通爲主,也可供都會(區域中心)與其衛星市鎮(地方中心)間之聯絡服務。一般而言,主要公路均不設交流道,當幹道與幹道相交時,可使用號誌管制,亦可採用立體交叉。斷面佈設以雙向分隔行車之單向雙車道並設機慢車道爲原則,但亦有低於此標準者。

(4) 次要道路

次要道路之易行性低於但可及性高於主要公路。就都會區而言,又可稱爲次要幹道,爲連接一般市鎮通往次要地方中心,或次要地方中心間的聯絡道路,亦可做爲都會區內主要公路之聯絡道路。其斷面佈設以中央分隔島者居多,其車道多屬雙向道並附設路肩,與其他公路平面相交,利用號誌管制。

(5) 地區公路

地區公路之易行性最低,但可及性最高,爲提供地區性出入之次要公路或集匯公路,一般皆屬鄉鎮與村里間之聯絡線。

表 3-2 各公路易行性與可及性之比較

易行性	高速公路 > 快速公路 > 主要公路 > 次要道路 > 地區公路
可及性	地區公路 > 次要道路 > 主要公路 > 快速公路 > 高速公路

3. 依地理環境分類

依公路路線佈設環境之不同而產生之分類方法,一般並不適用於幅員廣大地區。臺

灣地區因屬海島地形，中央山脈縱貫南北，將臺灣本島分為東西兩部分，在公路路網分布上產生明顯差異，規劃公路路線時，乃有地理環境之分類，以民國六十七年七月公布之路網為例，共分作五大系統，至民國八十三年再增列高速公路及快速公路系統，共七大系統如下所示：

(1) 高速公路系統：為臺灣地區主要交通動脈，包括：國 1、國 2、國 3、國 4、國 5、國 6、國 8、國 10，以及國 3 甲。

(2) 快速公路系統：為構成西部運輸走廊快速公路網並擴大高速公路系統服務範圍之快速幹線，包括：西濱快速公路台 61 線、東西向快速公路 12 條；中投公路台 63 線、台 63 甲，以及台 68 甲線。

(3) 環島公路系統：為環繞東西部的主要幹線，包括：台 1 線及台 9 線。

(4) 橫貫公路系統：為聯絡東西部地區公路交通孔道，包括：台 7（北部橫貫公路）、台 8（中部橫貫公路）、台 9 甲、台 14、台 16、台 18、台 20（南部橫貫公路），以及台 24 線等共 8 條。其中台 8 線因民國八十八年 921 地震造成谷關德基段路基嚴重損毀，目前基於生態維護、國土復育及安全考量，限具通行證之車輛通行，待地質穩定後再予評估是否適合全面通車。

(5) 縱貫公路系統：為西部平原輔助幹線，包括：台 3、台 13、台 19，以及台 21 線等 4 條。

(6) 濱海公路系統：為濱海地區重要幹線，包括：台 2、台 11、台 11 乙、台 15、台 17，以及台 26 線等 6 條。

(7) 聯絡公路：為輔助性地方聯絡道路，包括省道 50 條，及縣道 143 條。

4. 依設計標準分類

所謂設計標準分類，係指依公路路線設計規範所定之設計要件而作之分類，依交通部所頒規範分類如下表：

表 3-3　依設計標準分類之公路等級

公路等級	地區分類	最高設計速率（公里／小時）	功能系統	行政系統
一級路	平原區	120	高速公路	國道省道
	丘陵區	100		
	山嶺區	80		
	都市計畫區	80		

公路等級	地區分類	最高設計速率 （公里／小時）	功能系統	行政系統
二級路	平原區	100	高速公路 快速公路	國道 省道 縣道
	丘陵區	80		
	山嶺區	60		
	都市計畫區	60		
三級路	平原區	80	高速公路 主要幹道	國道 省道 縣道
	丘陵區	60		
	山嶺區	50		
	都市計畫區	50		
四級路	平原區	60	主要幹道 次要幹道	省道 縣道 鄉道
	丘陵區	50		
	山嶺區	40		
	都市計畫區	50		
五級路	平原區	50	主要幹道 次要幹道 集匯公路	省道 縣道 鄉道 專用公路
	丘陵區	40		
	山嶺區	30		
	都市計畫區	40		
六級路	平原區	40	集匯公路 地區公路	縣道 鄉道 專用公路
	丘陵區	30		
	山嶺區	30		

3.2 公路測量及選線

測量及選線為公路建造相當重要的前置作業，分別說明如下：

1. 測量

對於一個工程而言，不論是在施工前或是施工中，測量都有相當重要的地位。施工前會先對施工的範圍及地點做描線，以免超出施工的範圍而對生態造成破壞；施工中對於土方的開挖、建物的建造是否精準在線上，或是否有歪斜的情形，都可經由測量來進行校正。

2. 選線

公路路線的選擇需要考慮到對生態環境的影響，因此，某些路線會因為受到樹林，或是山岳的影響而佈設曲折的路段，但路線過度曲折會造成行車不順暢的感覺。因此，在設計階段時就必須先對公路的路線進行規劃，確定哪些地段可在平地上，哪些地段需採用高架的方式。由於臺灣地狹人稠，且山坡地與丘陵地面積廣大，因此高架是常使用的方式。再者，某些公路路段可能會與民房過於接近而產生大量的噪音，以前的方式大多採用隔音板將道路圍起，而近年來，已發展出一種可以吸收行車部分噪音的鋪面。

3.3 公路土方工程

3.3.1 土方工程

1. 土方工程的定義

土方工程係指以人力、機械方法，進行挖土石（純挖方）、填土石（純填方或利用土填方）、挖填土石（挖填方）、回填土石（回填方），以及運棄土石等作業，其種類如下：

(1) 純挖方：依設計開挖線開挖之土方暫置堆放於附近，或直接裝載供利用土填方、再利用或搬運至合法收容場所（土資場）堆置填埋者，如圖 3-1(a)，其作業項目為：挖土、拋至地面或直接裝載。

(2) 純填方或利用土填方：將開挖暫置之土方或由指定之取土位置載運至填方位置依設計斷面填築者，如圖 3-1(b)，其作業項目為：挖土、裝載、搬運、推平、輾壓、夯實。

(3) 挖填方：同一施工斷面中之挖方可利用為填方者，如圖 3-1(c)，其作業項目為：挖土、拋至地面、裝載、搬運、推平、輾壓、夯實。

(4) 回填方：挖方在同一施工期間內暫置堆放在附近並利用為原處之填方者，如圖 3-1(d)，其作業項目為：挖土、拋至地面、裝載、搬運、推平、輾壓、夯實。

土方工程是所有工程的先行項目，故其施工的進度與品質直接影響後繼工程，所以為使工程快速且經濟的完成，必須先做好設計及施工的安排。

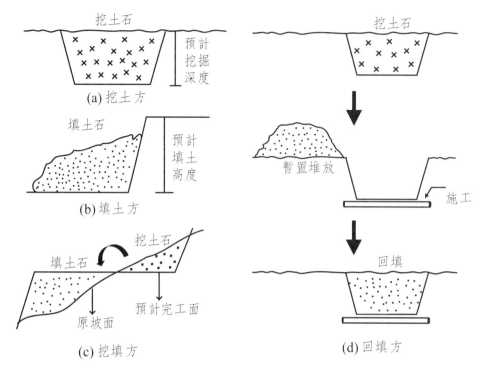

圖 3-1　土石工程

2. 土方工程作業

土方工程之作業主要項目為開挖及回填，分別說明如下：

(1) 開挖工程

開挖可分成以下幾個步驟：

a. 整地放樣：放樣係指將設計圖面縮小比例的設計物體，利用測量的方法，使其放大成原有尺度，並定位於設計的地面上。開挖土方前，應先將地面上的樹木草皮等雜物清除，經機關工程司認可後，再由廠商於基地上按圖設立標樁、樣板，經查驗認可後，方可開始施工。

b. 開挖：開挖土方係依據計畫位置為之，挖取之土方可就近堆置或運離。一般開挖工作除特殊情況利用人力開挖外，普遍均採用機械開挖。土方開挖除機械本身的能力，土質、施工場域條件、裝載車輛、搬運運具，以及天候條件，都將影響開挖工作的效果。進行開挖工作時，要隨時掌控計畫高程，以免超挖或開挖位置產生偏差。另外，開挖工作要注意施工安全，當開挖深度達 1.5 m 以上時，需設有擋土之設備，以避免發生崩塌。

c. 搬運棄土：當基礎或道路開挖之土方無填方工程可用，或因土質不良無法當回填料時，則必須運棄，而運棄之前需先覓妥棄土場，並計算容量是否足夠。另一方面，若

土方仍需回填時，亦需選擇適當的置土場。置土場與棄土場需優先考慮交通方便，運程短，且不影響周圍環境之場所；臨時土石置土場堆置土石時，必須避免土石飛揚造成空氣污染。

(2) 填土夯實工程

a. 清除雜物：回填處之表面有垃圾、腐木樹枝等雜物，應先行清除，防止日後腐化造成地層沉陷。

b. 回填夯實：基礎工程完成後需借土回填，為防止日後產生超量沉陷，在填土時必須分層回填（填土），除特別規定外，每層不得超過 30 公分，並利用適當的機械，如壓路機、夯實機等加壓夯實至預定的壓密度。

3.3.2 路堤填築

土方工程中基地及路堤填築滾壓的材料、設備、施工及檢驗等，都已有相關規定予以規範，以下就分別對於其項目做敘述：

3.3.2.1 材料

填方所使用之填築材料應取自開挖、借土區、渠道及構造物基礎挖方等，不得含有淤泥、樹根、草皮、腐植土，或其他有害物質及不適用材料。

3.3.2.2 施工

1. 準備工作

本項工作包括填方區及路堤之鋪築與壓實，並需符合相關規定及設計圖說所示之整地線、坡度、高程及橫斷面。

2. 施工方法

(1) 填方區及路堤斜坡，應按設計圖說設定之填方線及坡度完成。

(2) 填築滾壓之準備工作：

a. 填築滾壓前，需先完成填方區內所有清除及掘除作業。

b. 如在山坡或斜坡上填築時，應依設計圖說將斜坡挖成台階式，挖出之材料其適用者應用於填築填方區並按規定壓實。若原有堤坡或山坡之坡度陡於水平與垂直比例為 4：1 者，則其原有坡度應挖成台階，再按規定分層填築，直至次一較高層台階的高度。

c. 除設計圖說另有要求外，所有填方及路堤應分層填築，每層應與最後完成高程面約略平行。在填築期間應維持平順坡度以利排水。填築層面或坡面遭受嚴重沖刷時，除另有規定外，其恢復方法應儘速按填築滾壓施工要求，由下

而上分層回填壓實，不得一次回填。填方及路堤應依照設定之坡度高程填築，完成後應與設計圖說所示之斷面一致，並應在完工後繼續維護，保持完好之斷面與高程，直至工程完成驗收為止。

d. 土方填築：係指非以砂或石塊為主要材料所填築而成之填方區，此等合格材料應由認可之料源地點取得。

e. 除設計圖說另有規定外，填方及路堤應分層連續填築整個斷面，每層壓實厚度不得超過 30 cm。如用其他認可較高壓實效果之壓路機滾壓時，可增加每層壓實厚度，但需事先書面申請經核可後實施。

f. 石方填築

(a) 石方填築：係指以石塊為主要材料而構築之填方區及路堤，其成分應為粒徑 8 cm 以上石料與土壤之混合物，經土壤分類標準分析停留在 15 cm 方孔篩上之石料重量比應達 25% 以上。

(b) 除另有規定外，石堤應分層連續填築其整個斷面，每層填築厚度不得大於 1 m。

(c) 每層填築應自填方區之一端開始，將岩石傾倒於前一層上面，然後用經認可之推土機將岩石向前推動，使較大石塊推置於每層填料之下層，而其間隙應以土壤或細料密實填充，以高性能振動壓路機滾壓，使無顯著沉陷。

(d) 填方石料之最大粒徑尺度，不得大於每層厚度之 2/3；若填築厚度每層 1 m 時，所用之石料最大粒徑亦不得大於 75 cm，所有過大尺度之石塊而仍適用於填築者，應先行處理成所需尺度後，始可用於填築填方區或路堤。如係由承包商提出，經則同意後，此類大石塊亦可用於其他填築層較厚之下層地點。

g. 涵洞與橋梁鄰近地區之填築壓實工作，應按以下辦法辦理：

(a) 鄰近橋涵等構造物之填築滾壓，不得使用鏟刀、重型滾壓機具及高性能振動壓路機。

(b) 鄰近構造物任何部分之填築，以及任何涵洞或類似構造物頂上二層之填築材料，應不含有任何最大粒徑在 10 cm 以上之礫石或石塊，且其級配能獲得充分之壓實。

h. 當填方與構造物交互存在，為避免構造物完成後，因填方而產生較多沉陷，可採用預壓工法如下：

(a) 使構造物與填方同沉之方法

此法用於箱涵及管涵等容許若干沉陷而無特殊處理基礎之構造物，在此情形之下，為減少構造物殘留沉陷起見，於欲建築構造物之地點先行預填土

方，擱置一段時間後，使產生預壓作用，以加速地基之沉陷及增加其承載力。

(b) 使填方部分先行下沉之方法

此法係用於矮牆式橋台，於銜接部分在施工打樁基礎前，於其所在地點之基礎地基上事先按路堤填築施行預壓，以減少橋台及引道未來之沉陷。

(c) 預壓土方範圍、高度及預壓期間依設計圖說註明或核定之施工計畫辦理，其施工、計量與付款依設計圖說之規定。

(3) 滾壓之施作：

a. 必要時，每層在滾壓前應先予處理，使整層材料之含水量均勻並約略等於最佳含水量，使能壓實至要求之壓實度。

b. 每層材料應使用經核可之壓路機，如膠輪壓路機、網狀壓路機、三輪壓路機、振動壓路機、羊腳滾、搗實滾壓機或其他壓實機具予以均勻壓實。

c. 每層填方厚度應壓實至規定壓實度後方可繼續鋪設下一層。

d. 路基頂面下 30 cm 以內者，每層採用密度檢驗以控制其壓實效果。

e. 路基頂面下 30 cm 以外者，每層壓實度應不低於 AASHTO T180 試驗所求得最大乾密度之90%。含有粗粒料應以AASHTO T224方法校正其最大乾密度。

f. 路基頂面下 75 cm 以外者，其石堤以採用滾壓檢驗方式檢定其壓實效果。

g. 拖運機具應儘可能在每層填方區上全面均勻行駛。

h. 當填方區頂面與原地面之高差大於 2.5 m 以上，原地面雖適於作為填方或路堤基礎，但無法支持重型運輸機具之重量，則該填方之下層部分，可以車輛連續傾倒及鋪平形成一載重均勻分布層，其最大厚度為 1 m。

i. 當填築至距路基頂面設計高程下 1.5 m 處時，承包商應預估殘餘沉陷量，予以加填材料。

j. 施工時，如發現基礎材料有位移、車輪痕跡及隆起等現象，則承包商應檢討原因，必要時可減少其車輛荷重及（或）改用較輕型之運輸與鋪平機具，俾使次一填築層施工時，不致再發生上述隆起等現象。

3. 檢驗

以 AASHTO T191 之工地密度方法來進行試驗，若採用滾壓檢驗（proof rolling）時，應以重卡車，行駛整個路基面至少 3 次（往返為一次）不產生移動或裂痕凹陷者方為合格。滾壓檢驗所用重車需為後軸雙輪，其後軸總載重在 16 t 以上，輪胎壓力為 7 kgf/cm^2（千克力每公分平方），若工址狀況特殊，重卡車不能行駛其上時，得以相當之載重試驗替代。

3.3.2.3 計量與計價

1. 計量

　　(1) 填方及路堤填築滾壓數量之計量以立方公尺為單位，並以填方區路堤經滾壓完成後之壓實方計算之。

　　(2) 構造物體積之扣除：填築滾壓數量中應扣除箱涵及橋梁之體積，並扣除構造物周圍回填或已於其他工作項目中付款之填土體積。

2. 計價

　　填築滾壓應按契約詳細價目表所列填方及路堤填築滾壓相關項目每立方公尺單價給付，此項給付應包括：為施工所必須之準備工作、分層鋪撒、灑水、滾壓、整修與維護等其他一切附屬工作之費用。

3.4 公路鋪面工程

　　鋪面工程隨處可見，已為日常生活不可或缺的一部分。當道路鋪面上有許多坑洞時，車輛行走會產生相當大的震動，感覺不舒適，甚至可能因此而發生車禍，使得生命安全受到影響。此外，一個好的鋪面工程，除了正確施工，在完工後也必須能夠長期持續的維持。

　　廣義來說，鋪面工程除了一般的各級道路之外，還包括了機場跑道、停機坪、滑行道，鐵路軌道等等。鋪面工程在先進國家的政府工程單位與學術界都占有相當重要的地位，這些公共建設工程之所以能吸引研究人員與經費支援，除了與生活及財政相關之外，主要因為大多具備以下的特性：

1. 工程範圍遼闊，設計因素複雜

　　一條公路長度動輒數百公里，並且可能經過各種不同的地形、地質條件，以及不同氣候特性。即使在相同之地點，大氣與大地環境也會受到一年四季，甚至日夜不同的影響。因此，鋪面設計與一般結構物設計所需考量的因素不大相同，必須兼顧許多複雜且不斷變動的因素。也就是說，必須在設計精準度、環境變動與相異性、現場實務與工程經濟等方面，求得一個妥善的平衡點。

2. 工程數量龐大

鋪面工程在施工困難度與精度的要求，雖然無法與許多結構物相提並論，但是公路長度動輒數百公里，而且市區的街道里程數更是驚人，從近年來國家重要建設編列的龐大預算與交通建設所占的比例，就可看出道路建設對國家財政與經濟的影響。

3.4.1 鋪面構造

鋪面並非狹義認定的「表面薄薄的一層」。廣義的鋪面包括表面層、面層下的各層底層、天然路基土壤等三大部分的特殊層狀結構系統。因為各層的材料強度不同、材料透水、傳熱、膨脹、彈性等性質不同、厚度不同、層與層間界面的黏結與摩擦狀況不同，以及實際土壤與碎石等各種不連續粒狀材料的不同堆積或移動狀況、環境溫濕度的不同，使得這個層狀結構系統的受力反應行為十分複雜。要掌握鋪面的特性，深入而且具有理論基礎的結構分析是絕對必要的。從 Westergaard 的柔性鋪面（flexible pavement）多層彈性理論解、無限版剛性鋪面（rigid pavement）解析解，到二維有限元素分析，再到三維有限元素分析，都是帶動鋪面工程進步的主要依據。

鋪面可依照材料與構造之不同，分成柔性鋪面與剛性鋪面，說明如下。

3.4.2 柔性鋪面與剛性鋪面

公路鋪面必須能夠有效抵抗因載重所產生之應力與應變，才可具備穩定性，除此之外，在選擇鋪面種類的時候，也必須同時考量成本、車流量與車種組成，以及環境等地區特性。傳統上，公路鋪面可將其分為柔性鋪面與剛性鋪面兩大類型：

1. 柔性鋪面

柔性鋪面是以瀝青混凝土為面層材料，而稱為瀝青混凝土鋪面；瀝青混凝土因本身無法承受撓曲應力，故其承受車輪荷重之能力係靠多層鋪面系統來分擔，車輛的載重由瀝青混凝土面層開始向下傳遞至路基，在此情況下，柔性鋪面之強度由路基上鋪築之多層材料所決定。

柔性鋪面，依其結構組成，主要可以分為傳統式柔性鋪面（conventional flexible pavement）與全厚度式瀝青鋪面（full-depth asphalt pavement）。

(1) 傳統式柔性鋪面之標準斷面（typical cross-section）組成包括：（瀝青）面層（surface course）、黏結層（binder course）、（瀝青或瀝料）底層（base course）、（級配）基層（subbase course）、壓密路基（compacted subgrade），以及天然路基（natural subgrade）；另為提高道路路基之強度，降低豪雨破壞鋪面而形成之窪洞，交通部於 1998 年計畫規範道路施工品質，立法要求公路橋梁必須鋪設防水封層（seal

coat）、黏層（tack coat），與透層（prime coat），請參見圖 3-2，以提高道路鋪面之防水性與耐震性，從而延長道路壽命及提高行車安全。

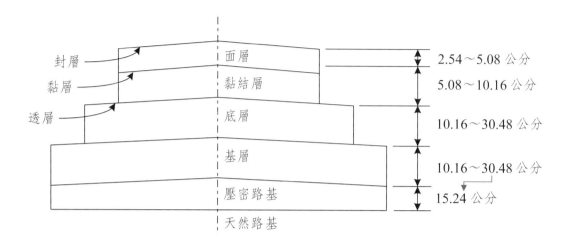

圖 3-2　傳統柔性鋪面之標準斷面（Huang, 2004）

(2) 全厚度式瀝青鋪面之標準斷面組成則包括：瀝青面層（asphalt surface）、瀝青底層（asphalt base）、處理過的路基（prepared subgrade），全部採瀝青混合料鋪築，請參見圖 3-3。其中瀝青底層和傳統式柔性鋪面中之黏結層相同，同時各層間亦需噴灑黏層作為黏結之用，其為美國瀝青協會於 1960 年代對交通流量大的道路所提出之設計觀念。

瀝青混凝土面層材料的拌合，除需注意含油量與粒料配比的控制外，混合料拌合溫度尤其重要，溫度過低，拌合不易均勻，溫度過高，瀝青材料容易變質，均會影響瀝青混凝土材料的黏結力與耐久性。在鋪築時，滾壓溫度的掌握也是控制重點，在溫度過低的情形下才滾壓，則面層無法壓實壓密，其平坦度與材料品質自然大打折扣。

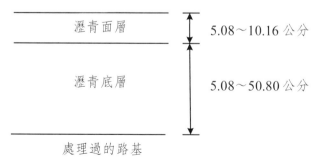

圖 3-3　全厚度瀝青鋪面之標準斷面（Huang, 2004）

柔性鋪面之優點具有：鋪面平坦、行車平穩、噪音較低，以及施工和修護較容易等；但是在高溫炎熱地區因受到重車輾壓，或在爬坡車道時，鋪面容易產生車轍變形，

及表面粒料剝脫、冒油等現象，因此，需經常進行整修及維護工作。

　　在交通量不大、載重車輛不多的路段，基於造價經濟、維修方便之考量，使用柔性鋪面已足以承受交通載重。

2. 剛性鋪面

　　剛性鋪面則是以波特蘭水泥混凝土（Portland cement concrete）[2]為主要材料做鋪面的面層。剛性鋪面結構包含波特蘭水泥混凝土版塊（Portland cement concrete slab）、（級配）基層（subbase course）、路基（subgrade）、路床土壤[3]（roadbed soil），結構斷面請參見圖 3-4。

　　由於水泥混凝土和瀝青混凝土間材料性質迥異，其受到輪壓時之反應亦各有不同，就剛性鋪面而言，波特蘭水泥硬固後所具有之剛性與彈性模數，可將車輪荷重直接傳遞至廣大面積之路基上，而由面層混凝土版結構之強度承擔鋪面荷重，剛性鋪面中承受車輪荷重之能力由混凝土版其自身來承受彎曲應力之作用。因此，當路基及底層因荷重或外在因素僅產生些微隆起或沉陷等變形現象時，鋪面可藉版的作用支撐不致隨即發生變形；但若當路基及底層變形過大時，鋪面則可能也隨之發生破壞變形。

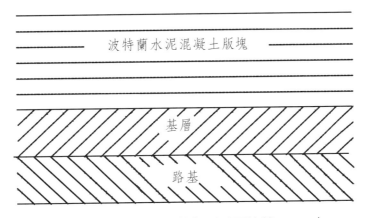

波特蘭水泥混凝土版塊

基層

路基

圖 3-4　剛性鋪面之標準斷面（夏桂華，2000）

　　水泥混凝土面層材料的拌合，除了需注意水泥量與坍度的控制外，材料均勻性的控制更為重要，由於大面積剛性鋪面的鋪築，大多需借助鋪築機施作，材料供應的品質如果不夠均勻，例如坍度的高低變動，則鋪面鋪築機不易平順鋪築，致鋪面平整度不易控制，刮槽及鋸縫的時機也難以掌握，鋪面鋪築的品質及將來使用的績效自然也下降了。

　　剛性鋪面的特性包括：較高的穩定性、不易變形、可以承受超載、使用壽命長、維護作業較少，並具有較佳的抗滑效果等優點；但是剛性鋪面施工較難控制，若因施工控

2　亦稱為水泥混凝土鋪面（cement concrete pavement）或混凝土面版（surface course）。

3　路床（croadbed）有時候亦與路基（csubgrade）混用。

制不當而導致損壞時，其修復較爲費事，同時，行車的平坦度較差，噪音也較高。

　　目前國內剛性鋪面的造價較柔性鋪面高出 20～30%，惟如屬交通量很大的高速公路或快速公路，因需保持經常性的交通順暢，盡量避免鋪面維修，減少對交通的干擾，似應考量選擇壽命較長，養護作業較少的剛性鋪面。

　　上述所列鋪面的部分缺點，可經由設計、施工品管及適當維護作業加以改善，但由於此兩類鋪面在使用特性上各有其優缺點，也各有適用的地方，因此選擇時，仍應根據所在的工程環境與使用條件加以評估，以達最佳的長期經濟效益。

　　對於鋪面使用績效的好壞，施工品質居於關鍵性地位。從路基填築開始至底層、面層材料的拌合、鋪築，均關係到鋪面將來的使用績效。因此，填築路基時，需確實分層壓實，以免影響路基的強度以及將來路基的沉陷量，同時土壤含水量需有適當的控制；而在高填方路堤填築時，宜選擇壓密沉陷小的土壤材料，並於鋪面施工前預留足夠的沉陷期；此外在挖填交界面施工時，不可忽視路基銜接及地下水處理。

　　目前國內無論是柔性鋪面或剛性鋪面的鋪築，大多均使用鋪築機施工，一般鋪築機大多能自動鋪築並控制平整度。惟國內承包商施工時，可能因鋪築機具過於老舊，或鋪築技術不夠熟練，在現場仍需仰賴許多人力作業，雖然使用人力眾多，例如，剛性鋪面面層修飾與配合作業人工常高達三、四十人，但所施築的鋪面的品質並未提高，有時反而會因爲表面的過度修飾，造成鋪面平整度的不佳、表層抗磨損力降低，因此，國內剛性鋪面的鋪築技術水準，仍然還有很大的改善空間。

3.4.3 鋪面設計方法

　　先前公路鋪面的設計方法，大多以經驗法則來做設計，一直到七十年代，才藉由電腦強大之運算能力，發展出力學分析理論之設計方法，其中在美國較被廣泛使用的爲「多層彈性理論分析法」（multilayer elastic analysis）。除上述美國各單位所發展的設計方法外，英國運輸研究試驗室（Transport and Road Research Laboratory, TRRL）所發展的設計方法亦爲歐洲地區各個國家廣泛使用，另外，澳大利亞及南非等國家也都自行發展出符合自己國家的鋪面設計方法。

　　早期鋪面設計常用的類群指數（group index, GI）、加州承載比（California bearing ratio, CBR）設計法等，皆是考量到路基承載力與交通量的簡易經驗設計方式，現已不採用。

　　目前常用的柔性鋪面設計方法之一「美國瀝青協會路面厚度設計法」，以多層彈性理論分析爲基礎，考量瀝青混凝土面層底部水平張力應變，與路基表面壓縮應變未達臨界破壞值爲設計準則。美國波特蘭水泥協會的剛性鋪面厚度設計，則以鋪面版行爲理

論與使用績效經驗所共同發展的鋪面設計方法，其設計的考量包含了兩大準則：(1) 疲勞裂縫控制：將鋪面版在長期重複載重作用下所發生的應力，維持於一定的安全界限以下，來防止疲勞裂縫產生；(2) 侵蝕：控制一鋪面版塊在邊緣、接縫及角隅的撓度，以防止基礎或路肩、材料之侵蝕。

美國州公路與運輸官員協會（American Association of State Highway and Transportation Officials, AASHTO）所發展的柔性鋪面及剛性鋪面設計方法，目前已為世界各地所廣泛引用。AASHTO 的前身 AASHO 在 1961 年完成道路試驗後，於 1962 年依據其試驗結果發展出「設計暫行準則」（interim guide）並在各州試行，隨後進行一系列的鋪面研究計畫，根據研究成果，在 1972 年出版「鋪面結構設計暫行準則」，該準則設計基本上仍屬經驗設計法，主要考慮的因素有土壤承載值、區域環境因子、交通量等。由於對 AASHO 道路試驗的資料進行更廣泛且深入的研究，再加上鋪面技術理論的發展和鋪面管理系統的興起，AASHTO 更於 1986 年出版「鋪面結構設計準則」，該版本較先前的變動主要有二項：

(1) 路基土壤性質改採回彈彈性模數值（resilient modulus，MR 試驗）。

(2) 以排水係數和更完善的環境效應考量替代區域因子。

另外，這個 1986 年版本也加入了鋪面管理系統（pavement management system, PMS）、可靠度（reliability）、生命週期成本（life-cycle cost）等新觀念，並提供力學經驗設計程序（mechanistic-empirical design procedure），該準則於 1993 年再次修正，僅增加鋪面整修及加鋪設計的內容。

3.4.4 鋪面工程技術之考量因素

鋪面工程之技術極具地區特性，設計時應針對各地區的環境、交通量、材料等因素特性有充分的調查與了解。

1. 地區環境

臺灣地區多雨潮濕、夏季炎熱高溫。臺灣地區的平均年降雨量在 2,500 mm 以上，雨量十分可觀，其中 60～80% 的雨量集中在 5～10 月，大量的雨水會減低瀝青混凝土的黏結力及耐久性，而國內一般道路的排水系統又大多缺乏維護管理，以至於在大雨過後，鋪面都會坑坑洞洞。

針對臺灣的多雨特性，瀝青材料應如何改良加強、路表排水需如何改善，實為需要特別關注的重點。

氣候乾濕的變化對路基土壤材料的承載強度影響也很大，對含有膨脹性土壤的黏土材料尤其不利，設計時更不可忽視。

此外，地下水對路基土壤亦有不利的影響，設計前應詳加調查，如水位過高應有改善處理措施。

至於溫度高低則會直接影響瀝青混凝土的潛變性質、熱應力以及水泥混凝土的伸縮等行為，高溫對柔性鋪面所造成的冒油等現象會加速車轍破壞的形成。近年來國內柔性鋪面所使用之瀝青膠泥等級已漸由 85～100（AC－10）改為較硬的 60～70（AC－20）等級，在粒料上也朝向較大的粒徑級配設計，期望可減小車轍變形的問題。

2. 交通載重

國內重車的超載問題非常嚴重，設計時應如何考量超載的因素，一直是鋪面設計時的難題；目前國內交通量的調查分析資料尚稱完備，但鋪面設計所需之實際車輛的軸重資料卻十分缺乏，除高公局每半年一次在北中南三處收費站所做的調查，以及學術界以動態地磅局部進行調查研究外，一直尚未有全國性的完整調查作業。

3. 鋪面材料

臺灣地區地質破碎多變，同一設計路段常有不同條件的承載地盤，設計時對不同地盤的承載能力及沉陷差異應詳細調查分析，對不同路基土壤材料性質的調查試驗，也不宜疏忽，強度如有不足，需考量穩定改良，路基強度的良窳，關係著將來鋪面的使用績效。

3.4.5 鋪面管理系統

依據美國公共工程協會（American Public Works Association, APWA）的定義，鋪面管理系統（PMS）是由許多子系統所組成，採用系統化的分析方法，針對所有與鋪面相關的決策資訊進行例行性的收集、儲存與萃取，再以電腦資訊科技（information technology, IT）迅速處理各項資料，經由適當的指標模式分析鋪面狀況，而系統是以不同層級架構存在於機關內不同的管理階層，依據不同鋪面狀況與限制，結合鋪面歷史資訊進行決策，提供最佳化的鋪面管理作業程序。

鋪面工程對於世界各國都是相當重要的，且各種不同類型的鋪面，在其適用範圍也不盡相同，且都有其用處所在。鋪面工程除了關注道路橋梁的新建之外，也必須兼顧維修及養護等之管理，而鋪面管理系統（PMS）之發展，就成為是一個非常有利之工具，目前 PMS 之發展已應用於世界各國，而在國內每年需進行維修及養護之道路面積平均超過一億七千萬平方公尺，在此龐大路網中，以瀝青混凝土為主要材料之柔性鋪面占總鋪面里程將近 90%，因此針對柔性鋪面，建立並要求各級主管機關中實際執行 PMS 已是刻不容緩的議題。

國內自民國 72 年迄今，不同政府研究單位與工程實務機關，結合學術研究單位，

針對不同鋪面類型（剛性、柔性）、道路等級（高速公路、市區道路、一般公路、機場道面）與管理層級（路網層級、專案層級）建構數套 PMS，大部分之系統均以柔性鋪面爲主要對象，而其內涵與架構均爲鋪面養護管理系統（pavement maintenance management system, PMMS）。綜觀國內，PMS 的發展已可與先進國家並駕齊驅，然而因國內主客觀因素的影響，導致目前尚未有成熟且實際運作之 PMS。此外，歐美各國交通部門已將 GIS 概念應用於 PMS，且已是一項相當成熟的技術，而此即是目前實務單位積極發展的正確方向。

　　一般而言，新建工程較易受到外界重視，而養護工作因屬例行性業務則易爲人所忽略，然而從長遠的角度觀之，養護工作的重要性不亞於新建工程，且其所需的經費也相當的可觀。良好的養護能延長道路的使用年限，並能維持良好路況，提供用路人安全與暢順的行車條件，節省公路重建經費。因此，PMMS 即爲 PMS 中最重要的子系統之一，其涵蓋內容不及 PMS 廣，兩者之不同處在於後者所指的爲全面且包含養護層次之管理系統，而前者僅涉及養護管理層次，然透過系統不斷發展與擴充，將可由 PMMS 層次擴展至 PMS 層次。PMMS 可依據合理的指標或模式準則，判定修復與養護的時機，完成最適當的養護與管理決策，將各公路主管機關有限的養護經費作最有效的運用。國內目前已完成多項鋪面評估決策管理系統，相關介紹請參見房性中（2005）。

3.5 公路排水工程設施

　　公共建設之排水工程，需配合所施作之建築、道路、橋梁和下水道等設施佈設，並依照時效性和保護程度要求之不同而進行設計。一般地方基層建設常見之排水工程設施，可依照其用途分爲下列二種：

1. 公用道路排水及涵洞設施

　　包括：管涵進水口、管涵、箱涵及端牆翼牆、箱涵清掃孔、U 型溝、矩型溝、集水井、管涵人孔及其蓋板、預鑄蓋板、格柵蓋等設施。

2. 一般地區排水設施

　　包括：管涵、箱涵、U 型溝、矩型溝、集水井、人孔、人孔頸部及其蓋板、格柵蓋、護岸。

3.5.1 鋪面排水之目的

　　臺灣因地處亞熱帶，年平均累積降雨日多達 100 天以上，因此，若積水停留在鋪

面上，就可能會發生以下幾種問題：

　　1. 車輛行駛時會帶起大量水氣，降低能見度。

　　2. 水膜的存在降低了鋪面的抗滑能力。

　　3. 積水對鋪面的耐久性有不良之影響：積水會降低鋪面之瀝青混凝土的黏結性、內聚力，使鋪面產生剝脫的現象，如又加上車輛通行的反覆荷載作用下，就會使鋪面產生大量的坑洞，且積水會經由鋪面的裂縫滲入鋪面結構之中，造成結構上的破壞。

　　為了避免因鋪面積水而產生的上述幾種問題，保持鋪面良好的排水成為一項相當重要的工作。

3.5.2 鋪面排水設施之功用

　　鋪面排水設施可防止因鋪面積水而影響的行車安全，並且如能有效的將水排放於周遭的土地或河川中，對於水資源的涵養及植生，也都有很大的幫助。至於排水設施的設置原則為防止積水侵入車道、不妨礙行車安全、易於維護管理，並減少車行方向之漫流。

3.6 道路管理權責單位

　　國內的道路管理權責仍屬多頭馬車的狀態，常因道路等級不同，而分屬不同管理單位。例如，國道興建由國道新建工程局負責，管理維護則由國道高速公路局辦理；而在臺灣的道路部分，省道與大多數縣道由省公路局興建、維護，其他鄉道或一般市區道路則歸當地縣市政府或鄉鎮市公所管理，但如屬都市計畫區內的新建道路，又另由省住都處（註：精省後已併入其他單位）辦理；至於院轄市區的道路，除國道外，均由市政府自行興建管理。由此可知，國內道路管理之權責並未統一，分屬各級政府單位。

　　由於管理權責的單位不同，道路維修的能力也有所差異，不同等級道路所呈現的鋪面維護狀況也不同。一般而言，國道及省道因屬重要公路幹道，編列的養護經費較為充裕，管理單位高公局及公路總局，在全省各地又均設有養護工務段，可定期進行鋪面檢視工作，發現鋪面有破損，隨即可自行修補維護，如需進行較大規模整修，亦可立即動支預算招商辦理。而一般鄉鎮市區道路，因無充裕穩定的鋪面養護經費，而基層技術人力又普遍不足，鋪面維護品質自然不佳；即使近年來因基層建設經費較先前充裕，可用於鋪面養護的經費增加，但在鋪面整修維護時，多僅是進行瀝青表層的刨除與重鋪，並未確實探討損壞原因對症下藥，故雖增加了維修的頻率，但效果仍然十分有限。

　　值得一提的是，國內重車（大貨車、聯結車等）的數量，隨著經濟成長不斷增加，

其超載的重量也有逐漸提高的趨勢；重車超載對鋪面的破壞會呈現四次方倍數的增加，即以二倍標準軸重的重量輾壓鋪面，對鋪面的破壞程度是標準軸重的十六倍（$=2^4$）。國內相關的交通法規雖然對於車輛的總重、軸重甚或輪重都有明確規定，但限於國內主客觀等各種因素，違規取締的工作始終未能落實，違規超載（例如：砂石車）的情形十分嚴重，對道路養護部門所產生的壓力甚大。

3.7 公路工程建設之議題

公路工程為道路新建與改善之必要手段，但由於土地資源逐漸稀少，環保意識日益高漲，大規模的道路新建工程現已不可行，取而代之的就是小規模工程改善或逕自訴諸於先進的交通系統管理[4]辦法。

近年來最引起矚目的交通建設議題有兩個：(1) 臺灣需不需要一條花東高速公路？(2) 台 9 線蘇花公路山區路段改善計畫（簡稱蘇花改）是否足以取代原有不安全、不可靠的對外聯絡道路 —— 蘇花公路？

花東高速公路編號隸屬於國道五號，起自花蓮縣吉安鄉，迄至臺東縣臺東市，全長約 164 公里。沿著海岸山脈西側之花蓮溪流域向南興建，主線以雙向四線道鋪設，設置 14 處交流道，工期約需 8 年，興建預算高達 1,295 億元。由於徵收可用土地面積過高、經費過高、環評未過，效益太低，推動興建可能性不高，故花東高屬於遠期計畫，目前暫緩辦理。

蘇花改建設經費 465 億元，實施路段為台 9 線蘇澳－大清水，整體工程分三段進行，蘇澳－東澳段、南澳－和平段、和中－大清水段，改善長度 38.8 公里，計 8 座隧道（24.5 公里）、橋梁（8.5 公里）、平面道路（5.8 公里）、交控中心 1 處（南澳交控中心）。考量花東環境之敏感性，該計畫推動係以安全、可靠運輸服務及強化維生幹道抗災性為目標，以路段災損阻斷及交通肇事頻率高路段進行改善，改善工程採雙向雙車道規劃為原則。

該計畫改善路段計有：

1. 蘇澳～東澳段：道路線形不佳為易肇事路段。蘇花改蘇澳東澳路段已於 2018 年 2 月 5 日下午 4 點通車。

2. 南澳～和平段：落石坍方頻繁。

4　交通系統管理（transportation system management, TSM）係指低成本、短時間就可以達到交通改善效果的管理辦法，例如裝設路口號誌、實施高承載等。

3. 和中～大清水段：路基狹窄且常有落石坍方。

該計畫維持現有公路通行路段：

1. 東澳～南澳段：局部路段已截彎取直，並持續辦理現有路段改善。

2. 和平～和中段：該路段平順且有多處以短隧道通行。

目前蘇花改的效益仍在持續觀察之中，但交通工程與環境保護之拉鋸並未因蘇澳東澳路段的完工而停止，甚至還從專業考量提升至政治對立。

平心而論，臺灣地狹人稠，環境生態敏感度高，對於任何的大規模道路建設仍應仔細思量，因為暫時不動工，將來還有機會，但一旦做了，過度開發了，就不可回復了，所以大規模道路工程建設一定要跳脫政治考量，才能造福後代子孫。

3.8 結論與建議

3.8.1 結論

公路的發展及建立對於一個國家而言是不可缺少的過程，對於交通上快速的運輸，及經濟的發展提供了相當大的幫助。一個好的公路工程，在一開始的測量選線、土方開挖到整個鋪面的鋪築、排水等都是息息相關的，以下就分別對於這三項來予以總結：

1. 公路路線的測量、選定可以考量城市之間、城鄉之間、城郊之間，甚至到各個地方的連結，是否能以最短的時間來移動，以及是否會對環境及生態造成嚴重的破壞。臺灣地區部分的公路是以高架的方式來建造，對於生態的影響會較直接鋪築道路來的小。

2. 在選定地點後土方的開挖可對一地區的土質來進行評鑑，以判定土壤是否過於鬆軟需要先進行夯實，或是在開挖後將挖出的土方進行運棄，並以另一批質地較硬實的土壤來做取代。臺灣的土質因地區不同而有所差異，因此必須採用適當的方式來進行施工，避免因工程上的缺失而造成生命財產的損失。

3. 排水對於臺灣地區的公路而言是非常重要的工程之一，臺灣的年平均降雨日達100天以上，因此常會造成鋪面水膜的存在降低了鋪面的摩擦，而影響到行車的安全，並且在水的作用下，對於鋪面的耐久性也是非常不好的影響。近年來，在國內專家學者的研究下發展出了排水的鋪面，使水可直接通過鋪面而使鋪面能保持乾燥狀態，同時也可減去建造排水設施的經費。

瀝青材料是常用的鋪面材料，為了保護環境、舒緩日益嚴苛的交通需求，開發更

耐用更穩定的改質瀝青與回收舊瀝青鋪面再製瀝青，都是目前鋪面工程所面臨的重要課題。此外，常見的鋪面工程材料還包括剛性鋪面的水泥混凝土、接縫的橡膠類填縫料、修補鋪面的樹脂類材料、鋪設底層的級配料與穩定處理材料，以及鋪面結構加勁的地工織物（即土體中的加強物）等，都是需要研究材料專家參與的項目。

3.8.2 建議

國內目前尚未有成熟且實際運作之 PMS，主要原因包括：養護管理制度未建立整體一致之標準作業程序、道路挖掘管線情況嚴重，且道路隨時處於修修補補的窘境、國外昂貴且多樣的鋪面檢測儀器而致檢測數據分散且資料格式無法統一、各單位自行決定編列養護經費，無法切合道路生命週期成本系統分析之需求。茲提出國內公路工程相關改進之建議如下：

1. 國內對於公路的研究目標已逐漸轉為養護與維修，且目前對於鋪面工程知識之認知與鋪面管理實行能力多著重於傳統的工程技術層面，故國內發展應由 PMS 中最重要之 PMMS 著手，待針對舊有鋪面建構完整的 PMMS 並實際實行與驗證後，再將鋪面新工部分的設計與施工資訊與之結合，擴充管理系統中之資料庫，應可順利達成完整的 PMS 目標。

2. 依據鋪面材料特性的劃分，過去所發展之 PMS 可分為柔性與剛性鋪面兩大類，由於剛性鋪面的各項屬性及管理維護方式與柔性鋪面差異較大，故實可依循現況分別進行系統建置，若管轄區域內包含兩種鋪面之道路，則 PMS 可劃分為兩個子系統，但必須共用一個資料庫管理系統，以維護道路資料之完整性。

3. 挖掘管線造成道路損壞與管理作業停滯的問題，已有許多專家學者提供積極的建議與成果，若挖掘問題不可避免，則應由政策面、法規面、執行面、需求面著手改善現況，配合道路申請與許可業務電腦化之進行等課題，以有效提升道路管線管理效率，進而降低對於道路鋪面的傷害。

4. 鋪面狀況屬性複雜、評估指標繁多且各有其代表性，各指標模式於不同國家地域中所考量之門檻亦無法全然相同，因此有必要對於臺灣之地理環境量身製作一套完整之評估指標，節省國家修復與重建道路之經費。

問題研討

1. 請說明公路的定義與分類。
2. 請說明公路排水工程設施的目的、功用與用途分類。
3. 請說明公路建造的前置作業。
4. 請詳細說明公路鋪面排水設施的目的與功用。
5. 請詳細說明公路土方工程的種類與主要作業項目內容。
6. 請詳細說明土石方工程中基地及路堤填築滾壓的材料、設備、施工及檢驗等相關規範。
7. 請詳細說明公路鋪面工程之特性與鋪面設計方法。
8. 公路鋪面有幾種？其鋪面構造為何？請分別繪製典型斷面圖詳細說明之。
9. 何謂鋪面管理系統？請詳細說明之。

運輸工程相關考題

1. 在機場跑道、收費站前後及高速公路高架橋面，分別說明其使用剛性鋪面之主要理由與設計要點。（25分）（93高三級第二試）
2. 試述公路路面（pavement）之種類，並述路面設計應考慮之因素。（25分）（94專技高）
3. 繪示意圖並簡答下列各題：(7分)（97專技高）
   何謂土積圖？挖方、填方及借土如何表示？土方數量與平衡如何表示？
4. 公路排水影響道路鋪面壽命與交通安全甚鉅，試就地面排水設施之種類，分項加以說明。（20分）（98專技高）
5. 區別並比較「柔性鋪面」與「剛性鋪面」，且分別繪出其典型斷面圖。（20分）（98專技高）
6. 請依據公路工程及通行專用程度的觀點，分別說明Right-of-way的意義。（20分）（102專技高）
7. 請說明景觀公路之選線與一般公路之選線有何不同？（20分）（105專技高）
8. 試說明施工中交通維持計畫書必須具備之內容。（20分）（106專技高）

參考文獻

一、中文文獻

1. 內政部營建署，2001～2002，市區道路維護技術規範手冊研究計畫。
2. 內政部營建署，2002迄今，市區道路管理維護系統之推廣維護。
3. 臺灣地區鋪面工程之現況問題探討與展望 .files。
4. 臺北市政府養工處，1993～1994，臺北市道路鋪面養護管理資料庫系統電腦程式建立之研究。
5. 臺北市政府工務局，1999～2000，道路工程維護管理系統。
6. 市區道路管理維護與技術規範手冊之研究 .files。
7. 交通部臺灣區國道高速公路局，1983～1988，臺灣區高速公路路面養護管理系統（第一期）。
8. 交通部運輸研究所，1991～1992，市區道路鋪面養護管理系統建立之研究。
9. 交通部運輸研究所，1992～1993，臺灣地區一般公路鋪面養路管理系統建立之研究。
10. 交通部台灣區國道高速公路局，1995～1997，中山高速公路路面養護管理系統電腦實務應用。
11. 交通部公路局，1997～1999，路面維護管理系統。
12. 交通部科顧室，1998～1999，道路鋪面檢測技術與評估決策管理系統之研究。
13. 交通部民航局，2000～2001，建置中正機場跑道滑道及停機坪版塊專家系統。
14. 先進鋪面維護管理系統 _03。
15. 房性中，2005.10，推動鋪面檢測車之影響與價值性探討，中華技術季刊，第68期，中華顧問工程司出版。
16. 邱垂德譯，1998，鋪面管理系統之過去、現在、與未來。
17. 林威州，開挖處理技術應用簡介及使用限制，中興工程股份有限公司。
18. 周義華，2007，運輸工程，華泰書局。
19. 陳偉全、劉文宗、朱鳳斌，2003，運輸工程學概論，高立圖書有限公司。
20. 陳克斌，2002，綜合性指標在鋪面工程之應用，碩士論文，淡江大學土木工程學系。
21. 符曉天，2010，再生瀝青混凝土添加再生劑之成效研究（劉文宗指導），高苑科技大學土木工程研究所碩士論文。
22. 張有恆，1993，運輸學，華泰書局。
23. 國內外鋪面管理系統評估比較 _712211045471。
24. 郭振銘，淺談鋪面工程，Pavement Analysis。

25. 強化公路鋪面品質整合型計畫 _9123116103971。

26. 曾志煌，張家瑞，鄭錦桐，巫柏蕙，黃萬益，2004，國內外鋪面管理系統評估比較之研究，交通運輸研究所。

27. 運輸工程研究 _98YB010402。

28. 鋪面工程緒論 _Pave-note- 緒論 -1。

29. 鋪面養護資料檢測與管理 _97-EDB016。

30. 歐晉德，黃裔炎，臺灣鋪面工程之前瞻・Pavement Analysis。

31. 夏桂華，2000.07，機場剛性鋪面維修技術手冊研析，國立中央大學土木工程研究所碩士論文。

二、英文文獻

1. Wright, P.H., Ashford, N.J., Stammer, Jr., R.J., 1997, Transportation Engineering -- Planning and Design, John Wiley & Sons, New York. 新月圖書公司代理。

2. Fricker, J.D., Whitford, R.K., 1997, Fundamentals of Transportation Engineering -- A Multidimensional Systems Approach, John Wiley & Sons, New York. 新月圖書公司代理。

3. Huang, Y.H., 2004, Pavement Analysis and Design, Pearson Education, Upper Saddle River, NJ.

第 4 章

公路容量與服務水準分析

公路設施之服務水準（level of service, LOS）為公路設施之規劃、設計及運作策略訂定之重要根據，常見之應用範圍有以下三種：

1. 訂定在欲維持某一服務水準時所需之交通設施或運作策略。

2. 評估現存或未來交通狀況下之服務水準，作為規劃或分配資源以改善交通及運作策略之依據。

3. 評估土地開發對交通及環境之衝擊。

由於公路設施所能提供之服務水準與其容量息息相關，因此，公路容量與服務水準分析通常放在一起討論，依此編修供業界參考之作業標準，通常稱之為「公路容量手冊」（Highway Capacity Manual, HCM）。

美國公路容量手冊自 1950 年發表第一版以來，已經修訂過數次（1965、1985、2000、2010、2016），而臺灣公路容量手冊自 1991 年發表第一版以來，也已經修訂過兩次（2001、2011），本章主要係參考 2011 年「臺灣公路容量手冊」加以編修而成。

本章節之順序安排如下：第一節介紹公路容量之基本概念，第二節說明連續性與阻斷性車流，第三節介紹高速公路之服務水準分析，第四節介紹市區道路之服務水準分析，第五節為郊區道路之服務水準分析，第六節為交叉路口之服務水準分析，第七節為結論與建議。

4.1 公路容量之基本概念

公路容量分析其重點在於探討分析公路設施之硬體設備、運作策略，以及車流特性，藉此提供客觀的服務水準資料，以利規劃及設計人員決定適當之設計及運作。因此，公路容量不但為公路運輸系統規劃、設計與績效評估之基礎，更是公路管理與控制的重要依據。雖然不同的設施有不同之功能及車流特性，但其容量分析的原則與概念卻大致相同，本章節將針對公路容量分析之常用觀念作一簡單的討論說明；此外，如同 2011 年「臺灣公路容量手冊」之內容，本章所介紹之公路容量亦包含了各種類型之道路在內。

4.1.1 容量之定義與影響因素

4.1.1.1 容量之定義

容量係指在已知之道路幾何、交通控制等狀況下，單位時間（通常指一小時）內經常可通過定點之最大流率。因為目前交通設施常以尖峰 15 分鐘之需求流率作為設計依據，所以容量亦可訂為 15 分鐘之流率。然而，容量並非最高的觀察值，而是經常可通

過之最大流率。換言之，容量為最大流率之期望值（expected value），所以估計容量必須以最大需求流率樣本為基礎估計。合理之估計方法是將容量訂為不同 15 分鐘內需求流率之平均值。此外，容量亦非固定值，例如一條公路全部為小客車時之容量可能達到 2,000 輛／小時／車道，但全部為大車之情況下其容量可能只有 1,200 輛／小時／車道。

 例題 4-1

某一號誌化路口之週期（cycle length）為 150 秒，假設第一個 15 分鐘內 6 個週期由某一車道進入交叉路口之車數分別為 30, 26, 33, 28, 30 及 27，另有一個 15 分鐘所估計出來之容量為 680 輛／小時，則合理之容量估計值為若干？

 解答 4-1

第一個 15 分鐘之車道容量為 (30 + 26 + 33 + 28 + 30 + 27) × 4 =696 輛／小時

另有一個 15 分鐘所估計之容量為 680 輛／小時

因此，經由兩個 15 分鐘估計出來之合理容量平均值為 (696 + 680) / 2 =688 輛／小時。

　　當需求流率小於容量時，車流可稱為穩定（stable）狀況；需求流率大於容量時，車流處在不穩定（unstable）或壅塞（congested）狀況；當需求流率很接近或等於容量時，車流可能在半（亞）穩定（metastable）之狀況。

4.1.1.2 容量之影響因素

　　受到公路設施條件及交通運行情況的影響，交通流量很難達到理想分析條件下的理想容量，故在估計路段實際容量或服務容量時，需以容量的影響因素之實際情況予以調整。茲將公路容量影響因素之相關研究整理如表 4-1 所示：

表 4-1　公路容量影響因素相關研究

資料來源	影響因素分類	項目
交通工程，第二十三章（陳惠國、邱裕鈞、朱致遠，2017）	道路實質因素	車道數、車道位置、爬坡道、車道寬、曲率、坡度及坡長、設計速率、路肩寬與側（橫）向淨距、中央分隔、進出口匝道或交叉路口之密度、鋪面狀況、氣候及照明度、事故或道路施工或養護之作業等
	交通特性因素	車種組成、用路人對道路之熟悉程度、需求尖峰趨勢、車流方向分布等
	管制條件因素	速率限制、交叉路口管制、運輸系統管理

資料來源	影響因素分類	項目
運輸工程，第八章（周義華，2008）	公路設計	車道數、車道寬度、路肩寬度、路邊淨寬、線形、坡度、有無輔助車道（如：加減速車道、轉向專用車道、重車爬坡道）、公路所在的地區（如：市中心區、市區、郊區）等
	交通特性	交通組成、車流在各車道之分布、流量變化、流量變化、車流干擾（如：交叉路口、巷道、地區性公車、路邊停車、行人）等
	交通控制設施	標線、標誌之設立地點、型式及內容、號誌之位置、週期、分相數及順序、時相[1] 型態等

1. 號誌化路口之容量影響因素

在一般情況下，號誌化路口之容量及服務水準之主要影響因素包括：

(1) 號誌控制策略。

(2) 路口幾何設計及槽化設計。

(3) 交通運行狀況及駕駛人的行為。

此外，鋪面狀況、天候及能見度對容量及服務水準也有影響。

2. 容量分析之理想條件

容量分析之理想條件包括以下各項：

(1) 車道寬 3.75 m 以上。

(2) 側向障礙物在 2.0 m 以外。

(3) 小汽車單一車種。

(4) 坡度平坦，無超車視距之障礙。

(5) 不受兩旁車輛及行人之干擾。

(6) 單行道佈設或雙向道路間有實體分隔。

(7) 不受交叉路口之影響。

(8) 郊區公路設計平均行駛速率 110 kph。

(9) 禁止對向超車。

(10) 照明充足。

在上述理想條件之下，每一車道之公路容量皆為 2,000 輛／小時，現在採用 2,400 輛／小時。

1　時相（phase）係指路口號誌之紅綠燈的轉換順序及車輛通行的方向。

3. 調整因素

容量分析的理想條件未必實際存在，因此，在進行容量分析時，必須參考實際狀況引入所謂的調整因素以估計一般之車道容量，臺灣地區公路容量手冊（2011，p. 13-7，式 13.2）車道容量估計之公式如下：

$$CAP = \frac{3600}{C_l}\left[\sum\nolimits_{i=1}^{n} N_{GYi}\right] f_V f_g f_b f_s f_z f_p \qquad （4-1）$$

其中，

CAP：車道容量（輛／小時）

C_l：號誌週期長度（秒）

N_{GYi}：在時相 i 之有效綠燈時間（含綠燈 G 及燈號轉換 Y 時段）長度內能紓解的（平均停等）直行小車數

n：時相數

f_V：車種及行進方向調整因素；$f_V \leq 1$

f_g：坡度（grade）調整因素；$f_g \leq 1$

f_b：公車站調整因素；$f_b \leq 1$

f_s：路邊停車調整因素；$f_S \leq 1$

f_z：交叉路口所在市區調整因素；$f_z \leq 1$

f_p：衝突行人調整因素；$f_p \leq 1$

f_{HV}：車種調整因素（註：台灣地區公路容量手冊（2011, p. 13-7 式 13.2）並未納入本項調整因素）

f_w：車道寬度與路側橫向淨寬調整因素（註：台灣地區公路容量手冊（2011, p. 13-7 式 13.2）並未納入本項調整因素）

茲將相關之調整因素分別說明如下：

(1) 車道寬度與路側橫向淨寬調整因素，f_w

車道寬度與路側橫向淨寬調整因素會依據欲設計之公路設施之組合項目的不同而有所不同。茲以高速公路交織路段為例，將車道寬度與路側橫向淨寬調整因素摘錄如表 4-2 所示，至於其他相關表格請參照 2011 年《臺灣公路容量手冊》。

表 4-2　車道寬度與路側橫向淨寬調整因素

橫向淨距（公尺）	調整因素，f_w							
	單邊障礙物				雙邊障礙物			
	車道寬（公尺）							
	3.75	3.50	3.25	3.0	3.75	3.50	3.25	3.0
4 車道（單向雙車道）								
≥ 2.0	1.00	0.97	0.91	0.86	1.00	0.97	0.91	0.86
1.6	0.99	0.96	0.90	0.85	0.99	0.96	0.90	0.85
1.3	0.99	0.96	0.90	0.85	0.98	0.95	0.89	0.85
1.0	0.98	0.95	0.89	0.84	0.96	0.93	0.87	0.82
0.6	0.97	0.94	0.88	0.84	0.94	0.91	0.86	0.81
0.3	0.93	0.90	0.85	0.81	0.87	0.85	0.80	0.76
0	0.90	0.87	0.82	0.78	0.81	0.79	0.74	0.70
6 或 8 車道（單向 3 或 4 車道）								
≥ 2.0	1.00	0.96	0.89	0.84	1.00	0.96	0.89	0.84
1.6	0.99	0.95	0.88	0.83	0.98	0.94	0.87	0.83
1.3	0.99	0.95	0.88	0.83	0.98	0.94	0.87	0.83
1.0	0.98	0.94	0.87	0.82	0.97	0.93	0.86	0.82
0.6	0.97	0.93	0.87	0.82	0.96	0.92	0.85	0.81
0.3	0.95	0.92	0.86	0.81	0.93	0.89	0.83	0.78
0	0.94	0.91	0.85	0.74	0.91	0.87	0.81	0.76

（資料來源：臺灣公路容量手冊，2011，表 7.2）

(2) 車種調整因素，f_{HV}

$$f_{HV} = \frac{1}{1 + P_t(E_t - 1)} \qquad （4\text{-}2）$$

其中，

　　P_t：大車之比例

　　E_t：大車之小客車當量

又當 f_{HV} 為車種調整因素時（亦即同時包括各種車型，如小型車、大客車、大貨車、聯結車等）：

$$f_{HV} = \frac{1}{P_1E_1 + P_2E_2 + P_3E_3 + P_4E_4} \qquad （4\text{-}3）$$

其中，

$P_i（i = 1, 2, 3, 4）$：各車種 i 之比例（註：所有車種 P_i 值之和必須等於 1.0）

$E_i（i = 1, 2, 3, 4）$：各車種 i 之小客車當量值

 例題 4-2

假設在一條平坦道路上，有三種車種經過，分別為小客車占 86%（小客車當量值等於 1）、卡車占 10%（小客車當量值等於 2）、休旅車占 4%（小客車當量值等於 2.5），請問其車種調整因素為何？

 解答 4-2

$$f_{HV} = \frac{1}{P_1E_1 + P_2E_2 + P_3E_3} = \frac{1}{0.86 \times 1 + 0.1 \times 2 + 0.04 \times 2.5} = 0.862$$

(3) **車種及行進方向調整因素，f_V**

$$f_V = \frac{1}{1 + \sum_v \sum_i P_{vi}(E_{vi} - 1)} \qquad （4\text{-}4）$$

其中，

P_{vi}：車種 v、行進方向 i 之車輛的百分比（%）

E_{vi}：車種 v、行進方向 i 之車輛當量（係與行進方向 i 之基準車種比較所得）；$0.42 \le E_{vi} \le 6.0$

車種之小客車當量值，會因為地區特性、道路幾何的不同而有所不同，表 4-3 為市區號誌化路口，不同車種及行進方向相關車輛之當量。至於其他相關表格請參閱 2011 年「臺灣公路容量手冊」。

表 4-3　不同車種在各種行進方向之小客車當量，E_{Vi}

車種及方向		基準車種及方向				
		直行小車	右轉小車	左轉小車	直行機車	右轉機車
直行	機車	0.42	0.39	0.40	1.00	0.93
	小車	1.00	0.93	0.95	2.38	2.22
	大車	1.80	1.67	1.71	4.33	4.00

車種及方向		基準車種及方向				
		直行小車	右轉小車	左轉小車	直行機車	右轉機車
右轉	機車	0.45	0.42	0.43	1.07	1.00
	小車	1.08	1.00	1.03	2.57	2.4
	大車	2.70	2.50	2.57	6.43	6.00
左轉	機車	0.43	0.40	0.41	1.02	0.96
	小車	1.05	0.97	1.00	2.50	2.33
	大車	2.00	1.85	1.90	4.76	4.44

（資料來源：臺灣公路容量手冊，2011，表 13.1）

 例題 4-3

假設某號誌化路口北上路段有三個快車道（無機車），有大、小兩種車種經過，如下圖 4-1 右側所示，各車種在不同行進方向之比例如表 4-4 所示，請問車種及行進方向調整因素為何？

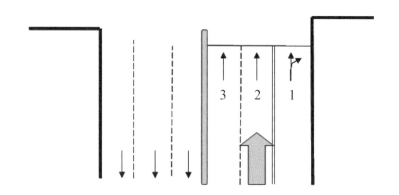

圖 4-1　某號誌化路口北上路段有三快車道示意圖

表 4-4　各車種在不同行進方向之比例

直行右轉車道 1： ・尖峰小時流率 = 400 輛／小時 ・直行小車 = 65% ・右轉小車 = 30% ・直行大車 = 2% ・右轉大車 = 3%	直行車道 2 及 3 總和： ・尖峰小時流率 = 1,000 輛／小時 ・直行小車 = 96% ・直行大車 = 4% ・無公車專用道

解答 4-3

(a) 車道 1 的分析

由表 4-3：

右轉小車（30%）之直行小車當量 = 1.08

直行大車（2%）之直行小車當量 = 1.80

右轉大車（3%）之直行小車當量 = 2.70

由式（4-4），$f_V = \dfrac{1}{1 + 0.3(1.08-1) + 0.02(1.8-1) + 0.03(2.7-1)} = 0.92$

(b) 車道 2 及 3 的分析

由表 4-3：

直行大車（4%）之直行小車當量 = 1.80

由式（4-4），$f_V = \dfrac{1}{1 + 0.04(1.8-1)} = 0.97$

(4) 坡度調整因素，f_g

$$f_g = 10 - 0.015S \qquad\qquad (4\text{-}5)$$

其中，

S：坡度（%），上坡爲正值，下坡爲負值

(5) 公車站調整因素，f_b

$$f_b = f_o\,\beta_1\,\beta_2 \qquad\qquad (4\text{-}6)$$

其中，

若公車靠站不占用車道，f_b 值爲 1。

f_o：係指「車道群 [2] 車道數」調整因素，爲公車到達率 40 輛／小時並且公車站距離路口 40 公尺時之調整值，如下：

$f_o = 0.88$，（車道群車道數 = 1）

2　車道群（lane group）係指一個或多個行進方向（movement），或一整個來向道路（entire approach）所組成之群體，每一個車道群都需要分配一個時相（phase）的綠燈時間（green time）以紓解車流。在一個時相內所有的車道群中具有最高交通強度（即，流量與飽和流量之比例，v/s）稱之為關鍵車道群（critical lane group），通常一個時相所能分配到之綠燈時間都是根據關鍵車道群的交通強度。

其中，時相係指路口號誌之紅綠燈的轉換順序及車子通行的方向。

　　0.96，（車道群車道數 = 2）

　　0.97，（車道群車道數 = 3）

β_1：公車到達率之調整值，如表 4-5 所示：$0.97 \le \beta_1 \le 1.02$。

表 4-5　公車到達率之調整值，β_1

到達率（輛／小時）	10	20	30	40	50	60	70	80
β_1	1.02	1.02	1.01	1.0	0.99	0.98	0.97	0.97

（資料來源：臺灣公路容量手冊，2011，表 13.2）

β_2：公車站與鄰近交叉路口距離之調整值，如表 4-6 所示：$0.87 \le \beta_2 \le 1.02$。

表 4-6　公車站與鄰近交叉路口距離之調整值，β_2

站位距離（公尺）	10	20	30	40	50	60	70
β_2	0.87	0.96	0.99	1.0	1.01	1.01	1.02

（資料來源：臺灣公路容量手冊，2011，表 13.3）

(6) 路邊停車調整因素，f_s：

路邊停車調整因素依車道數、車輛操作率不同而異，如表 4-7 所示。

表 4-7　路邊停車調整因素，f_s

車道數	車輛操作率（輛／小時）						
	0	10	20	30	40	50	60
1	0.87	0.82	0.82	0.82	0.81	0.81	0.80
2	0.94	0.91	0.90	0.90	0.90	0.89	0.89
3	0.96	0.94	0.94	0.94	0.93	0.93	0.93

（資料來源：臺灣公路容量手冊，2011，表 13.4）

(7) 衝突行人調整因素，f_p：

　　衝突行人調整因素可依路口轉角所儲存之待轉小車數目，N_s，區分為 1 車輛、2 車輛以及 3 車輛三種（即避免影響後方直行車正常紓解），如圖 4-2、圖 4-3、圖 4-4 所示，由圖可知，衝突行人調整因素值會隨著行人數與車輛轉彎比例之增加而降低。

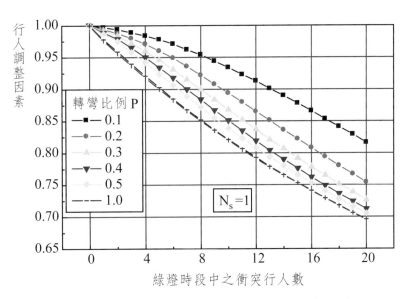

圖4-2　轉角可儲存1輛小車之衝突行人調整因素（臺灣公路容量手冊，2011，圖13.7）

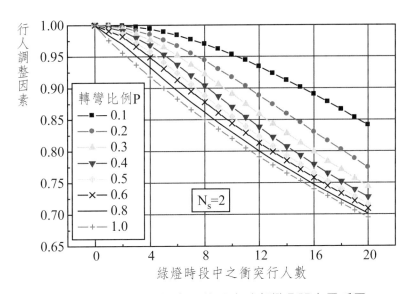

圖4-3　轉角可儲存2輛小車之衝突行人調整因素（臺灣公路容量手冊，2011，圖13.8）

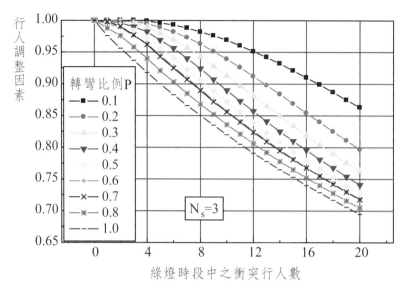

圖 4-4　轉角可儲存 3 輛小車之衝突行人調整因素（臺灣公路容量手冊，2011，圖 13.9）

(8) 直行快車道之 N_{GYi}（小車）估計模式：

直行快車道包括 6 類型，如表 4-8 所示。

表 4-8　直行快車道類型劃分

類型代號	車道之性質
S1	中央實體分隔、無快慢分隔、無緊鄰公車專用道
S2	中央實體分隔、無快慢分隔、有緊鄰公車專用道
S3	中央實體分隔、快慢分隔
S4	中央標線分隔、快慢分隔
S5	中央標線分隔、無快慢車道分隔
S6	緊鄰左側快慢車分隔島

（資料來源：臺灣公路容量手冊，2011，表 13.6）

　　表 4-8 中各類型之 N_{GYi}（在有效綠燈時間（g 秒）內能紓解之直行小車數）估計模式列於表 4-9。

表 4-9　直行快車道之 N_{GYi}（小車）估計模式

車道類型	估計模式	g 之範圍（秒）
S1	$N_{GYi} = -0.77 + 0.475g + 1.273 \times 10^{-3} g^2$	5～55
	$N_{GYi} = -3.69 + 0.598g$	>55

車道類型	估計模式	g 之範圍（秒）
S2	$N_{GYi} = -0.98 + 0.426g + 1.105 \times 10^{-3}g^2$	5～60
	$N_{GYi} = -5.40 + 0.566g$	>60
S3	$N_{GYi} = -0.59 + 0.428g + 1.250 \times 10^{-3}g^2$	5～50
	$N_{GYi} = -4.36 + 0.566g$	>50
S4	$N_{GYi} = -0.88 + 0.437g + 1.783 \times 10^{-3}g^2$	5～50
	$N_{GYi} = -3.70 + 0.582g$	>50
S5	$N_{GYi} = -0.71 + 0.422g + 1.500 \times 10^{-3}g^2$	5～70
	$N_{GYi} = -8.68 + 0.638g$	>70
S6	$N_{GYi} = -1.28 + 0.425g + 1.150 \times 10^{-3}g^2$	5～50
	$N_{GYi} = -3.24 + 0.522g$	>50

（資料來源：臺灣公路容量手冊，2011，表 13.7）

此表中之有效綠燈時間長度 g 需根據式（4-7）來訂定：

$$g = G + Y + AR - L_1 - L_2 = G + \beta \qquad （4-7）$$

其中，

　　AR：全紅時間（all-red clearance interval）

　　g：有效綠燈時間長度（秒）

　　G：綠燈時段長度（秒）

　　L_1：起始損失時間（startup lost time）

　　L_2：為止損失時間（ending lost time）

　　Y：黃燈時間

　　β：綠燈時段結束後，停等車繼續紓解之時間（秒），$\beta = Y + AR - L_1 - L_2$，建議
　　　　值為 3.5 秒

各市區內交叉路口之 N_{GYi} 可能與從表 4-9 模式所估計之值有差異。

(9) 交叉路口所在市區調整因素，f_z

根據現場資料所訂定之交叉路口所在市區調整因素 f_z 列於表 4-10 中。若分析的車道未列於表 4-10 之市區的車道類型時，可根據表中性質比較接近之市區來訂定調整因素。

表 4-10　交叉路口所在市區調整因素，f_z

車道類型	市區	調整因素
S1	臺北 臺中 臺南 嘉義	1.00 1.04 0.95 0.95
S2	臺北	1.00
S3	臺中	1.00
S4	臺北 嘉義	1.00 0.90
S5	臺北 臺中 綠燈時段 < 30 秒 綠燈時間 ≥ 30 秒 臺南 嘉義	1.00 1.00 1.10 1.15 1.14 0.97
S6	臺北	1.00

（資料來源：臺灣公路容量手冊，2011，表 13.8）

4.1.2 容量分析之服務水準與績效指標

　　容量分析藉由對交通特性之了解，進行交通設施之評估工作，包括：規劃及設計交通系統應提供之硬體設備、訂定交通設施運轉作業績效之服務水準、發展運作策略或評估土地開發對交通及環境之衝擊。

　　容量分析之重點不在於估計道路容量，而在於分析一項道路設施在規劃、設計及運轉時，所能提供之服務水準。目前利用分析性模式分析號誌化路口之方法仍需先估計容量才能評估服務水準，這是因為容量影響到績效指標值。但採用模擬方式進行分析時，就沒有必要先估計容量以訂定績效指標值。所以將容量分析直接稱為服務水準分析會更名副其實。

　　服務水準係指交通設施服務品質的好壞程度。目前容量分析之方法通常將服務水準分成數個等級。最常見的分級包括 A、B、C、D、E 及 F 六級，依序為最佳至最差服務水準。其服務能力的評定標準包括速率、旅行時間、交通干擾情形、車輛操作的自由度、安全、旅行的舒適與便利，以及行車費用的高低等。服務水準的六個等級特性可整理如表 4-11：

表 4-11　服務水準特性說明

等級	特性說明
A	・車流自由 ・交通流量低，但速率高 ・交通密度低 ・在速限的範圍內以及道路現況的條件下，駕駛人可以自由調整行車速率的高低 ・駕駛人未受到或受到極少其他車輛之干擾，可保持其所欲之行車速率而無延滯
B	・車流穩定 ・行駛速率會受到交通情況限制，但駕駛人仍可合理的在速限範圍內調整行車速率及變換車道行駛 ・B 級服務水準之最低界限（最低速率、最高流量）與服務流量可適用於設計郊區公路
C	・車流穩定 ・交通流量較高，行車速率及操作頗受控制，但尚可獲得滿意的行車速率及變換車道行駛 ・任意的超車的情形不常出現 ・C 級服務水準最適於市區街道之設計
D	・車流漸趨穩定 ・交通流量增高 ・速率操作僅有少許的自由，即受操作條件的影響而需時常改變速率 ・駕駛舒適度與便利性甚低
E	・車流不穩定 ・出現間歇的停車現象 ・行車速率要比 D 級服務水準為低，不能僅由速率加以評估 ・服務流量已經接近或等於道路之容量，此時之速率操作僅有少許的自由
F	・車流勉強能夠流動 ・交通需求量高於容量，車輛以低速行駛，下游車輛常發生擁擠現象 ・出現走走停停的擁擠現象，速率及交通流量皆可能降至零

　　服務水準（或服務品質）之劃分必須根據績效指標，不同交通設施的作業性質不同，有必要利用不同的績效指標劃分不同設施的服務水準，例如，高速公路基本路段以 V/C，以及速限與車流平均速率差劃分服務水準，出口匝道路段以內外車道車流速率差劃分服務水準，市區道路則以平均行駛速率劃分服務水準，市區高架快速道路基本路段以內外車道車流速率差劃分服務水準，而號誌化路口以車輛延滯時間劃分服務水準。

4.2 連續性與阻斷性車流

不同的交通設施會有不同的車流表現，一般說來，交通車流可分為連續性車流（un-interrupted flow）與阻斷性車流（interrupted flow）兩種，茲針對其車流特性分別說明如下。

4.2.1 連續性車流

連續性車流（亦可稱為非阻斷性車流、非間歇性車流，或非干擾性車流）係指其運作不受號誌化路口、「停」或「讓」標誌控制，或平面交叉路口影響干擾之車流。在相距平面交叉路口甚遠的郊區平面公路上（rural surface highways），亦可能發生連續性車流。

連續性車流之密度、流率與平均速率之理論關係如下（參見圖 4-5）：

$$q = uk \tag{4-8}$$

其中，

　　q：流率（輛／小時）

　　k：密度（輛／公里）

　　u：空間平均速率（公里／小時）

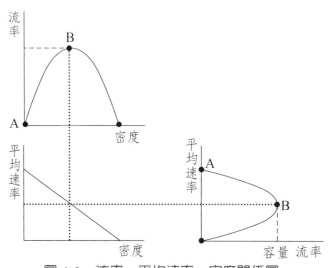

圖 4-5　流率—平均速率—密度關係圖

　　當密度低時，流率也低，其平均速率等於或接近自由速率（此時車輛不互相影響之速率）。當密度逐漸增高時，流率隨著增加，但速率則不一定降低。當密度增高到某一程度時，速率開始明顯下降。當密度再增加至流率等於容量[3]時，此時之密度稱為臨界密度，其平均速率稱為臨界速率。一般說來，當流率趨近或等於容量時，車流已進入不穩定狀況，但為分析方便，2011 年《臺灣公路容量手冊》將圖 4-5 所示從 A 點到 B 點之車流狀況統稱為穩定狀況。當車量密度再繼續增高而超過臨界密度時，車流已進入不穩定、壅塞狀況，此時速率將會急速下降，流率也會隨著降低。

　　假如某一定點之上游屬於壅塞狀況而有走走停停之車隊，但其下游之密度已經開始降低，在這種情況下，車隊則已經進入疏解狀態，此時流率可能相當固定但速率急速增加。疏解流率或許可能在短時間內超過容量，但此種疏解流率及對應之平均速率不宜用於訂定一設施之容量。

　　連續性車流所用的流率與速率關係通常是根據觀察到之流率與速率關係的平均趨勢所建立，因此，車流穩定及不穩定的狀況沒有固定的界限，亦即（在不同時段內的）車流可能在不同的密度或速率時，也會從穩定狀況進入不穩定狀況。換句話說，根據代表性流率與速率關係所找出之公路容量為 2,000 輛／小時／車道、相關臨界速率為 60 公里／小時，假若在某一時段內實際車流發生從穩定進入不穩定狀況，則其流率有可能高於或低於 2,000 輛／小時／車道，而且進入不穩定狀況時的速率也不一定是 60 公里／小時。

4.2.2 阻斷性車流

　　阻斷性車流（亦可稱為非連續性車流、間歇性車流、或干擾性車流）係指車流受到內在操作因素（如車輛、駕駛者、道路等）的干擾，亦受到交通標誌與號誌週期的干擾。一般而言，阻斷性車流設施上的車流往往會形成車隊（platoon），若能妥善引導這種車隊，將可讓其道路設施能更有效率的運作。然而，車隊會隨著行駛距離的增長而逐漸擴散（參考圖 4-6），其中影響車隊擴散的因素包括：車隊駕駛人自發性的速率調整、交通號誌的續進（progression）效果，以及由路段中或支道進入或轉向的車輛數與型態等。

3　路段或路口每小時可通過之最大流量。

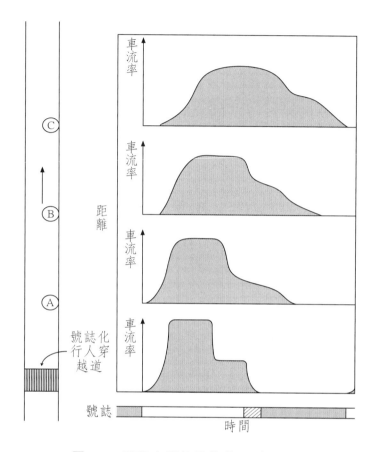

圖 4-6　路段車隊的擴散效果（May, 1990）

　　號誌化路口之影響區域係指路口上、下游各 200 公尺之路段（臺灣地區公路容量手冊，1991 年）。因此，離號誌化路口 200 公尺以上之路段為連續性車流之路段。但事實上，號誌化路口之影響區大約在 3 公里左右，所以如果號誌化路口之間距在 3 公里以下，則相關之路段屬於阻斷性車流路段，因而容量分析時必須涵蓋號誌化路口之運作。而一般交叉路口所承載的車流亦為阻斷性車流。此種設施之容量需根據在需求流率很高而造成不斷的停等車隊時，在 15 分鐘內（或更長的時間）經常能通過一設施之最高流率。號誌化交叉路口車隊疏解率常隨時間而變，短時間內（如數秒鐘）觀察到的最高流率不適用於容量的訂定。

4.2.3 連續性與阻斷性車流之分類

　　公路設施可依據連續性與阻斷性車流加以分類，如表 4-12 所示。

表 4-12 公路設施之連續性與阻斷性車流特性分類表

公路設施及其組成項目		分類	績效指標衡量項目
高速公路	基本路段（參見 4.3.1 節）	連續性車流	V/C[4]、速限與平均速率差距、密度
	進口匝道路段（參見 4.3.2 節）	阻斷性車流	V/C、速限與平均速率差距、流率
	出口匝道路段（參見 4.3.3 節）	阻斷性車流	V/C、速限與平均速率差距、流率
	交織路段（參見 4.3.4 節）	阻斷性車流	平均行駛速率
	收費站（參見 4.3.5 節）	阻斷性車流	平均路段延滯
市區道路	幹道（參見 4.4.1 節）	阻斷性車流	平均行駛速率、平均停等延滯
	高架快速道路基本路段（參見 4.4.2 節）	連續性車流	服務流率[5]
	地下道路（參見 4.4.3 節）	連續性車流	V/C、速限與平均速率差距、密度、服務流率
郊區公路	雙車道公路（參見 4.5.1 節）	連續性車流、阻斷性車流	延滯時間百分比（percent time delay[6]）、平均行駛速率、V/C
	多車道公路（參見 4.5.2 節）	連續性車流	V/C、平均速率
		阻斷性車流	平均停等延滯、平均行駛速率
交叉路口	號誌化路口（參見 4.6.1 節）	阻斷性車流	平均每車延滯、平均停等延滯、平均路段延滯、每週期平均最長車隊
	非號誌化路口（參見 4.6.2 節）	阻斷性車流	容量（保留容量）[7]
	圓環（參見 4.6.3 節）	連續性車流	V/C

（資料來源：臺灣公路容量手冊，2011 年）

各種公路設施之服務水準評估方式於後續章節詳加介紹。

---

4 V/C 係指流量（volume）與容量（capacity）之比值，或簡稱流容比。

5 最大服務流率代表在欲維持某一服務水準等級時所能承載的最高流率。

6 延滯時間百分比（percent time delay）係指車隊行進之所有車輛因為不穩定通過（pass）產生延滯所占平均時間百分比。

7 保留容量（reserve capacity）通常用來表示路口剩餘之容量，亦即每一來向（approach）之需求量（demand）與容量（capacity）之差距，當保留容量為負值時，代表路口處於過飽和（over capacity）的交通狀態。

4.3 高速公路之服務水準分析

美國公路容量分析之高速公路的理想條件包括以下各項：

1. 車道寬 3.65 m。
2. 側向淨空 2.0 m 以上。
3. 車流中沒有卡車、巴士、休旅車或其他重車。
4. 交流道的間距至少 3 km 以上。
5. 坡度不得超過 2%。
6. 駕駛人均為通勤人口，熟悉路況。
7. 市區高速公路單方向至少 5 個車道以上。

高速公路之主要元素可分為基本路段、進口匝道路段、出口匝道路段、交織路段、以及收費站等數種，茲將其服務水準分析方法分述如下。

4.3.1 基本路段

高速公路之基本路段係指不包含上、下匝道之區間路段，路況相對單純。

4.3.1.1 基本路段之績效指標說明

根據車流密度的高低，高速公路基本路段的服務水準可分成 A、B、C、D、E 及 F 共六級。但是密度未必能充分反映服務品質，因為同一公路上不同路段可能有不同的幾何設計，即使密度相同，不同路段上的車流也可能有顯著不同的平均速率。而密度較低的路段或車道上也未必會有較高的平均速率，例如爬坡車道上的密度可能低於左側各車道上的密度，但其平均速率反而比較低。

高速公路的用路人所在乎的服務品質大致可分為兩種：壅塞程度及平均速率。採用 V/C 值衡量壅塞程度比密度來得方便，當路段的 V/C 值在 0.6 以下時，相關平均速率的增減很有限，用路人對壅塞程度的變化不太敏感，但是當 V/C 值達 0.95 時，只要流率稍微增高，車流可能很快的進入壅塞狀況，在這狀況下，車流就有不穩定的趨勢。為了描述車流壅塞程度，表 4-13 依照 V/C 值將高速公路的服務水準劃分成 A～F 等 6 級。

採用 V/C 績效指標來衡量壅塞程度，並無法反映車流的平均速率，因此必須兼採速限與平均速率的差距，才得以由不同的角度來評估服務水準。為了用路人的安全，臺灣高速公路設有速限。如果速限訂為 100 公里／小時，則多數駕駛期望能維持一等於或稍高於速限的速率，因此，從速率的角度而言，平均速率接近或高於速限的服務品質最佳。

表 4-13　根據 *V/C* 值劃分服務水準等級

服務水準	*V/C* 值
A	≤ 0.35
B	0.35～0.60
C	0.60～0.85
D	0.85～0.95
E	0.95～1
F	> 1

（資料來源：臺灣公路容量手冊，2011，表 4.5）

另一方面，（國道 5 號的）車流資料顯示車流從穩定進入不穩定狀況之後的速率一般在 45 公里／小時以下，比較常見的壅塞速率在 25 公里／小時左右。然而，不論是否有壅塞，速限與平均速率之差距若超過 35 公里／小時，則服務品質難以令人接受。因此，從平均速率的角度，服務水準也可以區分成 1～6 等六個等級，如表 4-14 所示。

表 4-14　根據速限與平均速率之差距劃分服務水準等級

服務水準	速限與平均速率差距（公里／小時）
1	≤ 5
2	6～10
3	11～15
4	16～25
5	26～35
6	> 35

（資料來源：臺灣公路容量手冊，2011，表 4.6）

若同時考量表 4-13 及表 4-14 之劃分標準來評估公路之運轉時，必須用 2 個代號來反映服務水準。第 1 個代號（A、B、C、D、E、F）代表壅塞程度，第 2 個代號（1、2、3、4、5、6）代表平均速率的高低。例如某一公路的 *V/C* 值為 0.4，其平均速率為 75 公里／小時，速限為 90 公里／小時，則服務水準等級為 B3。

規劃新公路時可選擇一適用的 *V/C* 值及相關的服務水準等級作為幾何設計之基礎，然後根據預設的速限及估計的平均速率評估速率的高低。為了顯示同一公路（如國道 1 號）或同級公路網（如高速公路系統）上不同路段的相對服務水準，必須選擇一基準速限作比較的基礎，此基準速限原則上應該是道路幾何設計標準最高路段的速限。

4.3.1.2 基本路段之服務水準分析

高速公路基本路段之服務水準服務指標可以 V/C、速限與平均速率的差距進行分析。其交通變數 V 之計算式如下：

$$V = q_e = \frac{q(1-P_t)f_c + qP_tEf_t}{f_wf_d} \tag{4-9}$$

其中，

q_e：內車道在基本狀況下之平均流率（小客車／小時／車道）

q：尖峰 15 分鐘單方向之需求流率（輛／小時）

P_t：大車比例

f_c：內車道小車占小車總數之比例（見表 4-15）

E：大車之小客車當量（平坦路段：1.5；坡度路段：2.0）

f_t：內車道大車占大車總數之比例（見表 4-15）

f_w：車道寬調整因素

f_d：路肩橫向淨距調整因素

$$q = \frac{Q}{PHF} = \frac{ADT \times K \times D}{PHF} \tag{4-10a}$$

其中，

Q：實際或預測之尖峰小時流率（輛／小時）

PHF：尖峰小時係數（0.85～0.95），係指在尖峰小時內，車輛集中於某一最高分鐘內的程度稱之，其計算公式如下：

$$PHF = \frac{尖峰小時交通量}{4 \times (尖峰小時中最高15分鐘交通量)} \tag{4-10b}$$

ADT[8]：設計年（design year）平均每日流量（輛）

K：係指設計小時流量係數，為第 30 最高小時交通量[9]（30HV）與年平均每日交通量之比值（都會區：0.08～0.12；其他區域：0.12～0.16），可用於求得設計小時交通量[10]（DHV）。

---

8 平均每日交通量（ADT）係指調查天數多於一天，少於一年之日交通量平均數，可作為評定公路等級、研擬道路拓建計畫、估算交通量成長及分析交通事故資料之依據。而年平均每日交通量（AADT）則是將一年的累計交通量除以一年的總天數（365），其應用範圍與平均每日交通量相同。

9 第 30 最高小時交通量（30 HV）係指將某一地點全年中每小時的交通量依高低順序排列，其第 30 最高小時交通量稱之。

10 設計小時交通量（DHV）係指於公路設計時，用於設計之交通量，一般採用第 30 最高小時交通量。

　　D：係指同一路段流量之方向分布係數，為雙向流向中較高流向之交通量占雙向總流量之百分比（0.5～0.65）

表 4-15　各內車道各車種占該車種總車數之平均比例（假設值）

車道數 （包括爬坡車道）	大車，f_t	小車，f_c	
		無爬坡道	有爬坡道
2	28%	55%	-
3	25%	37%	50%
4	16%	27%	35%
5	12%	21%	28%
6	10%	18%	20%

（資料來源：臺灣公路容量手冊，2011，表 4.2）

　　指標 V/C 中的 C 代表該公路速限所對應自由旅行時間之容量，該值與平均速率之值皆需藉由查圖 4-7 獲得。其中，臺灣高速公路基本路段之幾何設計標準相當均勻，車道寬最少有 3.65 公尺，最多則 3.75 公尺，路肩寬之變化也不大，目前尚無資料可以了解平均自由速率與車道寬、路肩寬等因素之關係，2011 年《臺灣公路容量手冊》建議利用下列之自由速率以分析平坦路段：

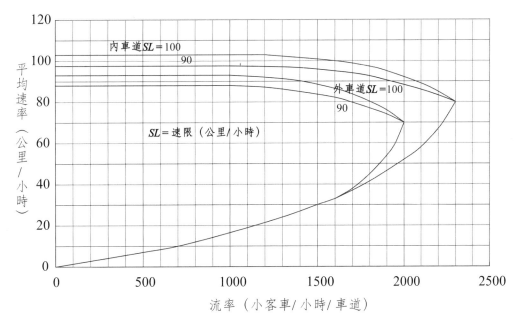

圖 4-7　平坦路段在基本狀況下速率與流率之關係（臺灣公路容量手冊，2011，圖 4.4）

1. 速限 100 公里 / 小時之路段

- 內車道自由速率 = 104 公里 / 小時
- 外車道自由速率 = 94 公里 / 小時

2. 速限 90 公里 / 小時之路段

- 內車道自由速率 = 97 公里 / 小時
- 外車道自由速率 = 87 公里 / 小時

 **例題 4-4**

假設某一平坦路段之速限 90 公里 / 小時，請問其內側車道之自由速率為與容量各為何？需求流率為 1,840 小客車 / 小時，平均速率與速限差又為何？

 解答 4-4

對照圖 4-7 可知其內車道之自由速率為 97 公里 / 小時，其內側車道容量為 2,300 小客車 / 小時。而今若需求流率為 1,840 小客車 / 小時，再對照圖 4-7 可知，所對應到之平均速率為 92 公里 / 小時，故平均速率與速限之差異為 2 公里 / 小時。

4.3.1.3 基本路段之計算範例

 例題 4-5

平坦路段之運作分析：假設某一平坦路段的幾何設計與交通狀況如下所示：（臺灣公路容量手冊，2011 版，p. 4-23，例題一）

(1) 車道數：3

(2) 車道寬：3.75 公尺

(3) 路肩寬：2 公尺

(4) 單方向尖峰小時需求流率：$Q = 4,050$ 輛 / 小時

(5) 護欄在路肩之邊線上

(6) 尖峰小時係數（PHF）：0.9

(7) 大車比例：0.3

(8) 速限：90 公里 / 小時

(9) 大車當量 $E_t = 2$

(10) 車道寬度調整因素 $f_w = 1$

(11) 路側橫向淨寬調整因素 $f_d = 1$

在車流穩定狀況下，請估計此路段之內側車道之對等需求流率、自由旅行速率、容量及服務水準。

 解答 4-5

〔步驟 1〕訂定需求流率：評選標準及設計標準。

　　本例題以尖峰 15 分鐘之車流率為分析依據，在此狀況下尖峰小時之車流率需轉換成尖峰 15 分鐘之流率，即 $q = Q/PHF = 4,050/0.9 = 4,500$ 輛／小時。

〔步驟 2〕訂定幾何設計狀況。

　　本例題之幾何設計如上述，$f_w = 1$，$f_d = 1$。

〔步驟 3〕建立近似直線路段。

　　因本例題之路段為平坦路段，所以不需轉換成近似直線路段。

〔步驟 4〕訂定分析臨界點及平均自由速率。

　　因本例題之路段為平坦路段，所以任何一點都可以當作臨界點。此外，速限為 90 公里／小時，所以內車道之自由旅行速率大約為 97 公里／小時。（參見 4.3.1.2 節）

〔步驟 5〕估計臨界點在基本狀況下各內車道之對等需求流率。

　　根據表 4-15，25% 之大車及 37% 之小車會利用各內車道，所以式（4-9）之 f_t 及 f_c 各為 0.25 及 0.37。此外，式（4-9）之 q 等於 4500 輛／小時，$P_t = 0.3$。另已知 $E_t = 2$，$f_w = 1$，$f_d = 1$，則各內車道在基本狀況下之對等需求流率為 $q_e = 1,840$ 輛小客車／小時。

$$(V = q_e = \frac{q(1-P_t)f_c + qP_tE_tf_t}{f_wf_d} = \frac{4500 \times (1-0.3) \times 0.37 + 4500 \times 0.3 \times 2 \times 0.25}{1 \times 1} = 1840)$$

〔步驟 6〕評估服務水準。

　　因為速限為 90 公里／小時，從圖 4-7 可知，需求流率為 1,840 小客車／小時，內車道之 $C = 2,300$ 小客車／小時，故 V/C 值約 $1,840/2,300 = 0.8$，又平均速率大約為 92 公里／小時（速差 2 公里 = 92 − 90），因此，服務水準則屬 C1 級（見表 4-13 及表 4-14）。

 例題 4-6

規劃及設計問題：根據地形研判，高速公路之一基本路段必須包括一平坦路段及一上坡路段，以減輕施工之費用。此基本路段設計之有關狀況如下：（臺灣公路

容量手冊，2011 版，p. 4-24，例題二）

(1) 單方向尖峰小時需求流率：3,200 輛／小時

(2) 尖峰小時係數：0.95

(3) 大車比例：0.3

(4) 速限：100 公里／小時

(5) 內車道最少必須維持 C4 級之服務水準

請計算所需之車道數。

 解答 4-6

解題步驟與例題 4-5 相同。

〔步驟 1〕訂定需求流率。

〔步驟 2〕訂定幾何設計。

〔步驟 3〕建立近似直線路段。

〔步驟 4〕訂定分析臨界點及臨界點之平均自由速率。

〔步驟 5〕估計臨界點在基本狀況下各內車道之對等需求流率。

〔步驟 6〕評估服務水準。

　　有關各步驟之詳細內容請參閱 2011 年《臺灣公路容量手冊》，pp. 4-24。

4.3.2 進口匝道之路段

　　高速公路各設施之服務水準應根據相同的標準進行評估，而且服務水準之評估必須以內車道之車流狀況為重點。本節沿用高速公路基本路段服務水準之劃分標準，如表 4-16。

表 4-16　服務水準等級之劃分標準

壅塞程度		速率狀況	
服務水準等級	V/C 值	服務水準等級	平均速率與速限差距（公里／小時）
A	≤ 0.35	1	≤ 5
B	0.35～0.60	2	6～10
C	0.60～0.85	3	11～15
D	0.85～0.95	4	16～25
E	0.95～1	5	26～35
F	1	6	> 35

（資料來源：臺灣公路容量手冊，2011，表 5.5）

　　根據 V/C 值所訂定各服務水準等級之相關服務流率及規劃或設計時適用的服務流率建議值如表 4-17 所示。

表 4-17　服務流率範圍及建議值

服務水準	建議值（小客車／小時／車道）
A	780
B	1,360
C	1,930
D	2,160
E	2,300（容量）

（資料來源：臺灣公路容量手冊，2011，表 5.6）

　　本節之容量分析方法可用於規劃設計（planning analysis）及運轉作業（operational analysis）之評估。規劃分析著重於尋求能在設計小時（design hour）內維持一可接受的服務水準之幾何設計。運轉作業分析之重點在於評估某一設施操作之服務水準。此兩種分析所需資料的性質不同，但其分析之程序相似，如圖 4-8 所示。

4.3.3 出口匝道之路段

　　高速公路各設施之服務水準應根據同樣的標準予以評估，而且必須以內車道之車流狀況為重點。所以本節出口匝道路段的服務水準之劃分乃沿用高速公路基本路段之標準，如表 4-16 所示。

　　出口匝道路段各車道流率與速率之關係如圖 4-9 所示。需求流率已知時，此圖可用以估計相對應之平均速率。因為不同車道之車流特性不一定相同，所以第 1 車道、第 2 車道及其他車道不應合併分析。出口匝道路段最內側車道的運作績效與其他車道之運作績效息息相關。以速率而言，最內車道的平均速率通常為最高，越往外側則平均速率越低。在穩定車流狀況下，最內與最外側車道（亦即第 1 車道）平均速率之差距大約在 5 到 10 公里／小時之內。所以在穩定車流狀況下，只要最內側車道的服務水準合乎要求，則整個路段的服務水準可視為合乎要求。

　　當匝道因壅塞而車輛回堵主線時，第 1 車道會先進入不穩定狀況進而影響到其他車道之車流。所以匝道路段的分析應先考慮匝道與其下游道路交叉所造成的車流特性，以了解匝道車輛是否有回堵主線之可能。但分析這種車流狀況的分析方法尚未建立，所以本節暫時假定第 1 車道之車流不受匝道車輛回堵之影響，故而本節之分析對象為最內側之主線車道。第 1 車道也可視需要列入分析對象以評估運作績效隨車道之變化。

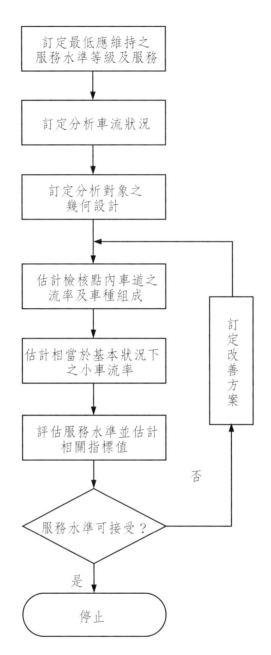

圖 4-8　匝道匯流路段容量分析程序（臺灣公路容量手冊，2011，pp. 5-12，圖 5.10）

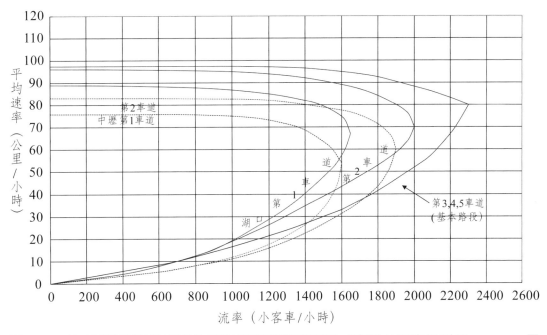

圖 4-9　出口匝道路段各車道的平均速率與流率關係（臺灣公路容量手冊，2011，圖
　　　　6.12）

　　出口匝道路段之分析方式可區分成兩種：規劃及設計分析之目的在於選擇一個可接
受服務水準之幾何設計；運作分析之重點在於評估現存或預期狀況下，出口匝道路段所
能提供的服務水準。這兩種分析所需資料之可靠性不同，但皆可採行下述之分析步驟。

　　〔步驟 1〕設定幾何設計及車流狀況。

　　〔步驟 2〕訂定所需提供之服務水準等級。

　　〔步驟 3〕選擇分析車道。

　　〔步驟 4〕選擇在基本狀況下代表性流率與平均速率之關係。

　　〔步驟 5〕估計尖峰 15 分鐘在基本狀況下之對等流率。

　　〔步驟 6〕評估服務水準。

　　〔步驟 7〕修訂幾何設計。

　　以上各步驟之詳細內容請參照 2011 年「臺灣公路容量手冊」，pp. 6-15。

4.3.4 交織路段

　　交織路段之服務水準，主要以交織及非交織車輛的平均行駛速率作為評定準則，分
為 6 級，如表 4-18 所示。交織路段由於有變換車道的操作與干擾，所以其行駛速率隨
流量之增減較高速公路基本路段更為敏感。交織路段之交織流量最大為 2,000 小客車／

表 4-18 交織路段服務水準評估表

服務水準	交織車流平均速率，S_W（公里 / 小時）	非交織車流平均速率，S_{NW}（公里 / 小時）
A	79	85
B	71	76
C	64	68
D	56	60
E	45	45
F	45	45

（資料來源：臺灣公路容量手冊，2011，表 7.1）

小時，假若需求流率高於 2,000 小客車 / 小時，則將發生阻塞情況，其對應之行駛速率為 45 公里 / 小時以下。

4.3.5 收費站

人工收費方式之收費站可以使用平均車隊長度，以及平均路段延滯作為劃分服務水準等級之指標。車隊長度是用路人（與收費站管理人員）最容易了解的績效評估指標，美國佛羅里達州的運輸廳[中5]利用車隊長度作為收費站規劃與設計的重要考慮因素，國內高速公路在實施電子收費之前，亦是根據車隊長度來執行收費車道調撥作業。但當實施電子收費後，停等車隊只在塞車時才會產生，因此，車隊長度不再適合評估車流之服務水準。所以本節利用收費亭上游之平均路段延滯作為劃分服務水準之績效指標。服務水準之等級劃分如表 4-19 所示。

表 4-19 服務水準評估準則

服務水準	平均路段延滯（秒 / 輛）
A	≤ 10
B	10～20
C	20～30
D	30～40
E	40～50
F	> 50

（資料來源：臺灣公路容量手冊，2011，表 8.13）

4.4 市區道路之服務水準分析

　　市區及郊區道路並沒有明顯之界限，一條道路有可能跨越市區及郊區。雖然市區及郊區道路之交通特性稍有不同，幾何設計狀況也有差別，但是兩者之分析方法卻相同。因此，在市區及郊區界限不明顯之情況下，只能根據平均路口間距將道路種類予以區分為市區道路及郊區道路，其中，郊區道路需根據第 4-5 節之方法進行分析。

　　市區道路之等級可區分為幹道、高架快速道路基本路段，以及地下道路等數種，茲將其服務水準分析方法分述如下。

4.4.1 幹道

　　本節分析對象包括市區路口、市區道路及路網。市區路口包括號誌化路口及非號誌化路口，其中非號誌化路口可能為：(1) 完全沒控制路口，(2) 設有「停」、「讓」標誌路口，(3) 圓環設施。市區道路指市區內，有一連串路口，並且有連貫性交通功能之道路。分析市區道路目的之一是估計平均旅行速率以評估一道路之整體交通功能之服務水準，另一目的是評估同一道路上對連貫性車流有影響的路口之交通作業，以協助決定哪一路段必要改善或如何改善。至於路網之分析重點除了路口之外，也包括平行及相交之道路。

　　市區路口之號誌化路口及「停」、「讓」標誌路口係使用平均停等延滯來劃分服務水準，如表 4-20 所示。

表 4-20　號誌化路口及「停」、「讓」標誌路口之服務水準劃分標準

服務水準	平均停等延滯，d（秒／車）
A	≤ 15
B	15～30
C	30～45
D	45～60
E	60～80
F	> 80

（資料來源：臺灣公路容量手冊，2011，表 16.11）

　　市區道路在尖峰期間之平均旅行速率普遍偏低，尤其是新北市（註：過去稱之為臺北縣）市區道路，如圖 4-10 所示。

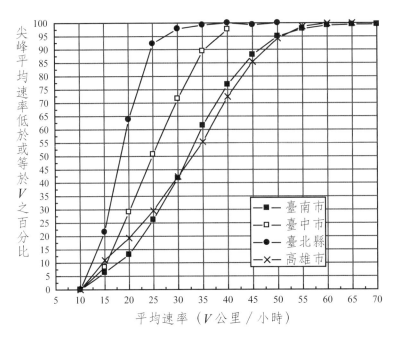

圖 4-10 市區道路尖峰平均速率之累積分布（臺灣公路容量手冊，2011，圖16.29）〔臺北縣請改為 => 新北市〕

　　市區道路是由一連續路段所組成，各路段上之車道不一定能允許車輛從該路段進入同一道路之下一路段。在這情況下，這些不連貫車道上的旅行時間不宜用來估計一道路之平均旅行速率。若使用表4-21來評估連貫車道之道路的服務水準時，必須根據式（4-11）估計平均旅行速率：

$$v = \frac{3.6\sum_{i=1}^{N} L_i}{\sum_{i=1}^{N} T_i} = \frac{3.6\sum_{i=1}^{N} L_i}{\sum_{i=1}^{N}\left(\dfrac{\sum_{j=1}^{m} Q_{ij}t_{ij}}{\sum_{j=1}^{m} Q_{ij}}\right)} \qquad (4\text{-}11)$$

其中，

v：道路之平均旅行速率（公里／小時）

N：道路之路段數目

L_i：路段 i 之長度（公尺）

T_i：道路 i 之平均旅行時間（秒／車）

m：路段 i 可用來進入下一路段之車道數

Q_{ij}：路段 i，車道 j 之流率（輛／小時）

t_{ij}：路段 i，車道 j 之平均旅行時間（秒／車）

通常速限較高的市區道路會出現較高的平均自由旅行速率，其交通功能之期望品質也較高。茲將速限 50、60、70 公里 / 小時所劃分之服務水準等級整理如表 4-21 所示。

表 4-21　市區道路服務水準等級劃分標準

服務水準等級	平均旅行速率，v（公里 / 小時）		
	速限 50 公里 / 小時之市區道路	速限 60 公里 / 小時之市區道路	速限 70 公里 / 小時之市區道路
A	≧ 35	≧ 40	≧ 45
B	30～35	35～40	40～45
C	25～30	30～35	35～40
D	20～25	25～30	30～35
E	15～20	20～25	25～30
F	＜ 15	＜ 20	＜ 25

（資料來源：臺灣公路容量手冊，2011，表 16.12、表 16.13、表 16.14）

以「公路交通系統模擬模式」（HTSS 模式）分析市區道路及路口之架構如圖 4-11 所示。

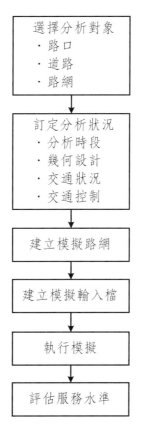

圖 4-11　市區道路及路口之服務水準分析架構 (臺灣公路容量手冊，2011，圖 16.4)

在分析市區道路及路口之前必須對號誌化路口、非號誌化路口、機車專用道、公車設施的作業特性有充分了解,請參見 2011 年《臺灣公路容量手冊》之第十三章、第十四章、第十五章及第十八章。

4.4.2 高架快速道路基本路段

市區高架快速道路內、外車道之功能不同。內車道之主要功能在於讓車輛快速地通過市區,而外車道則因連接進、出口匝道,因而難免有較多慢速行駛之車輛。除非出口匝道因為壅塞造成內、外車道車流產生很大的差異,否則,內外車道平均速率之差異多半在 10 公里 / 小時以下,如圖 4-12,4-13 及 4-14 所示。

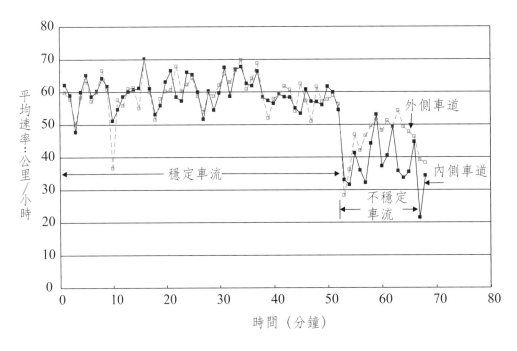

圖4-12　三車道主線內、外側車道平均速率之關係(臺灣公路容量手冊,2011,圖9.2)

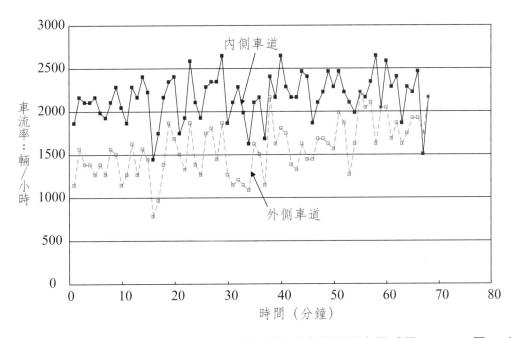

圖 4-13 三車道主線內、外側車道流率之關係（臺灣公路容量手冊，2011，圖 9.3）

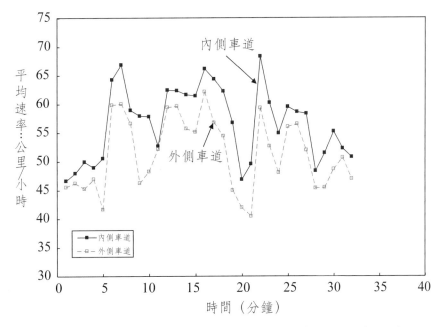

圖 4-14a 二車道主線內、外側車道平均速率之關係（臺灣公路容量手冊，2011，圖 9.4）

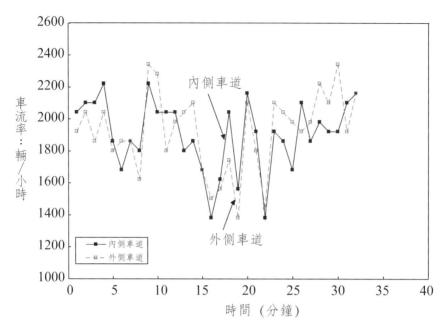

圖 4-14b　二車道主線內、外側車道流率之關係（臺灣公路容量手冊，2011，圖 9.4）

　　一般說來，如果市區高架快速道路的內車道服務水準可以接受，則外車道的服務水準多半也可以接受。為簡化分析之程序，市區高架快速道路之基本路段服務水準可逕自根據內車道之評估結果加以判定。本節將市區高架快速道路的服務水準以 (1) 密度及 (2) 平均速率為基準劃分成如表 4-22 所示的 6 個等級。A 級之服務水準代表密度不超過 13 小客車 / 公里 / 車道，而且平均速率最少 70 公里 / 小時之車流狀況。E 級服務水準下之需求流率接近或等於容量，車流已可能不太穩定。E 級之車流狀況可能只能持續短暫時間（數分鐘）。F 級服務水準代表不穩定且已相當壅塞之狀況。道路之服務水準最好能維持在 D 級或 D 級以上。

表 4-22　服務水準劃分標準

服務水準等級	劃分標準		相關佔有率[12]，K（%）
	密度[11]，D（小客車 / 公里 / 車道）	平均速率，v（公里 / 小時）	
A	≤ 13	≥ 70	≤ 8.9
B	13～20	≥ 65	8.9～13.9
C	20～28	≥ 60	13.9～17.7

11 密度（density）係指單位長度內之車輛數 (輛 / 車道公里) 或單位面積內之人數。

服務水準等級	劃分標準		相關佔有率[12]，K (%)
	密度[11]，D (小客車／公里／車道)	平均速率，v (公里／小時)	
D	28～38	≥ 50	17.7～24.0
E	38～50	≥ 40	24.0～31.6
F	> 50	或 < 40	> 31.6

（資料來源：臺灣公路容量手冊，2011，表 9.1）

在規劃及設計市區快速道路時，可用表 4-23 所建議的內車道服務流率以估計所需之車道數。

表 4-23　內車道服務流率（小客車／小時／車道）

服務水準等級	範圍（小客車／小時／車道）		建議值（小客車／小時／車道）
	2 車道	3 車道	
A	< 980	460～980	750
B	980～1,420	980～1,440	1,200
C	1,420～1,820	1,440～1,850	1,600
D	1,820～2,050	1,850～2,170	1,900

（資料來源：臺灣公路容量手冊，2011，表 9.2）

市區快速道路之規劃分析與運轉作業之分析流程如圖 4-15 所示。

12 相關佔有率包含：空間佔有率（occupancy）係指單位長度車道上車輛總長度佔車道總長度之百分比（%），及時間佔有率（occupancy）係指車輛出現時間佔全部時間的百分比（%）。

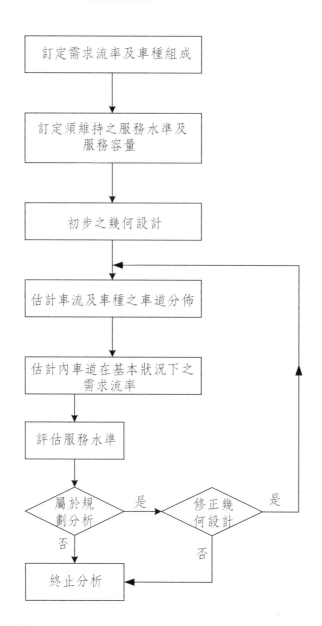

圖 4-15　市區快速道路之規劃分析與運轉作業分析流程（臺灣公路容量手冊，2011，
　　　　 pp. 9-12，圖 9.13）

4.4.3 地下道路

　　市區地下道路係指都市內利用上、下坡進、出口以與地面道路連接之地下道路，其
中間路段通常有相當平坦之鋪面。地下道路之設置主要是為了避免市區道路平面交叉而
造成嚴重的交通壅塞。

　　本節所描述的分析方法乃根據 1991 年出版的《臺灣地區公路容量手冊》[中4]。因

為目前尚欠缺現場資料佐證，此分析方法仍引用許多假設之參數值。

1. 基本狀況及容量

為分析方便起見，本章將下列狀況設定為基本狀況：

(1) 車道寬為 3.75 公尺。

(2) 橫向淨距為 2 公尺。

(3) 所有車輛為小客車。

(4) 禁止對向超車。

(5) 平坦坡度。

(6) 不受交叉路口影響。

(7) 充足之照明。

(8) 兩方向之間有分隔或單行道路。

本節假設在基本狀況下，市區地下道路之容量為 2,000 小客車 / 小時 / 車道。

2. 服務水準劃分標準

根據密度及速率，市區地下道路之服務水準可劃分成如表 4-24 所示之 6 等級。此表中之 V/C 值為需求流率與容量之比值。需求流率大於或等於可觀察到的流率。如表中之 V/C 值為現場流率與容量之比值，則 F 級服務水準之 V/C 值通常大於 1.0。

表 4-24　市區地下道路服務水準等級劃分標準

服務 水準	密度，D （小客車 / 公里 / 車道）	平均速率，v （公里 / 小時）	最大服務流率 （小客車 / 小時 / 車道）	V/C
A	≤ 8	≥ 60	480	0.240
B	$8\sim13$	≥ 58	754	0.377
C	$13\sim19$	≥ 55	1,045	0.522
D	$19\sim26$	≥ 50	1,300	0.650
E	$26\sim44.4$	≥ 45	2,000	1.000
F	>44.4	<45	$>2,000$	>1.000

（資料來源：臺灣公路容量手冊，2011，表 10.1）

V/C 比值之計算公式如下：

$$\left(\frac{V}{C}\right)_i = \frac{SF_i}{CNf_w f_{HV} f_D} \qquad（4\text{-}12）$$

其中，

$\left(\dfrac{V}{C}\right)_i$：$i$ 級服務水準之流量 / 容量比（V/C ratio）

SF_i：i 級服務水準下之單方向服務流率（輛 / 小時）

C：基本狀況下之容量

N：單方向之車道數

f_w：車道寬度與橫向淨距之調整因素

f_{HV}：車種調整因素

f_D：中央分隔島調整因素

市區地下道路分析方法可區分規劃及設計與運轉作業兩種，兩者之目的與步驟整理如表 4-25 所示。

表 4-25　市區地下道路規劃設計及運轉作業分析之比較

項目	規劃及設計分析	運轉作業分析
目的	估計欲維持某一服務水準時所需之車道數	評估某一幾何設計及交通狀況下之服務水準
步驟	〔步驟 1〕選擇欲維持之服務水準 〔步驟 2〕訂定交通狀況並計算服務流率 SF_i 〔步驟 3〕選擇車道寬、橫向淨距及進、出口坡度及坡長等幾何設計並假設單方向所需之車道數為 2 〔步驟 4〕估計調整因素 f_w、f_{HV} 及 f_D 〔步驟 5〕計算相關之 V/C 比值（見式 4-12） 〔步驟 6〕根據 V/C 比值以評估服務水準（見表 4-24） 〔步驟 7〕修訂原有幾何設計並重新分析	〔步驟 1〕計算服務流率 SF_i 〔步驟 2〕訂定幾何設計及交通狀況 〔步驟 3〕估計調整因素 f_w，f_{HV} 及 f_D 〔步驟 4〕計算與需求率相關之 V/C 〔步驟 5〕評估服務水準

4.5 郊區公路之服務水準分析

郊區公路容量分析的對象包括：(1) 連續性車流之路段、(2) 獨立號誌化路口，及 (3) 有一連串間距不超過 3 公里之號誌化路口的幹道等三種，其歸類方式如下：

1. 連續性車流路段：指 (1) 交通運作不受號誌化或「停」、「讓」標誌路口影響之路段，或 (2) 號誌化路口之間距超過 3 公里，則距離上、下游路口超過 1.5 公里之部分可當作連續性車流之路段來分析。

2. 獨立號誌化路口：如果車流抵達一號誌化路口之型態為隨機（random），則不

必考慮上游路口之影響。

　　3. 號誌化路口間距不超過 3 公里之幹道：如果容量分析之目的在於評估車流穿過一連串號誌化路口時之服務水準，則可將郊區公路當作幹道來分析。

　　如果在市區外緣之郊區幹道不容易判別是屬於市區或郊區時，則宜將平均號誌化路口間距小於 450 公尺的幹道當作市區道路來分析。郊區幹道及市區道路之分析方法相同，但市區道路上號誌化路口之停等車疏解率比郊區稍微高。

　　茲將郊區公路服務水準分析方式區分為雙車道以及多車道公路，分述如下。

4.5.1 雙車道公路

　　郊區公路係指市區道路以外之一般公路，包括：(1) 市郊道路及 (2) 城際公路。雙車道郊區公路包括每方向只有一車道之市郊或城際公路。依據現行規定汽車不得由慢車道（右線道）超車，因此，雙車道上汽車之超車行為必定占用對向車道。由於臺灣地區人口稠密，公路網密佈，因此，郊區公路若有號誌化交叉路口，則宜依一般經驗，將其前後 200 公尺之範圍內劃定為車流干擾路段，其容量另以號誌化交叉路口計算，其餘之交叉路口暫時予以忽略，視為不影響郊區公路容量。雙車道公路之兩側如設置機慢車專用道者稱為標準雙車道，如未設置機慢車專用道者稱為混合雙車道。目前主管單位公路總局之公路編號中，第四級者為標準雙車道，而第五、六兩級者為混合雙車道，現有臺灣地區整體公路系統中，雙車道郊區公路所占比例最大，約占全長之 90%。

　　雙車道郊區公路有別於市區道路，其情況與多車道郊區公路之情況相同，但由於臺灣地區之公路大都為雙車道公路，分布較為密集，因此，雙車道公路中交叉路口間距超過 1,000 公尺者皆屬之。

　　本節所指之基本狀況包括：

　　1. 車道寬為 3.75 公尺。

　　2. 橫向淨距為 2 公尺。

　　3. 車流中全部為小客車。

　　4. 公路座落在平原區。

　　5. 自由行駛速率不小於 60 公里 / 小時。

　　6. 無禁止超車區。

　　7. 車流之方向比例為 50/50。

　　8. 無阻斷性交通設施（如號誌化交叉路口）。

　　參照美國 1985 年之公路容量手冊，1991 年出版的「臺灣地區公路容量手冊」以延滯時間百分比（percent time delay）作為主要的績效指標，平均速率及流率 / 容量（$V/$

C）比作爲次要績效指標，據以訂定一般區段快車道（汽車道）之服務水準（表4-26）。延滯時間百分比指車輛因被困在車隊而不能超車之機率，此績效指標不易衡量，可用時間車距（headway）小於5秒之車輛的百分比替代。至於機慢車道之服務水準則訂定爲表4-27所示。

表4-26　一般區段快車道（汽車道）之服務水準劃分標準（速率單位：公里／小時）

服務水準	延滯時間百分比	平均行駛速率	V/C 上限 平原區 禁止超車區段百分比					
			0	20	40	60	80	100
A	≤ 30	≥ 65	0.15	0.12	0.09	0.07	0.05	0.04
B	≤ 45	≥ 57	0.27	0.24	0.21	0.19	0.17	0.16
C	≤ 60	≥ 48	0.43	0.39	0.36	0.34	0.33	0.32
D	≤ 75	≥ 40	0.64	0.62	0.60	0.59	0.58	0.27
E	≤ 75	≥ 31	1.00	1.00	1.00	1.00	1.00	1.00
F	100	≥ 31	-	-	-	-	-	-

服務水準	延滯時間百分比	平均行駛速率	V/C 上限 丘陵區 禁止超車區段百分比					
			0	20	40	60	80	100
A	≤ 30	≥ 60	0.15	0.10	0.07	0.05	0.04	0.03
B	≤ 45	≥ 55	0.26	0.23	0.19	0.17	0.15	0.13
C	≤ 60	≥ 46	0.42	0.39	0.35	0.32	0.30	0.28
D	≤ 75	≥ 39	0.62	0.57	0.52	0.48	0.46	0.43
E	≤ 75	≥ 28	0.97	0.94	0.92	0.91	0.90	0.90
F	100	≥ 28	-	-	-	-	-	-

服務水準	延滯時間百分比	V/C 上限						
		山區						
		平均行駛速率	禁止超車區段百分比					
			0	20	40	60	80	100
A	≤ 30	≥ 58	0.14	0.09	0.07	0.04	0.02	0.01
B	≤ 45	≥ 54	0.25	0.20	0.16	0.13	0.12	0.10
C	≤ 60	≥ 45	0.39	0.33	0.28	0.23	0.20	0.16
D	≤ 75	≥ 37	0.58	0.50	0.45	0.40	0.37	0.33
E	≤ 75	≥ 31	0.91	0.87	0.84	0.82	0.80	0.78
F	100	< 25	-	-	-	-	-	-

（資料來源：臺灣公路容量手冊，2011，表 12.1）

表 4-27　一般區段機慢車道之服務水準劃分標準（速率單位：公里／小時）

服務水準	平原區		丘陵區		山嶺區	
	平均速率	最高 V/C 上限	平均速率	最高 V/C 上限	平均速率	最高 V/C 上限
A	≥ 65	0.25	≥ 62	0.21	≥ 60	0.15
B	65～57	0.40	62～56	0.36	60～55	0.31
C	57～48	0.52	56～47	0.47	55～46	0.40
D	48～40	0.70	47～40	0.62	46～38	0.58
E	40～31	1.00	40～30	1.00	38～29	1.00
F	< 31	-	< 30	-	< 29	-

（資料來源：臺灣公路容量手冊，2011，表 12.2）

表 4-26、4-27 之 V/C 比值的計算公式如下：

$$\left(\frac{V}{C}\right)_i = \frac{SF_i}{C_1 f_{w1} f_{HV} f_d} \tag{4-13}$$

$$\left(\frac{V}{C}\right)_i = \frac{3.75\, SF_i}{2W\, C_2 f_{w2} f_{HV} f_d} \tag{4-14}$$

其中，

$\left(\dfrac{V}{C}\right)_i$：$i$ 級服務水準之流量／容量比

SF_i：雙向快車道服務水準 i 級之服務流率或雙向機慢車道之服務流率（輛／小時）

C_1：在基本狀況下之快車道容量

C_2：在基本狀況下之慢車道容量

W：機慢車道寬度

f_{w1}：快車道車道寬與橫向淨距之調整因素

f_{w2}：慢車道車道寬與橫向淨距之調整因素

f_{HV}：車種調整因素

f_d：車流方向分布調整因素

雙車道郊區公路之分析方法可分為規劃設計與運轉作業兩種，如表 4-28 所示。

表 4-28　雙車道郊區公路規劃設計及運轉作業分析之比較

規劃設計分析	運轉作業分析
〔步驟 1〕選擇欲維持之服務水準 〔步驟 2〕選擇初步幾何設計 〔步驟 3〕訂定交通狀況並計算服務流率 SF_i 〔步驟 4〕估計調整因素 f_{w1}、f_{w2}、f_{HV} 及 f_d 〔步驟 5〕計算與需求流率有關之 V/C 比值 〔步驟 6〕評估服務水準 〔步驟 7〕修訂幾何設計並重新分析	〔步驟 1〕訂定幾何設計及交通狀況 〔步驟 2〕計算服務流率 SF_i 〔步驟 3〕估計調整因素 f_{w1}、f_{w2}、f_{HV} 及 f_d 〔步驟 4〕計算與需求率相關之 V/C 比值（見式 4-13 及 4-14） 〔步驟 5〕評估服務水準

若初步之幾何設計不能提供所需之服務水準，則該幾何設計可做適度的調整然後重新分析，其中修正的項目包括：車道寬、機慢車道之設置、橫向淨距，以及禁止超車路段占總長度之比例。如修訂後之幾何設計仍無法滿足需要，則必須考慮以多車道公路進行分析。

4.5.2 多車道公路

多車道公路可以分成以下三部分，說明如下。

(1) 連續性車流路段

連續性車流路段採用 V/C 比值以劃分服務水準之等級，如表 4-29 所示。

所謂需求流率係指欲通過一條路段之流率。在無壅塞狀況時，需求流率等於在 15 分鐘內可通過一條路段之流率。在壅塞狀況下，需求流率則高於容量，但可通過一條路段之 15 分鐘流率可能遠低於路段之容量。在這情形之下，需求流率必須同時包括壅塞區域之路段流率，以及尚未進入壅塞區域之路段上游之流率。

連續性車流路段之分析程序如圖 4-16 所示。連續性車流路段可能包含平坦路段及

表 4-29　連續性車流路段之服務水準劃分標準

服務水準	需求流率／容量比，V/C
A	≤ 0.37
B	$0.38 \sim 0.62$
C	$0.63 \sim 0.79$
D	$0.80 \sim 0.91$
E	$0.92 \sim 1.00$
F	> 1.00

（資料來源：臺灣公路容量手冊，2011，表 11.10）

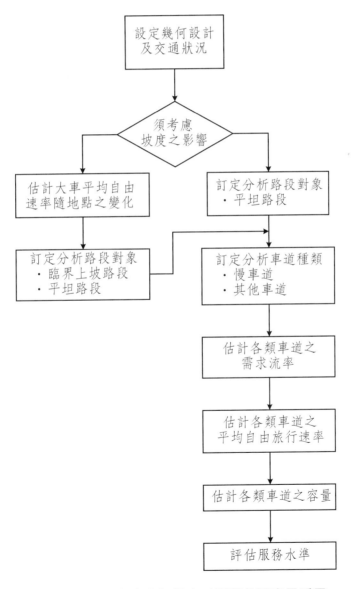

圖 4-16　多車道公路之連續性車流分析程序（臺灣公路容量手冊，2011，圖 11.1）

上、下坡路段。如果上坡路段對大車之速率無顯著的影響，則該路段可視同平坦路段，但如果上坡路段之坡長及坡度相當大，則大車之速率可能顯著的降低，因而影響到服務水準。另一方面，本節將下坡路段當作平坦路段簡化處理。

(2) 獨立號誌化路口

獨立號誌化路口以平均停等延滯劃分服務水準，如表 4-30 所示。

表 4-30　號誌化路口服務水準劃分標準

服務水準	平均停等延滯（秒／車）
A	≤ 15
B	15.0～30.0
C	30.0～45.0
D	45.0～60.0
E	60.0～80.0
F	> 80

（資料來源：臺灣公路容量手冊，2011，表 11.23）

(3) 郊區幹道

郊區幹道係指號誌化路口間距不超過 3 公里所組成的郊區道路。在市區邊緣而且號誌化路口平均間距小於 450 公尺之道路，宜將其當作市區道路來分析。郊區幹道包括號誌化路口及受號誌化路口影響之路段，其目的在於滿足大量中、長程旅行之直行車流的需要。因此，平均旅行速率為評估郊區幹道之主要績效指標。本節根據平均旅行速率及速限，訂定服務水準之等級，如表 4-31 所示。

表 4-31　郊區幹道服務水準等級劃分之標準

服務水準等級	平均旅行速率 v（公里／小時）		
	速限≤ 50 公里／小時或號誌化路口平均間距≤ 450 公尺	速限：60～70 公里／小時	速限：80 公里／小時
A	≥ 35	≥ 40	≥ 50
B	30～35	35～40	45～50
C	25～30	30～35	40～45
D	20～25	25～30	35～40
E	15～20	20～25	30～35
F	< 15	< 20	< 30

（資料來源：臺灣公路容量手冊，2011，表 11.24、表 11.25、表 11.26）

利用表 4-31 之標準來評估郊區幹道之前，必須將郊區幹道根據號誌化路口分段。每段爲兩臨近號誌化路口之間的道路，其長度爲上、下游路口停止線之間的距離，如圖 4-17 所示。如果一條郊區幹道有快慢分隔，則分隔島或其他分隔設施左、右側之車道應個別分析。

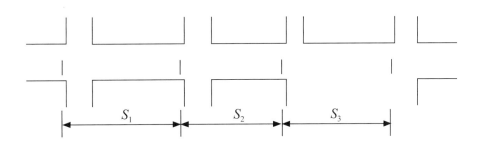

圖 4-17　郊區幹道分段示意圖（臺灣公路容量手冊，2011，圖 11.20）

4.6 交叉路口之服務水準分析

交叉路口之種類可區分爲號誌化路口、非號誌化路口，以及圓環等三種，茲將其服務水準分析方法分述如下。

4.6.1 號誌化路口

4.6.1.1 號誌化路口之績效指標說明

評估號誌化路口之服務水準之績效指標有多種，本節只討論流量／容量比、平均延滯時間（average delay），以及每週期最長等候車隊之平均長度及剩餘交叉路口間距三個績效指標。

1. 流量／容量比

流量／容量比其中流量（volume）係指在一時段內通過某一點之車輛數，但需注意相同之流量／容量比可以同時對應著車流壅塞，以及不壅塞兩種迥然不同的情況，參見圖 4-18。例如，當交叉路口不壅塞時（U 點），其流量／容量比很低（= 0.3），但若交叉路口壅塞時（L 點），其對應之流量／容量比也很低（= 0.3）。因此，若單純根據 V/C 比值判斷之運作績效就會與事實不符。

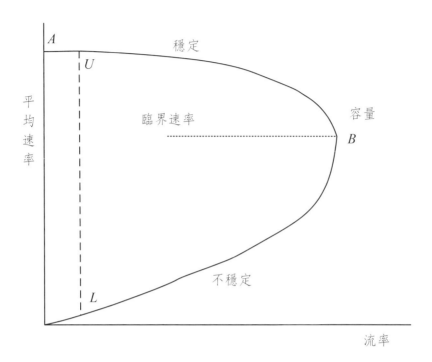

圖 4-18　連續性車流平均速率與流率之關係（臺灣公路容量手冊，2011，圖 2.1）

　　此外，路口之來向路段中流量／容量比值（V/C）較高之車道可能分配較長之綠燈時段，流量雖然很高，但平均延滯時間可能不大；當流量／容量比值低之車道可能分配之綠燈時段也比較短，流量雖然很低，但在短綠燈時段之長週期狀況下，延滯時間可能相當高。由此可知，流量／容量比較高時延滯時間可能比較短，而流量／容量比值較低時延滯時間反而可能比較高。

　　由於流量／容量比值未必能反應壅塞程度、延滯時間、或其他重要績效值，因此，V/C 值不足以單獨做為訂定服務水準之標準。但如果容量分析的目的在於評估需求流量為 V 的號誌化路口是否有足夠的容量，則 V/C 比值即可明顯的指出一車道、車道群或交叉路口之容量是否足夠，可適用以評估一交叉路口承載服務車流之能力。

2. 平均延滯時間

　　平均延滯時間係指在號誌化交叉路口的每部車因減速、停等及加速而增加的平均旅行時間。平均延滯時間又可分為三種：平均停等延滯（average stopped delay）、平均來向路段延滯（average approach delay）或簡稱平均路段延滯，以及平均總延滯（average total delay），此三種延滯時間的定義可用圖 4-19 說明之。

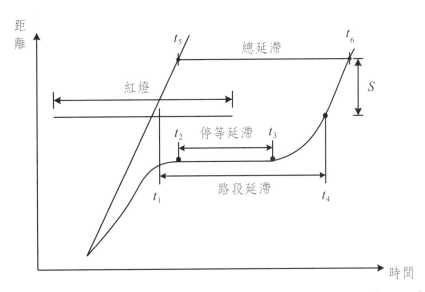

圖 4-19 三種延滯時間之定義（臺灣公路容量手冊，2011，圖 13.13）

圖 4-19 假設當一部車在不受其他車輛或行人及號誌的干擾時，其車尾可在時間 t_1 瞬間通過在交叉路口停止線附近之一參考線；但如受紅燈之阻礙，則該車需減速、停等，然後在綠燈時通過參考線。

(1) 停等延滯：如該車因紅燈或其他車輛阻擋而在 t_2 時加入停等車隊，其後在 t_3 時因下游車輛之疏解而開始加速，則其停等延滯等於 $t_3 - t_2$。

(2) 路段延滯：假設該車車尾通過參考線之實際瞬間為 t_4，則其路段延滯等於 $t_4 - t_1$。該車通過參考線之後可繼續加速，直到在 t_6 時達到穩定的自由旅行速率。

(3) 總延滯：假設在 t_6 時該車在參考線下游 S 公尺之處，而在無干擾的情況下，該車到達同一點之瞬間為 t_5，則總延滯為 $t_6 - t_5$。

上述三種延滯中，以平均停等延滯最容易從現場資料加以估計，所以過去經常用於評估號誌化交叉路口之服務水準。但美國 2000 年之公路容量手冊已經改用所謂的控制延滯（control delay）來評估服務水準，所謂控制延滯係指因號誌控制而產生之延滯。理論上，此種延滯不應包括因幾何設計及因需轉彎所造成之延滯，但目前美國的公路容量手冊將控制延滯定義為包括所有之延滯；換言之，控制延滯等於總延滯。

3. 每週期最長等候車隊之平均長度及剩餘交叉路口間距

當等候車隊往後延伸到接近上游交叉路口或甚至進入上游交叉路口時，上游交叉路口之疏解率速度會降低。由於單獨由延滯時間資料並無法反應此種狀況，所以評估號誌化路口之運作績效，應額外考量每週期最長等候車隊之平均長度及剩餘交叉路口間距。

每週期等候車隊之長度係指在該號誌週期內最後一部停等車輛之車尾與下游交叉路

口之間的距離長度。假如綠燈剛開始時已有幾部停等車輛，當這些車輛尚未完全開始持續加速之前，可能會有新到達的車輛陸續加入停等車隊，因而導致停等車隊之長度繼續增加，直到沒有新停等車為止。在進行現場調查時，只需記錄每週期（在燈號轉換時段完畢前）之最長等候車隊長度，當觀測數週期之後即可估計出每週期最長等候車隊之平均長度。

剩餘交叉路口間距係指每週期最長等候車隊之平均長度與交叉路口間距之差值。如剩餘交叉路口間距短而且在最後一車還未開始加速之前上游疏解之車輛已加入車隊平均，則可能發生嚴重塞車。

雖然使用多項之績效指標以訂定服務水準之等級會比較麻煩，造成運用上之困擾，但進行號誌化路口評估時，的確有必要考慮多項績效指標。所以，原則上可以平均停等延滯時間劃分服務水準之等級，但在分析時，也必須以每週期最長停等車隊之平均長度評估績效。至於規劃號誌化路口時，也可用流量／容量比進行輔助評估工作。

根據號誌化路口之平均停等延滯時間，可將服務水準標準劃分為六個等級，如表 4-32 所示。

表 4-32　服務水準之標準

服務水準	平均停等延滯時間，d（秒／車）
A	≤ 15
B	$15 \sim 30$
C	$30 \sim 45$
D	$45 \sim 60$
E	$60 \sim 80$
F	> 80

（資料來源：臺灣公路容量手冊，2011，表 13.17）

4.6.1.2 號誌化路口之服務水準分析

市區號誌化路口之作業績效經常會受到上游路口號誌化作業及交通狀況的影響，其牽涉到的影響因素及互動關係非常複雜。目前沒有可靠的分析性模式可估計平均停等延滯時間及每週期最長停等車隊長度。2011 年的《臺灣公路容量手冊》所使用之分析工具為 HTSS 模式第 3 版。

HTSS 模式之輸出檔包括下列各個車道之績效指標：

1. 平均停等延滯。
2. 平均路段延滯。

3. 每週期平均最長車隊。

4. 平均旅行時間。

5. 根據表 4-32 之標準所訂定之服務水準。

上述指標中，平均旅行時間隨模擬路段長度而變，通常不適合用於單獨號誌化路口之評估作業，但適合用於幹道之評估作業。

4.6.1.3 號誌化路口之計算範例

號誌化路口容量估計例題，大致上可分為七種，如下所示：

1. 無衝突車流之直行及直行／右轉共用車道。

2. 無衝突車流之左轉快車道。

3. 無衝突車流之直行／左轉共用快車道。

4. 直行／右轉共用之混合車流車道。

5. 其他無衝突車流車道。

6. 衝突行人之影響。

7. 衝突左轉車道。

在此，僅以第一種題型為例，其餘類型之例題可參照 2011 年「臺灣公路容量手冊」。

 例題 4-7

假設臺南市區一號誌化路口北上路段有三快車道（無機車），如圖 4-20 所示，此路段之道路現況條件，如表 4-33 所示，試估算各車道之容量及尖峰 15 分鐘之流量／容量比。

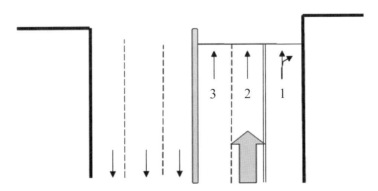

圖 4-20 中央實體分隔路段例題示意圖（臺灣公路容量手冊，2011，圖 13.14）

表 4-33　例題 4-7 之道路現況條件

號誌控制：	幾何設計：	尖峰小時車流狀況：
・週期長度：120 秒 ・綠燈時段：50 秒 ・燈號轉換時段：6 秒 ・燈號損失時間：2.5 秒	・三個車道之車道寬均為： 　3.2 公尺 ・坡度：+ 4% ・中央實體分隔 ・車道 1 右側有路邊停車位	・右轉無衝突行人 ・尖峰小時係數： 　PHF = 0.95
直行右轉車道 1： ・尖峰小時流率 = 400 輛 / 　小時 ・直行小車 = 65% ・右轉小車 = 30% ・直行大車 = 2% ・右轉大車 = 3%	直行車道 2 及 3 總和： ・尖峰小時流率 = 1,000 輛 / 　小時 ・直行小車 = 96% ・直行大車 = 4% ・無公車專用道	路邊停車： ・每小時 20 輛在右側路 　邊有停車操作 ・公車站：一公車站在停 　止線上游 20 公尺，每 　小時有 20 輛公車靠站 　占用車道 1

解答 4-7

1. 車道 1 的分析

   此車道為無衝突車流之直行 / 右轉共用車道，其容量可估計如下：

   由式（4-7）：

   $g = 50 + (6 - 2.5) = 53.5$（秒）

   此類型車道之 N_{GYi} 可用以下兩式來估計：

   (1) 當 $g = 5 \sim 100$ 秒時，

   $$N_{GYi} = -2.09 + 0.525g + 0.556 \times 10^{-3}g^2 \tag{4-15}$$

   (2) 當 $g > 100$ 秒時，

   $$N_{GYi} = -7.43 + 0.634g \tag{4-16}$$

   由式（4-15），$N_{GYi} = -2.09 + 0.525 \times 53.5 + 0.556 \times 10^{-3} \times 53.5^2 = 27.6$ 直行小車

   由表 4-3：

   右轉小車（30%）之直行小車當量 = 1.08

   直行大車（2%）之直行小車當量 = 1.80

   右轉大車（3%）之直行小車當量 = 2.70

   由式（4-4），$f_V = \dfrac{1}{1 + 0.3(1.08 - 1) + 0.02(1.8 - 1) + 0.03(2.7 - 1)} = 0.92$

   由式（4-5），$f_g = 1 - 0.015 \times 4 = 0.94$

由式（4-6），$f_b = 0.88 \times 1.02 \times 0.96 = 0.86$

由表 4-7，$f_s = 0.94$

由表 4-10，此類型車道容量之影響不詳，所以設定 $f_z = 1.0$

無衝突行人，$f_p = 1.0$

容量 $c = \dfrac{3600}{C_l}\left[\sum\nolimits_{i=1}^{n} N_{gyi}\right] f_V f_g f_b f_s f_z f_p$

$\qquad = \dfrac{3600}{120} \times 27.6 \times 0.92 \times 0.94 \times 0.86 \times 0.94 \times 1.0 \times 1.0 = 579$ 輛／小時

其中，C_l 為號誌週期長度。

尖峰 15 分鐘流率 ＝ 400/0.95 ＝ 421 輛／小時

$V/C = 421/579 = 0.73$

2. 車道 2 及 3 的分析

此兩車道屬於表 4-8 所列類型 S1 之車道。

$g = 50 + (6 - 2.5) = 53.5$（秒）

$N_{GYi} = -0.77 + 0.475 \times 53.5 + 1.273 \times 10^{-3} \times 53.5^2 = 28.3$ 直行小車

由表 4-3：

直行大車（4%）之直行小車當量 ＝ 1.80

由式（4-4），$f_V = \dfrac{1}{1 + 0.04(1.8 - 1)} = 0.97$

由式（4-5），$f_g = 1 - 0.015 \times 4 = 0.94$

由式（4-6），$f_b = 1.0$

由表 4-7，$f_s = 0.94$

由表 4-10，$f_z = 0.95$

無行人衝突，$f_p = 1.0$

容量 $c = \dfrac{3600}{C_l}\left[\sum\nolimits_{i=1}^{n} N_{gyi}\right] f_V f_g f_b f_s f_z f_p$

$\qquad = \dfrac{3600}{120} \times 28.3 \times 0.97 \times 0.96 \times 1.0 \times 0.94 \times 0.95 \times 1.0 = 706$ 輛／小時

尖峰 15 分鐘流率 ＝ 1,000/(2 × 0.95) ＝ 526 輛／小時

$V/C = 526/706 = 0.74$

4.6.2 非號誌化路口

本章根據各車道之保留容量，將非號誌化交叉路口劃分成 6 級的服務水準，如表 4-34 所示。保留容量可從下式訂定：

$$C_R = C_{SH} - V \qquad (4\text{-}17)$$

其中，

C_R：車道之保留容量（小客車 / 小時）；保留容量等於實際容量及需求流率之差值

C_{SH}：車道之實際容量（小客車 / 小時）

V：車道之需求流率（小客車 / 小時）

表 4-34　非號誌交叉路口服務水準評估表

服務水準	保留容量（小客車 / 小時）	支道之預期延滯
A	≥ 400	幾乎無
B	300～399	短
C	200～299	適中
D	100～199	長
E	0～99	非常長
F	< 0	-

（資料來源：臺灣公路容量手冊，2011，表 14.6）

混合車流必須利用表 4-35 之當量值轉換成相當的小客車流率。

表 4-35　非號誌交叉路口小客車當量表

車種	衝突車流（車輛數 / 小時）				平均
	< 500	500～1,000	1,000～1,500	1,500～2,000	
機踏車	0.26	0.25	0.24	0.23	0.24
小型車	1.00	1.00	1.00	1.00	1.00
大型車	1.22	1.27	1.33	1.40	1.30
平均車種　0.75					

（資料來源：臺灣公路容量手冊，2011，表 14.2）

非號誌交叉路口容量分析架構如圖 4-21 所示。

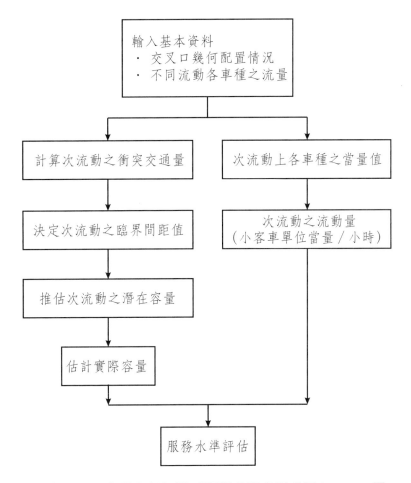

圖 4-21 非號誌交叉路口容量分析架構（臺灣公路容量手冊，2011，圖 14.6）

首先必須估計各次流動的衝突流率及臨界間距[13]，然後估計各車道之潛在容量。潛在容量為在理想狀況下之容量，此容量必須依照實際狀況加以調整以估計實際容量。實際容量及需求流率之差值為評估服務水準之指標。

4.6.3 圓環

圓環依據流量／容量比劃分成 6 等級服務水準，如表 4-36 所示。此表之 V/C 比值需利用需求流率以估計之。如用現場流率估計，則現場流率需根據車流不受圓環阻塞之情況下的觀察值。

---

13 臨界間距大約在 3.4～4.0 秒之範圍內，當對向車流間距大於或等於臨界間距時皆會被接受，小於臨界間距時則不能利用，如沒有現場實際資料佐證，可將臨界間距訂為 3.75 秒。

表 4-36 服務水準指標

服務水準	交通特性描述	V/C 值範圍
A	自由車流	≤ 0.6
B	穩定車流（少許延滯）	$0.6 \sim 0.7$
C	穩定車流（延滯可接受）	$0.7 \sim 0.8$
D	近乎不穩定車流（延滯可容忍）	$0.8 \sim 0.9$
E	不穩定車流（延滯不可容忍）	$0.9 \sim 1.0$
F	強迫車流（已阻塞）	> 1.0

（資料來源：臺灣公路容量手冊，2011，表 15.6）

4.7 結論與建議

公路容量與服務水準分析是公路設施之規劃設計及運作策略訂定常需執行的工作，因此，為交通運輸專業非常重要的章節之一，初入門者必須多加練習才能熟悉其中的內涵與技巧。

值得一提的是，公路容量與服務水準分析的內容並非固定不變的，它必須兼顧以下三點：

1. 地域性：世界各地之交通特性不同，例如，美國以私人運具為主要交通工具，歐洲則強調大眾運具的重要性與優先性，而在臺灣以及許多亞洲國家則有相當高的比例的民眾使用機車當代步工具，因此，公路容量與服務水準分析的內容與方式，必須因地制宜，彈性調整。

2. 動態性：交通系統之四大要素，即人、車、路，與控制系統，均不斷的進步或改變當中，為了順應時代的潮流，「公路容量手冊」的內容也不斷的增修之中，例如美國與臺灣的「公路容量手冊」就曾經過多次修訂，因此，交通工程師在進行公路容量與服務水準分析的時候也必須將動態性納入考量。

3. 電腦化：近年來由於電腦相關設備日益普及，過去倚靠人工方式進行分析的作業，也逐漸被電腦所取代，不但減少人工作業發生錯誤之機率，也大幅度增加分析內容之深度、效率與準確性。

最後必須說明的是受到篇幅之限制，本章所涵蓋的內容相當有限，有興趣深入探討公路容量與服務水準分析的專業人員，可直接參考 2011 年「臺灣公路容量手冊」以及美、澳等國之公路容量手冊。

問題研討

1. 名詞解釋：

   (1) 公路容量（highway capacity）。

   (2) 尖峰小時係數（peak hour factor）。

   (3) K 係數（K factor）。

   (4) 服務水準績效指標。

   (5) 平均停等延滯。

2. 請詳細說明公路容量的影響因素及其理想條件。又號誌化路口之容量影響因素有那些？

3. 何謂連續性車流（uninterrupted flow）與阻斷性車流（interrupted flow），請分別詳細說明其定義與車流特性。

4. 根據交叉路口服務水準分析之例題（4.6.1.3 節），若將第 3 車道改成左轉車道，而其尖峰小時流率為 400 輛／小時，車種組成包括 97% 小車及 3% 大車，在其他狀況不變之情形下，試估計車道 3 之容量及尖峰 15 分鐘之 V/C 比值。

   （註：本題求解需要之額外相關資料與表格說明如下）

   假設交叉路口為無衝突車流左轉車道，則車道類型劃分列於表 4-37，左轉車道之左轉小車的估計模式列於表 4-38，交叉路口所在市區調整因素列於表 4-39。至於其他調整因素則分別設定為：$f_b = 1.0$、$f_s = 1.0$、$f_P = 1.0$。

表 4-37　無衝突車流左轉車道類型劃分

類型代號	車道之性質
L1a	中央標線分隔、單左轉
L1b	中央實體分隔、單左轉
L2	雙左轉
L3	三左轉

（資料來源：臺灣公路容量手冊，2011，表 13.12）

表 4-37 中各類型之 N_{Gn}（在有效綠燈時間長度 g 秒內能紓解之左轉小車數）估計模式列於表 4-38。

表 4-38　無衝突車流左轉車道 N_{GYi}（左轉小車）估計模式

車道類型	估計模式	g之範圍（秒）
L1a	$N_{GYi} = -1.46 + 0.478g + 7.085 \times 10^{-4}g^2$ $N_{GYi} = -2.32 + 0.535g$	5～60 >60
L1b	$N_{GYi} = -0.22 + 0.374g + 2.394 \times 10^{-3}g^2$ $N_{GYi} = -1.41 + 0.492g$	5～35 >35
L2	$N_{GYi} = -0.94 + 0.442g + 1.122 \times 10^{-3}g^2$ $N_{GYi} = -4.61 + 0.571g$	5～65 >65
L3	$N_{GYi} = -0.25 + 0.397g + 6.219 \times 10^{-4}g^2$ $N_{GYi} = -1.50 + 0.452g$	5～40 >40

（資料來源：臺灣公路容量手冊，2011，表 13.14）

表 4-39　無衝突車流左轉車道交叉路口所在市區調整因素，f_z

車道類型	市區	調整因素
L1a	臺北 綠燈時段＜30 秒 綠燈時間 ≥ 30 秒 臺中	1.00 1.00 1.24 1.15
L1b	臺北 臺中 臺南 新竹 中壢 桃園	0.87 1.24 1.00 1.09 0.98 0.97
L2	臺北 桃園	1.00 0.89
L3	臺北	1.00

（資料來源：臺灣公路容量手冊，2011，表 13.14）

5. 根據交叉路口服務水準分析之例題（4.6.1.3 節），當右轉車與行人有衝突時，衝突行人流為 150 人／小時；右轉車與行人有衝突時，2 輛右轉小車可在轉角停車而避免阻擋後方之車輛。試估計因與行人衝突而損失之容量。

運輸工程相關考題

1. 試述公路車流在以下三種狀態時之流量—密度—速度關係，並對此關係給予合理之假設以利說明：（25 分）

   (1) Free flow state（93 高三級第二試）

   (2) Unstable flow state（93 高三級第二試）

   (3) Forced flow state（93 高三級第二試）

2. 試述無阻斷性車流（uninterrupted flow）中之速率、密度與流量的關係，並繪圖說明之。（20 分）（104 專技高）

3. 說明為何 AASHTO 規範使用 30 HV 作為設計小時交通量（Design Hour Volume, DHV）之標準？其理由為何？（10 分）（104 專技高）

參考文獻

一、中文文獻

1. 周義華，2007.09，運輸工程，華泰書局，臺北。

2. 交通部運輸研究所，2011，臺灣公路容量手冊。

3. 交通部運輸研究所，2001，台灣地區公路容量手冊。

4. 交通部運輸研究所，1991，台灣地區公路容量手冊。

5. 交通部運輸研究所，2009.06，能源消耗、污染排放與運輸規劃作業關聯分析之研究（2/2）（98-71-1257）。

二、英文文獻

1. Park, C.S., 2002, *Contemporary Engineering Economics*, Third Edition, Prentice-Hall Inc.

2. Transportation Research Board, 1985, *Highway Capacity Manual*, Special Report 209, Washington, D.C.

3. May, A.D., 1990, *Traffic Flow Fundamentals*, Prentice-Hall, Englewood Cliffs, NJ.

4. Transportation Research Board, 2016, *Highway Capacity Manual*, Sixth Edition, Washington, D.C.

第 5 章

交通事故分析與交通安全

　　道路交通事故（road traffic accident）會隨著經濟發展、機動車輛成長、旅次活動增加、道路密度上升，以及道路網範圍擴大，而變得更加嚴重頻繁。當交通事故發生時，不僅造成個人生命財產之損失與整體社會成本的增加，也會導致交通壅塞，降低整個道路的服務水準。因此，如何找出交通事故發生原因，進而預防事故發生與降低事故的嚴重程度，以達到運輸系統所追求的安全與順暢兩大目標，已成為當務之急。

　　道路交通安全管理程序的第一步通常為交通事故資料之收集以及易肇事地點之判定（accident-prone location identification）。所謂易肇事地點，一般又稱為事故熱區（crash hotspots）、危險道路地點（hazardous road locations）、高危險地點（high-risk locations）、事故黑點（black spots）、優先改善地點（priority investigation locations）等。易肇事地點理論上可定義為事故件數或事故嚴重度相對較高的路段或路口、發生道路交通事故的次數或嚴重程度高於某一標準之地點，或具有高度潛在肇事可能路段。易肇事地點如果判定錯誤，則會造成低危險地點投入太多改善工程資源，但高危險地點卻未能得以改善。

　　交通事故的發生雖然受到多種因素所影響，但是透過事故資料的蒐集、整理、統計、分析，可以歸納、確認發生道路交通事故的規律性以及交通安全之影響因素，再據以提出改善策略，此為易肇事地點判定、事故分析及預防的最主要目的。

　　本章內容安排之順序如下：第一節說明道路交通事故定義與分類；第二節介紹交通事故資料；第三節探討 A1 事故次數統計；第四節介紹易肇事地點判定；第五節說明交通安全影響因素；第六節說明交通安全風險管理；第七節探討交通事故改善策略；第八節為結論與建議。

5.1 道路交通事故定義與分類

　　依據「道路交通事故處理辦法」第 2 條：「一、道路交通事故：指車輛或動力機械或大眾捷運系統車輛在道路上行駛，致有人受傷或死亡，或致車輛、動力機械、大眾捷運系統車輛、財物損壞之事故。」此外，根據「強制汽車責任保險法」第 13 條「本法所稱汽車交通事故，指使用或管理汽車致乘客或車外第三人傷害或死亡之事故。」另於「道路交通事故處理規範」第二點「用詞定義（二）道路交通事故（以下簡稱交通事故）：指車輛或動力機械在道路上行駛，致有人受傷或死亡，或致車輛、動力機械、財物損壞之事故。」交通部公佈之交通統計名詞公路運輸統計中「道路交通事故」的解釋係道路交通事故指汽車或動力機械在道路上行駛，致有人員傷亡或車輛財物損壞之事故。事故係指車輛與車輛相撞或撞及行人、牲畜、建物或因其事端而導致車輛損壞、人

員傷亡及財物損失之交通事故。綜合上述，道路交通事故需符合下列構成要件：肇事一方需為「車輛或動力機械」、肇事需發生於「道路」上、需處於「行駛」的狀態、肇事需導致「有人傷、亡或車輛財物損壞」、需出於「過失或毫無過失之行為」。

現行道路交通事故死亡及受傷之判定標準，源自交通部「道路交通安全督導會報」民國 58 年 12 月 29 日交督字第 0182 號函，其規定如下：死亡：指當場即死亡或在交通事故發生後 24 小時內死亡而言。重傷：係指下列情形之一者：合於刑法所定之重傷標準者、受傷需 31 天以上治療時間始克復原者，在發生交通事故經過 24 小時以後由於受傷之原因以致死亡者。輕傷：係指受傷後在 30 天內可治療復原者。

內政部警政署民國 74 年 1 月 4 日（74）警署交字第 009 號函頒：「臺灣地區各警察機關交通事件報表管制考核規定」，因道路交通事故傷亡及財物受損之輕重區分為 A1、A2 及 A3 等三類。各類道路交通事故區分如下：A1 類之凡有人死亡或重傷之事故、A2 類之僅有輕微傷害及財物損失之事故、A3 類之無人傷亡、僅有財物損失之事故。民國 85 年 11 月編定之「道路交通事故調查報告表填表需知」，將「A1」、「A2」、「A3」等三類，作如下的定義：「A1」類：凡有人死亡或重傷（含超過 24 小時死亡者）、「A2」類：僅有輕微傷害及財物損失之事故、「A3」類：無人傷亡，僅有財物損失之交通事故。

桃園縣自 89 年 1 月 1 日起各類道路交通事故分類如下：A1 類係指造成人員當場或 24 小時內死亡之交通事故；A2 類係指造成人員受傷或超過 24 小時死亡之交通事故；A3 類係指僅有財物損失之交通事故。另根據公務統計報表 17360205「高雄市 A2 類道路交通事故——車種別」編製說明，89 年 1 月 1 日起分類如下：A1 類係指造成人員當場或 24 小時內死亡之交通事故；A2 類係指造成人員受傷之交通事故。

茲將民國 74 年以來之有關道路交通事故死亡及受傷之判定標準整理如表 5-1。

表 5-1　道路交通事故嚴重性分類與死亡及受傷之判定標準

頒布時間	規定依據	「A1」	「A2」	「A3」
民國 74 年內政部警政署	臺灣地區各警察機關交通事件報表管制考核規定	凡有人死亡或重傷之事故	僅有輕微傷害及財物損失之事故	無人傷亡，僅有財物損失之事故
民國 85 年 11 月	「道路交通事故調查報告表填表需知」	凡有人死亡或重傷（含超過 24 小時死亡者）；取消「A1」類範圍之說明	僅有輕微傷害及財物損失之事故	無人傷亡，僅有財物損失之交通事故

頒布時間	規定依據	「A1」	「A2」	「A3」
民國 89 年 1 月 1 日起	桃園縣	造成人員當場或 24 小時內死亡之交通事故	造成人員受傷或超過 24 小時死亡之交通事故	僅有財物損失之交通事故
民國 92 年 1 月	「道路交通事故調查報告表填表需知」	造成人員當場或 24 小時內死亡之交通事故	造成人員受傷或超過 24 小時死亡之交通事故	僅有財物損失之交通事故

5.2 交通事故資料

　　道路交通安全直接相關之資料可概分為以下三大類：(1) 基本資料：監理資料、道路與交通特性資料，包括動態與靜態資料在內；(2) 事件資料：道路交通事故資料，即車禍記錄資料；(3) 結果資料：道路交通事故後續處理資料，包括：死因資料、保險支出資料。茲將前兩部分說明如下。

1. 基本資料

(1) 監理資料

監理資料包含兩種：

a. 駕駛人與車輛的合格證明資料，包括駕駛執照、行車執照、牌照登記書在內。

b. 駕駛人違規資料，例如：違規停車、併排停車、超速、闖紅燈等。

(2) 道路與交通特性資料

a. 動態資料

　　所需收集之主要動態資料種類包括：車流量、行人流量。行人流量資料收集時，因行人具有成群移動之特性，故應特別注意人群大小及群內移動行為（如：是否常有超越行為產生等）等資訊的採集。另因人的年齡、性別等因素，會影響行動的能力，以致在收集行人特性資料時，有關人群組成資料，乃為不容忽視之資料種類。

b. 靜態資料

　　靜態資料本文係指公路路權範圍內之各種實體、交通工程設施等道路基本資料，與運輸安全有關之道路基本資料包括：

　　(a) 鋪面工程資料：鋪面厚度、縱向平坦度、路拱坡度、車轍、裂縫、坑洞、鋪面下掏空、粗糙度、撓度、人手孔高差等。

　　(b) 公路幾何設計資料：超高、曲率半徑、緩和曲線、停車視距、超車視距、加

寬、垂直淨空、分隔島位置等。

(c) 交通安全設施資料：標誌面尺寸及文字大小、標誌反光度、標線尺寸與反光度、護欄設置狀況、路燈高度及照明度、號誌尺寸與亮度、各項設施桿（箱）位置與尺寸等。

(d) 橋梁工程資料：混凝土強度、鋼筋位置與腐蝕程度、結構裂縫、橋墩完整性、河床沖刷、橋面版及附屬設施等。

2. 事件資料：

每次發生道路交通事故時，警察單位至現場處理所蒐集之道路交通事故的資料，即車禍記錄資料，可由其中了解事故發生時的人、車、路狀況，其勘查蒐證項目如下：

(1) 事故發生地點、交通情況及周圍環境。

(2) 地面因事故形成之各項痕跡及散落物狀況。

(3) 人、車損傷之痕跡、程度及附著物之狀況。

(4) 被害人及肇事相關車輛於事故後在現場之位置及型態。

(5) 肇事過程中之人車動態及各關係地點之確定。

警察單位依勘查蒐證結果所作成之文書記錄，例如，現場草圖、道路交通事故調查表、肇事當事人與證人之談話筆錄及攝影之照片等均為每件道路交通事故之基本資料，其中，道路交通事故調查表需依規定呈報、建檔、統計，此即一般常見於研究分析報告中的道路交通事故資料。交通**警察**到事故現場所製作的交通事故調查報告包括兩個主要調查表單[1]：

(1)「道路交通事故調查報告表（一）」的內容有記錄警察單位的資料，該表記錄事故特性的資料（不包含當事者資料），除了有事故類別、發生時間、發生地點、死傷人數外，還記錄肇事現場之道路與環境因素，如事故發生時之天候、光線、道路類別、速限、道路型態、事故位置、路面狀況、道路障礙、號誌、車道劃分設施（分向與分道）、事故類型與型態的資料。

(2)「道路交通事故調查報告表（二）」一共有兩張，該表記錄每一位當事者資料，包含當事人之基本資料（例如，姓名、性別、身分證號、出生年月日、住址、電話）、受傷程度、主要傷處、車輛牌照號碼、職業、駕駛資格、駕照種類、旅次目的等資料；另有事故發生時駕駛人的保護裝置、使用行動電話情況、飲酒情形，車輛屬性資料包含車種、用途、撞擊部位，肇因研判則分為事故主要肇因和每位當事者的個別肇因。道路交通事故調查報告表另有一張肇事因素索引表，方便員警登載記錄之用。

藉由這些資料的蒐集與整理，主辦機關可以了解肇事地點發生交通事故的狀態，提

---

1 該表單可查詢網站：140.129.29.211/webmocka2/PDF/ 道路交通事故調查報告表 .pdf

供其掌握肇事特性與研擬分析可能改善方法的重要資訊。

5.3 A1 事故次數統計

根據警政署警政統計通報，如表 5-2 所示，A1 類交通事故肇事車種歷年來主要以機踏車爲主，約占了將近 50%；自用小客車位居第二，約占將近 25%。但若以 A1 類車種肇事風險比較，以民國 102 年資料爲例，大貨車最高，每一千輛大貨車，便有 1.15 輛發生事故；而大客車位居第二，每一千輛大客車，便有 0.91 輛發生事故。

表 5-2　A1 類道路交通事故——肇事車種事件數（A1 類車種肇事風險 [2]）

肇事車種	年分				
	102 年	103 年	104 年	105 年	106 年
大貨車	186（1.15）	160（0.98）	140（0.84）	151（0.90）	116（0.69）
小貨車	178（0.20）	189（0.21）	181（0.20）	147（0.16）	152（0.17）
大客車	29（0.91）	29（0.88）	24（0.71）	33（0.96）	28（0.82）
營業小客車	28（0.15）	37（0.18）	37（0.18）	33（0.15）	40（0.18）
自用小客車	456（0.08）	404（0.07）	416（0.07）	379（0.06）	347（0.05）
特種車	4（0.07）	4（0.07）	1（0.02）	1（0.02）	2（0.03）
機踏車	840（0.06）	781（0.06）	694（0.05）	679（0.05）	638（0.05）
自行車	62（-）	53（-）	55（-）	37（-）	33（-）

（資料來源：警政署警政統計通報，民國 102-106 年；蘇晉煒，102 年；本研究整理）

另根據交通部統計處針對 102 年 A1 類道路交通事故原因、傷亡及車輛損傷報告，道路交通事故原因是以汽（機、慢）車駕駛人過失爲主，約占 95.50%。換言之，交通肇事的發生多來自於駕駛人本身因素所產生的駕駛偏差行爲而導致。

5.4 易肇事地點判定

易肇事地點判定包含易肇事評定指標及易肇事地點研判方法，分別說明如下（交通部運輸研究所，2003）：

2　A1 類車種肇事風險＝（各年 A1 類各車種肇事事件數／各年各車種登記數）（‰）

5.4.1 易肇事指標

常用的衡量易肇事指標有下列五種：

1. 肇事次數指標

根據一定期間內的事故記錄資料，進行事故發生次數統計分析，分別依該事故發生地點之發生事故總次數、死亡事故或受傷事故之發生次數之統計分析結果。

2. 傷亡人數指標

根據一定期間內的事故記錄資料，進行事故死亡、受傷或傷亡（死亡與受傷加總）人數統計分析，分別依該事故發生地點之死亡、受傷或傷亡總人數之統計分析結果。

3. 肇事率指標

根據一定期間內的事故記錄資料，分別計算各肇事地點之事故發生數或傷亡人數，除以該路段總車輛行駛里程（每百萬車公里）或經過該路口之總車次，得到每一路段或路口之肇事率或傷亡率。

4. 肇事嚴重性當量指標

根據一定期間內的事故記錄資料，分別依該事故發生地點進行事故發生次數及傷、亡人數統計分析，並將其依給定權重值轉換為肇事發生當量、肇事嚴重性當量或財物損失當量。

5. 潛在風險指標

將事故地點一定期間內的事故記錄資料，包括事故次數、肇事率、肇事嚴重性，以及非肇事資料如視距、路段流量／容量值（V/C）、交通衝突點、不當之交通管理方式、不當駕駛行為、交通資訊系統之欠缺等項目，轉換為具有共同範圍之指標值（indicator value），再經由各項目之權重值轉換為潛在風險指標（hazard index），並加總各項目潛在風險指標，以作為「易肇事」地點改善之依據。

至於如何選定肇事地點的分析長度，並無一致標準，一般可分為：(1) 路段長度區間，與 (2) 路口長度區間兩類。在國外部分，Deacon *et al.*（1975）建議每一路段長度區間應包含相同型式之鋪面、道路設計、交通型態及流量，並建議路段長度區間宜採單一固定值，其中，1.6 公里（1 英里）為合理的最小範圍值，其建議之範圍區間介於 3.2 公里（2 英里）～8.0 公里（5 英里），而美國肯塔基州則採 4.8 公里（3 英里）。在國內，易肇事地點改善作業之地點長度區間為 500 公尺。至於分析時段通常以一年為比較基礎，因為事故發生具有隨機性，太短的分析時段將不具代表性。

5.4.2 易肇事地點研判方法

易肇事地點之判定常用的方法可分為三類，包括：經驗法則、肇事地點圖法（accident spot map），以及肇事資料統計方法。其內容摘要如下（交通部運輸研究所，2003）：

1. 經驗法則：透過對於當地一般民眾的訪談，從其經驗中提出他們認為有危險而急需改善的地點。此外，負責當地交通勤務及事故處理的員警，亦可以依其經驗提出有潛在危險的地點。這些地點皆可列入易肇事改善地點之參考。

2. 肇事地點圖法：亦稱肇事插示圖法，或肇事斑點圖，係指將肇事次數、型態及嚴重程度，按照其事故發生的位置，以不同的顏色及大小符號，標示於當地地圖上，以利清楚地觀察出肇事次數、型態與嚴重程度在各地的分布情形，並依此挑選出易肇事地點，是最簡單直接的易肇事地點判定方法。

3. 肇事資料統計方法：

(1) 肇事件數法（accident frequency method）：係利用建立之交通事故資料，統計一特定期間內，於某一地點所發生之交通事故總次數，當交通事故總次數超過所訂定之門檻值（critical value）時，即將該地點評定為易肇事地點。

此外，並可將選定之易肇事地點依其交通事故數量之多寡，排定其危險程度之大小，而據以作為改善之優先順序。此方法一般較適用於交通量較低之地區性道路系統，且若搭配肇事地點圖法來顯示各地點的事故次數，則可使人更加了解交通事故集中發生之地點。

然而，在純以交通事故件數作為比較基準，易受區段長度大小設定之影響，一般而言，區段較長者，其肇事次數可能較多。因此，可改以某一公路區段內所發生之交通事故密度來表示（陳世圮、和蔡肇鵬，1980），若該值大於平均數或平均數兩倍時，則評估認定其為易肇事路段。其數學模式為：

$$D_i = A_i / L_i \qquad\qquad (5\text{-}1)$$

其中，

D_i：第 i 區段內之交通事故密度（件／公里）

A_i：第 i 區段內於調查期間之交通事故件數

L_i：第 i 區段長度（公里）

此方法簡單、明瞭，但未考慮交通事故之死傷嚴重程度與忽略路段間交通量大小對交通事故之影響。

(2) 肇事率法（accident rate method）：今若有兩路段，其肇事次數雖然相同，但是其中一處之交通量是另一處的兩倍，則不宜依據肇事次數法分析結果，判定兩路段潛在危險程度是相同的。

肇事率法係進一步考量事故的曝光量（exposure），其計算方式為肇事

件數／曝光量。所謂曝光量係指進入或行經某一地點的總交通量（或總行駛車里程）。在路口採用「每百萬車輛數之肇事次數」；在路段則採用「每百萬車－公里之肇事次數」之肇事率指標，再利用高低排列順序來評定易肇事地點。

　　在某一區段內之交通肇事率，係以所發生之交通事故件數除以該區段內之行駛百萬公里數表之，其數學模式為（陳世圯、蔡肇鵬，1980）：

$$R_i = [A_i/(365 \times ADT_i \times L_i) \times 10^6] \qquad (5\text{-}2)$$

其中，

　　R_i：第 i 區段內之交通肇事率（件／百萬車公里）

　　ADT_i：第 i 區段內之年平均日交通量

　　肇事率法比起肇事次數法多考慮曝光量（交通量或行駛車里程）因素，一般認為或多或少可反映出道路交通事故與曝光量之間的關係，進而試圖去減少所造成的影響差異，因此，其結果會比肇事次數法更接近事實。

　　但使用肇事率法必須了解駕駛人潛在的風險，除了交通量及里程因素外，尚受到路旁影響、交叉路口數、管制方式、道路線形等其他無法於公式中考量之因素影響。此外，本法應用於道路交通事故次數較少，而曝光量亦低的地點時，其肇事率會顯得甚為突出，然而實際該地點卻未必真正具有嚴重的危險性。另外，此法亦未考慮肇事之傷亡情形。

　　肇事率法之作業步驟如下：

〔步驟1〕將全部交通事故資料，按照一定規格予以歸檔。

〔步驟2〕查出各路段、交叉路口及特定地點之肇事次數。

〔步驟3〕計算各個路段之肇事率：

$$肇事率（每百萬車公里）= \frac{N_l \times 10^6}{AADV_l \times Days \times L_l} \qquad (5\text{-}3)$$

〔步驟4〕計算每個交叉路口（或特定地點）之肇事率：

$$肇事率（每百萬車次）= \frac{N_i \times 10^6}{AADV_i \times Days} \qquad (5\text{-}4)$$

其中，

　　N_l：路段 l 之肇事總次數

　　N_i：路口 i 之肇事總次數

　　$AADV_l$：肇事地點路段 l 之平均每日交通量

$AADV_i$：肇事地點路口 i 之平均每日交通量

$Days$：天數

L_l：路段全長

〔步驟 5〕統計同一時期內，一般路段、交叉路口及特定地點之平均肇事率，將交通事故總次數、總車公里及總車次，代入上述各式，即可求得各種肇事率。

〔步驟 6〕選擇臨界肇事率作為評定易肇事地點之臨界值，通常以平均肇事率之兩倍作為該項基準。

〔步驟 7〕將實際肇事率超過上述臨界值之各個地點，列入準備調查分析之危險地點表格中。

(3) 肇事次數與肇事率法（number-rate method）（矩陣法）：主要是結合肇事次數與肇事率指標，係為上述兩種方法的進一步改善。

　　事故地點之肇事次數較高時，雖有可能具有較高之潛在風險，但若該地點通過之流量非常大，則就肇事率而言，可能仍屬可接受之範圍，實際之安全性可能並不差；另一方面，若事故地點之肇事次數不多，但其通過量甚低，則肇事率可能會顯得過高，而造成對於安全性的誤判。因此，若一地點之肇事次數與肇事率均較一般平均值為高，則便有充分理由認為該地點確實具有潛在危險性。

　　是故，透過利用肇事次數為橫軸，肇事機率為縱軸，將各評估地點依肇事次數及肇事率標示於肇事次數－肇事機率矩陣（frequency-rate matrix）上。矩陣位置愈右上方點表示優先順位較高之肇事地點，因為具有高肇事次數及高肇事率特性。本方法優點在於結合肇事次數與肇事率，並可避免低流量路段之肇事率及高流量路段之肇事次數被過度突顯；而其缺點為評估過程較複雜，同時未考慮肇事傷亡及損壞嚴重程度。

(4) 肇事機率法（rate quality control method）：亦稱品管法或臨界肇事率法。本法係採用產品管制圖之技術，求得臨界肇事率，以辨識潛在危險地點。可用來分析交通量變化很大的各類道路系統，且必須按照各類道路類別分別作分析，例如分為市區及郊區、不同車道數、是否有中央分隔島及是否實施出入口管制等。

　　肇事機率法係採用統計的假設，來分析檢定各地點肇事率是否顯著高於所有類似路段的平均肇事率，如果該地點之肇事率超過所有類似路段的臨界肇事率時，即認定該路段為易肇事地點。其臨界肇事率 R_c 之計算公式如下：

$$R_c = R_a + K \times (R_a/M)^{0.5} + 1/(2M) \qquad （5\text{-}5）$$

其中，

R_c：爲臨界肇事率

R_a：爲平均肇事率（路段以每百萬車公里爲單位，交叉路口以每百萬車次爲單位）

M：行經該肇事地點之交通量（百萬車公里），亦即曝光量

K：統計上顯著水準之機率因子，可以顯示肇事率超過臨界肇事率之可靠水準，通常採用 95% 可靠水準

各項可靠水準之相關係數如表 5-3 所示：

表 5-3　不同可靠水準之下之統計顯著之機率因子

可靠水準	0.995	0.950	0.900
統計係數 K	2.576	1.645	1.282

本方法優點爲避免低流量路段之肇事率與高流量路段之肇事次數被過度突顯，並利用統計方法之信賴水準與檢定來評定易肇事地點；缺點爲未考慮交通事故之嚴重程度。

肇事機率法之執行步驟如下：

〔步驟 1〕根據各類道路之全部交通肇事事故資料，依式（5-6），分別計算各類道路每百萬車公里之平均肇事率。

$$每百萬車公里平均肇事率 = \frac{\sum_l N_l \times 10^6}{\sum_l AADV_l \times Days \times L_l} \qquad （5\text{-}6）$$

〔步驟 2〕根據車禍聚集地點（0.1 公里內發生二次以上車禍）及交叉路口的肇事次數，依式（5-7），分別計算各類道路每百萬車次之平均肇事率。

$$每百萬車次之平均肇事率 = \frac{\sum_i N_i \times 10^6}{\sum_i AADV_i \times Days} \qquad （5\text{-}7）$$

〔步驟 3〕計算各個肇事地點在分析期間之曝光量（百萬車公里或百萬車次）。

〔步驟 4〕依式（5-5），計算各個肇事地點之臨界肇事率 R_c。一開始建議先採用 $K=1.5$ 試算，提高 K 值可以減少危險地點的總數；K 值降低後可以增加表列之危險地點的總數，但是其可靠水準將會相對地降

低。

〔步驟 5〕依式（5-3）及（5-4），計算各個肇事地點在同一時期內之肇事率。

〔步驟 6〕比較各個肇事地點之實際肇事率，將各處超過臨界肇事率者，按一般路段或交叉路口分別列入各類危險地點表中。

(5) 肇事嚴重性指標法：前述各項方法均未考慮肇事嚴重性，例如有些地點雖然肇事次數少或肇事率不大，但其死亡比率卻很高，亦即該地點一旦發生事故，其後果是相當嚴重的。因此，本方法納入計算事故之死亡、受傷及財物損失嚴重程度時，並採取「當量」（權重）之計算方式，至於當量值（權重值）則經分析產生，如利用死亡成本、受傷成本、財物損失成本等。本作法是將每次肇事之嚴重因子蒐集整理後，經過公式轉換得出該事故之嚴重性指標，並依各地點嚴重程度指標高低選取易肇事地點。

$$E = \sum_i w_i f_i \tag{5-8}$$

其中，

　　E：嚴重程度評估指標

　　w_i：第 i 種事故之嚴重性當量值

　　f_i：第 i 種事故之件數

我國交通部運輸研究所所採用之肇事嚴重性指標法公式如下：

$$ETAN = 9.5 \times F + 3.5 \times J + TAN \tag{5-9}$$

其中，

　　$ETAN$：肇事次數當量

　　F：肇事死亡人數

　　J：肇事受傷人數

　　TAN：總肇事次數

(6) 安全指數法（safety indices）：亦稱肇事機率法及嚴重程度控制法，即將某一地點的實際統計數據除以其臨界值之比率定義為安全指數（例如，肇事率安全指數＝肇事率／臨界肇事率）。再將各種安全指數的值以加權方式求得綜合安全指標值，並以此值作為研判該地點危險程度的指標。其主要步驟如下：

〔步驟 1〕根據肇事次數及其嚴重性資料，計算肇事率及嚴重性指標值。

〔步驟 2〕計算肇事次數、肇事率及肇事嚴重性等各項平均值及臨界值。

〔步驟 3〕比較肇事地點之實際肇事次數、肇事率及肇事嚴重性指標（F、

R 及 S）與各相關臨界值（F_c、R_c 及 S_c），以核算各項安全指數：肇事次數安全指數、肇事率安全指數，以及肇事嚴重性安全指數（FI、RI 及 SI）。

$$FI = \frac{F}{F_c} \qquad\qquad (5\text{-}10a)$$

$$RI = \frac{R}{R_c} \qquad\qquad (5\text{-}10b)$$

$$SI = \frac{S}{S_c} \qquad\qquad (5\text{-}10c)$$

如果上述三項指數中，沒有任何一項大於 1.0，表示該地點之潛在危險性尚未達到臨界基準，可以建議將此一肇事地點之改善暫行擱置，不再作進一步的研討。

〔步驟 4〕利用經驗加權法估計各肇事地點之綜合指數（IP），並據以研定改善之優先順序。綜合指數的經驗公式如下：

綜合指數：$IP = FI \times 0.6 + RI \times 0.5 + SI \times 2$ （5-11）

(7) 其他方法：除了上述較常見的研判或辨識易肇事地點的方法之外，尚有：

a. 潛在風險指標法：係根據研究範圍，將事故地點某期間內的事故記錄，轉換為具有共同範圍的指標值，再經由各項之權重值轉換為潛在風險指標，並加總各項潛在風險指標，最後經由排序各地點之總潛在風險指標值以評定易肇事地點。

b. 實證貝氏法：係利用 (a) 道路交通事故特性，與 (b) 道路交通事故記綠二種線索來估測分析對象的不安全性。

藉由前者可知悉在固定時段內，分析對象的一般性特質，亦即分析人員可利用與分析對象類似之其他對象（參考母體）的若干年相關資料，所取得的單位時間內之不安全性資料，來表示該分析對象在人、車、路狀況均固定的情形下，其於單位時間內所面臨的不安全性；但是僅利用此種訊息來闡述，顯然無法彰顯該分析對象所發生道路交通事故的隨機性，與其本身獨有之特性所產生的影響，故需利用第二條線索來補其不足。

如果僅用分析對象的道路交通事故記錄來說明其不安全性，則會發生當分析對象無道路交通事故記錄時，所估測之不安全性為零的不合理現象，因此，需利用第一條線索來補充說明其不安全性。

以上易肇事地點判定之常用方法可彙整如表 5-4 所示：

表 5-4　辨識易肇事地點之主要方法彙整表

辨識方法	方法摘要	特性	優點	缺點
1. 肇事次數法	以發生道路交通事故次數之多寡來判定事故地點的潛在危險性	• 較適於分析小城市之街道系統 • 亦適於分析大城市交通流量低的道路系統 • 不適於分析交通流量高或變化大之道路系統	• 方法簡單易懂 • 資料可直接、輕易地取得	• 忽略曝光量因素之影響，比較基礎不一致 • 未考量事故之傷亡情形
2. 肇事率法	將肇事次數除以曝光量，即得肇事率，以此值之高低來判定事故地點的潛在危險性	• 改善肇事次數法在比較基礎上不平等的缺失	• 可消除曝光量因素對肇事次數高低的影響 • 可使比較基礎立於較一致的水平上 • 方法易懂	• 會因曝光量而產生肇事率偏高或偏低的現象 • 未考量事故之傷亡情形
3. 肇事次數及肇事率法	將所有事故地點分類，當一事故地點之肇事次數與肇事率均高過該類的臨界水準時，即認為該事故地點具潛在危險性	• 適用於各類公路系統 • 改善肇事次數法或肇事率法之缺點	• 可消除曝光量因素對肇事次數高低的影響 • 可降低肇事率因曝光量而偏高或偏低時所造成的判斷失誤現象 • 方法易懂	• 方法較繁複 • 未考量事故之傷亡情形
4. 肇事機率法	應用品管理論，為各事故地點建立其在特定信賴水準下的肇事率上、下限	• 可因應各個事故地點之曝光情形，變動其上、下限區域 • 利用信賴水準來表達實際肇事率與平均肇事率間變異情形的隨機性	• 可使比較基礎立於更具一致的水平上 • 可適度描繪實際值與統計值間差異的隨機性	• 方法較繁複 • 評估者需對統計理論有所了解 • 需假設道路交通事故資料服從某些分配 • 信賴水準的決定仍難有定論 • 未考量事故之傷亡情形

辨識方法	方法摘要	特性	優點	缺點
5. 肇事嚴重性指標法	利用死亡、受傷及財損成本資料或直觀論定產生權數，來加權事故地點之死亡、受傷與僅有財損的肇事次數，得出以僅有財損為基本當量的肇事次數當量值，最後以此值來評估事故地點的潛在危險性	• 較適於交通事故之經濟分析 • 通常會對死亡人數給予最高之權重，其次為受傷人數，而僅有財損之事故的權數為一。此暗示事故結果越嚴重時，其危險性越高	• 只要權數一經決定，則評估方法甚為簡單 • 兼顧肇事次數與傷亡情形 • 方法易懂	• 權數的決定，難有客觀論定 • 此方法會突顯出稀少的嚴重事故發生地點之危險性，可能造成工程改善不具成本效益 • 未考量曝光因素時的影響
6. 安全指數法	計算某地之肇事次數、肇事率及嚴重性指標值 計算肇事次數、肇事率及嚴重程度等各項臨界值 計算各個事故地點之三種安全指數 （四）加權三項安全指數，並求得綜合指標，來判定潛在危險性之高低	• 可用於分析流量變化很大的道路系統 • 嚴重性指標法中，通常會對有人死亡之事故給予最高之權重，其次為有人受傷之事故，而僅有財損之事故的權數為一。此暗示事故結果越嚴重時，其危險性越高	• 兼顧肇事率與事故之傷亡情形 • 方法易懂	• 方法繁複 • 權數的訂定見仁見智 • 綜合指標重複加權之肇事次數的意義不易釐清 • 此方法會突顯出稀少的嚴重事故發生地點之危險性，可能造成工程改善不具成本效益
7. 交通部運輸研究所之方法	仿效事故嚴重性法的精神，加權總肇事次數、受傷人數、死亡人數，成為肇事次數當量，以此為嚴重程度並求其排序值	• 死亡人數之權重最高，其次為受傷人數，而僅有財損之事故的權數為一。此暗示事故結果越嚴重時，其危險性越高	• 兼顧肇事次數與傷亡情形 • 利用所有可資採用的事故結果資訊 • 方法易懂	• 方法較繁複 • 經由加權「次數」與「人數」資料所得的肇事次數當量，其意義闡釋不易

〔資料來源：張開國，易肇事地點之判定與改善計畫（附表一），交通部運輸研究所〕

5.5 交通安全影響因素

　　安全與順暢為運輸系統所追求的兩大目標。就安全方面來說，造成事故發生的可能原因，基本上可歸納為人、車、路及環境等四大因素。

1. 駕駛人因素：包括駕駛人之知識、技術與駕駛習慣、駕駛人之生理與心理特性，以及駕駛人當時的身體與精神狀態等因素。

「人」是整個道路交通行為中最重要的主體。交通工程就如同教育宣導或執法取締等一樣，是要對「人」產生影響，因此，每一位以從事交通工程來改善易肇事地點的從業人員，都必須記得所面對與幫助的是「人」，也就是用路人，包括車輛駕駛人與行人。每一項改善的策略及措施都必須是要以「人」為最重要的考量，了解用路人的需要與習慣，適當地引導用路人朝向安全的方向駕駛，如此必然可以減少交通事故的發生與降低發生時的嚴重程度。

交通事故中含有人為疏失的占 90% 以上。若回歸到駕駛人駕駛車輛於道路上行駛時的操作過程時，則可將駕駛人的處理過程分為：(1) 接收資訊、(2) 研判狀況、(3) 適當反應等三個步驟。這三個步驟的進行會隨著駕駛人的特性而有個別差異，亦即會受到駕駛人的性別、年齡、職業、個性、生理狀態（如酒醉、疲勞），以及其人文與社會經驗等因素影響。但是無論如何，駕駛人在進行上述三個步驟時都會受到人類生理與心理條件的限制，而這些限制就必須由車輛以及道路設施與環境加以補足。茲將主要的視覺限制，以及反應時間限制摘要說明如後。

(1) 視覺限制：人的視覺為駕駛時接收資訊的主要管道。然而人的視覺受到視野及視力二種主要視覺機能的限制。視野為可以感覺物體的範圍，視力為可以明辨物體的距離。此外，視覺亦會受到光線強弱、色彩變化，以及煙霧遮蔽等之影響。

　　a. 於車速每小時 40 公里時，兩眼視野約有 100 度；車速每小時 75 公里時，兩眼視野約有 65 度；而車速達到 100 公里時，則兩眼視野只有 40 度。

　　b. 可清楚辨視的角度約為 3 度，超過 3 度之視力降低為 20%。

　　c. 交通管制設施應設置於 10 度視野之內。

(2) 反應時間限制：駕駛人接獲資訊後會經過研判，需要一段時間緩衝以採取適當的操作行為，例如，加速、轉向或煞車等，而此時車輛仍在行駛，因此，道路上提供資訊的地點必須與實際操作車輛的地點有一適當的距離。一般來說，駕駛人從感覺、明辨、判斷、反應約需 0.5～4 秒的時間，此一時間會隨著當時道路及交通情況的複雜程度而有所不同。

　　a. 緊急煞車的反應時間以 0.75 秒為計算基準。

　　b. 安全停車視距之反應時間以 2.5 秒為計算基準。

　　c. 警告標誌設置位置與警告標的物之距離，應配合行車速率，自 45 公尺至 200 公尺為度，如受實際情形限制，得酌予變更。但其設置位置必須明

顯，並不得少於安全停車視距。（道路交通標誌標線號誌設置規則第23條）

2. 車輛因素：包括車輛之設計製造及其材料特性、車輛之保養維修情形，以及車輛當時的性能與運轉狀況等因素。

車的因素除了考慮車輛本身的設計與駕駛人的協調配合以外，例如，車輛的運轉性能、人體工學設計、人機介面設計、安全防護設施等，車輛之材料特性、車輛之保養維修情形，以及車輛當時的性能與運轉狀況等因素皆與交通事故有關。然而，在任何危險狀況時，若能將車輛煞停，即有可能避免事故的發生，或減低事故所帶來的傷害的嚴重性。因此，煞車能力為避免事故的重要功能之一。

煞車能力除受引擎阻力、空氣阻力等因素影響外，主要來自於車輛輪胎與地面摩擦所產生的煞車阻力，其阻力大小會受到輪胎型式、磨損程度、道路鋪面種類及其粗糙度，以及天候等因素影響。一般來說，煞車阻力可以用減速度來表示。減速度為摩擦係數乘以重力加速度。

(1) 晴天摩擦係數以 0.7 計算，0.7×9.8 m/s^2 = 6.86 m/s^2，亦即相當於每秒降低速率 25 km/hr。

(2) 雨天地滑，摩擦係數以 0.3～0.4 計算，則 0.3×9.8 m/s^2 = 2.94 m/s^2，相當於每秒降低速率 11 km/hr。

3. 道路因素：包括道路幾何與交通工程之設計與施工、工程保養與維護情形，以及道路當時的狀況等因素。

影響交通安全的道路因素包括道路幾何與交通工程之設計與施工、工程保養與維護情形，以及道路當時的狀況等因素。然而為使人、貨能夠順利地送達到每一個地方，道路依照運輸需求，分為不同等級，構建成為一個道路網。其中，尤以需要駕駛人調整行車速度順應曲率半徑的彎道部分，以及需要駕駛人注意橫向車流的交叉路口部分，最易造成交通事故。

(1) 彎道限制：車輛行經彎道時會產生離心力，因此，必須調整到適當車速才能夠安全通過。而且在彎道上，駕駛人的視線受到拘束，視距縮短，視野縮小，駕駛人不易發現前方及路邊危險，非常容易發生交通事故。所以在彎道上安全駕駛需注意：

a. 行車速度

b. 離心力隨曲率半徑及行車速度而改變

(2) 交叉路口限制：交叉路口為多條道路相交之處，車輛行經交叉路口時，必須互相交錯通過，方能保持交叉路口的交通運行順暢及安全。因此，交叉路口必須維持通透的視線，以及足夠長度的停車視距，以確保駕駛人之間能夠互

相看到，進而適當的操作車輛，避免交通事故的發生。所以在路口時，駕駛人需注意：

a. 路口環境影響視線及視距

b. 路口車流狀況

4. 環境因素：交通特性因素，如交通量、車流速率（如平均值和變異數）、車輛組成等因素；自然環境因素，如天候狀況、地形、季節。

5.6 交通安全風險管理

所謂風險（risk），係透過潛在影響組織目標之事件，以及其發生危險之可能性（危險機率）與嚴重程度，來描述系統危險程度的客觀量。交通運輸業在營運週期中存在許多風險，如安全風險、財務風險等，都有待決策及執行單位，審慎進行風險評估，辨識各項風險因素，提出控制管理及應變對策，避免災害發生。

而風險管理（risk management）為有效管理可能發生事件並降低其不利影響，所執行之步驟與過程。就交通安全風險管理而言，以交通部統計處所統計之 A1 肇事資料顯示，以民國 106 年為例，駕駛人過失便高達（94.70%），其次依序為行人過失（4.53%）、機件故障（0.63%）、交通管制（設施）缺陷（0.14%）。由此分類可知，人為因素乃為肇事的主因，因此，預防人為疏失的發生為一重要且急需克服之議題，其中，駕駛身心健康之管理亦為不可或缺之一環。

5.6.1 風險管理之架構與定義

風險管理架構如圖 5-1 所示，主要包括風險分析與風險控制兩大部分。其中，風險分析又包括風險辨識、風險評估、風險分級；風險控制則包括了風險管理計畫、風險減緩與風險監督。

1. 風險分析（risk analysis）：係指有系統的運用有效資訊，判斷特定事件發生之發生機率（probability）（或可能性），以及其影響之嚴重程度（severity）。其中，發生機率係指各項危險因子於既定之曝光量下發生的可能性，可藉由推估或是實際數值加以量測，而嚴重程度則係由各項危險因子對人、對設備，或是對任務（mission）所造成之衝擊來決定，通常為合理預期下之最壞可能結果。風險分析內涵又可細分為三部分，如下：

(1) 風險辨識（確認）（risk identification）：為風險評估之首要步驟，一般分為危險確認（hazard identification），確認可能導致事件發生之因子；以及危

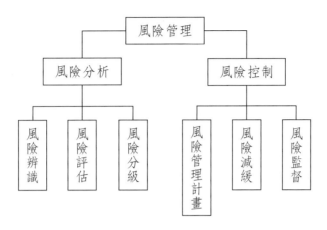

圖 5-1　風險管理架構（交通部風險管理推動報告，2007）

險偵測（hazard detection），針對已確認之危險因子，透過調查或觀察，決定曝光量之時間、接近度（proximity）、數量或重複次數等程度，並記錄其發生次數、發生原因、處理方式與造成之後果，以發掘可能發生風險之事件及其發生之原因和方式。

(2) 風險評估（risk assessment）：係針對每一危險因子，將其嚴重程度與發生機率之衡量值加以結合，計算每一危險因子之風險程度並加以排序，評判各危險因子之風險程度，以及決定各項危險改善與資源使用之優先順序。換言之，其過程包括風險辨識、風險分析及風險評量。

(3) 風險分級：是依事件發生頻次或機率，以及其影響之嚴重程度來決定風險等級，以進一步決定納入風險管理的項目。

2. 風險控制（risk treat / control）：依據排定之優先順序，進一步考量危險因子之可控制性，以及單位自身之營運條件，研擬與執行可以消除、減緩、轉移或承擔等風險控制措施。

風險控制內涵又可細分為三部分：

(1) 風險管理計畫：風險管理計畫是針對已納入風險管理的每一風險所採用的風險控制對策，並且制定風險監督計畫等管理步驟。良好的風險管理計畫是實施風險管理的藍圖與準則。

(2) 風險減緩：為了降低風險機率、減少損失所採取的風險處理對策。其又可細分為：

a. 風險規避（risk avoidance）：決定不涉入或退出風險處境。

b. 風險降低（risk reduction）：選擇使用適當技巧及管理原則，以減低風險或其發生機率。

  c.風險保有（risk retention）：特意或非特意承擔風險所造成之損失，或為組織之財物損失負責。

  d.風險轉移（risk transfer）：透過立法、合約、保險或其他方式將損失之責任及其成本轉移至其他團體。

 (3)風險監督：監督已辨識到的風險是否真的發生，衡量風險管理計畫的執行成效，判斷風險計畫的步驟是正確的實施，盡早發現錯誤決策，進而改進風險處理策略、蒐集資訊，不斷地累積經驗以供下次參考。

5.6.2 造成駕駛行為風險之因素

  由於人為因素乃為肇事的主因，因此，預防人為疏失的發生為一重要且急需克服之議題，其中，駕駛身心健康之管理亦為不可或缺之一環。駕駛是一項複雜的心理狀態與運動機能的協調表現，必須仰賴良好的感官與運動系統的協調。駕駛表現會受到許多因素的影響，例如：感知（perception）、學習（learning）、記憶（memory）、警覺（attention）、專注（concentration）、情緒（emotion）、反應速度（reflex speed）、時間評估（time estimation）、聽覺（auditory）與視覺（visual）功能、決策（decision making）與人格特質（personality）。複雜的回饋系統機制會協調出適當的行為反應，然而若這些駕駛相關因素受到重大的干擾，可能就會傷害到個人的駕駛能力，對職業駕駛人尤其重要（交通部運輸研究所，2004）。

  駕駛人員能否安全駕駛運具，主要受到運動能力（motor skills）、感知能力（perceptions）、認知能力（cognitive abilities）等三項核心能力的影響，而這三項能力，又會受到疾病、藥物、老化、疲勞等四項主要因素的影響（交通部運輸研究所，2004; 2007; 2009），茲將後四項影響安全性之潛在因素說明如下：

1. 疾病

  在駕駛人生理條件上，良好的視覺是正確操作機動車輛的基礎，患有嚴重視覺缺損的駕駛人可能會較慢或無法察覺其他車輛或行人，因而陷入危險的情境。各國現行的駕駛條文中皆有對視覺相關疾病訂定評估標準來加以規範。視覺疾病中普遍受到各國規範者包括：視力（acuity, monocularity）、視野（visual fields）、夜盲（night blindness）、黑暗適應症（dark adaptation）、複視（diplopia）、色盲（color blindness）與白內障（cataract）等項目。

2. 藥物

  藥物的使用可能對道路安全產生風險的狀況包括：

 (1)鎮靜（sedation）：困倦、想睡因而影響反應與處理資訊的能力。

(2) 欣快感（euphoria）：如違禁藥品的使用。

(3) 運動機能影響（motor effects）：如協調性受損。

(4) 特殊的副作用：如視覺模糊（blurred vision）、低血壓（hypotension）、眩暈（dizziness）。

3. 老化

老化致使駕駛人對車輛操作能力降低之相關生理損傷甚多，包括：感覺功能的視力、聽力，認知功能的感認、記憶與學習、注意力、智力，運動功能的反應時間、強度與工作能力等層面。此外，年長的駕駛人，在某些疾病及健康受損狀況下，明顯有較高的相對事故風險，目前許多國家的駕駛人與車輛監理主管機關已重視到駕駛人的生理、心理健康對於安全駕駛能力的影響，英國駕駛人和車輛許可局（Driver and Vehicle Licensing Agency, DVLA）在法令中規定駕駛人若發生有特定的生理障礙或疾病（例如，癲癇、中風、帕金森氏症、影響雙眼視覺能力、嚴重記憶問題等）或是精神方面的疾病（例如，任何嚴重精神疾病或智能障礙等），必須主動通報 DVLA，以管制這些病人的駕駛權益。

我國「道路交通安全規則」規定，年滿 60 歲職業駕駛人，應每年至中央衛生主管機關評鑑合格醫院作體格檢查一次，其合格標準必須符合相關身心理健康標準。

4. 疲勞

疲勞一般來說指「腦力、肌肉或其他器官因過度消耗而機能反應減弱」、「因連續工作而無法保持原本之效率」或「一種人類在執行指定工作時能力持續性衰退的現象，明顯地導致工作品質的降低，並失去熱忱、不正確性增加、懶散、倦怠、不感興趣、喪失成就感，或其他更多可供定義的症狀」。就駕駛員而言，疲勞可細分為四種：視覺疲勞（visual fatigue）、單調疲勞（monotony fatigue）、慢性疲勞（chronic fatigue）與週期疲勞（circadian fatigue）。

(1) 視覺疲勞：指因眼睛的任何機能承受過分壓力產生的疲勞，可能的症狀包括：酸痛、紅眼、頭痛、雙重影像等等。

(2) 單調疲勞：指因缺乏刺激產生的厭倦感（boredom），包括困乏（weariness）、昏睡感（lethargy）、**警覺性降低**（diminished alertness）等症狀。

(3) 慢性疲勞：指每天承受壓力下所累積之各種不同的疲勞，可能的原因包括：營養失調、睡眠缺乏、環境改變等等；慢性疲勞的狀態不但會發生在壓力承受的當下，同時會不斷累積並隨時可能發生。

(4) 週期疲勞：乃由於駕駛員因執行任務時與自身生理週期發生衝突所產生的疲勞。

根據 Selye（1985）研究發現，個體工作時間越長，其安全性亦會逐漸受到影響而

降低。近年來關於客運駕駛人疲勞駕駛肇事，甚至超時工作的社會案件，仍是目前一直被關注的議題。對於防制疲勞駕駛，交通部於 2018 年針對客運業駕駛人，制定每日駕車不超過 10 小時且每連續駕車 4 小時，至少應有 30 分鐘休息的規定，在連續兩個工作日之間，應有連續 10 小時以上休息時間。其中，此規定仍保留彈性給予業者，以針對不同公車客運類別來執行。

至於在駕駛人心理條件上，目前仍少有證據證明心智狀態改變會對駕駛能力造成影響。不過，據調查實驗組超過 50% 因事故導致嚴重受傷的駕駛人，在其發生事故前 12 個月曾經歷人際關係或職場的壓力，明顯較控制組（或對照組）的 18% 高出許多；而曾患有精神分裂症（schizophrenia）與躁鬱症（manic depression, bipolar disorder）的病患，其機動車輛事故率是患有其他精神疾病駕駛人的 2 倍（經年齡配對比較）；常見的精神疾病項目包括：憂鬱症（depression）、暴力行為（violence）、焦慮（anxiety）、怪異行為（erratic）、侵略行為（aggression）、精神分裂（schizophrenia）等。

5.6.3 風險分析方法

風險分析乃是對於發生意外事故之可能性及其造成傷害或損失之可能性作「定性」與「定量」之評估，並判斷所得結果之重要性，其主要目的在於了解風險、確認風險來源及其影響，以協助進行相關決策或風險控管，為安全管理系統中一重要之過程。

所謂的定性分析是在於找出事故發生之不安全行為、不安全狀況及各原因間之關係或將危害相對排序，定性分析通常為定量分析之前段工作；定量分析除了找出事故之邏輯關係外，並估計發生之機率與嚴重性，定量結果可作為系統修正與否之參考依據，而定量分析亦可應用於定性分析之部分工作上。

辨識危險因素之風險分析方法主要有八種，說明如下：（秦進，2009）

1. 統計圖表分析（statistic figure analysis, SFA）

統計圖表分析方法是一種定量分析方法，適用於系統所發生之事故情況進行統計分析，以便於找出事故發生規律。

2. 因果分析法（causal factor analysis, CFA）

因果分析法亦稱魚骨圖，或特性因素圖，係透過因果分析圖（causal effect diagram）將引發事故的重要因素分層（枝）加以分析，分層（枝）的多少取決於安全分析的廣度和深度要求，分析結果可以供編製安全檢查表和失誤樹用。此法簡單、用途廣泛，但難以表示各因素間的組合關係。

3. 安全檢核表（safety check list, SCL）

按照檢核表所提出之方式，檢查設計、系統和工藝過程，查出危險性存在。此方法

簡單、用途廣泛，沒有任何限制。

4. 預先危險性分析（preliminary hazard analysis, PHA）

預先危險性分析或稱初步危害分析法，係用來確定系統的危險性，避免採用不安全的技術、危險性的物質、工藝和設備。其特點是把分析工作做在行動之前，避免由於考慮不周而造成損失，當然在系統運轉週期的其他階段，如檢修後開車、制定操作規程、技術改造之後、使用新工藝等情況，都可以採用這種方法。

5. 失效模式與效應分析（failure model and effects analysis, FMEA）

失效模式與效應分析，或故障模式與影響分析，是一種操作規程，旨在對系統範圍內潛在的失效模式加以分析，以便按照嚴重程度加以分類，或者確定失效對於該系統的影響。失效原因是指在加工處理、設計過程中或項目、物品本身（車輛）存在的任何錯誤或缺陷，尤其是那些將會對駕駛造成影響的錯誤或缺陷。影響分析則是指對於這些失效之處的調查研究。

本方法易於理解，是廣泛採用的標準化方法。但由於僅考慮系統硬體元件之非危險性失效，無法考慮人、環境和部件之間相互關係等因素，而且較為費時，因此，主要用於設計階段的安全分析。

6. 事件樹分析（event tree analysis, ETA）

由初始的事件（希望或不希望）出發，按照邏輯推理推論其發展過程及結果，即由此引起不同的事件鏈。本方法廣泛用於各種系統，能夠分析出各種事件發展的可能結果，是一種動態的宏觀分析方法。

7. 失誤樹分析（fault tree analysis, FTA）

失誤樹分析亦稱事故樹分析，或故障樹分析，係由不希望事件開始，找出引起該初始事件的各種失效的事件及其組合，最適用於找出各種失效事件之間的關係，及尋找系統失效的可能方式。本方法可包含人、環境和部件之間相互作業等因素，加上簡明、形象化的特點，已成為安全系統工程的主要分析方法。

8. 原因 - 後果分析法（cause-consequence analysis, CCA）

為事件樹分析和失誤樹分析的結合，從某一初始條件出發，向前用事件樹分析，向後便用失誤樹分析，兼有兩者的優缺點。此方法之靈活性強，可以包羅一切可能性，可以簡明的表示因果關係。

9. 階層線性模型分析法（hierarchical linear modeling , HLM）

透過階層線性模型以探討安全氣候（總體層級）以及內在壓力與不注意（個體層級）三個構面對於偏差駕駛行為之影響，其模型架構如圖 5-2 所示。

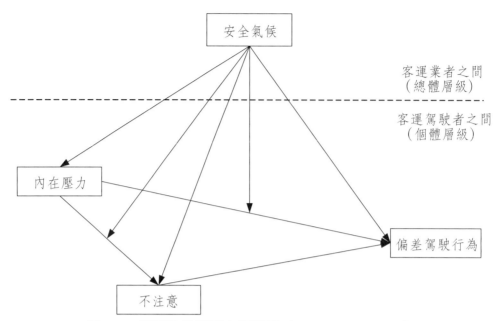

圖 5-2　階層線性模型之架構圖（Chen and Su, 2014）

上述交通安全風險分析之結果可作為交通事故改善策略之重要參考。

5.7 交通事故改善策略

交通事故改善策略有四個主要面向，即減少錯誤的駕駛行為、交通工程改善措施、降低車輛之機械故障，以及交通安全執法。

5.7.1 減少錯誤的駕駛行為

錯誤（error）駕駛行為，稱作是一種駕駛行為上的偏差，其中包括過失／疏忽（slip/lapse）與錯誤（mistake）（Reason, 1990）。而此駕駛行為上的偏差可能不僅會造成自己在行車上的窘境，亦可能會對其他駕駛人造成行車干擾，甚至發生碰撞事故。而除了錯誤（error）駕駛行為外，Reason *et al.*（1990）亦提出違法（violation）也是屬於一種駕駛行為上的偏差，並且將違法分成蓄意違法（deliberate violation）與非蓄意違法（unintended violation）。因此，偏差駕駛行為包括了過失／疏忽、錯誤（mistake）、違法。

偏差駕駛行為主要來自於內在壓力（stress）與不注意（inattention）。

1. 內在壓力

當駕駛人透過某些交通事件影響下所產生的內在壓力，其外顯行為可歸納為認知

（cognitive）、情緒（emotional），以及生理反應（physiological responses）等三類（Stokols and Novaco, 1981）。內在壓力造成之偏差駕駛行為包括：駕駛凶悍、不喜歡駕駛、駕駛警覺（不足）、超車等。

Westerman 和 Haigney（2000）探討駕駛人內在壓力與偏差駕駛行為在個體上的差異，研究結果顯示，駕駛凶悍、特定情境的緊張、不喜歡駕駛三個子構面對偏差駕駛行為皆為正向影響；而駕駛警覺、特定情境的專心兩個子構面對偏差駕駛行為為負向影響。由此可知，具有負面特性的內在壓力對偏差駕駛行為具有正向影響。壓力源可分類如表 5-5 所示。

表 5-5　壓力源分類表

分類	舉例說明
生理壓力源	熱、濕度、密閉空間、噪聲、振動等
社會壓力源	焦慮、同儕競爭、團體壓力、鼓勵制度、紀律處分等
藥物	酒精、尼古丁、藥物等
工作步調	無聊、疲憊、時間壓力
個人因素	家庭憂慮、疼痛和痛苦、感冒、自卑

（資料來源：Reason & Hobbs, 2003）

聲音的刺激可以短暫的減緩疲勞，提升個體的警覺性（Hirata, 2001）。因此，我們偶爾也會遇到會與乘客對話的駕駛人，甚至有些駕駛人開車過程會唱歌給乘客聽，亦或每到一個站，就會用口頭播報站名。與乘客交談、聽音樂、吃東西，可歸類於注意力的轉移，但其實這些動作只要不危害到駕駛安全，此類注意力轉移的方式，對於駕駛人疲勞時，反而是一種刺激，有助於減緩駕駛人的疲勞狀態（Regan *et al.*, 2011）。咀嚼口香糖可以提高注意力，也有助於內在壓力的放鬆，此類減緩疲勞的方式，亦可作為駕駛人參考（Wilkinson *et al.*, 2002）。

2. 不注意

肇事發生因素與駕駛人分心和不注意有關，不注意包括駕駛人注意力受限（driver restricted attention, DRA）、駕駛人注意力優先順序錯誤（driver misprioritised attention, DMPA）、駕駛人注意力的忽略（driver neglected attention, DNA）、駕駛人倉促的注意力（driver cursory attention, DCA）、駕駛人注意力轉移（driver diverted attention, DDA）（Regan *et al.*, 2011）。

不注意容易造成偏差駕駛行為，舉例而言，駕駛人可能因為分心、分神而未注意到前方路口號誌，而當回神時，必須立即採取蓄意性的錯誤（mistake）行為，例如闖紅

燈或緊急煞車，此不僅造成了違法，根據 Reason *et al.*（1990）針對此類駕駛行爲之風險分類，乃屬於「確定會對其他用路人造成危險」的高度風險行爲。因此，不注意對於偏差駕駛行爲的影響，絕不可輕易忽視。

不注意的內容涵蓋了：(1) 注意力受限、(2) 優先順序錯誤、(3) 忽略、(4) 倉促的注意力，以及 (5) 轉移（Regan *et al.*, 2011）。不注意的產生除了個人因素外，尙有外在環境因素，例如視線死角。對於現今的車輛設備，例如：車距保持、碰撞偵測、盲點偵測等功能，除了可以提供駕駛人視線死角的路況外，若與其他用路人沒有保持適當淨距，亦會發出警示聲響，以提高駕駛人的安全性。對此，若業者及駕駛人有足夠的經費，則改善車輛設備的方式，亦是可作爲降低駕駛人不注意行爲的措施。

3. 安全氣候

安全氣候主要見於交通業者的公司行號，例如大客車或大貨車駕駛所屬之公司。將安全氣候定義爲「員工藉以傳達他們對於組織安全重要性的看法與感受，以作爲組織對於安全政策的績效參考」。爲分析探討安全氣候對職業駕駛人，在工作路線上駕駛車輛之行爲影響，Wills *et al.*（Wills *et al.*, 2005, pp. 2, line 1-4）。其構面包括溝通與程序（communication and procedures）、工作壓力（work pressure）、管理承諾（management commitment）、人際關係（relationships）、駕駛人訓練（driver training）、安全規則（safety rules）等六個構面。安全氣候對偏差駕駛行爲具有負向影響。

駕駛人之內在壓力、不注意與偏差駕駛行爲，具有顯著的正向影響。安全氣候具有相關性的壓力源，包括：(1) 工作時數過長，相對休息時間太短，注意力無法集中；(2) 公司規定或福利未符合自己需求；(3) 發車的準點性與班次時間間距要求，令員工具時間壓迫感；(4) 多半在外開車，缺乏與公司雙向溝通。

提高客運業駕駛人安全行爲的改善措施中，由 2010 年 6 月 1 日起，政府展開大客車駕駛人定期訓練課程，並且修正運輸業管理規則第 19 條第 4 項規定，自 2011 年 10 月 1 日，大客車駕駛應在 3 年內接受定期訓練才能開車上路，否則依法將處罰客運業者九千至九萬元罰鍰。相關課程內容，包括駕駛人健康管理與壓力調適、營業大客車相關法規、駕駛道德、大客車安全防衛駕駛、車輛性能保養與運輸業駕駛需知。

相關政府單位期望透過此一系列的課程，可以提高駕駛人對於駕駛行爲的安全認知與素養。但是對此措施，是屬於純粹講習方式，對於實際面臨有危安全的路況處理，恐怕幫助還是有限。因此，可以再考慮增加相關的實地演練，以提高整個課程的實用性。除此之外，透過課程的辦理期間，可以增加駕駛人與業者或政府相關單位，雙方相互交流溝通的管道，以擬加以改善駕駛環境，提高安全氣候強度。

5.7.2 交通工程改善措施

「人」、「車」、「路」為道路交通行為的主體，但人、車[3]、路皆有其條件限制，當超過限制，或彼此間不協調的情況發生時，就可能造成交通事故的發生。因此，為使交通運輸能夠達到安全順暢，人、車、路之間必須互相協調，補強其限制部分，以減少交通事故的發生。此外，雖然採取交通工程手段並不是改善易肇事路段的萬靈丹，但正確的交通工程改善的確可提升交通安全品質，同時交通工程改善也要適時地與教育宣導及執法取締配合，以全面地改善及減少交通事故的發生。

道路設計不當或道路設施維護不良，容易造成交通事故。因此，在道路設計階段就要對道路的安全特性做出客觀的評價，以便及時改正道路規劃設計中的不安全因素，並尋求一種更加安全的設計標準或設計方案，從而使設計出的道路更符合行車安全的要求。此外，交通主管單位要採取措施改善道路狀況，及時對道路及設施進行良好的維護，使其保持良好的使用狀態。交通主管單位應尤其重視易肇事地點的改善。

易肇事地點經判定後，可透過簡單的資料分析或實地勘查或以上一節所介紹的統計方法找出主要肇事成因，接著再依據事故成因研擬改善策略。路口與路段之事故成因與改善策略可能不盡相同，分述如下（交通部運輸研究所，2010）：

5.7.2.1 易肇事路口

依據事故特性分析及國外之經驗，改善路口之肇事頻率與傷亡程度是以增加路口之可視度及路口（含周邊）之軟、硬體設施的改善為主，具體的軟、硬體設施之改善方向，包括路口周邊之停車管理、車道配置與轉向管制、交通設施的檢討與設置、安全停車視距的改善（非號誌化路口），以及促進駕駛遵守交通設施與交通法規。可用之改善策略如圖 5-3 所示：

5.7.2.2 易肇事路段

依據事故嚴重特性分析及國外之經驗，發生於路段之事故以對撞、衝出路外、固定

---

3 車輛硬體部分的改良包括：
1. 車輛主動安全技術的應用
   是指在汽車設計和製造過程中，採用先進的技術和裝備，對汽車內、外部結構進行最佳設計，避免或減少事故發生的技術。例如，採用防鎖死煞車系統（ABS）將可降低交通事故達 7.1%。
2. 機械可靠性保障
   車輛性能的好壞是影響道路交通安全的重要因素。車輛安全技術狀況不良會引起行車自身之安全疑慮，例如，制動失靈、制動不良、機件失靈、燈光失效和車輛裝載超高、超寬、超載、貨物綑綁不牢固。另外，由於車輛在行駛過程中，當超過一定路程時也會突然發生疲勞而造成交通事故，其中，在行駛中突然發生車輛爆胎引發的交通事故並不嚴重（國工局網頁，2012.08.15）。

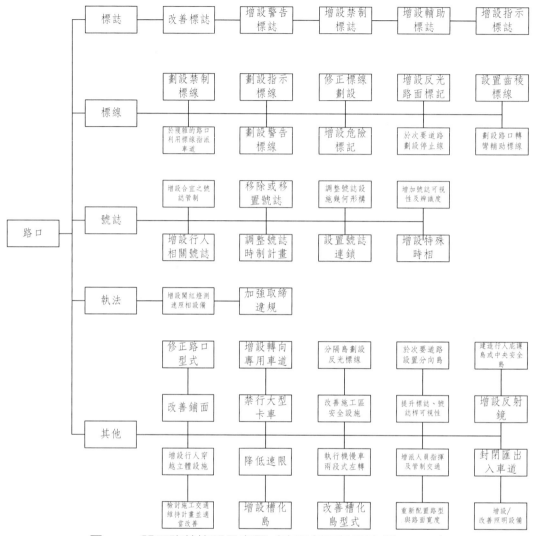

圖 5-3　路口改善策略示意圖（交通部運輸研究所，2010）

物體碰撞及駕駛人駕駛不當所引起的事故最為嚴重，因此，主要之改善策略是避免車輛偏離車道與跨越道路中心線、降低車輛衝出路外之可能性，以及降低因駕駛人違規或疏忽所引起的事故。較具體之改善方向，包括提供適當的警告、提升彎道線形的可視性與照明、安全停車視距的改善、如何促進駕駛人保持合理行車速度、設置護欄及路外固定物體的管理，同時亦可提供適當的警告與如何促進駕駛人保持合理的駕駛行為等。可用之改善策略如圖 5-4 所示：

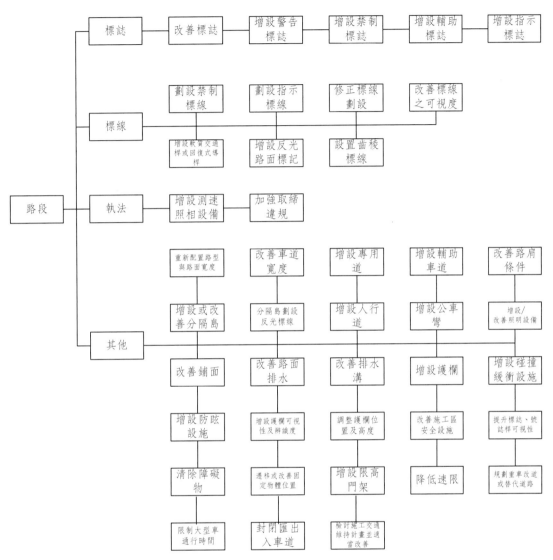

圖 5-4　路段改善策略示意圖（交通部運輸研究所，2010）

5.7.3 交通安全執法

　　常見之交通違規項目包括：超速、闖紅燈、任意變換車道蛇行、違規停車、酒駕與超載。為了整頓交通秩序，落實交通法規，需要耗費大量的警力，如在危險地段執法，例如高速公路，甚至容易造成受傷殉職的不幸事件。為了有效且安全的執法，在人工執法之外，有必要推廣現有之科技執法或探討新科技執法的實用性：

　　1. 電子收費（electronic toll collection, ETC）資料：超速、蛇行、下匝道路段任意插隊等違規事件可依照 ETC 資料逕行舉發。

2. 動態地磅（weigh-in-motion, WIM）：超載。

3. 閉路電視監視器（closed-circuit television, CCTV）：闖紅燈。

交通違規案件亦可由民眾檢舉，惟 2017 年全國高達 183 萬 5,458 件爆量，比起 2016 年的 136 萬 4,419 件，又大增了 47 萬多件，**警察機關平均每天要收到 5,000 件**，當中又有不少匿名檢舉，受限人力資力不足，**警方處理相當吃力**。為避免民眾匿名或濫用檢舉，修改道路交通管理事件統一裁罰基準及處理細則，並新增檢舉實名制規定，且微罪不罰，為重要的修正方向。

5.7.4 交通安全政策與管理

交通安全政策與管理的項目如下：

1. 減少疲勞駕駛：避免超時工作、落實勞基法。

2. 加強車輛監理：事故發生原因，除了駕駛人疲勞駕駛等影響因素外，尚包括車輛檢修不善，落實定期車輛檢驗維護車輛正常功能。

3. 酒駕管理：提高酒駕法則、增訂酒駕乘客的連帶責任，健全代理駕駛與指定駕駛制度。

4. 減少小汽車使用：提升大眾運輸服務水準、鼓勵搭乘大眾運輸。

5.7.5 交通安全風險管理的觀點

安全管理網（2012.02.25）從風險管理的觀點提出兩種道路交通安全對策，即：(1) 預防損失和 (2) 減少損失。道路交通損失預防措施即是降低損失頻率，包括：駕駛人三道防線管理[4]、車輛主動安全技術的應用、機械可靠性保障、道路規劃合理化與易肇事地

4　駕駛人三道防線管理：駕駛人發生事故的影響因素有三種：身體狀況（生理和心理因素）、駕駛能力（駕駛技巧和駕駛行為），以及複雜的交通環境。因此，若能從這三個因素著手管理，即檢測駕駛適性以保證駕駛人具備基本的身體狀況條件、培養安全合格的駕駛能力、綜合治理以營造安全的交通環境，就可以形成保障交通安全的三道防線。這三道防線中又以駕駛人為重點控制對象。

　　a.　第一道防線──駕駛適性

　　　　駕駛適性檢測是通過一系列儀器和問卷，對被檢測者的一些生理、心理狀況進行檢測。生理測評需將速度估計、複雜反應、操縱機能、夜視力、深視力和動視力作為反映駕駛適性的標準，至於在心理測評方面，則需包括駕駛人的感知覺、注意力、情緒、性格和氣質等項目在內。

　　b.　第二道防線──駕駛能力

　　　　駕駛人必須具備合格的駕駛技能和安全駕駛行為才能達到安全駕駛的目的，因此，訂定嚴格的培訓機構條件以及其保障措施尤為重要。

　　c.　第三道防線──交通環境

　　　　營造安全駕駛的交通環境，可採用四類技術措施：

　　　　(a) 駕駛行為監控記錄技術手段：車輛行駛記錄儀、駕駛行為視頻記錄系統、機動車違法自動記

點改善等。道路交通損失減少措施主要是降低損失程度包括：車輛被動安全技術的應用、道路安全防護措施的完善、事故緊急救援系統等。由於道路交通損失預防措施之相關內容已大致說明如上述章節，茲僅將道路交通損失減少措施說明如下。

　　道路交通損失減少措施包括：車輛被動安全技術的應用、道路安全防護措施的完善、事故緊急救援系統等。

(1) 車輛被動安全技術

　　汽車安全技術可區分為主動與被動性兩種，以車輛意外的發生為分界點，在車禍發生前的預防系統，可大致歸類於主動安全系統；車禍發生後，作用是減輕已造成的傷害，則可被歸類為被動安全系統。

　　汽車被動安全技術是指在汽車發生交通事故的過程中或之後，通過車內的保護系統避免或減輕駕、乘人員損傷的技術。因此，被動安全技術同主動安全技術一樣，需要強制執行並增加技術法規標準。

(2) 道路交通安全設施：為預防和減少交通事故，具體之道路交通安全設施管理措施如下：

　　a. 進行全國及地方道路交通規劃、制定道路交通管理政策。

　　b. 根據道路交通規劃，制訂全國及地方的道路交通安全設施發展規劃，制訂道路交通安全設施建設管理標準。

　　c. 加強危險、事故屢發地段的道路交通安全設施的設計、建設及維護，做好日常監測工作。

(3) 事故緊急救援系統

　　除了上述預防損失和減少損失兩種對策之外，道路交通安全風險管理尚需提升駕駛人知能和增加交通安全教育宣導部分。

5.8 結論與建議

　　交通安全是回家唯一的道路，交通事故具有隨機性、突發性、不可預測、屢發性及

　　錄系統、駕駛人違法記分管理系統；
(b) 交通秩序管理技術手段：交通號誌控制系統、閉路電視監視系統（CCTV）、即時交通資訊系統；
(c) 交通事件快速反應技術手段：報警電話聯合服務台、交通事件現場勘測指揮系統、公路車輛監測記錄系統；
(d) 交通管理資訊綜合集成技術手段：交通控制中心。

社會性之特性（艾嘉銘，2010）。因此，易肇事地點的分析判定，以及改善策略就成為交通工程師必須具備之專業知識。

　　本章針對事故資料收集與分類、易肇事地點判定的方法、易肇事地點改善對策、交通安全影響因素與風險管理、交通事故改善策略進行詳細介紹。現有之文獻顯示人為之過失是造成交通事故之主要原因，為了要判定易肇事地點，過去多半採用經驗法則、肇事地點圖法（肇事插示圖法、肇事斑點圖），以及肇事資料統計方法。

　　近年來，藉助於電腦運算能力的大幅提升，高等統計方法有了大幅的發展，而相關商業軟體之問世，例如，結構方程式（structural equation modeling, SEM），以及階層線性模式（hierarchical linear modeling, HLM），更降低使用的門檻。這些高等統計方法比起過去所使用之方法更能解釋事件發生之因果關係，因此，若能將之應用於交通安全之研究，將有助於提升傳統肇事研究方法與所提出改善對策的品質。此外，由於防碰撞感應器（sensor）科技之進步與自動化駕駛技術之發展，可預見在不久的未來，車輛碰撞的可能性與嚴重性均可有效降低。

問題研討

1. 名詞解釋：
   (1) 易肇事地點（accident-prone locations）。
   (2) 肇事地點圖（accident spot map）。
   (3) 曝光量（exposure）。
   (4) 肇事率法（accident rate method）。
2. 請說明道路交通事故的特性。
3. 交通事故的基本資料包括那些項目？
4. 請說明易肇事地點之判定方法。
5. 進行易肇事路段判定時，必須將道路分段以進行評估。試說明道路分段的考慮原則有那些？
6. 易肇事路段的改善策略有那些？
7. 事故之分析與預測有個體及總體兩大類模式，請比較此兩類模式的差異，並列舉其主要模式有那些？
8. 交通安全之影響因素有那些？請分別詳述之。
9. 請說明交通安全風險管理的定義、影響因素以及分析方法。

10.請說明交通安全風險的對策有那些？

相關考題

1. 交通安全的改善策略，可以分為「降低肇事」與「降低肇事嚴重程度」兩大類。請分別說明這兩類策略各有那些主要方法？（94 專技高檢覈）
2. 肇事地點圖（accident spot map）其記錄內容可以包括那些資訊？（97 高三級）
3. 道路交通安全的改善策略，可以概略區分為「減低肇事率」與「減低肇事嚴重程度」兩大類別。請分別說明這兩大類策略的目標，以及各種可能的改善措施與方法。（97 專技高）
4. 請詳述肇事報告應具備之內容以及資料分析之方式有那些？（98 專技高）

參考文獻

一、中文文獻

1. 交通部風險管理推動報告，民國 96 年 12 月。
2. 公路總局暨所屬各機關風險管理及危機處理作業原則，民國 98 年 11 月 4 日，路秘研字第 0981007013 號函修訂。
3. 行政院所屬各機關風險管理及危機處理作業基準，行政院民國 97 年 12 月 8 日，院授研管字第 0972360811 號函修正
4. 陳世圮、蔡肇鵬，1980，台灣區國道中山高速公路潛在危險路段之建立與判別，運輸計畫季刊，第九卷，第四期，頁 491-514。
5. 交通部運輸研究所，1992，臺灣地區易肇事路段改善計畫作業手冊。
6. 邱裕鈞，2010，基因及螞蟻規則探勘模式 以事故分析及事故鑑定為例（I、II&III），國科會專題研究報告。
7. 交通部運輸研究所，2003，永續運輸資訊系統 交通事故資料分析研究。
8. 交通部運輸研究所，2010，易肇事路段改善專案研究。
9. 艾嘉銘，2010，重現型高速公路肇事路段與肇事因素之研究，逢甲大學土木水利研究所博士論文。
10.王文麟，1980.09，交通工程學——理論與實用。

11. 交通部，1990.03，交通工程師手冊。

12. 交通部運輸研究所，1992.03，臺灣地區易肇事路段改善計畫作業手冊。

13. 交通部運輸研究所，1997.05，道路潛在危險性評估指標之研究。

14. 交通部運輸研究所，2010，易肇事地點之判定與改善計畫。

15. 交通部運輸研究所，2010，運輸安全風險管理初探 職業駕駛人身心健康管理機制。

16. 孫景韓譯，1979.04，交通心理學，徐氏基金會。

17. 湯儒彥，1998.03，道路交通事故成因與工程改善對策之探討，臺灣公路工程，第 24 卷，第 9 期，頁 2-16。

18. 陳惠國、邱裕鈞、朱致遠，2010，交通工程，五南圖書出版有限公司，臺北。（2011.10 一版二刷）

19. 陳惠國、呂茗儀，2015.09，代理駕駛影響因素之研究，中華道路季刊，第 54 卷，第三 期，頁 1-16。

20. 陳惠國、蘇晉煒，2013.12.5-6，客運司機偏差駕駛行為的研究，中華民國運輸學會一百 零二年年會暨第二十八屆學術論文研討會論文集，淡江大學，宜蘭。

21. 謝志尚，1984.04，道路安全之設計與管理，科技圖書股份有限公司。

22. 秦進，2000.09，運輸安全管理，中南大學出版社。

23. 安全管理網，2012.02.25，道路交通安全風險預控管理對策，網址：http://www.safehoo. com/Tech/Traffic/201202/262430.shtml。

24. 國工局網頁，2012.09.15，交通安全資訊，網址：http://www.freeway.gov.tw/Publish. aspx?cnid=516&p=1988。

25. 全國法規資料庫，2015.11.11，道路交通事故處理辦法，網址：https://law.moj.gov.tw/ LawClass/LawAll.aspx?PCode=D0080090

26. 全國法規資料庫，2018.06.29，道路交通安全規則，網址：https://law.moj.gov.tw/Law-Class/LawAll.aspx?PCode=K0040013

27. 植根法律網，2015.03.05，道路交通事故處理規範，網址：http://www.rootlaw.com.tw/La-wArticle.aspx?LawID=A040040111030900-1040305

28. 全國法規資料庫，2018.06.21，汽車運輸業管理規則，網址：https://law.moj.gov.tw/Law-Class/LawAll.aspx?PCode=K0040003

29. 內政部警政署全球資訊網，警政統計通報，網址：https://www.npa.gov.tw/NPAGip/wSite/ ct?xItem=87089&ctNode=12594&mp=1

30. 道路交通事故調查報告表，運輸安全網站資料系統，民國 97 年以後之版本。

二、英文文獻

1. Abdel-Aty, M.A. and Radwan, A.E., 2000, Modeling traffic accident occurrence and involvement, *Accident Analysis and Prevention*, Vol.32, pp.633-542.

2. Aguero-Valverde, J., Jovanis, P.P., 2009, Bayesian multivariate Poisson log-normal models for crash severity modeling and site ranking, *Proceedings of the 88th Annual Meeting of the Transportation Research Board*.

3. Al-Ghamdi, A.S., 2002, Using logistic regression to estimate the influence of accident, *Accident Analysis and Prevention*, Vol. 34, No. 6, pp. 729-741.

4. Chiou, Y.C., Lan, L.W. and Chen, W.B., 2010, Contributory factors to crash severity in Taiwan freeways: Genetic mining rule approach, *Journal of Eastern Asia Society for Transportation Studies*.（In press）

5. Dissanayake, S. and Lu, J.J., 2002, Factors influential in making an injury severity difference to older drivers involved in fixed object - Passenger car crashes, *Accident Analysis and Prevention*, Vol. 34, Issue 5, pp. 609-618.

6. Ivan, J.N., Pasupathy, R.K., and Ossenbruggen, P.J., 1999, Differences in causality factors for single and multi-vehicle crashes on two-lane roads. *Accident Analysis and Prevention*, Vol.31, pp.695-704.

7. Lambert, D., 1992, Zero-inflated Poisson regression, with an application to detects in manufacturing, *Technometrics*, Vol.34, pp.1-14.

8. Miaou, S.-P., Song, J.J., Mallick, B.K., 2003, Roadway traffic crash mapping: A space time modeling approach, *Journal of Transportation and Statistics*, Vol.6, pp.33-57.

9. Lord, D., Miranda-Moreno, L.F., 2008, Effects of low sample mean values and small sample size on the estimation of the fixed dispersion parameter of Poisson-gamma models for modeling motor vehicle crashes: A Bayesian perspective, *Safety Science*, Vol.46, pp.751-770.

10. Poch, M. and Mannering, F., 1996, Negative binomial analysis of intersection, *Journal of Transportation Engineering*, Vol.12, pp.105-113.

11. Shanker, V. and Mannering, F., 1996, Statistical analysis of accident severity on rural freeways, *Accident Analysis and Prevention*, Vol.28, pp.391-741.

運輸規劃與需求預測

　　健全的都市發展有賴交通運輸系統、土地使用，以及公共設施建設的相互配合，若交通建設屬於重大計畫案，則更能帶動沿線之都市發展。有鑒於交通運輸之重要性，健全有效的運輸規劃（transportation planning），特別是其中最關鍵的旅運需求預測，就成為交通專業人員的重責大任，唯有做好旅運需求預測的工作才能做好運輸規劃、才能進行有效的交通設施建設與健全的運輸管理。

　　旅運活動本身並非目的，而是為了滿足就業、就學、與社經活動的目的而引伸產生的，因此旅運需求被歸類為經濟學上的間接需求（indirect demand）或衍生需求（derived demand）。都市旅運需求主要是由用路人進行一連串的旅運需求決策（travel decisions）所完成的旅次[1]（trip），其中四種最重要的旅運決策（travel decisions）分別為：

　　1. 旅次發生（trip generation）：指因就業、就學、與社經活動而產生的旅次需求的決策。

　　2. 旅次分布（trip distribution）：亦稱旅次分配，係指選擇旅次目的地的決策。

　　3. 運具選擇（modal split or mode choice）：指選擇運輸工具的決策。

　　4. 交通量指派（traffic assignment）：亦稱路線選擇（route choice）或路網指派（network assignment），指選擇車輛行駛路線的決策。

　　本章節之順序安排如下：第一節介紹運輸規劃之內容；第二節說明基本資料收集與調查方法；第三節介紹循序性運輸需求預測程序；第四節介紹旅次發生；第五節說明旅次分布；第六節介紹運具選擇；第七節說明交通量指派；第八節為結論與建議。

6.1 運輸規劃之內容

6.1.1 運輸規劃程序

　　運輸規劃程序（transportation planning procedure）可以劃分為七個步驟執行，如圖 6-1 所示。

---

[1] 「旅次」係指為某種特定目的，使用運輸工具從一地點（起點）到另一地點（迄點）的單一行程。就個體而言，用路人的旅運行為是由一連串的旅次所構成，而且各旅次之間是彼此交互影響的，這就形成「旅次鏈」（trip chain）的概念。

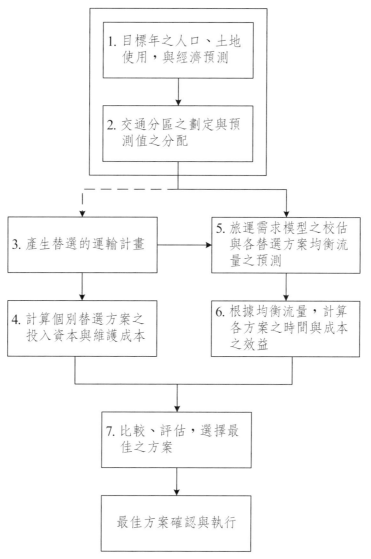

圖 6-1 都市運輸規劃程序（Papacostas and Prevedouros, 2005, p. 339）

〔步驟 1〕預測研究範圍目標年之人口、土地使用與經濟成長。

〔步驟 2〕劃定交通分區並將步驟 1 之預測值往下分配至各交通分區。

〔步驟 3〕根據步驟 1、2 之結果，產生替選之運輸計畫方案。

〔步驟 4〕計算每一個替選方案之資金與維護成本。

〔步驟 5〕校估需求預測模型；然後根據步驟 2、3 之結果，預測每一個方案目標年之均衡流量。

〔步驟 6〕將每一個方案目標年之均衡流量轉換成直接之使用者效益，例如，時間或成本之節省。

〔步驟 7〕根據步驟 3～6 之結果，比較、評估與選擇最佳之替選方案。

以上運輸規劃程序中最爲關鍵的就是步驟 5、6 的旅運需求預測，因爲有了正確的旅運需求預測作業才能進行有效的交通設施建設與健全的運輸管理。由於旅運需求是爲了滿足就業、就學、與社經活動的目的而發生的，因此旅運需求活動本身並非目的，而是屬於經濟學上的間接需求（indirect demand）或衍生需求（derived demand）。

6.1.2 交通分區的劃分

爲了便於運輸計畫基本資料的蒐集與分析，劃定之研究範圍需再細分成小單位之分區。這種分區的安排要和計畫的階層一致，通常先將此研究地區沿主要交通運輸走廊劃分爲幾個大區（Sectors），每一個大區再分爲幾個中區（districts），中區再細分成若干小分區，即所謂的交通分區（traffic-zones）。交通分區爲研究範圍內旅次起迄等交通資料之統計單位，其劃分的原則有七點：

1. 交通分區內的土地使用、經濟、社會等特性盡量具有同質性（homogenous）。

2. 交通分區以鐵道、河川等天然屏障作爲限界。

3. 交通分區內保持出入（access）之完整。

4. 交通分區應盡量配合行政劃分，以利政府統計資料之取得。

5. 交通分區的過程應考慮路網的構成，而且分區內有核心點作爲路網的連結。

6. 交通分區的規模愈小愈好，分析的結果更爲精確（通常小範圍的分區約爲 3,000～5,000 人，大範圍的百萬人以上的分區可爲 5,000～10,000 人）。

7. 交通分區的數目最多約爲 100～150 個，因爲分區的數目過多，操作所需的時間，經費亦隨之增加。

6.2 基本資料收集與調查方法

6.2.1 運輸規劃之基本資料

運輸規劃程序中資料（或數據）爲最基本而且不可或缺的工作項目。以交通分區爲單位，就可以收集與分析運輸規劃之基本資料。運輸規劃之基本資料可依照供給與需求面區分爲四種：

1. 基年需求面——了解研究範圍的運輸需求量及特性；

2. 基年供給面——探討基年運輸系統的運輸能量及服務績效，以確定運輸問題之所在；

3. 目標年需求面——建立運輸需求模式，以便預測目標年之運輸需求量；

4. 目標年供給面——分析目標年運輸系統方案的服務績效。

運輸規劃所需使用之基本資料也可按照資料的屬性劃分爲以下六大類：

1. 旅客運輸：旅次目的、發生數、起迄點、使用運具。
2. 貨物運輸：貨物種類、噸數、起迄點、使用運具。
3. 道路系統：道路分類、長度與寬度、路型與車道數、交通量與組成、路口轉向交通量、尖峰小時係數、承載率、停車系統、交通控制設施、道路服務水準。
4. 大衆運輸系統：路線數、班次與班距、旅客特性、旅次長度、票證與收費系統、費率結構。
5. 社會經濟：產業結構、國民生產毛額、家戶所得、人口數、車輛登記數、就業人口。
6. 土地使用：住宅區、商業區、工業區、土地使用強度、樓地板面積、公共設施、農業用地。

運輸計畫基本資料有些可以直接由相關單位取得，有些則需透過實際調查才能得到。

6.2.2 交通資料調查方法

適當的調查方法選定之後才能進行調查作業蒐集資料，取得交通資料的調查方法很多，常見有六種：

1. 家戶訪問調查（home interview survey）。
2. 周界線調查（cordon count）。
3. 屏柵線調查（screenline count）。
4. 旅次起迄調查（origin and destination survey）。
5. 路口轉向交通量調查（intersection turning movement survey）。
6. 行人交通量調查（pedestrian volume survey）。

6.2.2.1 家戶訪問調查

家戶訪問調查係蒐集居民旅運活動的相關資料，以了解區域內居民活動的特性以及現有旅運需求型態。傳統家戶訪問調查的方式有三種：

1. 親自訪問（personal interview）。
2. 電話訪問（telephone interview）。
3. 回郵問卷調查（mail-back questionnaire）。

家戶訪問調查極爲耗時耗力，其調查抽樣率建議值參見表 6-1a：

表 6-1a　家戶訪問調查抽樣率建議值

研究範圍人口（萬人）	抽樣率建議值（%）		
	美國公路局（BPR, 1956）	建議最低值（Bruton, 1993）	運輸研究所（1998）
5 以下	20	10	10
5～15	12.5	5	6
15～30	10	3	5
30～50	6.6	2	3
50～100	5	1.5	2
100 以上	4	1	1.5

　　近年來，隨著網路普及而出現新的調查方法稱之為網路調查（online survey or Internet survey），即將設計完成之問卷，利用電子郵件寄予受訪者或直接讓受訪者在網頁上填寫問卷，設計生動問卷可增加回收率。網路調查的優點為相當便利、且蒐集資料之速度快，但正確性較低。

　　各種家戶訪問調查方法之優缺點可整理如表 6-1b：

表 6-1b　家戶訪問調查方法之比較

評比項目	調查方法			
	面訪	電話訪問	郵寄	網路調查
時效	費時較久	快	費時最久	快
成本	最高	長途電話使用成本較高	較低	甚低
資訊量	較多	問卷長度受限	問卷長度受限	設計生動問卷可增加回收率
正確性	較高	較高	較低	較低
調查限制	適用於較複雜的調查，彈性最大	需有電話	需有郵寄地址	需有電子郵件帳號

　　家戶訪問調查之資料（參見下表 6-2）包括：

　　1. 家庭特性：戶籍人口、實住人數、車輛之持有與使用、各種運具之交通費、每月平均可支配所得。

　　2. 人員特性：家庭成員之性別、年齡、職業、駕照持有、教育程度、主要使用運輸工具、工作或上學地點。

3.旅次特性：家庭成員之旅次數、旅次目的、起點、迄點、旅次發生時間、步行時間、等車時間，以及轉車情況等。

表 6-2　家戶訪問調查表

抽樣住戶編號：_____　　　　　　　　　　　　　　　填表日期：___年___月___日

填表人：_____　　高雄都會區住戶交通旅次調查問卷　　表一　住戶基本資料

1. 家庭成員結構（戶籍人口數 _____，實住人口數 _____，就業人口數 _____，學生人口數 _____）。
   實住人口結構

個人	稱謂	年齡	性別	職業	殘障	教育	工作或就學地點			年齡代碼	職業類別代碼	教育程度代碼	性別
							地點名稱	地　址		1.5 歲以下	1.軍公教	1. 不識字	
								市(縣)　區(市鎮鄉)　村里　路(街)　段　巷　號		2.6~15 歲	2.製造業	2. 小學、國中	1.男
2.								市(縣)　區(市鎮鄉)　村里　路(街)　段　巷　號		3.16~25 歲	3.商業	3. 高中、高職	2.女
3.								市(縣)　區(市鎮鄉)　村里　路(街)　段　巷　號		4.26~35 歲	4.服務業	4. 大學、專科	
4.								市(縣)　區(市鎮鄉)　村里　路(街)　段　巷　號		5.36~45 歲	5.農漁牧業	5. 研究所以上	
5.								市(縣)　區(市鎮鄉)　村里　路(街)　段　巷　號		6.46~55 歲	6.學生		
6.								市(縣)　區(市鎮鄉)　村里　路(街)　段　巷　號		7.56~65 歲	7.家管	殘障代碼	
7.								市(縣)　區(市鎮鄉)　村里　路(街)　段　巷　號		8.66 歲以上	8.無業	1.非殘障人口	
8.								市(縣)　區(市鎮鄉)　村里　路(街)　段　巷　號				2.殘障人口但不影響行動	
9.								市(縣)　區(市鎮鄉)　村里　路(街)　段　巷　號				3.殘障人口且影響行動	
10.								市(縣)　區(市鎮鄉)　村里　路(街)　段　巷　號					

2. 家庭車輛持有使用狀況：　　(1) 小客車 _____ 輛　　(2) 機車 _____ 輛　　(3) 小貨車 _____ 輛　　(4) 腳踏車 _____ 輛

3. 住所小客(貨)車停車方式：　有固定車位 □(1) 自用停車位，____車位 □(2)租用停車位，____車位　　無固定車位 □(3) 路邊停車位　　□(4)其它路外停車位

4. 家庭全年所得

□ (01) 40 萬 以下　　□ (02)　40 萬 - 49 萬 9 仟　　□ (03) 50 萬 - 59 萬 9 仟　　□ (04) 60 萬 - 69 萬 9 仟
□ (05) 70 萬 - 79 萬 9 仟　　□ (06)　80 萬 - 89 萬 9 仟　　□ (07) 90 萬 - 99 萬 9 仟　　□ (08) 100 萬 -109 萬 9 仟
□ (09) 110 萬 -119 萬 9 仟　□ (10) 120 萬 -129 萬 9 仟　　□ (11) 130 萬 -139 萬 9 仟　□ (12) 140 萬 -149 萬 9 仟
□ (13) 150 萬 -159 萬 9 仟　□ (14) 160 萬 -169 萬 9 仟　　□ (15) 170 萬 -179 萬 9 仟　□ (16) 180 萬 -189 萬 9 仟
□ (17) 190 萬 -199 萬 9 仟　□ (18) 200 萬以上

6.2.2.2 周界線調查

周界線調查係調查人、車進出研究區域邊界線（cordon line）的交通量，其目的有二：

1. 了解研究區域在某一時間內的各項交通設施的供需狀況（如道路容量、停車需求等）。

2. 規劃改善該區域範圍內之交通問題。

周界調查的方式可區分為兩種：

1. 流量調查：獲得進出研究範圍的車輛數。

2. 攔車訪問調查：可搭配家戶旅次特性訪問調查（之路邊訪問調查法）進行之，包括車輛種類、乘載人數、旅次起點迄點、旅次目的、時間、貨車起迄點與重量等資料。

6.2.2.3 屏柵線調查

屏柵線（screenline）係根據交通分區、主要天然地形（山嶺、河川）以及人工界線（公路、鐵路），將研究地區劃分成若干區的假想屏柵線（參見圖 6-2）。

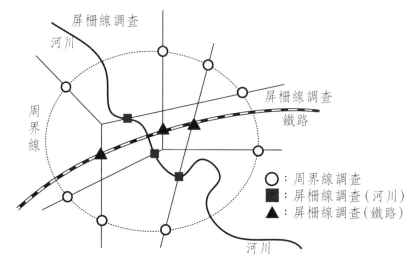

圖 6-2　屏柵線示意圖

屏柵線調查的目的在於調查人、車橫越地形屏障（如河流、鐵道等）之交通量，藉以核對與調整大規模家戶訪問調查所得（的旅次起迄交通分區）的交通量調查資料。

6.2.2.4 旅次起迄調查

旅次起迄調查係蒐集旅次起迄點、目的、時間、使用交通工具別等資料，其目的在於獲取通過調查站之旅次特性。根據旅次起迄調查資料可以繪製成願望線（desire line），如圖 6-3，可提供都會區整體運輸系統規劃及新建道路系統之參考。

旅次起迄調查的調查方法可分為四種：

1.路邊訪問調查法（roadside interview survey）：訪問車輛上人員之起迄點、旅次目的、及乘坐人數等旅次特性資料（參見表 6-3）。

2.車輛牌照登錄法（license plate matching survey）：在不同地點抽樣登錄所經過車輛之牌照，透過追蹤整理，以了解車輛之行經路線、起迄及其數量。

3.高速公路 ETC 資料分析法：本法可視為先進的車輛牌照登錄法，即利用先進的閉路電視（closed-circuit television, CCTV）與影像處理（image processing）技術，追蹤整理車輛之行經路線、起迄及其數量。

4.錄影偵測法：利用錄影方式，記錄車輛流動的狀況，以了解各種車輛的交通進出情況。

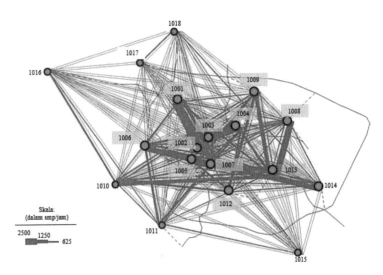

圖 6-3 交通需求願望線示意圖

表 6-3 路邊訪問調查表

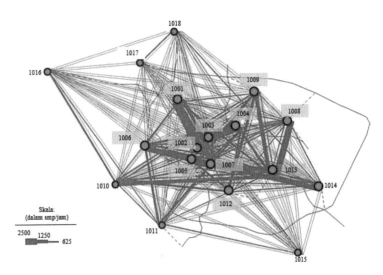

6.2.2.5 路口轉向交通量調查

　　路口轉向交通量調查（參見圖 6-4、表 6-4）蒐集主要交叉路口交通量、流向分布及交通組成。

位置簡圖

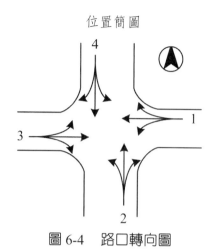

圖 6-4　路口轉向圖

表 6-4　路口轉向交通量調查表

站　　　號：_____	調查方向：往_____	位置簡圖
站　　　名：_____	調查日期：____年____月____日	
臨近路口編號：_____	調查員：_____督導員：_____	

車　　　型	大型車			小型車			機車		
調查時間	左轉	直進	右轉	左轉	直進	右轉	左轉	直進	右轉
：　～　：									
：　～　：									
：　～　：									
：　～　：									
：　～　：									
：　～　：									
：　～　：									

路口轉向交通量調查資料可以作為以下規劃設計之參考：

1. 交叉路口號誌設計。

2. 槽化設計。

3. 容量分析。

4. 短期交通改善計畫。

6.2.2.6 行人交通量調查

行人交通量調查（參見圖 6-5、表 6-5）係蒐集行人穿越路口之方向性交通量，可作為設置路口行人穿越設施以及行人號誌之參考。

位置簡圖

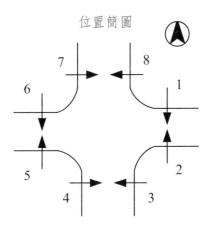

圖 6-5　　行人交通動線圖

表 6-5　　行人交通量調查表

站　　號：＿＿＿＿＿　　調查日期：＿＿＿＿＿

站　　名：＿＿＿＿＿　　調查員：＿＿＿＿＿

分站號：＿＿＿＿＿

○○路○段

○○路○段

調查時間	交通量	調查時間	交通量	調查時間	交通量	調查時間	交通量	合計
07:00~07:15		07:15~07:30		07:30~07:45		07:45~08:00		
08:00~08:15		08:15~08:30		08:30~08:45		08:45~09:00		
17:00~17:15		17:15~17:30		17:30~17:45		17:45~18:00		
18:00~18:15		18:15~18:30		18:30~18:45		18:45~19:00		
:00~　:15		:15~　:30		:30~　:45		:45~　:00		
:00~　:15		:15~　:30		:30~　:45		:45~　:00		

主辦單位：

註：右上圖分站號黑點表示調查員位置與調查方向，其編號分別為1、2、3、4、5、6、7、8

6.3 循序性運輸需求預測程序

　　假設四種旅運決策：(1) 旅次發生、(2) 旅次分布、(3) 運具選擇、(4) 交通量指派，為循序逐次發生，亦即上一個旅運決策階段的輸出資料成為下一個旅運決策階段的輸入資料，則這種循序性之旅運需求預測程序稱之為旅次交替運具分配模型[2]（trip-inter-change models）（參見圖 6-6a），適用於運具選擇多樣化之大都會地區；但若將其中第二個決策（旅次分布）與第三個決策（運具選擇）之順序對調，亦即：(1) 旅次發生、

---

2 「Model」可翻譯為模型或模式。

(2) 運具選擇、(3) 旅次分布、(4) 交通量指派，則這種循序性之旅運需求預測程序稱之為旅次端點運具分配模型（trip-end models）（參見圖 6-6b），適用於運具選擇較少之小都市地區。

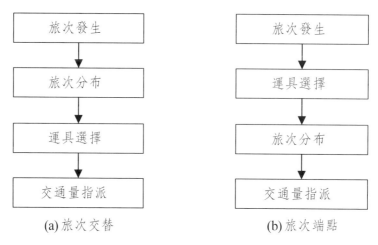

(a) 旅次交替　　　　　　　　　　　　(b) 旅次端點

圖 6-6　循序性運輸需求預測程序

6.4 旅次發生

　　運輸規劃通常將研究範圍劃分為交通資料之統計單位，稱之為交通分區（traffic zone）。旅次係指為某種特定目的，使用運輸工具從一點到另一點（起點與迄點）的單一行程。旅次的種類可以概分為家旅次（home-based trip）與非家旅次（nonhome-based trip）兩大類；而旅次目的則大致分為：工作、上學、購物、社交、娛樂，及其他等類。在進行運輸規劃作業時，常將旅次種類與旅次目的合併考量成為：

1. 家工作旅次
2. 家上學旅次
3. 家購物旅次
4. 家社交旅次
5. 家娛樂旅次
6. 家其他旅次
7. 非家旅次（含各種旅次目的）

旅次發生主要探討研究範圍內各交通分區之旅次產生量[3]、吸引量與旅次起迄點

---

[3] 在旅次發生（trip generation）預測階段，每個交通分區的旅次量可以用與該交通分區端點發生的旅次數量來表示。旅次的端點可以分為起點和迄點（origin and destination, OD），也可以分為產生點

之土地使用、社會經濟特性之函數關係。一般常用之旅次發生模型包括：迴歸模型（regression models）、成長率法（growth factor method）、旅次發生率法（trip rate method）、類目分析法（category analysis）、FHWA 旅次發生程序。（參見圖 6-7）

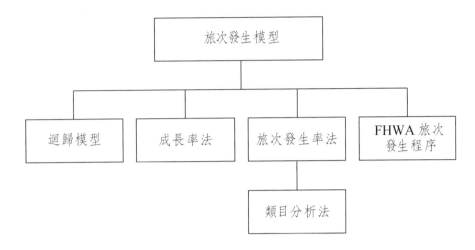

圖 6-7　旅次發生模型分類圖

6.4.1 迴歸模型

迴歸模型假設旅次產生數或旅次吸引數為土地使用與社會經濟特性變數之函數，其模型之計算公式如下：

$$P = a_0 + a_1 X_1 + a_2 X_2 + \cdots + a_n X_n \qquad （6\text{-}1a）$$
$$A = b_0 + b_1 X_1 + b_2 X_2 + \cdots + b_n X_n \qquad （6\text{-}1b）$$

其中，

P：交通分區之每日旅次產生數

A：交通分區之每日旅次吸引數

$X_1, X_2, \cdots, X_n$：交通區之人口、土地使用與社會經濟特性變數

$a_0, a_1, \cdots, a_n$ 及 $b_0, b_1, \cdots, b_n$：迴歸待估參數

和吸引點（production and attraction, PA）。

起點和迄點的概念是根據交通分區間的旅次方向來定義，旅次的起點為旅次出發點，而旅次迄點則為旅次的目的地。至於產生點和吸引點（PA）的概念則是根據與旅次端點相關的用地性質來定義，旅次的產生點為與某一交通分區中的居住用地（住家）相關聯的旅次端點，而旅次吸引點則為與非居住用地（非住家）相關聯的旅次端點。

在循序性四階段旅次需求預測程序中的前三個階段或許可以使用 PA 的概念作業，但在第四個階段就一定要使用 OD 的概念了。換句話說，在進行交通量指派之前，就必須要做 PA-OD 的轉換。對全日旅次而言，PA 和 OD 二者之間的轉換公式為：OD 矩陣＝（PA 矩陣＋PA 矩陣的轉置）/2

6.4.2 成長率法

成長率法假設未來的旅次發生數係以基年旅次發生數之倍數比例成長，其模型之計算公式如下：

$$P_i^f = P_i^0 F_i \qquad （6\text{-}2a）$$

其中，

P_i^f：目標年交通區 i 的每日旅次數

P_i^0：基年交通區 i 的每日旅次數

F_i：交通區 i 的成長率

$$F_i = \sqrt{\frac{PP_i^f}{PP_i^0}\frac{MV_i^f}{MV_i^0}} \qquad （6\text{-}2b）$$

其中，

$\dfrac{PP_i^f}{PP_i^0}$：目標年人口 PP^f 與基年人口 PP_i^0 的比值

$\dfrac{MV_i^f}{MV_i^0}$：目標年小汽車持有率 MV_i^f 與基年小汽車持有率 MV_i^0 的比值

6.4.3 旅次發生率法

旅次發生率法係以土地使用特性為基礎來估計單位土地面積每日所產生或吸引的旅次數；各種土地使用類別之旅次發生率請參見表 6-6。

表 6-6　各種土地使用類別之旅次發生率

土地使用項目	平常日人旅次發生率	假日人旅次發生率
百貨公司專門店（每坪）	0.12	0.44
超級市場（每坪）	1.76	3.10
觀光旅館（每房間）	0.27	0.58
電影院（每座位）	0.60	0.65
餐廳（每坪）	1.06	1.22
辦公大樓及服務設施（每坪）	0.14	--
休閒娛樂（每坪）	0.06	0.10
工業使用（每坪）	0.17	--

註：1 坪 =3.3 m²。

6.4.4 類目分析法

類目分析法亦稱之為交叉分類法（cross classification method）為旅次發生率法的延伸，每一家戶型式（或其他屬性）之旅次發生率是由統計方法推估而得。有關家 - 非工作旅次產生率之交叉分類表請參見表 6-7。

表 6-7　交叉分類表（家 - 非工作旅次產生率）

地區型態	車輛數 / 戶	人口數 / 戶			
		1	2, 3	4	5+
市區：高密度	0	0.57	2.07	4.57	6.95
	1	1.45	3.02	5.52	7.90
	2+	1.82	3.39	5.89	8.27
市郊：中密度	0	0.97	2.54	5.04	7.42
	1	1.92	3.49	5.99	8.37
	2+	2.29	3.86	6.36	8.74
鄉村：低密度	0	0.54	1.94	4.44	6.82
	1	1.32	2.89	5.39	7.77
	2+	1.69	3.26	5.76	8.14

（資料來源：Oahu Metropolitan Planning Organization, *Oahu Model Update Study*: *User's Manual and Training Information,* Honolulu, HI, December, 1982.）

6.4.5 FHWA 旅次發生程序

美國聯邦公路總署（Federal Highway Administration, FHWA）根據旅次產生程序建構如圖 6-8 所示之流程圖（FHWA, 1975）。

圖 6-8 中首先輸入住戶數與所得資料，然後依序找出各種車輛持有率之住戶數、各種車輛持有率之平均每住戶旅次產生數、旅次產生總數、各種旅次目的之百分比，最後得到各種旅次目的之旅次產生數並作為輸出結果。

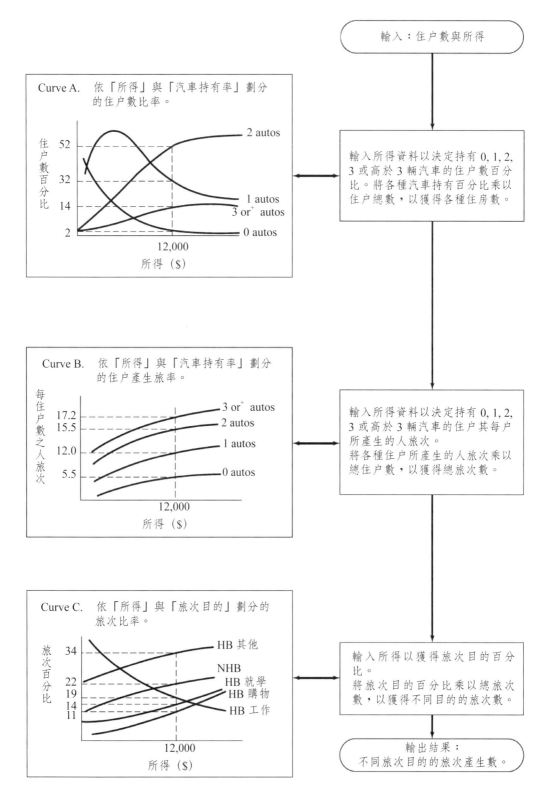

圖 6-8　FHWA 的都市旅次產生程序

6.5 旅次分布

旅次分布分析之目的，在於依據旅次發生數量及各交通分區間未來運輸施設施之資料，計算各交通分區間之來往旅次數量。旅次分布模型可分成兩大類，即綜合性模型（synthetic model）與成長因素法（growth factor method）（參見圖 6-9）。

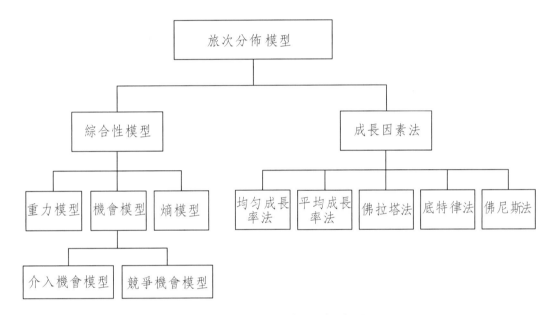

圖 6-9　旅次分布模型分類圖

6.5.1 綜合性模型

綜合性模型又可細分為重力模型（gravity model）、機會模型（opportunity models），與熵模型（entropy model）。

6.5.1.1 重力模型

兩區間之旅次分布與該兩交通區之旅次產生量及旅次吸引量成正比，而與兩區間之旅運阻抗成反比。

$$T_{ij} = \gamma \frac{P_i \, A_j}{d_{ij}^{\alpha}} \qquad (6\text{-}3a)$$

其中，

T_{ij}：交通分區 i 與交通分區 j 之間的旅次需求數

P_i：交通分區 i 之每日旅次產生數

A_j：交通分區 j 之每日旅次吸引數

d_{ij}^a：交通分區 i 與 j 之間的旅運阻抗，通常以距離或旅運時間表示

α：模型參數，係根據現況土地使用及旅次目的等分析而得

γ：模型參數

$$\gamma = \frac{1}{\sum_j \dfrac{A_j}{d_{ij}^\alpha}} \qquad\qquad (6\text{-}3b)$$

由於重力模型中含有旅運阻抗係數，隨時間改變，可以反映運輸系統對旅次分布之影響，故較成長率法爲佳。

6.5.1.2 機會模型

機會模型又可細分爲介入機會模型（intervening opportunity model）與競爭機會模型（competing opportunity model）兩種。

1. 介入機會模型

介入機會模型之基本假設爲：

(1) 從一個起點到各迄點之總旅運時間最小化。

(2) 每個迄點均有一個被接受的機率。

介入機會模型之計算公式如下：

$$T_{ij} = P_i \rho_j \qquad\qquad (6\text{-}4a)$$

$$\rho_j = e^{-\delta \sum_{k=1}^{j-1} A_k} - e^{-\delta \sum_{k=1}^{j} A_k} \qquad\qquad (6\text{-}4b)$$

其中，

A_k：交通分區 k 之每日旅次吸引數，依距離交通分區 i 的近遠排序

ρ_j：用路人接受交通分區 j 爲迄點之機率

δ：爲常數，係指任一旅次從起點出發而接受任一交通分區爲迄點之固定概率（likelihood）

 例題 6-1

(1) 介入機會模型

假設測試路網如圖 6-10，其中常數 $\delta = 1$，且兩個迄點中較近之交通分區 $j = 1$ 之每日旅次吸引數 $A_{j=1}$ 爲 3，較遠之交通分區 $j = 2$ 之每日旅次吸引數 $A_{j=2}$ 爲 2。請問用路人接受交通分區 $j = 1，2$ 之機率 ρ_1、ρ_2 各爲若干？

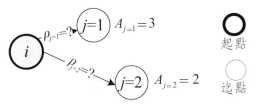

圖 6-10 測試網路圖

 解答 6-1

$$\rho_1 = e^{-0} - e^{-\delta \sum_{k=1}^{1} A_k} = 1 - 0.0497870683 = 0.9502129317$$

$$\rho_2 = e^{-\delta \sum_{k=1}^{1} A_k} - e^{-\delta \sum_{k=1}^{2} A_k} = 0.0497870683 - 0.0067379469 = 0.0430491213$$

2. 競爭機會模型

競爭機會模型之計算公式如下：

$$T_{ij} = P_i \rho_j \tag{6-5a}$$

$$\rho_j = \gamma \frac{A_j}{\sum_h A_h} \tag{6-5b}$$

其中，

γ：模型參數

A_h：交通分區 h 之每日旅次吸引數

6.5.1.3 熵模型

熵模型之基本假設為所有狀態發生之機會都是相等，因此，T_{ij} 發生之概率與該狀態發生之次數成比例關係，其公式如下：

$$\max_{\{T_{ij}\} \in \Omega} W(\boldsymbol{T}) = \frac{TT!}{\prod_{i,j} T_{ij}!} \tag{6-6a}$$

其中 Ω 代表可行解區域，上式可取對數 ln 並應用 Stirling 近似公式，即 $\log T_{ij}! \cong T_{ij} \log T_{ij} - T_{ij}$，可得：

$$\min_{\{T_{ij}\} \in \Omega} z(\boldsymbol{T}) = \sum_i \sum_j T_{ij} \ln T_{ij} - T_{ij} \tag{6-6b}$$

其中可行解區域 Ω 是由下列限制式所組成：

$$\sum_j T_{ij} = P_i \, (\mu_j) \tag{6-6c}$$

$$\sum_i T_{ij} = A_j (\lambda_j) \tag{6-6d}$$

$$\sum_i \sum_j c_{ij} T_{ij} = C(\eta) \tag{6-6e}$$

其中，

A_j：為交通分區 j 之旅次吸引量

c_{ij}：為交通分區 i 與交通分區 j 之間的阻抗係數

C：為系統的總旅運成本值

P_i：為交通分區 i 之旅次產生量

T：旅次向量，$T = \{\cdots, T_{ij}, \cdots\}$

T_{ij}：為交通分區 i 與交通分區 j 之間的旅次需求量

μ_j：為限制式（6-6c）之對偶變數

λ_j：為限制式（6-6d）之對偶變數

η：為限制式（6-6e）之對偶變數

上述數學模型之拉式函數如下：

$$\mathscr{L} = \sum_i \sum_j \left(T_{ij} \ln T_{ij} - T_{ij} \right) - \sum_i \mu_i \left(P_i - \sum_j T_{ij} \right) - \sum_j \lambda_j \left(A_j - \sum_i T_{ij} \right) \\ - \eta \left(C - \sum_i \sum_j c_{ij} T_{ij} \right) \tag{6-6f}$$

經依公式推導後，可得最佳化條件如下：

$$T_{ij} = e^{-\mu_i} e^{-\lambda_j} e^{-\eta c_{ij}} \tag{6-6g}$$

根據式（6-6c）與（6-6d）

$$A_j = \sum_i T_{ij} = \sum_i e^{-\mu_i} e^{-\lambda_j} e^{-\eta c_{ij}} = e^{-\lambda_j} \sum_i e^{-\mu_i} e^{-\eta c_{ij}} \tag{6-6h}$$

$$P_i = \sum_j T_{ij} = \sum_j e^{-\mu_i} e^{-\lambda_j} e^{-\eta c_{ij}} = e^{-\mu_i} \sum_j e^{-\lambda_j} e^{-\eta c_{ij}} \tag{6-6i}$$

移項求解參數

$$e^{-\lambda_j} = \frac{A_j}{\sum_i e^{-\mu_i} e^{-\eta c_{ij}}} \tag{6-6j}$$

$$e^{-\mu_i} = \frac{P_i}{\sum_j e^{-\lambda_j} e^{-\eta c_{ij}}} \tag{6-6k}$$

將式（6-6j）與（6-6k）代入式（6-6g）可得：

$$T_{ij} = e^{-\mu_i}\, e^{-\lambda_j}\, e^{-\eta c_{ij}} = \frac{P_i}{\sum_j e^{-\lambda_j}\, e^{-\eta c_{ij}}} \times \frac{A_j}{\sum_i e^{-\mu_i}\, e^{-\eta c_{ij}}} e^{-\eta c_{ij}} \qquad （6\text{-}6l）$$

或簡化為

$$T_{ij} = b_i\, P_i\, a_j A_j e^{-\eta c_{ij}} \qquad （6\text{-}6m）$$

其中，

b_i：為交通分區 i 之參數

a_j：為交通分區 j 之參數

η：為模型參數

6.5.2 成長因素法

旅次分布預測之成長因素法又可細分為均勻成長率法（uniform growth factor method）、平均成長率法（average factor method）、底特律法（Detroit method）、佛拉塔法（Fratar method），以及佛尼斯法（Furness method）。

6.5.2.1 均勻成長率法

均勻成長率法之計算公式如下：

$$T_{ij}^f = T_{ij}^0 F \qquad （6\text{-}7a）$$

$$F = \frac{T^f}{T^0} \qquad （6\text{-}7b）$$

其中，

F：全區的成長率

T^f：目標年每日全區的旅次數

T^0：基年每日全區的旅次數

T_{ij}^f：目標年每日由交通分區 i 產生而被交通分區 j 吸引的旅次數

T_{ij}^0：基年每日由交通分區 i 產生而被交通分區 j 吸引的旅次數

6.5.2.2 平均成長率法

平均成長率法之計算公式如下：

$$T_{ij}^f = T_{ij}^0 \frac{\left(F_i + F_j\right)}{2} \qquad （6\text{-}8a）$$

$$F_i = \frac{P_i^f}{P_i^0} \tag{6-8b}$$

$$F_j = \frac{A_j^f}{A_j^0} \tag{6-8c}$$

其中，

　　A_j^f：目標年每日由交通分區 j 吸引之旅次數，由旅次產生（吸引）模型估計所得

　　A_j^0：基年每日由交通分區 j 吸引之旅次數

　　F_i：爲交通分區 i 之成長率

　　F_j：爲交通分區 j 之成長率

　　P_i^f：目標年每日由交通分區 i 產生之旅次數，由旅次產生模型估計所得

　　P_j^0：基年每日由交通分區 i 產生之旅次數

6.5.2.3 底特律法

　　底特律法之計算公式如下：

$$T_{ij}^f = T_{ij}^0 \frac{F_i\, F_j}{F} \tag{6-9}$$

其中，

$$F = \frac{\sum_i \sum_j T_{ij}^f}{\sum_i \sum_j T_{ij}^0}$$

6.5.2.4 佛拉塔法

　　佛拉塔法之計算公式如下：

$$T_{ij}^f = T_{ij}^0 F_i\, F_j\, \frac{\sum_h T_{ih}^0}{\sum_h T_{ih}^0 F_h} \tag{6-10a}$$

$$F_i = \frac{P_i^f}{P_i^0} \tag{6-10b}$$

$$F_j = \frac{A_j^f}{A_j^0} \tag{6-10c}$$

其中，

　　F_i：爲交通分區 i 之成長率

　　F_j：爲交通分區 j 之成長率

P_i^f：目標年每日由交通分區 i 產生之旅次數，由旅次發生模型估計所得

P_i^0：基年每日由交通分區 i 產生之旅次數

 例題 6-2

假設例題網路如圖 6-11 所示，其中交通分區 i 之旅次產生成長率 $F_i = 2$，交通分區 $j = 1, 2, 3$ 之旅次吸引成長率分別為 $F_{j=1} = 3$、$F_{j=2} = 2$、$F_{j=3} = 2$，又已知基年每日由交通分區 i 產生而被交通分區 j 吸引的旅次數分別為 $T^0_{ij=1} = 200$、$T^0_{ij=2} = 400$、$T^0_{ij=3} = 600$，請問目標年由交通分區 i 產生而被交通分區 j 吸引的旅次數分別為多少？

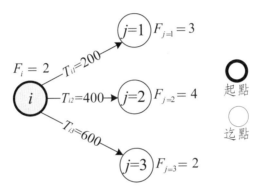

圖 6-11 佛拉塔法例題網路圖

 解答 6-2

因為 $\dfrac{\sum_h T^0_{ih}}{\sum_h T^0_{ih} F_h} = \dfrac{200 + 400 + 600}{200 \times 3 + 400 \times 4 + 600 \times 2} = \dfrac{1200}{3400} = 0.3529411$，所以

$$T^f_{ij=1} = T^0_{ij} F_i \ F_j \ \frac{\sum_h T^0_{ih}}{\sum_h T^0_{ih} F_h} = 200 \times 2 \times 3 \times 0.3529411 \cong 423$$

$$T^f_{ij=2} = T^0_{ij} F_i \ F_j \ \frac{\sum_h T^0_{ih}}{\sum_h T^0_{ih} F_h} = 400 \times 2 \times 4 \times 0.3529411 \cong 1129$$

$$T^f_{ij=3} = T^0_{ij} F_i \ F_j \ \frac{\sum_h T^0_{ih}}{\sum_h T^0_{ih} F_h} = 600 \times 2 \times 2 \times 0.3529411 \cong 847$$

6.5.2.5 佛尼斯法

佛尼斯法之計算公式如下：

$$T_{ij}^f = T_{ij}^0 F_i \, F_j \qquad (6\text{-}11a)$$

$$F_i = \frac{P_i^f}{P_i^0} \qquad (6\text{-}11b)$$

$$F_j = \frac{A_j^f}{A_j^0} \qquad (6\text{-}11c)$$

其中，

P_i^0：前一回合交通分區 i 之旅次產生總數

A_j^0：前一回合吸引至交通分區 j 之旅次總數

 例題 6-3

請利用表 6-8a 之基年旅次需求矩陣，求算目標年旅次需求矩陣。

表 6-8a　基年旅次需求矩陣〔例題 6-3〕

		迄點				基年旅次產生量	目標年旅次產生量
		1	2	3	4		
起點	1	5	50	100	200	355	400
	2	50	5	100	300	455	460
	3	50	100	5	100	255	400
	4	100	200	250	20	570	702
基年旅次吸引量		205	355	455	620	1635	
目標年旅次吸引量		260	400	500	802		1962

解答 6-3

〔步驟 1〕計算每一列之總和。

〔步驟 2〕執行列調整（參見表 6-8b）。

・將第一列之每個格位值（cell）乘以 400/355；

・將第二列之每個格位值乘以 460/455；

・將第三列之每個格位值乘以 400/255；

・將第四列之每個格位值乘以 702/570。

表 6-8b 目標年旅次需求矩陣之列調整〔例題 6-3〕

		迄點				基年旅次產生量	目標年旅次產生量
		1	2	3	4		
起點	1	5.6	56.3	112.7	225.4	400	400
	2	50.5	5.1	101.1	303.3	460	460
	3	78.4	156.9	7.8	156.9	400	400
	4	123.2	246.3	307.9	24.6	702	702
基年旅次吸引量		257.7	464.6	529.5	701.2	1,962	
目標年旅次吸引量		260	400	500	802		1,962

〔步驟 3〕執行欄調整（參見表 6-8c）。

- 將第一欄之每個格位值乘以 260/257.7；
- 將第二欄之每個格位值乘以 400/464.6；
- 將第三欄之每個格位值乘以 500/529.5；
- 將第四欄之每個格位值乘以 802/701.2。

〔步驟 4〕執行步驟 2 與步驟 3，直到精度到達 5% 為止。

表 6-8c 目標年旅次需求矩陣之欄調整

項目		迄點				基年旅次產生量	目標年旅次產生量
		1	2	3	4		
起點	1	5.25	44.12	98.24	254.25	401.85	400
	2	45.3	3.81	84.78	329.11	462.99	460
	3	77.04	129.5	7.21	186.58	400.34	400
	4	132.41	222.57	309.77	32.07	696.82	702
基年旅次吸引量		260	400	500	802	1,962	--
目標年旅次吸引量		260	400	500	802	--	1,962

6.6 運具選擇

個體選擇模型（disaggregate choice model）主要用於分析決策者如何從一些替選方案中選擇效用最大的方案。目前被公認為是分析個體運具選擇行為的最佳方法之一。

當個體 n 面對多種替選運具時，將選擇使其效用最大的替選運具 i，如下式所示：

$$U_{in} > U_{jn} \qquad \forall i, j \in A_n \text{，} i \neq j \qquad (6\text{-}12)$$

其中，

　　U_{in}：替選運具 i 所能帶給個體 n 之效用

　　U_{jn}：替選運具 j 所能帶給個體 n 之效用

　　A_n：個體 n 所能選擇之所有替選方案之集合（1, 2, $\cdots$, J_n）

　　效用屬於一種感受，每位個體的感受不同，故一般假設效用函數 U_{in} 為隨機變數，包含可衡量部分 V_{in} 以及不可衡量部分 ε_{in}，如下式所示：

$$U_{in} = V_{in} + \varepsilon_{in} \quad \forall i \in N_n, n \qquad (6\text{-}13a)$$
$$V_{in} = \sum_k \beta_{ink} X_{ink} \quad \forall i \in N_n, n \qquad (6\text{-}13b)$$

其中，

　　V_{in}：替選方案 i 所能帶給個體 n 之可觀測（衡量）的效用

　　ε_{in}：替選方案 i 所能帶給個體 n 之不可衡量隨機誤差項

　　β_{ink}：個體 n 之替選方案 i 第 k 個屬性參數

　　X_{ink}：個體 n 之替選方案 i 第 k 個屬性

　　N_n：個體 n 之替選方案集合

　　根據效用最大化原則之假設，則個體 n 選擇替選方案 i 之機率 P_{in} 為：

$$
\begin{aligned}
P_{in} &= P\left(U_{in} > U_{jn}\right) & \forall i, j \in A_n \text{，} i \neq j \\
&= P\left(V_{in} + \varepsilon_{in} > V_{jn} + \varepsilon_{jn}\right) & \forall i, j \in A_n \text{，} i \neq j \\
&= P\left(V_{in} - V_{jn} + \varepsilon_{in} > \varepsilon_{jn}\right) & \forall i, j \in A_n \text{，} i \neq j
\end{aligned}
\qquad (6\text{-}14)
$$

P_{in} 的值介於 0～1 之間。

　　透過誤差項分配型態之假設，可推導不同的個體選擇模式，例如，多項羅吉特模型（multinomial Logit model）與多項普羅比模型（multinomial Probit model）。多項羅吉特模型假設各替選方案間為完全獨立，即決策者選擇兩替選方案之選擇機率僅與該兩替選方案之效用有關，與其他方案之效用無關。因此，對於某些方案具有相關性者，則可採用巢式羅吉特模型（nested Logit model）加以克服。這些常用的運具選擇模型如圖 6-12 所示。

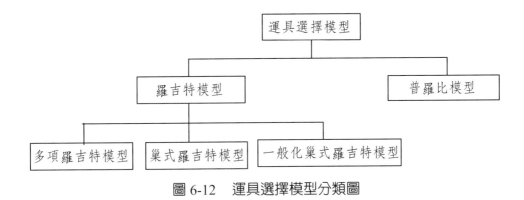

圖 6-12　運具選擇模型分類圖

6.6.1 多項羅吉特模型

多項羅吉特模型假設效用函數 U_{in} 之隨機變量 ε_{in} 為服從相同且獨立（independent identically distributed, I.I.D.）的極端值型 I（Extreme value model Type I）隨機分配〔或稱岡伯（Gumbel）分配〕，在此條件下，決策者選擇兩獨立替選方案之機率僅與該兩替選方案之效用有關，與其他方案之效用無關。基此，隨機誤差項的共變異矩陣為對角矩陣（diagonal matrix），所以透過累積機率密度函數之積分，可推導出多項羅吉特模型之封閉形式（closed form）如下：

$$P_{in} = \frac{e^{V_{in}}}{\sum_{i' \in A_n} e^{V_{i'n}}} = \frac{e^{V_{in}}}{1 + \sum_{i' \in A_n, i' \neq i} e^{(V_{i'n} - V_{in})}} \qquad （6\text{-}15）$$

其中，

P_{in}：為決策者 n 選擇替選方案 i 之機率

V_{in}：為替選方案 i 對決策者 n 的可衡量效用

茲以五個方案 A、B、C、D、E 為例，繪製 MNL 之架構如圖 6-13：

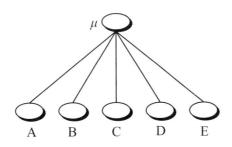

圖 6-13　多項羅吉特模式之架構圖

例題 6-4

假設小客車與公車之效用值分別為 2 與 1，請問使用該兩個運具之機率各為若干？

　解答 6-4

小客車為 0.73；公車為 0.27。

多項羅吉特模型〔式（6-15）〕可進一步推導如下：

$$\frac{P_{in}}{P_{jn}} = \frac{\dfrac{e^{V_{in}}}{\sum_{i'} e^{V_{i'n}}}}{\dfrac{e^{V_{jn}}}{\sum_{j'} e^{V_{j'n}}}} = \frac{e^{V_{in}}}{e^{V_{jn}}} = e^{V_{in}} - e^{V_{jn}} \qquad （6\text{-}16）$$

若替選方案之間存在某種程度之相關性時，直接套用公式（6-15）、（6-16）將會造成偏差。為了改善 I.I.A. 的缺點，後續研究亦發展出以誤差項相同但替選方案為不獨立分配所推導出的巢式羅吉特模型，以改良多項羅吉特模型推估結果有所偏誤之缺點。

6.6.2 巢式羅吉特模型

為解決替選運具方案間存在相關性的問題，進而發展出將具有相關性之替選運具放在獨立同一巢層中，並以包容值係數 γ_m 計算各替代運具間的相關性，一併計算效用函數。以兩層巢式羅吉特模型為例，假設模型中有 M 個巢，每一巢 m 有 N_m 方案，則決策者 n 選擇替選方案 i 的機率為 P_{in}，如下式所示：

$$P_{in} = P_{in}^m \cdot P_n^m = \frac{e^{\mu_m V_i}}{\sum_{i' \in N_m} e^{\mu_m V_{i'}}} \times \frac{exp\left(\dfrac{\mu}{\mu_m} \ln \sum_{i' \in N_m} e^{\mu_m V_{i'}}\right)}{\sum_{m'} exp\left(\dfrac{\mu}{\mu_{m'}} \ln \sum_{i' \in N_{m'}} e^{\mu_m V_{i'}}\right)} \qquad （6\text{-}17）$$

其中，

　　P_{in}^m：方案 i 於巢 m 中被決策者 n 選到的條件機率

　　P_n^m：巢 m 被決策者 n 選到的邊際機率

　　μ_m：巢層 m 之尺度因子

N_m：巢層 m 中替選方案集合

V_i：方案 i 之可觀測效用

μ：上巢層之尺度因子

$\ln \sum_{i \in N_m} e^{\mu_m V_i}$：包容值（inclusive value），以符號 γ_m 表示

　　為使巢式羅吉特模型滿足效用最大理論，所推估之包容值係數 γ_m 必須介於 0 與 1 之間。包容值係數 γ_m 愈接近 0，表示方案間之相關性愈高。若包容值係數 γ_m 等於 1 時，表示巢層內各方案之間並無相關，即表示巢式羅吉特模型與多項羅吉特模型無異。

　　茲以五個方案 A、B、C、D、E 為例，繪製 NL 之架構如圖 6-14：

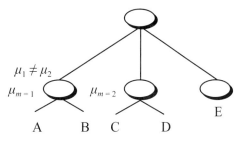

圖 6-14　巢式羅吉特模式之架構圖

6.6.3 多項普羅比模型

　　假設個體需求效用函數之隨機誤差變數呈現常態分配（normal distribution），可以推導出多項普羅比模型。多項普羅比模型的優點在於不必假設方案間必須符合 I.I.A. 特性，更符合實際方案選擇行為。不過，因為其隨機誤差項呈常態分配，且隨機誤差項之共變異矩陣並非對角矩陣，因此，無法推導出封閉形式之選擇機率函數。所以，多項普羅比模型之參數推估，必須仰賴蒙地卡羅模擬（Monte Carlo simulation）技術來加以求解。

6.7 交通量指派

　　交通量指派係將分析所得之各運輸工具之旅次分布資料或稱起迄需求表（OD table），依據合理可行的原則，分派於某一特定的運輸系統網路中，得到網路中每一路段之交通量。交通量指派之主要目的為：

1. 推估未來網路系統上之交通需求狀況，而決定運輸系統發展之優先順序。
2. 評估所預擬採取改善方案是否能滿足預定目標。

3.提供工程師設計與規劃之系統需求資訊。

交通量指派的方法大致可歸類爲兩大類：近似解法（heuristics）與均衡指派法（equilibrium assignment methods）。（參見圖 6-15）

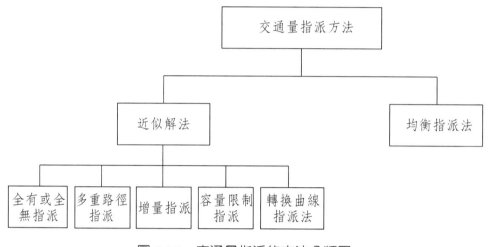

圖 6-15   交通量指派的方法分類圖

1.近似解法
   (1)全有或全無指派（all-or-nothing assignment）。
   (2)多重路徑指派（multipath assignment）。
   (3)增量指派（incremental assignment）。
   (4)容量限制指派（capacity restrained assignment）。
   (5)轉換曲線（diversion curve）指派法。
2.均衡指派法：路網均衡指派的結果必須符合用路人之行爲準則，例如：每條被使用之路徑長度（或路徑時間）都是最短且相等的。小型的交通路網可以圖解法說明均衡指派條件。假設有一個包含 1 個起迄對 2 條節線之測試路網如圖 6-16 所示，其兩條節線上之流量分別爲 x_1，x_2 與旅行時間分別爲 $t_1(x_1)$，$t_2(x_2)$，若該起迄對 OD 之需求量爲 q，則在用路人均衡條件下，兩條使用路徑之旅行時間必然相等，即：$t_1(x_1) = t_2(x_2)$。

執行交通量指派需要輸入三種資料，即路網結構、起迄需求量，以及路段績效函數。

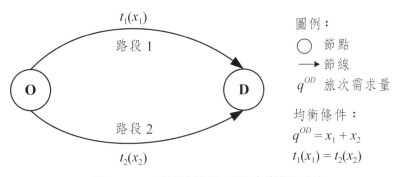

圖 6-16　圖解法說明用路人均衡原則

6.7.1 路段績效函數

　　路段績效函數（link performance function）係用於推估在不同流量下，通過路段所需之旅行時間，參見圖 6-17。目前最常爲運輸界所採用的路段績效函數爲聯邦公路總署成本函數（FHWA cost function），亦稱之爲公路總局成本函數（BPR cost function），其函數型式如下：

$$t_a(x_a) = t_{a_0}\left[1 + 0.15\left(\frac{x_a}{CAP_a}\right)^4\right] \qquad (6\text{-}18)$$

其中，

　　t_{a0}：路段 a 的自由流旅行時間

　　x_a：路段 a 的流量

　　CAP_a：路段 a 的容量

　　由圖 6-17 可知，當路段流量爲零時，即 $x=0$，路段旅行時間等於自由流旅行時間 $t(0)$。隨著路段流量逐漸增加，路段旅行時間也隨之增加，但當路段流量達到路段容量時，對應之路段旅行時間將會趨近於無限大。

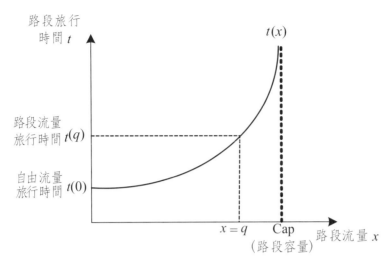

圖 6-17　路段績效函數示意圖

6.7.2 路網均衡指派

茲舉一簡例說明用路人均衡條件。今假設已知兩條節線之旅行時間函數分別為 $t_1 = 2 + x_1$，$t_2 = 1 + 2x_2$，若該起迄對 OD 之需求量 $q=5$ 個單位，如圖 6-18 所示。

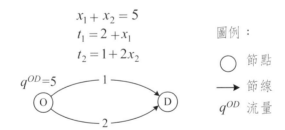

圖 6-18　1 個 O-D 起迄對 2 條節線之路網簡例

則不論是由圖 6-19a 或圖 6-19b 進行圖形求解，在均衡狀態下兩條路段之流量分別為 $x_1 = 3$，$x_2 = 2$ 個單位，而兩條路徑之旅行時間均為 5，即 $t_1 = t_2 = 5$。

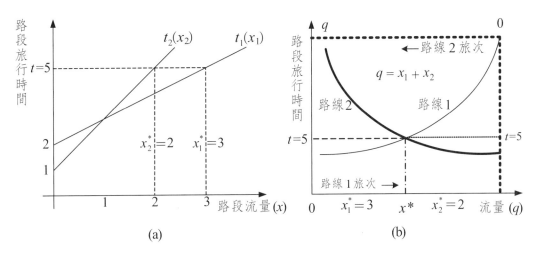

圖 6-19　路網簡例之用路人均衡狀態

6.8 結論與建議

　　運輸規劃為交通運輸學域之核心課程，特別是其中最關鍵的旅運需求預測，就成為交通專業人員首先必須面對的重要課題。運輸規劃或旅運需求預測的良窳實與下游的交通建設有著密不可分的關係，並且會深切影響到都市土地使用的發展、居民生活環境的品質，與經濟成長的活力。因此，唯有做好前瞻性的運輸規劃的工作，才能進行有效的交通設施建設與健全的運輸管理，進而達成綠色運輸（green transportation）系統與都市永續運輸（sustainable transportation）發展的使命。近年來，運輸規劃及都市旅運需求預測的發展已朝向下列七個趨勢進行：

　　1.計量性取代敘述性：以文字敘述為主之運輸規劃，沒有客觀的數據可供比較討論，已經逐漸被量化為主的運輸規劃模型所取代。

　　2.系統性取代局部性：交通運輸課題之探討，除了處理局部區域之交通問題之外，必須考量可能發生波及性效果（ripple effect），而系統性的運輸網路分析，為其中最具成效的研究方法之一。

　　3.準確性取代粗略性：運輸規劃模型的求解結果，隨著電腦科技與演算法之快速發展，其精度要求也隨之不斷地提高。

　　4.依時性取代時間獨立性：時間軸為現實世界的重要維度（dimension），只有將時間向度納入運輸規劃一併考量，才能更加完整地界定旅運需求預測之內涵。近年來，依時性旅運選擇模型（time-dependent travel choice models）或慣稱之動態旅運選擇模型（dynamic travel choice models）的快速發展，就是基於這種要求而來的。

5. 永續性取代短期性：永續發展主要包括自然資源與生態環境的永續發展、經濟的永續發展，以及社會的永續發展這三個面向，協調三種發展方能符合永續發展的要求。為了達到永續的環境，必須對環境利用做合理妥善的規劃，並重視公害防治與自然資源的保育。

6. 綠色運輸取代耗能運輸：因應京都議定書生效，節能減碳之六大努力方向包括：「運輸需求減量」、「運輸需求管理」、「提升運輸效率」、「提升能源使用效率」、「使用替代能源」與「推廣使用非機動運具」。

7. 強調無縫運輸：無縫運輸必須整合各種運輸方式與實體設施，提升大眾運輸系統使用效率，同時妥善規劃接駁運具，並輔以先進技術以及智慧化服務，以達到旅次起迄點間全程無隙縫之及門運輸服務。完整之無縫運輸包括「空間無縫」、「時間無縫」、「資訊無縫」、「服務無縫」以及「票證無縫」等五個面向。

此外，有鑒於循序性運輸需求預測程序必須將前一個階段的預測結果當成下一階段的輸入資料，因此，整個運輸需求預測程序存在銜接的界面，容易產生內部之不一致性問題，因此，不可避免的將會降低求解之精度。

問題研討

1. 名詞解釋：
   (1) 類目分析法。
   (2) 介入機會模型。
   (3) 競爭機會模型。
   (4) 熵模型。
   (5) 效用。
   (6) 普羅比模型。
   (7) 路段績效函數。
2. 運輸規劃之內涵與旅運需求預測的步驟為何？
3. 請說明旅次產生模型之種類與其內容。
4. 請繪圖說明 FHWA 旅次產生程序（FHWA, 1975）。
5. 請說明旅次分布模型之種類與其內容。
6. 請說明運具選擇模型之種類與其內容。
7. 請說明交通量指派方法的種類與其內容。

8. 運輸規劃及都市旅運需求預測的發展趨勢。

相關考題

1. 重大運輸工程建設必須先做運輸需求預測，請說明如何避免產生過大之誤差。（95 專技高）

參考文獻

一、中文文獻

1. 陳惠國，2009.09，運輸規劃與網路，滄海書局，ISBN-978-986-6507-55-7，臺中。

二、英文文獻

1. Lane, R., Powell, T.J., and Smith, P.P., 1971, *Analytical Transport Planning*, Third Edition, The Anchor Press Ltd.

2. Chen, H.K., 2010, A Pedagogical Review of Supernetwork Representations for Combined Travel Choice Models, *Working Paper in the Department of Civil Engineering*, National Central University, Taiwan.

工程經濟與風險評估

工程經濟（engineering economics）又可稱爲資金分配理論（capital allocation theory），係利用經濟分析技術，針對每一個預定的投資計畫，包括系統、產品，甚至是服務部分進行評估，以確認其投資價值足以超過投資成本，以提供政府機關或民間企業作爲資金分配（capital allocation）的決策參考。

工程經濟的應用相當廣泛，舉凡政府公共投資決策、企業投資設廠，乃至於個人購屋或購車決策等均可加以分析。不過，由於工程經濟在分析技術上特別著重現金流量分析（cash flow analysis）及當量分析（equivalence analysis），因此，對於中長期的工程投資計畫之成本效益評估格外有用。

本章節之順序安排如下：第一節介紹工程機濟的內涵；第二節說明現金流量概念；第三節說明利率與當量；第四節介紹計畫評估方法；第五節介紹風險分析；第六節爲結論與建議。

7.1 工程經濟的內涵

7.1.1 工程經濟的目標

工程經濟分析技術著重在不同方案之評估與比較，其結果可作爲資金分配的參考。由於投資計畫所要投入的資源（人力、土地、設備）及產生的效益（收入、旅行時間節省、經濟發展）均有多面向的準則要加以考量，導致評比的複雜度增加，爲了簡化，工程經濟分析利用貨幣化方式將不同年期發生的成本與效益加以折現加總，才能進行方案之間的比較。

舉例來說，運輸工程建設計畫之土木建物使用年限通常爲 30 至 50 年，而機電及車輛設備耐用年限有時也能高達 10 至 15 年。這些在期初就必須投入的建設成本，可能要在通車營運後的後續 30 至 50 年才能逐漸發揮其經濟效益。因此，如何將評估年期內各年發生的成本與效益，加以彙整評估，工程經濟就扮演一個非常重要的評估角色。

工程經濟的評估結果通常必須能夠協助決策者回答下列問題：

1. 哪一個工程計畫比較有價值？例如：高速鐵路建設計畫或是臺鐵提速升級計畫？

2. 哪一個工程計畫應優先辦理？例如：高速鐵路建設計畫或是東部高速公路建設計畫？

3. 哪一個規劃或設計方案較佳？例如：高速鐵路的路線替選方案是以串聯既有市中心區爲主？還是著重發展郊區新市鎮？

7.1.2 工程經濟的評估原則與項目

工程經濟的分析重點在於如何在有限的預算資源下，從事最佳方案的選擇。其考量原則如下：（賴士葆，1989）

1. 只考慮可行方案：例如，決策者只有 1 千萬預算，則 2 千萬的投資計畫就不是可行的方案。

2. 必須使用同一衡量指標進行方案評估。

3. 只考慮方案間彼此差異的部分。

4. 不考慮擬定決策之前已發生的沉沒成本。

5. 必須在同一個規劃期間（planning horizon）的基礎上進行方案評估。所以，此一期間又稱為評估期間（evaluation horizon）。

6. 要考慮貨幣的時間價值（time value of money）。

7. 不同決策應分別加以制定。

8. 要考慮未來情況的不確定性。

9. 盡量考慮非量化的因素。

工程經濟的成本或效益均較會計成本及收入的涵括範圍來得廣。其中，經濟成本係指會計成本＋機會成本，甚至包括外部成本（如車輛壅塞、污染及事故之增加）；而經濟效益除產生之企業內部利潤外，還包括外部效益（如經濟發展、區域均衡污染減少）。

評估者可視決策者之角色來調整考量範圍之大小。民間企業可能比較關心內部成本與內部利潤，因此，在私部門應用上，可以將工程經濟其分析範圍限縮在實際現金流入與流出的項目上。但就政府機關而言，必須同時考量內、外部衝擊，因此在公部門應用上，則可以進一步擴大考量外部成本、外部效益之衝擊。

7.2 現金流量概念

現金流量（cash flow）是指投資計畫在評估期間內各年期所產生的貨幣化成本及效益，可依屬性（即對環境或第三方之影響）進一步區分為內部成本或效益以及外部成本或效益。內部成本項目（現金流出）包括工程建設成本、機具車輛的採購及重置成本、營運成本、維護管理成本及稅費成本等；外部成本項目則可能有施工期及營運期之交通衝擊、環境污染。內部效益項目（現金流入）包括營運收入、使用者時間節省、設備殘值（salvage value）；外部效益項目則可能有交通壅塞疏解、交通安全改善及環境污染

降低等。如果是從政府角度觀之，許多項目屬於移轉性支付（transfer payment），例如，稅費收入（營運業者支付給政府）、營運收入（消費者支付給營運者）。這些項目不會增加或減少社會整體之成本或效益，在評估時便不予以納入。

現金流量的最主要的目的係將現金流入與流出彙整為現金流量圖（cash flow diagram），然後再考量貨幣的時間價值進行評估。

7.2.1 現金流量圖

現金流量圖，如圖 7-1，有助於評估者或決策者透過評估期間內的現金流入與流出，清楚掌握計畫現金流動狀況。在繪製現金流量圖前，必須先確定下列事項：

1. 評估時期的起訖時間，即時期 0 至時期 N。
2. 將評估期間以固定時間間隔（通常為 1 年）分成 N 個時期。
3. 每一時期之現金流出（如支出）。
4. 每一時期之現金流入（如收入）。

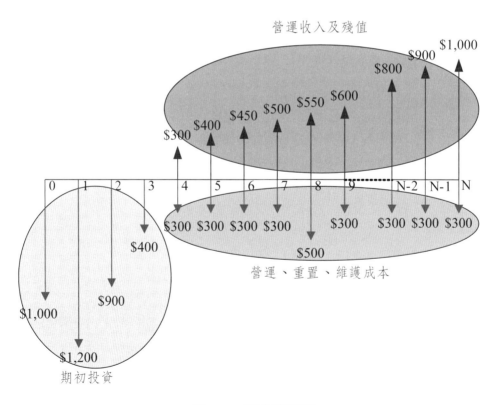

圖 7-1　現金流量圖

除非有特殊考量，每一時期之現金流出或流入都假設發生在該時期的最後時間點，就時間連續性而言，時期 t-1 的最後時間點與時期 t 的最早時間點無異。起始時期（$t = 0$）之選定，通常設定在計畫評估分析的時間點、融資取得的時間點或開始動工興建的時間點。而評估期間之長短，通常設定與這個土木工程、設備機具的服務年限有關，如果一個計畫案中包括數種工程之建設與機具之購置，則以服務年限最長的一個為設定基準。例如，一個捷運建設計畫，可能包括土木軌道建設（假設壽年為 40 年）及列車採購（假設壽年 10 年）。因此，此一計畫之評估期間可設定 40 年，但每一個 10 年都要納入列車重置的成本支出。

為了計算方便，也可以整理一現金流量表（參見表 7-1），將現金流出（O_t）、現金流入（I_t）及現金流量（$A_t = I_t - O_t$）加以彙整。

表 7-1　現金流量表

年期	現金流出，O_t	現金流入，I_t	現金流量（$A_t = I_t - O_t$）
0	1,000	0	–1,000
1	1,200	0	–1,200
2	900	0	–900
3	400	0	–400
4	300	300	0
5	300	400	100
. .	. .	. .	.. ..
N – 2	300	800	500
N – 1	300	900	600
N	300	1,000	700

7.2.2 貨幣的時間價值

貨幣的時間價值主要係指相同的貨幣會因時間增加而造成實質價值之減少。例如今年的 1 萬元與 3 年（或數年）後的 1 萬元，並不等值，其差異程度會受三個因素影響：通貨膨脹、風險及資金成本。當通貨膨脹率愈高，東西就愈貴，3 年後的 1 萬元能夠買到的東西就愈少（購買力愈低），這 1 萬元價值相對於今年 1 萬元就愈低。風險代表 3 年後是否能夠獲取 1 萬元的機率高低，風險愈高，3 年後能夠獲取 1 萬元機率愈低，3 年後預估的 1 萬元收入就愈不值錢。資金成本則視資金來源而定。如果資金是借貸而

來，其資金成本等於借款利息，借款利息＝借貸資金 × 利率；如果資金是股東自有資金，則其資金成本等於期望投資報酬，投資報酬＝自有資金 × 期望投資報酬率。期望投資報酬同時也可用來代表自有資金的機會成本，一般說來，期望投資報酬率會遠高於利率。此外，資金成本亦爲折現率（discount rate）[1] 設算的依據。

7.3 利率與當量

　　若將貨幣視爲商品，該商品的市場價格即是利率（interest rate）。至於當量（equivalent）的概念則是源自於貨幣的時間價值，當我們想要比較不同時期的成本或收入時，就必須將所有時期的成本或收入，均轉換爲同一時期的貨幣價值，這種將某一期成本或收入轉換爲另一期的貨幣價值時，即稱爲當量。利率與當量之定義、類別及計算公式分述於下。

7.3.1 利率

　　利率可分爲單利與複利兩種，分別說明如下。

7.3.1.1 單利

　　單利（simple interest）是指將利息（interest）與本金（principal）分開，不再計入利息的計算中。以本金 A 及年利率 i 而言，N 年後單利的本利和（P_s）及單利的利息（R_s）爲：

$$P_S = A + R_S \qquad\qquad （7\text{-}1a）$$

$$R_S = A \times i \times N \qquad\qquad （7\text{-}1b）$$

其中，

　　A：本金

　　i：有效年利率

　　N：年期數

　　P_S：單利的本利和

　　R_S：單利的利息

1　亦稱貼現率。

7.3.1.2 複利

複利（compound interest）是將每一期計算所得之利息，再加入本金後，繼續計算下一期利息。相較於單利，複利是更常見且通用的利息計算方式。複利的本利和（P_c）及複利的利息（R_c）之計算公式分別為：

$$P_C = A(1 + i)^N \tag{7-2a}$$

$$R_C = P_C - A \tag{7-2b}$$

由 7.2.1 節所述，在繪製現金流量圖時，為方便計算，多假設成本或收入發生在各該時期的最後時間點（即年終）。不過實務上利息給付方式，並不是都是每年付款一次，也有可能每月付款或每季付款一次。若要以不同的複利期間去比較不同的現金流量，那就必須採用共同的基礎來進行評估，這就產生了名目利率（nominal interest）與有效利率（effective interest）兩種不同的觀念。

7.3.1.3 名目利率及有效利率

名目利率 r 係指銀行的牌告年利率。利息 i 是以名目利率 r 每年複利一次的方式計算而得；複利的時間也可以改為更短的時間，例如，每月或每季。當複利是以不足一年的時間計算時，其有效利率 i 與名目利率 r 便不相同，其計算公式如下：

$$i = \left(1 + \frac{r}{M}\right)^M - 1 \tag{7-3}$$

其中，

　i：有效利率

　r：名目利率

　M：一年期間的複利期數。以每季複利計算，$M = 4$；以每月複利計算，$M = 12$

 例題 7-1

已知名目利率為 18%，若將之改成每月複利計算，其有效利率為何？

 解答 7-1

根據式（7-3），$i = \left(1 + \dfrac{0.18}{12}\right)^{12} - 1 = 0.1956 = 19.56\%$。

7.3.1.4 連續利率（continuous interest）

當一年期間的複利期數無限多時，即 M 趨近於無限大，則 r/M 趨近於零，即成為連續複利，其計算公式為：

$$i = \lim_{M \to \infty} \left(1 + \frac{r}{M}\right)^M - 1 = e^r - 1 \qquad （7\text{-}4）$$

7.3.2 當量

貨幣的時間價值會使得同樣的 10,000 元在不同年期時其實質價值不同。因此，在評估一項多年期的計畫時，必須將不同年期所產生之現金流量轉換為同一年期，方能據以評估比較。這種將不同年期之貨幣轉換為同一年期貨幣價值，即稱之為當量。

現值當量 P 的計算公式如下：

$$P = A \times \frac{1}{(1+i)^N} \qquad （7\text{-}5）$$

其中，

A：貨幣金額（終值）

i：利率水準

N：總年期

 例題 7-2

假設一項 5 年期計畫，第 1 年年初投資 10,000 元（現金流出），第 5 年年終回收 15,000 元（現金流入），請問：

(1) 在有效利率 6% 的情況下，本計畫是否值得投資？

(2) 若有效利率提高至 10% 時，本計畫是否值得投資？

 解答 7-2

(1a) 以第 1 年年初為評估基準，第 5 年年終之 15,000 元收入相當於第 1 年之 11,208.87（$= 15,000 \times \dfrac{1}{(1+0.06)^5}$）元，仍有淨現值（NPV）1,208.87 元，代表本計畫值得投資。

(1b) 以第 5 年年終為評估基準，第 1 年年初投入之 10,000 元，相當於第 5 年年終 13,382.26（$= 10,000 \times (1+0.06)^5$）元，仍有淨終值（NFV）1,617.74 元，仍

代表本計畫值得投資。

(2) 但若有效利率提高至 10% 時，則第 5 年年終之 15,000 元收入僅相當於第 1 年 9,313.82 元，低於第 1 年投入之 10,000 元，因此，本計畫不值得投資。

　　貨幣當量並不代表貨幣購買力（purchase power），尚需視當地的物價指標高低而定。

　　投資計畫的資金可能會包括兩種來源：借貸資金（loan capital）及自有資金（owned capital; equity capital）。視兩種資金來源所占比例，可以加權平均資金成本（weighted average cost of capital, WACC）代表其資金成本：

$$\text{WACC} = \frac{D}{V}i_D + \frac{E}{V}i_E \tag{7-6a}$$

其中，

　　D：借貸資金總額

　　E：自有資金總額

　　i_D：借貸利率

　　i_E：期望投資報酬率

　　V：投資資金總額，$V = D + E$

　　式（7-6a）表示不同資金來源之資金成本係以該資金占投資資金總額之比例計算之。如果該投資計畫之借貸資金或自有資金又分別來自多個來源且各資金成本（利率或期望投資報酬）又不同，則可依照個別資金占投資資金總額之比例進行加權平均即可。

　　舉債產生的利息費用可用之於抵免公司所得稅，稱之為稅盾效果（tax shields）。若將稅盾效果納入借貸資金成本上加以考量，則式（7-6a）WACC 可進一步修正為：

$$\text{WACC} = \frac{D}{V}i_D(1 - T_c) + \frac{E}{V}i_E \tag{7-6b}$$

其中，

　　T_c：營利事業所得稅率（公司所得稅率）

 例題 7-3

假設某一項投資計畫其投資總金額為 100 萬元，其中 70 萬元為借貸資金，借貸利率為 10%，另 30 萬元為自有資金，期望投資報酬率為 20%。假設營利事業所得稅稅率為 30%（註：借貸利息可以抵繳所得稅），請問：

(1) 本計畫之加權平均資金成本為何？

(2) 投資總金額不變，但將借貸與自有資金之金額對調，即 30 萬元為借貸資金、70 萬元為自有資金，請問加權平均資金成本又為何？

 解答 7-3

(1) 根據式（7-6b），

$$WACC = (70/100×0.1×(1 - 0.3)) + (30/100×0.2)$$
$$= 0.049 + 0.060 = 0.109 = 10.9\%$$

(2) 根據式（7-6b），

$$WACC = (30/100×0.1×(1 - 0.3)) + (70/100×0.2)$$
$$= 0.021 + 0.140 = 0.161 = 16.1\%$$

借貸資金的利率遠低於自有資金之期望投資報酬率，若再加上稅盾效果，則借貸資金比例愈高，WACC 值愈低，則計畫益本比愈高。但若借貸資金太高（即自有資金太低）的計畫，可能會造成融資困難（例如，借不到資金或借貸利率較高）及財務風險高等問題，必須謹慎綜合考量所有影響因素。此外，自有資金之期望投資報酬率除考量資金之機會成本外，也需考量投資之風險程度。一般說來，投資者通常對高風險計畫會要求較高的報酬率，以彌補投資者對高風險的承受。這種額外增加的報酬率，稱風險溢酬[2]（risk premium），即：期望投資報酬率＝無風險投資報酬率＋風險溢酬。

7.4 計畫評估方法

投資計畫常用的評估方法有三種：第一為當量法（equivalence method），即設定一評估年期，將各年期之現金流量轉換成同一年期之貨幣當量後，再加總作為評估準則；第二為報酬率法（rate-of-return method）法，即計算使其投資方案各年期現金流量的現值為零的報酬率，再根據計算所得之報酬率與投資者要求的最低可接受報酬率相比，以決定是否接受此一投資方案；第三種為益本比法（benefit cost ratio method），其係利用當量概念，將投資效益之當量值除以投資成本的當量值，即 B/C 值，再視 B/C 是否大於 1，以決定是否接受此一投資方案。

---

2 亦稱風險溢價或風險貼水。

7.4.1 當量法

7.2.2 節貨幣的時間價值及 7.3.2 節當量概念已將投資方案之當量評估方法作了一個簡單的敘述。本節依照評估基準年之設定，可將當量法再區分為現值法（present worth method, PW）、終值法（future worth method, FW）及年值法（annual worth method, AW）三種。

7.4.1.1 現值法

現值法可說是目前應用最廣的經濟評估技術，在計畫現金流量的分析中，如果流出（成本）及流入（收入）同存者，則在加總時，正當量值（流入）及負當量值（流出）先相互抵銷，最後才會得到淨值。所以，現值法又稱為淨現值（net present worth, NPW; net present value, NPV）法。其操作步驟如下：

1. 設定評估期間，自起始年（$t = 0$）至目標年（$t = N$）為止，$t = 0, 1, 2, \cdots, N$。

2. 推估並繪製評估期間各計畫方案之各年期現金流量圖表，包括現金流出與流入。

3. 計算評估期間各年期之淨現金流量 $A_t =$（現金流入 I_t – 現金流出 O_t）。

4. 由決策者決定利率水準 (i)。這個利率水準常被稱為最低可接受報酬率[3]（minimum attractive rate of return, MARR）或必要報酬率（required rate of return, RRR），並將其設定為折現率進行現值當量計算。如果不同資金來源的資金成本不同，則必須考慮以式（7-6a）及（7-6b）計算加權平均資金成本。MARR 之設定與市場景氣、有效利率，以及投資風險有關。

 **例題 7-4**

某工程公司擬向三家銀行借貸未來 5 年營運所需資金。相甲銀行借貸 5 億，年利率為 8%，乙銀行借貸 3 億，年利率為 6.5%，丙銀行借貸 5 億，年利率為 10%。若政府公債報酬率為 3%，請決定該工程公司未來 5 年作投資評估時應該使用的 MARR。

 **解答 7-4**

MARR = 5/13 × 8% + 3/13 × 6.5% + 5/13 × 10% + 3% = 11.42%

5. 利用現值法公式（7-7），又稱為折現現金流量法（discounted cash flow method,

3　亦稱最低吸引報酬率。

DCF），可將各年期之淨現金流量加以折現如下：

$$PW = \sum_{t=0}^{N} A_t (1+i)^{-t} \tag{7-7}$$

假若只有一項投資計畫，決定的結果一定是接受或拒絕本計畫，其決策原則是：

若 $PW > 0$，接受本投資計畫。

若 $PW = 0$，保持中立（可接受，也可拒絕）。

若 $PW < 0$，拒絕本投資計畫。

如果有兩個以上的互斥（mutually exclusive）投資計畫，例如，X 計畫及 Y 計畫，分別計算其淨現值爲 $PW(X)$、$PW(Y)$，其決策原則爲：

若 $PW(X) > PW(Y)$ 且 $PW(X) > 0$，則選擇 X 計畫；

若 $PW(Y) > PW(X)$ 且 $PW(Y) > 0$，則選擇 Y 計畫；

若 $PW(X) = PW(Y) > 0$，則選擇 X 或 Y 計畫均可；

若 $PW(X) < 0$ 且 $PW(Y) < 0$，則 X、Y 計畫均不考慮。

如果兩個以上互斥投資計畫之評估年期長度不相同時，則必須先求得所有計畫評估年期長度的最小公倍數，再以相同的評估年期進行評估。例如，X 計畫爲 5 年，Y 計畫爲 10 年時，則可將評估年期設定爲 10 年，而 10 年期間可設定爲執行兩項 X 計畫，分別爲 0～5 年及 5～10 年，再與執行一項 Y 計畫比較。

7.4.1.2 終值法

終值法係將計畫所推估的各年期現金流量，依折現率轉換成終值當量（equivalent future worth），以進行投資計畫評比。其操作步驟與現值法相同，惟終值之計算公式如下：

$$FW = \sum_{t=0}^{N} A_t (1+i)^{N-t} \tag{7-8a}$$

$$FW = (F/P, i, N) \sum_{t=0}^{N} A_t (1+i)^{-t} \tag{7-8b}$$

其中，

FW：終值當量

$(F/P, i, N)$：F/P 爲折現因子，係指在利率 i 及總年期 N 的情況下，現值（P）轉終值（F）之係數。其計算公式如下：

$$(F/P, i, N) = (1 + i)^N \tag{7-9}$$

終值法之評選原則與現值法完全相同。進行兩個以上評估年期長度不同的互斥計畫時，也必須以最小公倍數方式，換算爲相同的評估年期長度，方能據以評選。

7.4.1.3 年值法

年值法係將計畫所推估的各年期現金流量，依折現率轉換成等值的年值當量（equivalent uniform annual worth），以進行投資計畫評比。其操作步驟與現值法相同，惟年值之計算公式如下：

$$AW = (A/P, i, N) \cdot PW = (A/P, i, N) \sum_{t=0}^{N} A_t (1+i)^{-t} \qquad (7\text{-}10)$$

其中，

AW：年值當量

$(A/P, i, N)$：A/P 為折現因子，係指在利率 i 及總年期 N 的情況下，現值（P）轉年值（A）之係數，其計算公式推導[4]如下：

$$(A/P, i, N) = \left[\frac{i(1+i)^N}{(1+i)^N - 1} \right] \qquad (7\text{-}11)$$

式（7-10）的意義即是先計算現值，再將現值透過折算因子轉為年值。因為式（7-11）恆為正值，所以只要淨現值為正，則年值亦必為正；反之亦然。因此，就單一投資計畫及相同年期的兩項以上投資計畫而言，年值法決策原則與現值法完全相同，即：

若 $AW > 0$，接受本投資計畫；

若 $AW = 0$，保持中立（可接受，也可拒絕）；

若 $AW < 0$，拒絕本投資計畫。

兩個的互斥投資計畫（X 計畫及 Y 計畫）：

若 $AW(X) > AW(Y)$ 且 $AW(X) > 0$，則選擇 X 計畫；

若 $AW(Y) > AW(X)$ 且 $AW(Y) > 0$，則選擇 Y 計畫；

若 $AW(X) = AW(Y) > 0$，則選擇 X 或 Y 計畫均可；

若 $AW(X) < 0$ 且 $AW(Y) < 0$，則 X、Y 計畫均不考慮。

但當兩個以上互斥投資計畫的評估年期長度不相同時，現值法必須先求得所有計畫評估年期長度的最小公倍數，再以相同評估年期進行評估；然而年值法則不必，只要分別計算其年值，再依上述兩個以上的投資計畫決策原則逐以判斷即可。

不論利用現值法、終值法及年值法進行計畫評選，其決策結果一定相同。但在不同應用場合，其適用性略有不同（賴士葆，1987）：

---

[4] $F = P(1+i)^N = A\left[1 + (1+i) + (1+i)^2 + \cdots + (1+i)^{N-1} \right] = A\left[\frac{(1+i)^N - 1}{i} \right] \Rightarrow (A/P, i, N) = \left[\frac{i(1+i)^N}{(1+i)^N - 1} \right]$

　　1. 當投資計畫的現金流量出現不規則的分布型態時，最好使用現值法，處理較為簡單，評選結果亦較易解釋。

　　2. 當投資計畫可能面臨高通貨膨脹時，則以終值法較佳，因為其較能顯現通貨膨脹所造成之衝擊。另外，規劃評估人員欲說服決策者投資某特定方案時，會選用終值法以誇大投資方案間的差異程度。至於在高通貨膨脹環境下，經濟評估方法的調整將於7.4.4 節說明。

　　3. 當投資計畫的現金流量大都以等額序列型態分布時，最好使用年值法，較易處理。如果投資計畫只是單純的購買設備，而沒有收入資料時，也以年值法最適合，因為此時的年值能指出投資者每年應付的成本當量，符合投資者的成本觀念。

7.4.2 投資報酬率法

　　投資報酬率法係求解投資計畫的現金流入現值等於現金流出現值時的利率水準 i^*（即投資必要報酬率，RRR）：

$$PW_I - PW_O = \sum_{t=0}^{N} I_t\left(1+i^*\right)^{-t} - \sum_{t=0}^{N} O_t\left(1+i^*\right)^{-t} = 0 \qquad （7\text{-}12）$$

其中，

　　PW_I：現金流入現值

　　PW_O：現金流出現值

　　I_t：第 t 年的現金流入

　　O_t：第 t 年的現金流出

　　投資報酬率 i^* 可用試誤法（trial-and-error）方式，嘗試不同 i^* 之設定值，加以求解。

　　若為單一計畫，其決策原則如下：

　　若 $i^* >$ MARR，即必要報酬率 RRR 大於最低可接受報酬率 MARR，接受本投資計畫；

　　若 $i^* =$ MARR，保持中立（可接受，也可拒絕）；

　　若 $i^* <$ MARR，拒絕本投資計畫。

 例題 7-5

假設一項 5 年期計畫，第 1 年年初投資 10,000 元（現金流出），第 3 年年終回收 8,000 元、第 5 年年終回收 10,000 元（現金流入），請問：

(1) 本計畫之投資報酬率為何？

(2) 又在最低可接受報酬率 MARR=12% 的要求下，是否值得投資？

解答 7-5

(1) 利用式（7-12）計算使 $PW_I - PW_O = 8,000(1+i^*)^{-3} + 10,000(1+i^*)^{-5} - 10,000 = 0$ 之投資報酬率 i^* 值。以試誤法求解結果為：i^*=15.67%。

(2) $i^* = 15.67\% >$ MARR $= 12\%$，建議接受本投資計畫。

　　但如果是用於評選兩個以上的互斥投資計畫時，就不能直接以所求得的投資報酬率高低來決定採行哪一項計畫，因為兩計畫的投資規模可能不同，比較基礎不同。

　　因此，在評選不同規模的投資計畫時，若用當量法則可逕予評比，但若用投資報酬率法，則必須要用增量投資分析（incremental investment analysis）方法進行評比，其進行步驟如下（假設有 X、Y、Z 三項計畫）：

1. 先確定各投資計畫的評估年期均相同。若不相同時，應以最小公倍數方式予以調整，使其一致。

2. 計算各方案之投資報酬率值，即 RRR_X、RRR_Y 及 RRR_Z。在不失一般性原則下，假設 $RRR_X > RRR_Y > RRR_Z$，其決策原則如下：

   (1) 若 $RRR_X <$ MARR，則拒絕此三項計畫；

   (2) 若 $RRR_X >$ MARR 且 $RRR_Y <$ MARR，則接受 X 計畫，拒絕 Y 及 Z 計畫；

   (3) 若 $RRR_Y >$ MARR 且 $RRR_Z <$ MARR，則表示有兩項計畫（X 及 Y）值得投資。但此兩計畫必須要透過增量投資分析加以評比。增量投資分析係先以投資規模（或期初成本）較小的計畫為基礎（incumbent alternative），然後「增量投資」至另一計畫規模，探討其增量投資部分的報酬率（ΔRRR）是否超過 MARR，即：

   a. 若規模大小為 X 計畫 $<$ Y 計畫，則必須計算由 X 計畫規模增量至 Y 計畫之增量報酬率（$\Delta RRR_{X \to Y}$），其決策原則為：

   (a) 若 $\Delta RRR_{X \to Y} >$ MARR，則選擇 Y 計畫；

   (b) 若 $\Delta RRR_{X \to Y} <$ MARR，則選擇 X 計畫。

   b. 若規模大小為 Y 計畫 $<$ X 計畫，則必須計算由 Y 計畫規模增量至 X 計畫之增量報酬率（$\Delta RRR_{Y \to X}$），其決策原則為：

   (a) 若 $\Delta RRR_{Y \to X} >$ MARR，則選擇 X 計畫；

   (b) 若 $\Delta RRR_{Y \to X} <$ MARR，則選擇 Y 計畫。

   (4) 若 $RRR_Z >$ MARR，則表示三項計畫（X、Y、Z）均值得投資。此三項計畫仍要透過兩兩計畫的增量投資分析加以評比。假設規模大小為：X 計畫 $<$ Y 計畫 $<$ Z 計畫，則要分別計算 $\Delta RRR_{X \to Y}$、$\Delta RRR_{X \to Z}$，其決策原則為：

a. 若 $\Delta RRR_{X \to Y} <$ MARR 且 $\Delta RRR_{X \to Z} <$ MARR，則選擇 X 計畫；

b. 若 $\Delta RRR_{X \to Y} >$ MARR 且 $\Delta RRR_{X \to Z} <$ MARR，則選擇 Y 計畫；

c. 若 $\Delta RRR_{X \to Y} <$ MARR 且 $\Delta RRR_{X \to Z} >$ MARR，則選擇 Z 計畫；

d. 若 $\Delta RRR_{X \to Y} >$ MARR 且 $\Delta RRR_{X \to Z} >$ MARR，則代表 Y 及 Z 計畫均優於 X 計畫。至於要選 Y 或 Z 計畫，則要再進一步作增量投資分析，亦即計算 $\Delta RRR_{Y \to Z}$ 值。若計算所得之 $\Delta RRR_{Y \to Z} >$ MARR，則選擇 Z 計畫；反之，則選擇 Y 計畫。

　　至於增量投資分析的作法係將兩計畫的現金流量相減所得的差值，視為一個獨立計畫的現金流量，進行其投資報酬率的計算，所得之投資報酬率即是增量報酬率 ΔRRR。假設 AX_t 及 AY_t 分別為 X 計畫及 Y 計畫第 t 年的現金流量，則在 $X \to Y$ 的增量投資分析中，第 t 年的現金流量為：$AZ_t = AY_t - AX_t$。若 AZ_t 為正，則令 $I_t = AZ_t$，否則，令 $O_t = AZ_t$。當各年期的現金流入及流出均已計算後，即可利用式（7-12）求算 i^*，即 $\Delta RRR_{X \to Y} = i^*$。

　　由於各項計畫不同年期的現金流量大小可能互異，如何判斷何者規模較大，顯有困難。一般而言，係以期初投資額度（現金流出）較大者，設定為規模較大的計畫。

 例題 7-6

假設有一家預算充足的公司，其 X 計畫需投資 1,000 元，可立即回收 1,100 元，另有一 Y 計畫需投資 2,000 元，可立即回收 2,150 元，請問應優先選擇哪個投資計畫？

 解答 7-6

(1) X 計畫的投資報酬率為 10%，淨現值為 100 元。

(2) Y 計畫的投資報酬率為 7.5%，其淨現值為 150 元。

(3) 若依據投資報酬率高低 10% > 7.5%，優先選擇 X 計畫。

(4) 此外，若考慮現金流出之淨現值以及現金流入之淨終值，可以得到淨現值的投資報酬率為

$(2,000 - 1,000) \times (1 + i) = (2,150 - 1,100) \to i = 5\% < 7.5\% < 10\%$，

若 MARR 高於 5%，則仍會優先選擇 X 計畫。

 例題 7-7

假設有兩項 5 年期計畫，X 計畫於第 1 年年初投資 10,000 元（現金流出），第 3

年年終回收 8,000 元、第 5 年年終回收 10,000 元（現金流入）；Y 計畫於第 1 年年初投資 15,000 元（現金流出），第 3 年年終回收 10,000 元、第 5 年年終回收 17,000 元（現金流入）。請問在最低可接受報酬率 MARR = 12% 的要求下，應該選擇哪一項計畫？

 解答 7-7

上述資料可整理為現金流量表，並計算由 X 計畫增量至 Y 計畫之增量投資分析，結果如表 7-2 所示：

表 7-2　X 計畫增量至 Y 計畫之現金增量分析

年期	X 計畫 (AX_t)	Y 計畫 (AY_t)	$X \rightarrow Y$ 增量分析 (AZ_t)
0	−10,000	−15,000	−5,000
1	0	0	0
2	0	0	0
3	8,000	10,000	2,000
4	0	0	0
5	10,000	17,000	7,000
RRR 或 ΔRRR	15.67%	15.05%	13.93%

表 7-2 中之 X 及 Y 計畫之投資報酬率 RRR 分別為 15.67% 及 15.05%，均超過 MARR = 12%，所以此兩計畫均值得投資。由於 X 計畫之期初投資較 Y 計畫為低，故增量投資方向為：$X \rightarrow Y$，因此，$AZ_t = AY_t - AX_t$。再利用式（7-12）可計算得投資增量報酬率 $\Delta RRR_{X \rightarrow Y}$ = 13.93% > MARR = 12%，故選擇 Y 計畫。若以 MARR 為折現率，計算兩計畫之淨現值：NPV_X = 1,368.51 元 < NPV_Y = 1,764.06 元，也是選擇 Y 計畫。由此可知以上兩者之結果一致。

7.4.3 益本比法

　　益本比法係計算投資效益當量值及投資成本當量值的比值，即 B/C 值，用來決定是否採行某一投資計畫，又稱為成本效益法。投資效益與成本之當量值計算，可以現值、終值或年值來加以衡量。若當量值以現值衡量，其計算方式如下：

$$B/C = \frac{\sum_{t=0}^{N} B_t (1+i)^{-t}}{\sum_{t=0}^{N} C_t (1+i)^{-t}}$$　　　　　（7-13）

其中，

　　B_t：第 t 年年終的效益（現金流入）

　　C_t：第 t 年年終的成本（現金流出）

與前述投資報酬率法相同，益本比法的決策原則如下：

若爲單一計畫，其決策原則如下：

　　若 $B/C > 1$，接受本投資計畫；

　　若 $B/C = 1$，保持中立（可接受，也可拒絕）；

　　若 $B/C < 1$，拒絕本投資計畫。

若爲多項互斥計畫，其決策原則如下（假設有 X、Y、Z 三項計畫）：

1. 先確定各投資計畫的評估年期均相同。若不相同時，應以最小公倍數方式予以調整，使其一致。

2. 計算各方案之 B/C 值，即 B/C_X、B/C_Y 及 B/C_Z。在不失一般性原則下，假設 $B/C_X > B/C_Y > B/C_Z$。

3. 進行評選。其決策原則如下：

   (1) 若 $B/C_X < 1$，則拒絕此三項計畫。

   (2) 若 $B/C_X > 1$ 且 $B/C_Y < 1$，則接受 X 計畫，拒絕 Y 及 Z 計畫。

   (3) 若 $B/C_Y > 1$ 且 $B/C_Z < 1$，則表示有兩項計畫（X 及 Y）值得投資，但此兩計畫必須要透過增量投資分析加以評比。

   增量投資分析係先以投資規模較小（或期初成本）的計畫爲基礎（incumbent alternative），探討其「增量投資」至另一計畫規模，其增量投資部分的 $\Delta B/C$ 值是否超過 1，其決策原則與投資報酬法相同。

   (4) 若 $B/C_Z > 1$，則表示三項計畫（X、Y、Z）均值得投資，但此三項計畫仍要透過兩兩計畫之間的增量投資分析加以評比。假設規模大小爲：X 計畫 $<Y$ 計畫 $<Z$ 計畫，則要分別計算 $\Delta B/C_{X \to Y}$、$\Delta B/C_{X \to Z}$，其決策原則爲亦與投資報酬法相同。

7.4.4 通貨膨脹的影響

　　上述經濟分析均在通貨膨脹率不高的情況下所作的結果。當通貨膨脹率高時，將使未來貨幣的未來購買力降低，降低其實際價值，導致錯誤決策。因此，當通貨膨脹率高

時，有必要將其納入經濟評估中。方法有二（Park, 2002）：

1. 通膨平準法（deflation method）：(1) 將各年期現金流量之名目貨幣 [5]（nominal dollars）依通貨膨脹率調整爲實質貨幣（real dollars），再 (2) 依上述各種經濟分析方法進行評估。

2. 調整折現法（adjusted-discount method）：在計算折現現金流量時，一併納入通貨膨脹率之平準效果。

一般而言，通貨膨脹率即爲消費者物價指數（consumer price index, CPI）之變動率。在評估期間內每年的通貨膨脹率可能均不相同，爲簡化起見，通常以一平均通貨膨脹率代表之，其計算方式如下：

$$f = \left(\frac{CPI_N}{CPI_0}\right)^{1/n} - 1 \qquad （7\text{-}14）$$

其中，

f：平均通貨膨脹率

CPI_0：起始年的消費者物價指數

CPI_N：目標年的消費者物價指數

依據平均通貨膨脹率即可將各年期的名目現金流量轉換爲實質現金流量，即：

$$A'_t = A_t(1+f)^{-t} \qquad （7\text{-}15）$$

其中，

A'_t：第 t 年的實質現金流量

當所有年期的名目現金流量均轉換爲實質現金流量後，即再依上述各種經濟分析方法進行評估。

至於調整折現法則是在進行折現運算時，加上通膨平準因子。以現值法爲例，其計算方式爲：

$$PW = \sum_{t=0}^{N} A_t\left[(1+f)(1+i)\right]^{-t} \qquad （7\text{-}16）$$

由式（7-16）知，調整折現法在折現過程中其實是將分階段之通膨平準法同時加以處理。

7.4.5 小結

不論是當量法、報酬率法或益本比法,其基本概念相當類似,其實就是考量貨幣的時間價值後,透過折現現金流量的方式,將現金流入與流出進行加總(當量法)、相除(益本比法)或反求加總爲零時的折現率(投資報酬率法)。不過,當量法或報酬率法比較常用在私人投資計畫之評估,而益本比法則常用於公共投資計畫之評估。另外,值得一提的是,當量法在評比多項互斥計畫時,可就評估結果,逕擇淨現值、淨終值或淨年值最高計畫即可。但報酬率法及益本比法則要透過增量投資分析,方可據以選擇。

此外,所謂互斥計畫係指多項計畫只能擇一,不能選擇兩項以上。因此,面臨互依計畫的評選時,則必須先將其整理成互斥計畫才能比較。例如,在評選 X、Y、Z 三項計畫時,若 X 計畫及 Y 計畫一定要同時選擇時,則應先將此兩計畫的現金流量資料先加以彙總成一項計畫,即 X+Y 計畫。接著進行 X+Y 及 Z 兩項互斥計畫的評選。

另一個常面臨的計畫評選問題是要選擇一個計畫組合,而不是單選一項計畫。這樣的問題,在計畫項目數量不多時,還是可以透過事先處理的方式,先將其整理成多個互斥計畫來加以評選。例如,在評選 X、Y、Z 三項計畫時,計畫間彼此沒有互斥時,但也沒有前述互依的問題時,則共可整理出七項計畫,即:X、Y、Z、X+Y、Y+Z、X+Z、X+Y+Z。如此多項計畫在評選時,建議採當量法分別計算其當量值,再選擇最高的即可,不建議採報酬率法或益本比法,因爲其增量投資分析相當繁瑣。

至於計畫項目眾多又要考慮其他限制(例如,預算限制)時,就必須藉助數學規劃模式來求解。以現值法爲例,其數學式可表爲:

$$Max \quad PW = \sum_{j=1}^{M} x_j \sum_{t=0}^{N} \left(I_{jt} - O_{jt} \right) \left(1+i \right)^{-t} \qquad (7\text{-}17)$$

$$Subject \ to \quad \sum_{j=1}^{M} x_j O_{j0} \leq K$$

$$x_j \in \{0,1\}, j = 1,2,...,M$$

其中,

x_j:決策變數,其值爲 1 表計畫 j 入選,其值爲 0 表計畫 j 不入選

M:計畫總項目數

K:期初的預算總額

I_{jt}、O_{jt}:計畫 j 在第 t 期期末之現金流入、現金流出

O_{j0}:計畫 j 在期初的投資金額

式(7-17)旨在求解使淨現值最大的計畫組合,是一個典型的背包問題(knapsack problem)。

7.5 風險分析

當計畫期間較長時，未來環境變化的不確定性就會提高，各年期發生的現金流量及利率的變化也就變得非常難以精確預測。因此，在評估的時候，就必須考慮可能產生之風險。一般而言，用於投資計畫的風險評估之量化方法主要有六種：

1. 敏感度分析（sensitivity analysis）。
2. 情境分析（scenario analysis）。
3. 模擬分析（simulation analysis）。
4. 期望值分析（expected value analysis）。
5. 損益平衡分析（breakeven analysis）。
6. 決策樹（decision tree）。

7.5.1 敏感度分析

敏感度分析主要用於當其他變數維持不變，只改變其中某一個投入變數時，衡量其所導致淨現值（NPV）變動的幅度會有多大。其做法為從投資計畫之眾多不確定因素中，找出具有重要影響性的敏感度因素，進而量化當特定敏感度因素發生變動時，會對標的產生多大的影響。係一種「如果……，則會……」（what if）的分析方式，例如：「如果借貸利率下降 0.1%，則淨現值會改變多少？」

敏感度分析可以讓決策者得知在其他條件不變的狀況下，當某一變數在預期值的特定百分點上下變動時，會導致淨現值變動的區間有多大。也就是說，當投入變數估計錯誤時，敏感度分析有助於了解對該計畫整體淨現值的影響程度有多大，這項資訊可必須更加留意敏感程度較高之變數，因為這些變數往往決定整個計畫之成敗。

 例題 7-8

假設一項六年計畫，期初投資 55,000 元，往後每年可回收 20,000 元（如表 7-3 所示），在折現率為 13% 的情況下，若以增減 20% 的變動程度探討「計畫年期」與「期初投資」這兩個變動因子，請問何者對此計畫淨現值的敏感程度較高？

表 7-3　各年期現金流量表

年期	現金流量
0	−55,000
1	20,000
2	20,000

年期	現金流量
3	20,000
4	20,000
5	20,000

✎ 解答 7-8

現況（計畫年期、期初投資不變）：$NPV = \sum_{t=1}^{5} \dfrac{20,000}{(1.13)^t} - 55,000 = 70,345 - 55,000 = 15,345$ 元

計畫年期增加 20%：$NPV = \sum_{t=1}^{6} \dfrac{20,000}{(1.13)^t} - 55,000 = 79,951 - 55,000 = 24,951$ 元

計畫年期減少 20%：$NPV = \sum_{t=1}^{4} \dfrac{20,000}{(1.13)^t} - 55,000 = 59,489 - 55,000 = 4,489$ 元

期初投資增加 20%：$NPV = \sum_{t=1}^{5} \dfrac{20,000}{(1.13)^t} - 66,000 = 70,345 - 66,000 = 4,345$ 元

期初投資減少 20%：$NPV = \sum_{t=1}^{5} \dfrac{20,000}{(1.13)^t} - 44,000 = 70,345 - 44,000 = 26,345$ 元

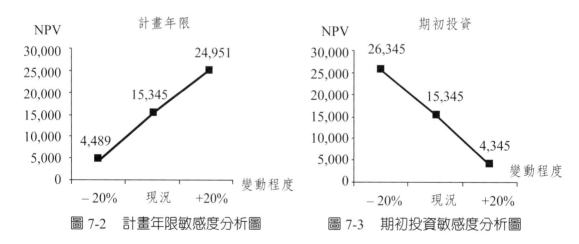

圖 7-2　計畫年限敏感度分析圖　　圖 7-3　期初投資敏感度分析圖

當斜率越陡時，計畫的淨現值對該變數的改變越敏感。由圖 7-2、圖 7-3 可知計畫年限增減 20% 對整體計畫淨現值總變動相差 20,462（= 24,951 - 4,489）元，而期初投資增減 20% 對整體計畫淨現總變動相差 22,000 元（= 26,345 - 4,345）元。故變動「期初投資」對此計畫淨現值敏感程度較高。

7.5.2 情境分析

　　情境分析係探討多個變數同時改變時，對淨現值的影響程度。一般說來，計畫各項變數往往是環環相扣且同時變動的，相較於敏感性分析每次只考慮變動一個變數，情境分析同時考慮多個變數同時變動的狀況來進行評估，較為貼近眞實的情況。茲以甲商品為例說明不同定價策略的情境分析。假設甲商品售價與銷售量爲兩個互相影響的變數，當售價調漲，可能會降低銷售量；相對而言，若售價調降時，有可能刺激買氣，帶動銷售量的提升。情境分析結果整理如下表 7-4 所示。

表 7-4　甲商品不同定價策略的情境分析

策略	售價	預期銷售量	淨現值
售價調漲	275	88	4,582
目前策略	260	100	4,937
售價調降	245	120	5,027

　　由以上情境分析結果可以得知，調漲甲商品售價的策略，會減少目前的淨現值，帶來更大的淨現值；但若採取調降甲商品售價的策略，反而可以提高銷售量。

7.5.3 模擬分析

　　當計畫相互影響的變數過多，所欲處理之系統範圍過大、過於複雜時，若仍運用情境分析的方式進行評估，其所獲致之效率不佳，此時，必須利用模擬的方式來進行分析。因此，模擬分析可說是情境分析之延伸，模擬分析中最常見的統計方法稱之爲蒙地卡羅模擬法（Monte Carlo simulation），係一種根據某種預定之統計分配型態（例如：常態分配），產生隨機變數，然後利用電腦重複進行淨現值之模擬運算，測試各種可能之變數變動組合對計畫之影響。最後，再根據所有模擬結果的淨現期望值及變異數，或進一步進行不同計畫淨現期望值之顯著性差異檢定，以作爲決策參考與評選依據。

　　蒙地卡羅模擬法係基於大數法則的實證方法，當實驗的次數愈多，其平均值也就會愈趨近於理論值。此外，蒙地卡羅模擬法可以估算投資計畫組合的各種風險因子，在實際應用具有相當靈活性亦能處理非線性及非常態分配的投資計畫組合，特別適用於大型且複雜的投資計畫分析。但由於模擬分析需要大量重複的抽樣和繁雜的電腦技術，因此，所需計算成本較高且耗費時間較長。

7.5.4 期望值分析

期望值分析係針對某計畫每一種可能發生的狀況各賦予一個相當精準的預估機率，而所有狀況發生的機率之和必須等於 1，然後以機率作為權數，求算該計畫之期望淨現值，進而評估計畫之可行性。

茲假設現金流量 A_t 為隨機變數（random variable），且其期望值 $E(A_t)$ 及變異數 $V(A_t)$ 為已知，則其期望淨現值 $E(PW)$ 及淨現值之變異數 $V(PW)$ 可分別計算如下：

$$E(PW) = E\left[\sum_{t=0}^{N} A_t(1+i)^{-t}\right] = \sum_{t=0}^{N}(1+i)^{-t}E(A_t) \qquad （7\text{-}18a）$$

$$V(PW) = V\left[\sum_{t=0}^{N} A_t(1+i)^{-t}\right] = \sum_{t=0}^{N}(1+i)^{-2t}V(A_t) \qquad （7\text{-}18b）$$

一般說來，決策者多半傾向於選擇淨現值的期望值 $E(PW)$ 愈高，淨現值變異數 $V(PW)$ 愈低的計畫。因此，當淨現值的期望值大於零時，就可以作為計畫評選的依據。而變異數則代表每單位期望淨現值所需承擔的風險，當數值愈大時，所承擔的風險則愈大；反之，則愈小。此外，也可以同時考量期望值及變異數進行決策，例如設定 h 代表主觀設定之權重，其意為變異程度的懲罰係數，經由這個權重之橋接，期望值及變異數之影響就可合併考量，其計算式就成為 $E(PW) - h \times V(PW)$，這個式子也可以作為評選計畫方案之依據。

 例題 7-9

假設一項 5 年期計畫，第 1 年年初投資 10,000 元（現金流出），在樂觀、中立及悲觀發生機率各為：30%、20% 及 50% 的情況下，第 5 年年終各預期可回收 20,000 元、15,000 元及 10,000 元（現金流入），請問在有效利率 6% 的情況下，本計畫是否值得投資？

 解答 7-9

以現值法為例，先分別計算三種情境的淨現值：

樂觀：$\text{NPV}_{best} = 20,000 \times (1 + 0.06)^{-5} - 10,000 = 4,945.16$ 元

中立：$\text{NPV}_{normal} = 15,000 \times (1 + 0.06)^{-5} - 10,000 = 1,208.87$ 元

悲觀：$\text{NPV}_{worst} = 10,000 \times (1 + 0.06)^{-5} - 10,000 = -2,527.42$ 元

期望淨現值為：$E(\text{NPV}) = 0.3\,\text{NPV}_{best} + 0.2\,\text{NPV}_{normal} + 0.5\,\text{NPV}_{worst} = 461.61$ 元

本計畫期望淨現值 461.61 元 > 0 元，因此值得投資。

若先計算第 5 年年終的期望現金流入：$0.3 \times 20{,}000 + 0.2 \times 15{,}000 + 0.5 \times 10{,}000 = 14{,}000$ 元，再計算其淨現值 $14000 \times (1 + 0.06)^{-5} - 10000 = 461.61$，會得到與上述完全一樣的結果。

7.5.5 損益平衡分析

損益平衡分析係探討產品銷售或生產的數量必須達到損益平衡的條件，又可細分為會計損益平衡（accounting breakeven）與財務損益平衡（financial breakeven）兩種。

會計損益平衡係指計畫方案「淨利」等於零時之銷售量或生產量，其計算式如下：（參見圖 7-4）

$$\text{會計損益平衡點：}\frac{(\text{固定成本}+\text{折舊})}{(\text{收入}-\text{變動成本})} \qquad (7\text{-}19)$$

而財務損益平衡則是指計畫方案「淨現值」等於零時之銷售量或生產量，其計算式如下：（參見圖 7-5）

$$\text{財務損益平衡點：}\frac{(\text{固定成本}+\text{期初投資EAC})}{(\text{收入}-\text{變動成本})} \qquad (7\text{-}20)$$

其中，

EAC（equivalent annual cost）：等效年度成本

$$\text{期初投資 EAC：}\frac{\text{期初投資}}{\text{折現率，年期年金現值因子}}^{6}$$

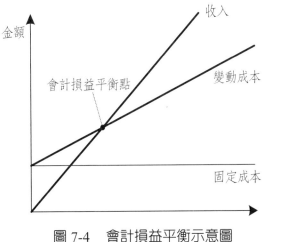

圖 7-4　會計損益平衡示意圖　　　圖 7-5　財務損益平衡示意圖

6　年期年金現值因子為折現率之函數。

　　一項會計損益平衡的計畫,確定可以回收本金,但如果期初投資的機會成本以及貨幣的時間價值表現不佳,則其財務損益平衡的淨現值有可能成為負值,如此一來,該計畫就變成不值得投資了。因此,進行計畫評估時,必須同時留意會計損益平衡以及財務損益平衡分析之資訊。

 例題 7-10

「欲航公司」正在考慮生產新型的遊艇,每艘遊艇的變動成本為 60,000 元,固定成本為每年 1,500,000 元,未來預定之售價為 120,000 元。假設此一計畫購入生產設備的總投資需要金額 10,500,000 元;計畫年限為 5 年,該設備折舊亦為 5 年,殘值為 0;另已知折現率 20%(即:五年期年金現值因子為 2.9906)。請評估:若欲達到會計損益平衡,必須賣出幾艘遊艇?而若要達到財務損益平衡,又必須賣出幾艘遊艇?

解答 7-10

1. 會計損益平衡點 $= \dfrac{1,500,000 + (10,500,000/5)}{120,000 - 60,000} = \dfrac{3,600,000}{60,000} = 60$(艘)。

　　欲航公司需賣出 60 艘遊艇才會達到會計損益平衡。

2. $(A/P, i, N) = \left[\dfrac{i(1+i)^N}{(1+i)^N - 1} \right] = \left[\dfrac{0.2 \cdot (1+0.2)^5}{(1+0.2)^5 - 1} \right] = \dfrac{1}{2.9906}$

　　→五年期年金現值因子 = 2.9906

　　財務損益平衡點 $= \dfrac{1,500,000 + (10,500,000/2.9906)}{120,000 - 60,000} = \dfrac{5,011,000}{60,000} = 83.5 \fallingdotseq 84$(艘),

　　即欲航公司需賣出 84 艘遊艇才會達到財務損益平衡。

7.5.6 決策樹

　　決策樹將計畫方案分成幾個明確的階段,列出每階段的可能結果(例如:非常成功、成功、失敗、非常失敗),並根據已有資訊決定每階段各種結果的機率,計算每種結果對預期現金流量的影響。接著,從最後一階段開始,往前推算,根據前一階段的結果以及對現金流量和折現率的影響,評價每一個階段的最佳方案。最後,根據整個方案預期現金流量以及所有可能結果,來估計第一階段應採取的最佳行動,決定是否值得投資該計畫方案。

　　決策樹是一種有系統的分析步驟,可用來分析重大且複雜的問題。其優點為可將複

雜的問題分解成一序列簡單的問題,使得問題抽象的因果關係具體化,並考慮到問題的各層面,將各層面間的交互作用予以量化。每個可行方案皆如樹枝般表現於圖上,其可能結果亦顯示於樹枝後方,使決策者進行評估時能夠一目了然。

 例題 7-11

假設 H 公司正考慮引進一種新的電腦網路購物服務,在不了解此產業下,計畫方案分主要分為三大階段共為 6 個時期。第一階段 $t = 0$ 為市場測試時期,公司僅考慮對少數顧客進行市場測試,所需投資費用為 100 萬元,此階段的成功機率為 75%。

第二階段 $t = 1$ 為部分引進時期,若第一階段的測試很成功,公司計畫將一些受歡迎的明星商品放在網路購物服務上,需要再投資 250 萬元,因為服務可行性測試較為困難,此階段的成功機率為 50%,失敗結束此計畫方案的機率亦為 50%。

第三階段 $t = 2$ 為全面引進時期,若第二階段施行成功,公司打算再大額投資 1,500 萬元,對所有顧客提供所有商品網路購物之服務,但此服務要到下一年才能完全實現並帶來收入。而全面引進後,$t = 3 \sim 6$ 時期又分為有三種可能之結果:(1) 非常成功:全面引進後的第一年,營業利潤為 1,200 萬元,且往後三年利潤每年將再增加 300 萬元,此情況發生機率為 25%。(2) 成功:全面引進後的第一年,營業利潤為 700 萬元,且往後三年利潤每年將再增加 200 萬元,此情況發生機率為 50%。(3) 失敗:全面引進後的第一年,即損失 200 萬元,且往後三年每年損失將再增加 200 萬元,此情況發生機率為 25%。

已知折現率為 12.5%,請根據上述資訊繪出決策樹,並分析此計畫方案是否值得 H 公司投資?

解答 7-11

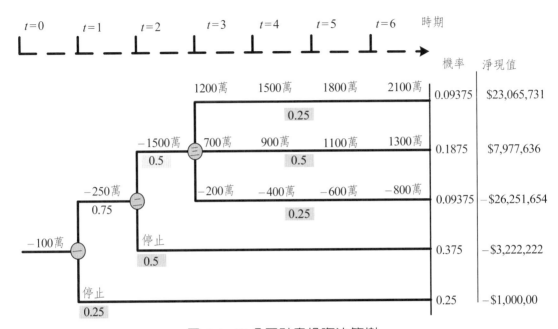

圖 7-6　H 公司計畫投資決策樹

已知折現率為 12.5%，茲以非常成功為例說明淨現值的算法如下：

$$-1,000,000 - \frac{2,500,000}{(1.125)^1} - \frac{15,000,000}{(1.125)^2} + \frac{12,000,000}{(1.125)^3} + \frac{15,000,000}{(1.125)^4} + \frac{18,000,000}{(1.125)^5}$$

$$+ \frac{21,000,000}{(1.125)^6} = 23,065,731 \text{ 元。}$$

茲將每個情況現金流量的淨現值的計算結果整理如表 7-5。

表 7-5　H 公司各種可能結果之機率與淨現值

結果	機率	淨現值（元）
非常成功	0.09375	23,065,731
成功	0.1875	7,977,636
失敗	0.09375	−26,251,654
部分引進即停止	0.375	−3,222,222
市場測試即停止	0.25	−1,000,000
期望淨現值	--	−261,207

根據表 7-5 的各種可能結果之機率與淨現值，可計算全部可能結果淨現值

= 0.09375 × 23,065,731 + 0.1875 × 7,977,636 + 0.09375 × (–26,251,654) + 0.375 × (–3,222,222) + 0.25×(–1,000,000) = –261,207 元。由於預期淨現值為負值，因此，H 公司不應投資此計畫方案。

7.6 結論與建議

工程經濟有別於經濟學（economics）及運輸經濟學（transportation Economics），其較著重於工程計畫之經濟可行性評估分析，而不探討消費者及業者之行為、市場供需及競爭理論，以及政府管制手段等課題。工程經濟也不同於「工程財務」、「財務分析」或一般財務可行性分析（financial feasibility analysis），因其較著重資金的分配，而非資金的籌措與調度。

工程經濟主要是利用經濟分析技術，進行不同可行方案之評估與比較，以提供政府機關或民間企業資金分配的決策參考。在應用上，只要能將各項計畫或方案的影響，逐一加以貨幣化及時間化（確定該成本或效益在哪一個時間點發生），即可利用上述的經濟分析技術進行評比。

由於許多重大交通建設計畫之影響層面既深且廣，包括建設成本、維修成本、經濟發展、旅行時間節省、肇事事故、區域均衡、能源消耗、噪音及空氣污染，以及自然景觀破壞等。為能進行量化分析，已有相當多學者嘗試進行各種影響層面的貨幣化研究，例如，旅行時間價值（value of travel time）、人命價值（value of human life）、污染價格（price of pollution）等。但有學者認為這些貨幣化的研究成果，不是有推估準確性的問題，就是有地區適用性的問題。例如，在先進國家所推估的旅行時間價值，就不見得能適用於開發中國家。基此，在進行重大工程建設之評估時，也有許多評估者轉而利用多準則決策（multi-criteria decision making, MCDM）方法，透過各層面準則值的正規化（normalization）及權重求解技術，克服各層面相對重要性及衡量單位不同的問題。即便如此，工程經濟在綜合評估不同時期發生的成本與效益時，所引用的「貨幣的時間價值」概念，仍是一項相當重要的貢獻。

問題研討

1. 名詞解釋：

    (1) 加權平均資金成本（weighted average capital cost）。

    (2) 現金流量圖（cash flow diagram）。

    (3) 貨幣的時間價值。

    (4) 稅盾效果（tax shields）。

    (5) 增量投資分析（incremental investment analysis）。

    (6) 最低可接受報酬率（minimum attractive rate of return）。

    (7) 有效利率（effective interest）。

    (8) 互斥計畫（mutually exclusive projects）。

    (9) 通膨平準法（deflation method）。

    (10) 調整折現法（adjusted-discount method）。

2. 請比較工程經濟、運輸經濟及財務分析之差異。

3. 請比較當量法、投資報酬率法及益本比法之異同？

4. 請說明如何在高通貨膨脹的環境下進行工程經濟分析。

5. 請說明如何在不確定環境下進行工程經濟分析。

6. 假設有 X、Y、Z 三項計畫，其現金流量表如下表。假設，X、Y 為相依計畫，也就是兩計畫，一定要同時選。在最低可接受報酬率為 10% 的條件下，請利用工程經濟方法進行計畫評選。

年期	X 計畫	Y 計畫	Z 計畫
0	−15,000	−15,000	−25,000
1	0	0	0
2	0	0	15,000
3	8,000	10,000	0
4	0	0	20,000
5	10,000	17,000	0

7. 假設有一家早餐店準備對一種新的產品做市場測試，市場測試約為 1 千萬元。根據以往的經驗，有 60% 的機率成功。如果成功，需花 5 千萬元建立工廠，新產品會帶來每年稅後 1 千萬元的現金流量，共 10 年，如果測試失敗，方案將放棄。資金成本為 10%。

(1) 請繪出決策樹。

(2) 請評估該早餐店是否值得進行市場測試？

8. 請問何謂敏感度分析？

9. 請問會計損益平衡與財務損益平衡兩者間差異為何？

運輸工程相關考題

1. 政府在規劃一個交通系統的建設，有下列數個方案可以選擇，請問那個方案是最具有經濟效益，請列出所有分析的步驟？（25 分）（102 專技高）

方案	使用者成本 （百萬）	系統營運成本 （百萬）	方案所需之資本投入 （百萬）
不進行任何改變 （do nothing）	250	150	3
1	140	175	10
2	200	170	12
3	120	160	20
4	80	130	50

2. 某公司打算向政府申請一個轉運站的開發案，土地購置成本為 3,000 萬元，建築物的建造成本為 5,000 萬元，開發完成後將轉運站賣給專業的營運公司可以獲得 9,500 萬元。準備申請許可的各項文件需要 300 萬元，且通過的機率為 0.4。若沒有通過，將土地賣出可得到 2,600 萬元。此外，該公司還可以 50 萬元的費用聘用顧問來協助決策，根據該顧問以往的記錄，若在申請核准的前提下，該顧問預測申請會被核准的機率為 0.7；若在申請被拒絕的前提下，該顧問預測申請會被拒絕的機率為 0.8。請根據以上資料，幫該公司找出最佳的決策（是否聘請顧問？是否應該進行申請？預期的效益？）。（25 分）（103 專技高）

3. 某家客運公司欲在某一城市投資申設一條新的公車經營路線，投資規模以每天載客容量計算，可能為每天一萬人次、一萬一千人次、一萬二千人次、一萬三千人次等四種載客容量。假設每人次的載運成本估計為三元，利潤為二元，投資者不能確定每天的搭車需求人次，且每天可搭載的人次以載客容量為限，不可超過。（104 專技高）

(1) 請以保守投資者和冒險投資者的觀點，探討各自的投資決策。（15 分）

(2) 雖然投資者無法確定每天的搭車需求，但若知道每天搭車需求一萬人次、一萬一千人次、一萬二千人次、一萬三千人次的機率各為 0.2、0.3、0.35、0.15，請問最佳投資決策為何？另外，當公司可以透過調查、訪查或蒐集資料而得知所有可能發生狀況或變因的完全資訊（perfect information）時，其預期收益為多少？（10 分）

4. 政府某交通建設計畫有五個互斥方案可以選擇，經過初步情境分析後，各方案可能發生的狀況及相對應的淨現值如下表所示，政府在進行方案選擇時常面臨各情境的不確定性，請就不確定性分析的角度，分析各應該選擇那一個方案？若有必要，請自行作合理的參數假設。（25 分）（105 專技高）

單位：億元

情境 方案	甲	乙	丙	丁	戊
A	2.68	1.79	3.57	2.24	2.68
B	7.17	12.76	6.38	9.97	8.77
C	8.54	10.24	12.81	9.39	10.53
D	8.87	16.07	13.98	12.47	12.97
E	10.21	13.86	14.19	12.04	12.75
F	10.13	14.18	15.21	12.16	13.17

5. 主管機關打算開發新的物流園區，有三種不同的開發策略可供選擇。不同的開發策略會隨著景氣的好壞而有不同的收益或損失，如下表所示。景氣可分成漸佳、持平、與漸壞等三種情形，該智庫對這三種景氣分別給予事前機率為 0.1，0.5，與 0.4。請分別使用小中取大收益準則（Maxmin payoff criterion）、最大概似準則（maximum likelihood criterion）、貝氏決策準則（Bayes' Decision Rule），來決定應該採用那一種策略。（25 分）（106 專技高）

策略	景氣		
	漸佳	持平	漸壞
策略 1	2,000 萬	1,000 萬	−500 萬
策略 2	4,000 萬	1500 萬	−2,000 萬
策略 3	−1,000 萬	0 萬	1,500 萬
事前機率	0.2	0.5	0.3

參考文獻

一、中文文獻

1. 賴士葆，1987.01，工程經濟分析，華泰書局，臺北。

2. 陳家成，1987，工程經濟──成本效益分析之法，華泰書局，台北。

3. 吳文清譯（Ross），1996，財務管理原理，臺灣西書出版社，台北。

4. 李玲鈴譯（Damodaran），1997，財務管理理論與實務，臺灣西書出版社，臺北。

5. 許之俊譯（Pinches），1998，財務管理，文京圖書公司，臺北。

二、英文文獻

1. Park, C.S., 2002, *Contemporary Engineering Economics*, Third Edition, Prentice-Hall Inc.

第 8 章

智慧型運輸系統

　　由於都市化加劇、人口不斷成長，以及機動車輛的大量增加與集中，使得交通壅擠的現象不斷惡化。壅擠的交通會降低運輸基礎設施的效率，而且會增加旅行時間、空氣污染，以及能源消耗。爲了舒緩交通壅擠的問題並降低其所帶來之負面效果，傳統之交通控制與管理措施已經不敷需求，因此必須引進先進科技以進行模擬、資訊傳輸，以及即時控制，這種趨勢潮流也就逐漸發展成爲所謂的智慧型運輸系統（intelligent transportation systems, ITS）。理論上，ITS 的觀念與技術可應用於海陸空各種運具上，但歐盟 2010 年的指令（EU Directive 2010/40/EU of 7 July 2010）中卻僅強調陸運部分，將 ITS 的推動架構侷限在道路運輸以及與其他運具相關的介面部分。

　　本章節之順序安排如下：第一節介紹智慧型運輸系統定義、範圍與發展趨勢；第二節說明智慧型運輸系統特性；第三節介紹智慧型運輸系統的發展現況；第四節介紹智慧型運輸系統的未來發展與雲端應用；第五節爲結論與建議。

8.1 智慧型運輸系統定義、範圍與發展趨勢

8.1.1 智慧型運輸系統定義

　　智慧型運輸系統（ITS）係應用成熟的資訊、通信、電子、控制及管理等技術，適切整合運輸系統中的人、車、路等組成單元，並經由資訊蒐集、處理、發布與控制策略，提供民衆即時且正確的交通資訊，提升運輸系統使用效率，減少運輸能源消耗、空氣污染、溫室氣體排放，及改善運輸安全，以有效發揮運輸系統的整體效能。

　　由於許多實作 ITS 科技都已臻成熟，再加上無所不在（ubiquitous）網路運算的來臨，因此，不僅歐盟運輸政策（European Union Transport Policy）中明白揭示 ITS 是最可用以紓解歐洲走廊交通壅塞問題的可行方案，其他國家亦將 ITS 列爲 21 世紀重要的運輸發展政策。目前 ITS 已是世界各國交通運輸管理技術的主流，使得交通運輸系統運作進入嶄新的時代。

8.1.2 智慧型運輸系統範圍

　　ITS 是交通運輸領域中一個重要的研究方向，包括下列九個主要之子系統[1]，即：

---

1 依照美國運輸部及 ITS-America 制定之 ITS 發展之觀念性架構，共定義七大功能及三十項使用者服務項目：
　1. 旅行與運輸管理：(1) 行程中駕駛資訊，(2) 路徑導引，(3) 旅行服務資訊，(4) 交通控制，(5) 事件管理，(6) 廢氣監測與改善，(7) 鐵路平交道。
　2. 旅行需求管理：(1) 需求管理與運作，(2) 行前旅行資訊，(3) 共乘配對及事前訂位。

先進交通管理服務（advanced transportation management services, ATMS）、先進用路人資訊服務（advanced traveler information services, ATIS）、先進公共運輸服務（advanced public transportation services, APTS）、商車營運服務（commercial vehicle operation services, CVOS）、先進車輛控制安全服務（advanced vehicle control and safety services, AVCSS）、電子收付費服務（electronic payment system & electronic toll collection, EPS & ETC）、緊急事故支援系統（emergency management services, EMS）、弱勢使用者保護服務（vulnerable individual protection services, VIPS）、資訊管理服務（information management services, IMS）。

1. 先進交通管理服務（ATMS）

ATMS 係利用偵測、通訊及控制等技術，將交通監控所得之交通狀況，經由通訊網路分別傳輸到：(1) 控制中心：制定及評估交通控制策略，執行整體性的交通管理。(2) 用路人與相關道路管理單位：達到運輸效率最大化及運輸安全之目的。

ATMS 為 ITS 的核心與基礎，交通管理功能與其他各功能間的關係如圖 8-1a 所示。

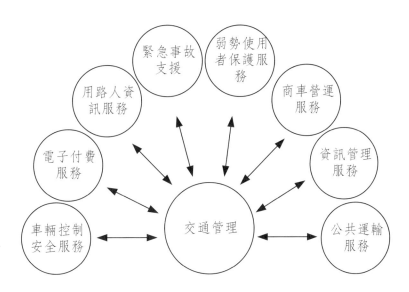

圖 8-1a 交通管理功能與其他各功能間的關係

3. 大眾運輸營運：(1) 大眾運輸管理，(2) 行程中大眾運輸資訊，(3) 個人化大眾運輸，(4) 公共運輸保全。

4. 電子付費：電子付費服務。

5. 商用車輛營運：(1) 商用車輛電子通關，(2) 自動化路旁安全檢查，(3) 車上安全監視，(4) 商用車輛管理程序，(5) 危險物品事件反應，(6) 貨物運送機動性。

6. 緊急救援管理：(1) 緊急事故通告及個人保全，(2) 緊急救援車輛管理。

7. 先進車輛控制及安全系統：(1) 追撞預防，(2) 側撞預防，(3) 路口碰撞預防，(4) 預防車禍之視野改善，(5) 安全準備，(6) 車禍前碰撞預防，(7) 自動公路系統。

　　ATMS 涉及都會區（如主幹道、中心商業區）、城際路網（如高速公路、快速道路），以及都會區與城際路網間廊道之交通流管理與控制，涵蓋都市交通控制、高速公路管理、特殊事件交通管理、區域廊道管理、運輸需求管理、事件管理、電子收費管理等服務。

　　ATMS 之相關技術包括：電腦交通號誌（computerized traffic signals, CTS）、匝道儀控（ramp metering, RM）、事件自動偵測（automatic incident detection, AID）、動態交通預測、自動車輛定位（automatic vehicle location, AVL）、可變訊息標誌（changeable message sign, CMS）、地理資訊系統（geographical information systems, GIS）、行進間測重（weigh-in-motion, WIM）、自動車輛分類、自動收費（automatic toll collection, ATC）、自動車輛辨識（automatic vehicle identification, AVI）、最佳路線導引（optimized route guidance, ORG）等在內，參見圖 8-1b。

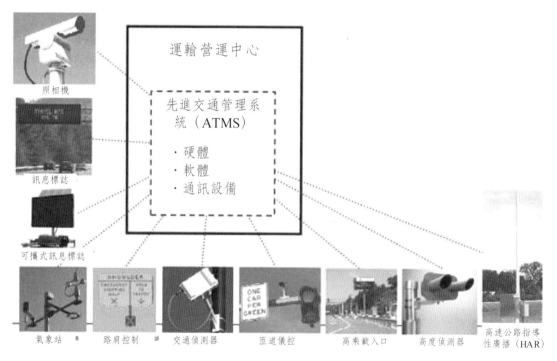

圖 8-1b　先進交通管理服務之相關技術

茲僅就電腦交通號誌、匝道儀控、可變訊息標誌、自動車輛辨識等四項內容說明如下：

　　(1) 電腦交通號誌（CTS）

　　交通號誌控制中心，如圖 8-2 所示，主導 ATMS 的核心 - 交控模式。自 1962 年米勒演算法開始，在過去 50 年已經創造 10 數種控制邏輯：SCOOT、SCATS、TOL、LHOVRA、OPAC、MOVA、PRODYN、SAST、SCII-II、ARTC、NSCS、PHODES

等模式，其中以 SCOOT 與 SCATS 應用最爲廣泛。

SCOOT 與 SCATS 模式的運作方式較接近動態計算與動態查表，其以週期爲計算基礎，並以週期性時制改變方式因應交通量變化，從而調整或選擇不同的時制計畫，以達到適應性控制的目的。其調整時制過程尙需經過時制轉換過程，且傾向於變化幅度較小的調整方式。

圖 8-2　交通號誌控制中心

(2) 匝道儀控（RM）

匝道儀控設施設置於進口匝道路段，參見圖 8-3，係對地面道路進入高速公路之車流進行管制，以維持高速公路主線道車流之順暢。

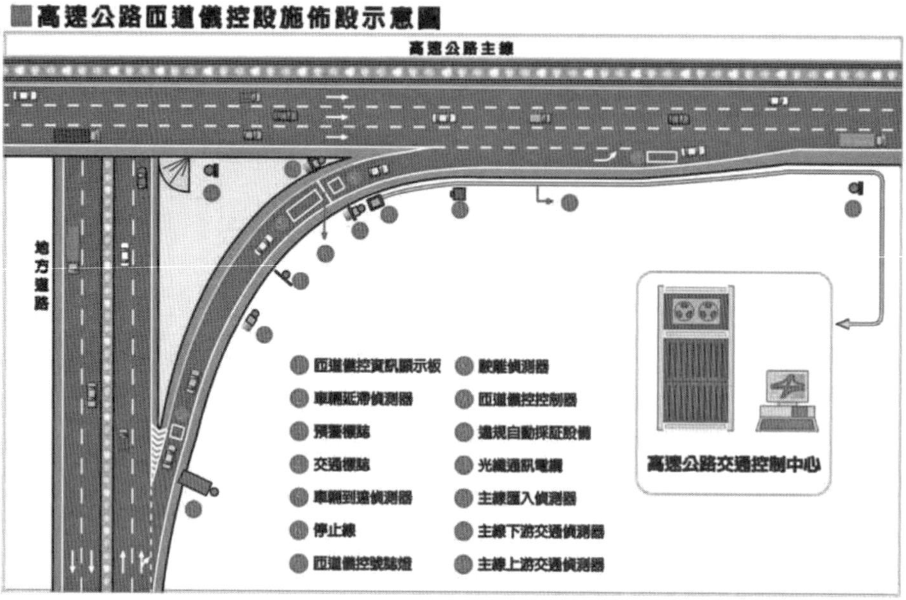

■高速公路匝道儀控設施佈設示意圖

圖 8-3　高速公路匝道儀控示意圖

(3) 可變訊息標誌（CMS）

可變速限標誌（參見圖 8-4）通常應用於交通壅擠或道路施工區域，其主要目的不在於改善交通壅擠狀況，而在於降低速限以策安全。

圖 8-4　可變訊息標誌

(4) 自動車輛辨識（AVI）

早期 AVI 系統係將條碼（barcode）黏貼在車輛上面，然後在通過收費亭的時候以光學技術讀取資料。這種系統處在天候不佳（inclement weather）或車體污穢骯髒的情況下其可讀性不佳。近年來的 AVI 系統主要靠著無線射頻辨識（radio-frequency identification），及利用專用短程通信技術（dedicated short range communications, DSRC）進行溝通，如收費門架的天線（antenna）與車輛的發送器（transponder），以獲得車輛的資訊。

AVI 也可進一步發展應用於：

a. 車輛事故緊急通知系統（emergency vehicle notification systems）。

b. 道路合作系統（communication cooperation on the road），例如根據車輛雨刷使用情形進行（車輛間或車輛設施間）氣象報導，或根據車輛刹車次數進行壅擠路況報導。

這些先進的技術可增加道路使用的安全性。

2. 先進旅行者資訊服務（ATIS）

ATIS 係藉由先進資訊、通訊及其他相關技術，提供旅行者必要之資訊，使其能於車內、家裡、辦公室、車站等地點方便地取得所需之資訊，作為旅次產生、運具與路線選擇之行程規劃決策參考，以順利到達目的地。

ATIS 之相關技術包括：可變訊息標誌、公路路況廣播、全球衛星定位系統、地理資訊系統、車內顯示系統、最佳路線導引、無線電通訊、電視路況報導或電傳視訊、旅行服務資訊、整體服務數位網路等在內。茲僅就可變訊息標誌、最佳路線導引兩項說明如下：

(1) 可變訊息標誌（CMS）

可變訊息標誌（參見圖 8-5）乃是一種可程式化的交通管理設施，其透過文字或圖形符號來傳達各項動態的控制或警告訊息給道路使用者，藉以增進道路使用率，並減低意外事故。

當 CMS 應用於高速公路時，參見圖 8-6，主要在顯示前方交通管制或警告、一般狀況以及宣導等訊息。

圖 8-5　山區連續彎路可變訊息標誌

圖 8-6　高速公路可變訊息標誌

(2) 最佳路線導引

最佳路線導引，如圖 8-7 所示，係通知用路人避開道路壅擠路段或施工肇事路段，改行替代道路。

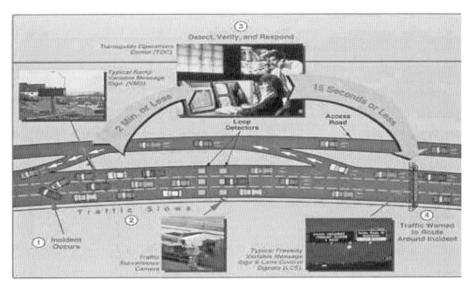

圖 8-7　路線導引系統

此外，停車導引系統，如圖 8-8 所示，可通知用路人停車場在何處，以及該停車場還有多少停車位等資訊。

圖 8-8　停車導引系統

3. 先進公共運輸服務（APTS）

APTS 係將 ATMS、ATIS 與 AVCSS 之技術應用於公共運輸，以改善公共運輸服務品質，提高營運效率，增加公共運輸之吸引力。APTS 服務內容包括：路徑中大眾資訊、大眾運輸系統管理、個人大眾運輸、大眾運輸旅行安全。

APTS 之相關技術包括：

(1) 自動車輛監視（automatic vehicle monitoring, AVM）。

(2) 自動車輛定位（AVL）。

(3) 雙向無線電通訊。

(4) 電子式自動付費（electronic fare payment, EFP）。

(5) 最佳路線導引。

(6) 公車電腦排班。

(7) 公車電腦輔助調度。

(8) 車內顯示系統。

APTS 系統架構圖，如圖 8-9 所示。

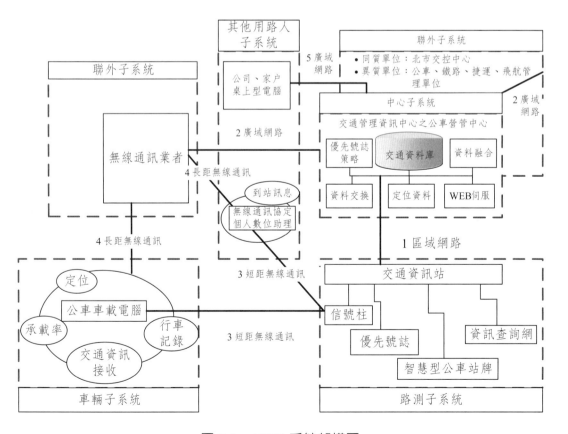

圖 8-9　APTS 系統架構圖

APTS 的運作架構，如圖 8-10 所示。

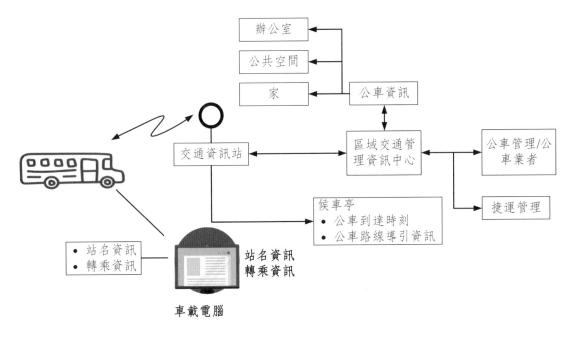

圖 8-10　APTS 運作架構

目前應用 APTS 通訊系統之規劃包括：

(1) 公車站牌動態資訊顯示。

(2) 車上資訊顯示。

(3) 公車定位輔助。

(4) 車隊運作與管理。

(5) 大眾運輸旅行安全系統。

4. 商車營運服務（CVOS）

　　CVOS 係藉由衛星定位技術、無線通訊技術及相關電子化營運管理應用技術的整合，以提升車隊運輸效率。亦即係利用 ATMS、ATIS 與 AVCSS 之技術於商業營運車輛，以提升運輸效率及安全，並減少人力成本，提高生產力。所謂「商用車輛」不僅包括大型與重型車輛（如卡車、貨車），也包括緊急救援用車輛（如救護車、拖吊車），以及每日運作的商用小型車（如計程車）等。CVOS 的系統架構如圖 8-11 所示：

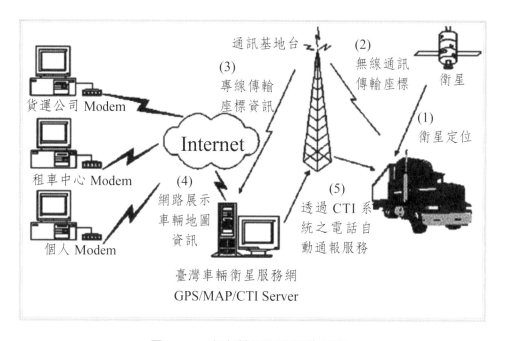

圖 8-11　商車營運服務運作架構

　　CVOS 之相關技術包括：自動車輛監視（AVM）、自動車輛定位（AVL）、行進間測重（WIM）、電子式收費（electronic toll collection, ETC）、雙向無線電通訊、商車電腦輔助調度、自動車輛辨識（AVI）、最佳路線導引、自動貨物辨識（ACI）等在內。茲僅就自動車輛監視（AVM）、自動車輛定位（AVL）、最佳路線導引三項說明如下：

　　(1) 自動車輛監視（AVM）

　　AVM 主要用於監控貨車的行經路線以及載貨狀況，參見圖 8-12。

　　(2) 自動車輛定位（AVL）

　　AVL 主要係利用全球定位系統（global positioning systems, GPS）或其他定位系統追蹤標定車輛的位置，參見圖 8-13。

　　(3) 商車最佳路線導引

　　商車最佳路線導引系統係根據相關交通資料，以及演算法運算結果提供駕駛人最佳之行駛路線，參見圖 8-14。

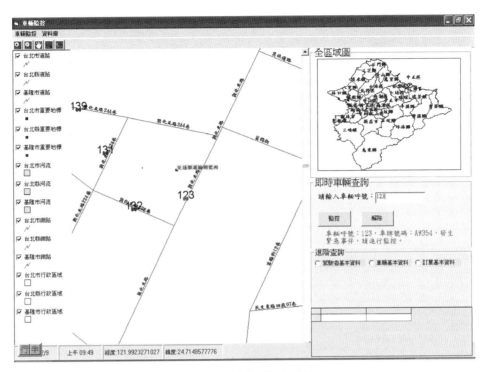

圖 8-12　車輛監控系統

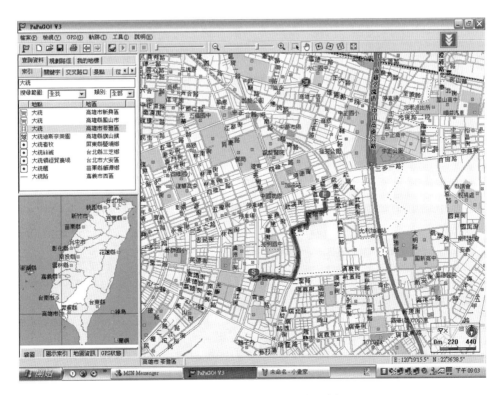

圖 8-13　自動車輛定位系統

圖 8-14　商車最佳路線導引系統

5. 先進車輛控制與安全服務（AVCSS）

　　AVCSS 係結合感測器、電腦、通訊、電機及控制技術應用於車輛及道路設施上，協助駕駛人駕駛，以提高行車安全，增加道路容量，減少交通壅擠。AVCSS 系統之主要特色係利用感測器協助人類感官功能之不足，減少危險之發生；提高自動控制之程度，從事更安全、準確、可靠之控制，彌補駕駛人因判斷錯誤及技術不佳所造成的疏失與危險。

　　AVCSS 主要效益在於提高行車安全，所需研發經費龐大且研發時間較長，主要功能包括：適應性定速巡航控制（adaptive cruise control, ACC）、防撞警示系統（collision avoidance system）、適應性前燈照明系統（adaptive front-lighting system, AFS）、抬頭顯示器（head up display, HUD）、胎壓監測系統（tire pressure monitor system, TPMS）、先進安全氣囊。茲舉例說明防撞系統、車輛間訊息傳遞（front and roadside views & message transmitted）系統、前方事故訊息傳遞（front accident message transmitted）系統、夜間行人監視器系統（night pedestrian monitor）、路面監視器（road surface monitor）、側後警示（side-rear warning）系統、先進煞車輔助（advanced brake assist）系統、先進預視距離控制（advanced preview distance control）系統此八項車輛安全設備系統如下：

(1) 防撞系統

爲了防止車輛碰撞，必須在車體裝設感應器與顯示器，360 度全方位防撞系統如圖 8-15 所示。

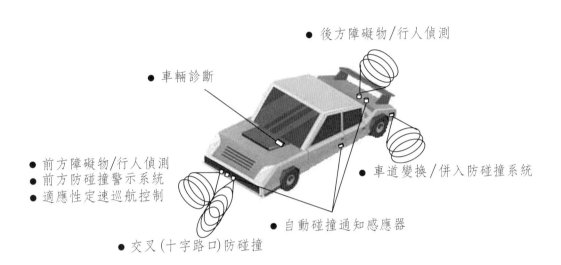

● 後方障礙物/行人偵測

● 車輛診斷

● 前方障礙物/行人偵測
● 前方防碰撞警示系統
● 適應性定速巡航控制

● 車道變換/併入防碰撞系統

● 自動碰撞通知感應器

● 交叉(十字路口)防碰撞

圖 8-15　360 度全方位防撞系統示意圖

(2) 車輛間訊息傳遞系統

在道路上行駛之車輛間可以分享交通壅擠，以及事故訊息以提高行車安全，車輛間訊息傳遞系統如圖 8-16 所示。圖 8-16 內容可說明如下：

a. 當道路發生塞車、事故時：

(a) A 點發現前方塞車。

(b) A 點將資訊傳給後方來車。

(c) B 點受到資訊後傳達給可能朝這方向的 C、D、E 點。

(d) C、D、E 點收到此訊息，可以決定是否改變路線。

b. 同一車道上的訊息傳輸：

F、G 點行進間影像相互交換。

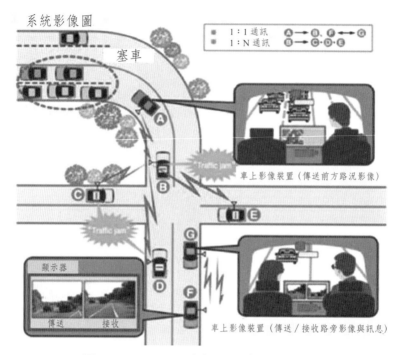

圖 8-16　AVCSS 車輛間訊息傳遞系統

(3) 前方事故訊息傳遞系統

AVCSS 也可以傳遞前方事故訊息，如圖 8-17 所示。

圖 8-17　前方事故訊息傳遞系統

(4) 夜間行人監視器系統

夜間行人監視器系統，參見圖 8-18，係將紅外線照相機架設在車輛前面格柵車蓋（front grill）的中心點，用以偵測車輛前方之路況，通知駕駛人是否有行人出現。紅外線照相機之所以能夠偵測出行人之出現，是因為行人之體溫比周遭環境之溫度高，因而能發射出較多的紅外光（infrared light）。

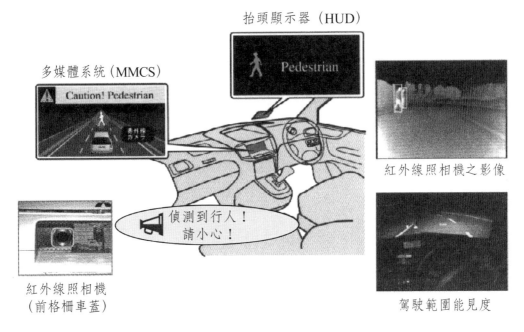

圖 8-18　夜間行人監視器系統

(5) 路面監視器系統

路面監視器系統，如圖 8-19 所示，係將路面監視器裝設於車輛前保險桿的下方，用於評估道路的滑溜（slippery）程度，當滑溜危險的時候，會發出語音或視覺的警告通知駕駛人。滑溜程度的評估是根據路面紅外光反射的數量與漫射特性而定。

(6) 側後警示系統

側後警示系統，如圖 8-20 所示，主要功能為當其他車輛出現於側邊行駛或在鄰接車道超車時發出警示，以協助駕駛人進行車道變換。毫米波長雷達（millimeter-wave radar）裝設在後照鏡，相機裝設在車後窗上面，兩者用於協助偵測機車或汽車的出現。除了聽覺與視覺的警示之外，當預見車道變換行為可能遭遇危險時，轉向裝置（steering actuator）會通知駕駛人施用少許扭力（torque）扳回方向盤，並要求駕駛人停止車道變換行為。

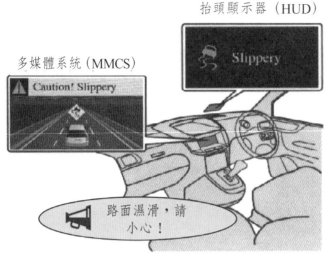

圖 8-19　路面監視器

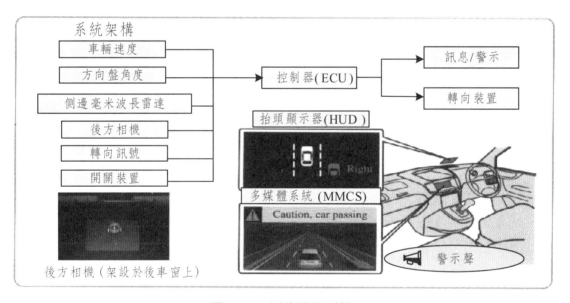

圖 8-20　側後警示系統

(7) 先進煞車輔助系統

　　先進煞車輔助系統，如圖 8-21 所示，可根據前方路況提供所需要的功率（power）控制煞車輔助力。當需要緊急煞車時，例如太靠近前車或接近前車時的速度太快，先進煞車輔助系統會施用更大的煞車輔助力以增加煞車效果。

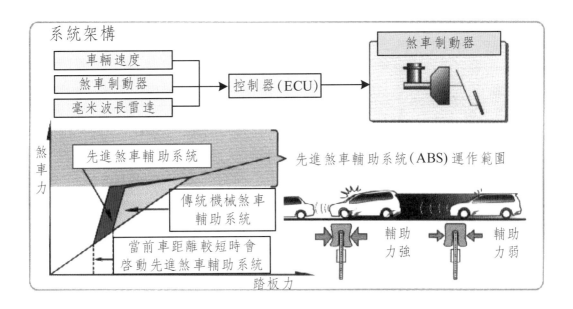

圖 8-21　先進煞車輔助系統

(8) 先進預視距離控制系統

先進預視距離控制系統，如圖 8-22 所示，可在車輛啟動與停止時藉由控制車輛間的車速減少駕駛人的負擔並增加安全性。這個系統利用架設在車輛前面格柵車蓋（front grill）毫米波雷達（millimeter-wave radar）決定車間的距離與相對速度，並利用設在前面格柵車蓋（front grill）廣角高解析度掃描雷射雷達同時決定相鄰車道與前車的車輛切角，以及設在後視鏡的相機偵測從相鄰車道切入的車輛。如果偵測到前車突然煞停，這個系統也可以自動煞停；假如這個系統無法及時煞停，它就會發出視覺警示要求駕駛人踩煞車。當前車又開始啟動，系統會發出聽覺與視覺的訊息告知駕駛人重新啟動自動駕駛模式。

6. 電子收付費系統（EPS & ETC）

EPS & ETC 主要可分為電子票證（EPS）與電子收費（ETC）兩大部分。EPS 主要是取代傳統使用鈔票、硬幣、磁條卡等，改採以高安全性、運算速度快、使用容量高、壽命長之智慧卡作為搭乘大眾運輸工具之票卡。

不同於以往傳統的人工收費模式，ETC 系統係指車輛行經門架（gantry）（如圖 8-23a）或收費路段時透過無線裝置（radio devices）進行車牌辨識，以及利用車內收發機（transponder）（如圖 8-23e）與路旁設施相互之數據交換，逕自有效準確地執行扣款收取過路費。ETC 系統無需停等，可提高道路通行效率和流量、降低主線收費的車流延滯、減少因減速所造成的燃油消耗與空氣污染，以及人工收費之成本。

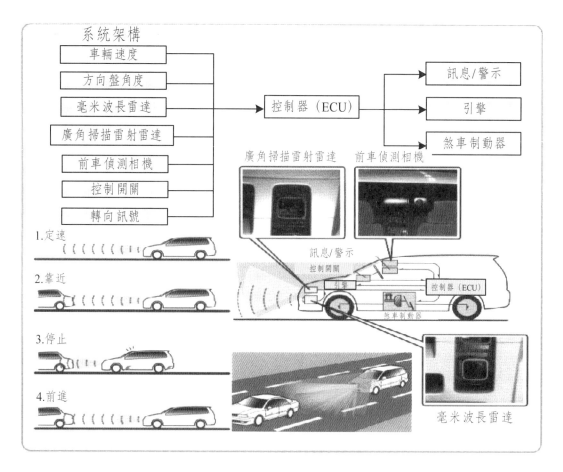

圖 8-22　先進預視距離控制系統

圖 8-23a　電子式自動收費門架（型一）

圖 8-23b　電子式自動收費門架（型二）

圖 8-23c　新加坡電子式自動收費門架

圖 8-23d　新加坡電子式自動收費門架

圖 8-23e　電子式自動收費門架收發機

圖 8-23f　新加坡電子式自動收費機車收發機

圖 8-23g　新加坡電子式自動收費機車收發機

電子式自動收費系統也可用於紓解交通壅擠的問題：

(1) **交通壅擠稅之管制區**（cordon zones with congestion pricing）

交通壅擠稅之管制區係指在交通壅擠之區域劃定管制範圍（cordon zones），對於進入管制區域的車輛以電子收費或自動車牌辨識的方式課以壅擠稅。交通壅擠稅之管制區之設立主要目的在於減少管制區之交通壅擠問題，以及傳統人工收費方式所造成的長長之等候線、延滯、甚至市區交通大堵塞（gridlock）。目前新加坡（參見圖8-24）、瑞典斯德哥爾摩（Stockholm）、英國倫敦（London）均已採取此種方式對於進入壅擠市中心的車輛課以壅擠稅。

圖 8-24 電子道路定價門架（新加坡北橋路）

(2) **高承載收費車道**（high occupancy toll lanes, HOT lanes）

高承載車道免費提供給高乘載車輛使用，但在特殊狀況下，也可以收費的方式提供給低乘載車輛使用，稱之為車道壅擠收費（congestion pricing）。車道壅擠收費的目的在於最小化高乘載車道的壅擠程度，因此收費之金額會隨著車道交通密度與壅擠程度的上升而調漲。

7. 緊急事故支援服務（EMS）

　　EMS 主要是進行運輸事故的偵測、通報與處理的服務。一般說來，事故的嚴重程度與內容不同，涉及的緊急救援的機關單位也有所不同。

8. 弱勢使用者保護服務（VIPS）

　　VIPS 係以交通弱勢使用者為主體，主要考量其安全問題，服務對象包括行人、兒童、老年人、身心障礙人士及腳踏車與機車騎士之需求，提供弱勢使用者一個安全的運輸環境，以落實「人本運輸」之理念。使用者服務項目包括：

　　(1) 行人／自行車騎士安全：提供行人與自行車騎士安全維護之服務，參見圖8-25。

　　(2) 機車騎士安全：提供機車騎士安全維護之服務。

圖 8-25　　有聲號誌設備

9. 資訊管理服務（IMS）

　　IMS 主要目的在幫助我國 ITS 其他 8 大服務領域於資料歸檔、資料管理與應用等工作，以便後續相關計畫者的使用與更新。對照美歐日等先進各國之 ITS 服務領域，IMS 為我國特有之 ITS 服務領域。

8.2 智慧型運輸系統特性

現代的運輸系統曾經歷三次重大的變革。第一次變革主要肇因於電磁通訊技術的引進，這種資訊網路進行資訊交換更為迅速且有效率，可以促成高度的系統整合。第二次變革則源自於數位化系統的發明所帶來低成本的服務。其後，電腦開始在運輸上扮演著重要的角色，包括：改善交通控制與連鎖的效率，以及運輸規劃的功能。集中式的連鎖也開始在路網設計與管理上扮演著主要的角色。雖然在理論上集中式的決策系統是非常有效率的，但它們的實際績效卻往往與其規模大小有關。換句話說，當系統內的實體單元只有部分或一定比例能被處理時，系統的處理速度會呈現倍數下降，顯得非常沒有效率。這種限制會產生嚴重的問題，並導致不必要的後果，特別是當運輸系統在架構上或尺度上變得很大的時候，為取得不同來源的資訊、處理重要資料，以及即時的提供適切反應之整個過程將成為一個非常艱鉅的工作。這個問題會變得更為複雜，特別是受到即時性的限制或當參與的實體具有異質性更是如此。

第三次交通最大的變革則是由於 ITS 的到來。在這個運輸系統，用路人被視為核心，因此系統架構被要求需具備調適性，以及可以使用不同的方式進入，以符合各種不同的需要，及滿足各式各樣的目的。在這些要求條件下，整合性就變得非常重要了。這個新的情境與願景需要一個新的分散式處理方式。在另一方面，對於未來都市運輸系統（future urban transport system, FUT）的憧憬與架構仍不斷的討論當中，但更為強調環境、可及性、公平性、安全性、以及資源使用的永續性。茲將現今 ITS 之主要特性說明如下：

1. 自動運算（automatic computation）

未來的運輸系統必須能夠自動決策，分析輸入資訊並隨之採取行動，發展連鎖策略與行動以改良系統績效。

2. 彈性（flexibility）以及自由選擇（freedom of choice）

目前之運輸系統缺乏彈性，因此其發展受到相當的限制。例如個人化的服務相當不足，就常遭致許多用路人的批評，因此 ITS 必須更為開放，朝向彈性、多重選擇、駕駛人主導選擇，以及更為個人化服務的方向努力。

3. 精確性（accuracy）

精確且即時的資訊必須能夠適時的發送。一般來說，運輸系統被歸類為動態的系統，其所發生之誤差與失敗的情況，多半是與系統對服務需求的反應與回答的精確性有關。因此，必須透過能夠降低反應時間的分散式系統架構以減少發生延誤（latency）。

4. 智慧型基礎設施（intelligent infrastructure）

運輸系統相當依賴網路拓樸（network topology）特性，因此智慧型基礎設施（intelligent infrastructures）就變得非常重要。新的通訊科技包括行動電話、無線隨意網路（wireless ad hoc networks）可以大幅度的改善基礎設施，使得它成為系統內的一個主動與互動的部分，這對於推動環境運輸智慧（ambient transportation intelligence）的觀念是非常重要的。

5. 分散式的架構（distributed architecture）

現今 ITS 的主要研究領域包括控制演算法、非同步性的考量、連鎖與管理的自主性因素等。在這裡有許多需求條件必須被滿足，即從用路人為中心到服務基礎式的功能，這會將智慧運輸引導進入一個複雜、異質、與精細的人造社會。目前的研究已經認定 ITS 架構必須探討分散式演算法以妥善利用各種不同來源的外在資訊，以及加強使用主動性實體的平行式的與非同步的能力。

以上這些 ITS 所必須的特性，亟需妥善的解決方案予以滿足，而具有巨大應用潛能的分散式人工智慧（distributed artificial intelligence, DAI），特別是多代理人系統（multi-agent system, MAS），具有相當的可行性。

多代理人系統在過去已經被深入探討且應用於未來運輸的概念發展，過去曾經執行很多這方面的研究。雖然 ITS 具有地理上與功能上分散的依賴性，但是在這個龐大的研究之下，仍有其他的觀念不斷的被發明或被改良，例如普遍性（pervasive）的與無所不在（ubiquitous）的運算（computing），環境智慧[2]（ambient intelligence, AmI）與服務取向的架構等。這些觀念終究會培育其他的領域的進步（特別是指會促成 ITS 與 FUT 實現的課題）。而這些課題包括：異質、自主性實體的確認與定義，實體的非同步性質之定義，以及如何使它們同時發生，足夠通訊基礎設施的定義，演算法與模型的精確性、強韌性、績效與穩定性地確認與驗證。當然這些議題並不完整，而且許多新的課題仍會不斷產生。

8.3 智慧型運輸系統的發展現況

美歐日 ITS 之萌芽與進展始於導航系統研究與開發，為因應開發 ITS 領域之在地

2　環境智慧（ambient intelligence, AmI）係指一種會對人敏感與反應的電子環境。環境智慧是一種願景，其植基未來的電子產品、電訊與運算能力。典型的環境智慧必須具備普及性的運算、無所不在的運算、性能分析實踐（profiling practices）、情境感知（context awareness），以及人機（指電腦）互動設計。（wiki, 2012.08.19）

化差異，美歐日各國／區域之各級政府所進行研發與應用之子系統也有所不同，其中日本係由交通控制系統建置開始。近幾年隨著資通訊技術的高度發展，美歐日 ITS 發展重心趨向車與車（V2V）、車與路（V2I）資訊與交通基礎設施之整合，皆以道路與用路人安全為近年 ITS 主要發展方向。

8.3.1 美國 ITS 發展歷程

美國 ITS 自 1967 年開始，係以電子導航系統為發展重點，其後依據 ISTEA 與 TEA21 兩大運輸法案開始進行大規模的 ITS 研究與發展。而在 1996 年至 2005 年之間，陸續在全國 75 個大城市陸續建設 ITS 基礎設施，推動節省旅行時間計畫。受到 2001 年 911 恐怖攻擊事件的影響，2002 年至 2010 年間之 ITS 的 10 年發展計畫中，特別強調運輸系統之安全、監控與保安，並以整合運輸資訊網路、事件之偵測、通告與處理、先進交通管理為核心發展關鍵。除 ITS 技術面之外，有關組織文化、產官學研合作機制、經費籌措方式、產品推廣等議題亦開始納入討論。近年來則希望透過車路設施整合（vehicle infrastructure integration, VII）之計畫推展，來達成降低 15% 交通事故死亡率的目標。

8.3.2 歐洲 ITS 發展歷程

歐洲的 ITS，現通稱為 transport telematics，1970 年以提供即時交通資訊服務而作為 ITS 的出發點；1970 年至 1991 年進行車輛安全、車內導航系統、導航系統商品化之研發與推動；1995 年至 1998 年，歐洲嘗試建立全歐洲通訊網路，開始發展歐盟各會員國間之各種交通方式（海、陸、空）、人與貨物的全面協調整合；2001 年至 2006 年，仍以跨國路網各運具各交通服務之 ITS 基礎設施建置；監控、交控設計、通訊標準為重；2006 年後仍強調資通訊技術之升級與應用，以智慧安全車與智慧道路的提供為核心，繼而達成 2010 年交通事故死亡率降低 50% 之目標。

8.3.3 日本 ITS 發展歷程

日本以導航系統為出發點（1970 年），在 1973～1996 年間則以智慧車與智慧公路為研發重點。1990 年推動道路交通情報系統中心（VICS），整合前述車路研究成果，藉此提供用路人即時交通資訊。其後，日本開始投入大量經費於 ETC 之研發與示範，並於 2001 年正式運作。2004 年結合早期智慧車與智慧公路成果、以及 VICS 與 ETC 成果營運經驗，開始推動安全公路的構想，並借重 2006 年新 IT 改革策略對於資通訊技術的部署，以完成全球第一安全道路交通社會，2012 年之規劃目標為將交通事故死亡

人數減少至 5,000 人以下。

8.3.4 我國 ITS 發展歷程

我國 ITS 發展雖與美歐日同步（自 1970 年開始），但美歐日多朝產、官、學、研機構合力推動方式，我國則由中央政府主導相關研究與建置計畫，缺乏產學研之密集交流合作與產業開發，相對於美歐日，我國 ITS 發展仍集中於 ATMS、APTS 與 ATIS 之建設與應用。

8.3.4.1 我國 ITS 的發展課題

我國未來 ITS 的整體發展，除了要解決既有的交通安全、快捷效率、舒適便利、節能環保等關鍵問題之外，還需因應近年的時空環境變化，新增加無縫公共運輸、ITS 產業發展、永續維運、區域整合（交通生活圈）、觀光遊憩與海空運 ITS 發展等課題。

8.3.4.2 我國 ITS 整體發展規劃

ITS 整體發展應該要有健全的推動機制，美國先後有 ISTEA、TEA-21 與 SAFETY-LU 法案之支持與經費補助，運輸部（DOT）下亦設立一個專責的聯合辦公室（JPO）負責計畫審查與推動，而我國的 ITS 系統發展推動機制，目前雖然有直屬行政院科技顧問組「車載資通訊產業推動辦公室」（TPO），但仍缺乏相關法案與足夠的預算支持，且目前 TPO 主要的業務在於 telematics 技術研發、整合應用與產業輔導，與交通管理導向的 ITS 業務截然不同，若要依賴地方政府交通機構及民間相關產業發展 ITS，則難有顯著的成果。

目前各國之 ITS 發展大都採取政府主導（government driven）原則來積極推動，就 ITS 的長期發展策略而言，我國交通部亦應仿效美國運輸部成立一個 ITS 聯合辦公室的推動組織，制定相關法規制度與行政作業程式，明訂中央政府與地方政府的權責關係，建立共識分工合作，並整合產、官、學、研等各界的所有資源，籌措經費、培養專業人才，一方面有計畫的進行交通特性與相關技術的基礎研究、開發與應用，一方面研定符合國際化的技術標準、通訊協定與驗證程式，以促進民間相關 ITS 產業的參與。

8.4 智慧型運輸系統未來發展與雲端應用

雲端計算可以加強智慧型運輸系統功能、提升效率，茲以交控系統為例說明雲端計算之應用如下。

8.4.1 雲端基礎式交控系統之發展

　　若將雲端運算技術引進嵌入智慧型運輸系統或可稱之爲網際網路智慧型運輸系統（Internet-ITS）（王景弘，2010），但因爲雲端運算可稱爲傳統 Internet 的進階應用，因此爲了維持原義，稱之爲雲端基礎式智慧型運輸系統（cloud-based ITS）（簡稱爲雲端基礎式 ITS）或許更爲適合貼切。雲端基礎式 ITS 的範圍非常廣泛，其發展架構與專案期程之研擬也非常複雜，需要進行深入之研究才能夠考慮周詳。林志敏等人（2010）建議將整合式交通資訊服務雲系統分爲三層架構如下：

1. 硬體層：設置在雲端的硬體，包括：(1) 網路連接之資料庫伺服器群，(2) 交通號誌控制器、各種交通／環境感知器。至於設置在端的硬體則包括：(1) 個人電腦 PC、(2) 手持式系統、(3) 導航系統。

2. 網路層：號誌控制器之間的網路係以第三代行動通訊技術（3rd-generation, 3G）、全球互通微波存取（worldwide interoperability for microwave access, WiMAX）、長期演進技術（long term evolution, LTE）、或電力線通訊（power line communication, PLC）等方式連線，而電腦間連線與溝通網路則係以區域網路（local area network, LAN）、都會網路（metropolitan area network, MAN）、廣域網路（wide area network, WAN）、或無線網路（wireless network）等方式連接。

3. 軟體層：又可細分爲兩大部分：

   (1) 服務提供層：服務提供層裡的各項服務類型，透過下層的應用程式，從分散式網路資料庫裡撈取相對應的資訊，目前規劃爲四大群組，包括交通資訊、旅遊資訊、氣象資訊與防災資訊。

   (2) 應用程式層：提供服務提供層所需使用的各種單一應用程式，依功能分類與相互關係，使用者可以透過相關的服務分群選取必要功能，以獲得所需資訊內容。

　　如何根據現有條件，推動雲端基礎式 ITS 的發展是一項龐雜之工程。以下僅以交控系統爲例簡單說明。交控系統是提高運輸效率、增進行車安全中非常重要的元件，因此政府單位將「智慧型」交控系統納入國內 ITS 發展重點並列入優先發展項目。從傳統式交控系統開始，發展至雲端基礎式交控系統，其進程大致可分成五個階段（參見圖 8-26）：

1. 第一階段：屬於傳統式交控系統，包含人、車、路與控制系統等四大要素，但要素彼此之間的資料交換與訊息傳遞比較鬆散且效率不高。

2. 第二階段：屬於智慧型交控系統，係指引進先進的自動化技術與通訊科技，使得

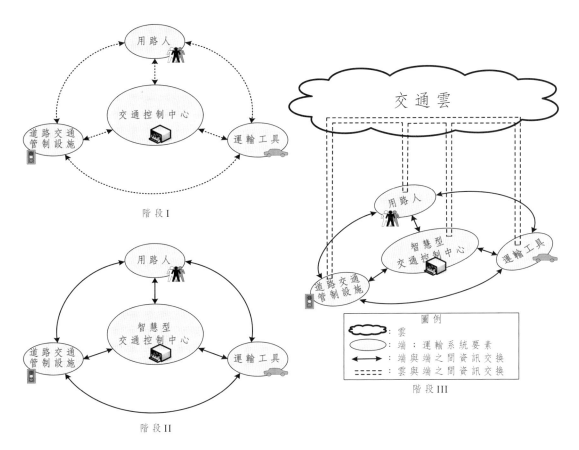

圖 8-26a　區域交通控制中心與雲端運算結合之系統架構（發展階段）

交控系統各要素之間的連繫更加緊密而有效率，相關應用系統包括電子收費系統、公車動態資訊系統等。

　　3. 第三階段：屬於雲端基礎式交控系統雛型，係指將雲端運算技術引進智慧型交控系統的初期架構，在這個階段架構之建立與調整為工作重點，創新服務所占比例較低。

　　4. 第四階段：屬於獨立性之雲端基礎式交控系統，係指其系統架構已經成熟穩定，因此有能力在更少的人員與資源配置下提升既有交控中心之品質，開發過去沒有之創新服務，但在這個階段，不同縣市之間或中央地方政府之間的共享機制尚未達成。

　　5. 第五階段：屬於全面性之雲端基礎式交控系統，係指已將不同縣市或中央地方政府之間的共享機制建立完成。

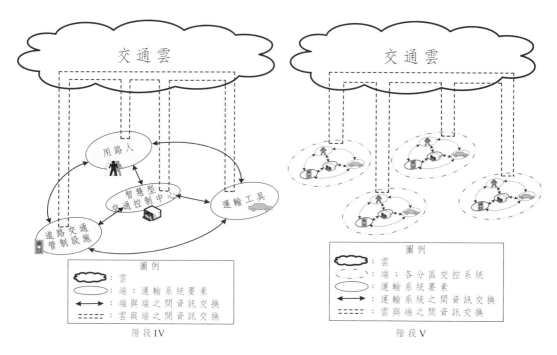

圖 8-26b　區域交通控制中心與雲端運算結合之系統架構（發展階段）

　　6. 當雲端基礎式交控系統建置漸趨成熟或已發展完成時，亦可進一步與旅遊、氣象、防災資訊整合，提供都市日常生活必須之資訊，這就成為第六階段之雲端基礎式生活資訊系統（參見圖 8-27）。

8.4.2 雲端基礎式交控系統之課題

　　在推動雲端基礎式交控系統或雲端基礎式生活資訊系統的發展時，不可避免的將會面臨許多困難問題，其中有許多是屬於專業技術以外之課題，茲臚列於下：

　　1. 政府組織機構之協調與整合：在 ITS 的業務範圍內，交通的主管單位為交通部，但車機產業的主管單位則為經濟部，兩部會之間的資源與立場不盡相同，很難同心協力共同發展，因此要達到政府組織機構之協調與整合，更高階主管之決心與魄力就顯得非常重要，在正式編制組織變動不易情況下，以任務編組或定期督導會報的方式推動，或許是不錯的選項。類似之想法也可以應用到地方政府層級，例如交控中心與公車處之協調與整合。

　　2. 業界之合作：臺灣之電信業者與技術單位很多，平常彼此競爭，但臺灣幅員小、市場有限，業界間的競爭對國家整體之發展相當不利，因此必須合作。在宏觀視野下，具影響力之電信業者應盡量與其他電信業者合作，才能把餅做大，共蒙其利。

　　3. 交通資料與資訊之權責單位：「交通資料」可加工增值成為「交通資訊」以作為

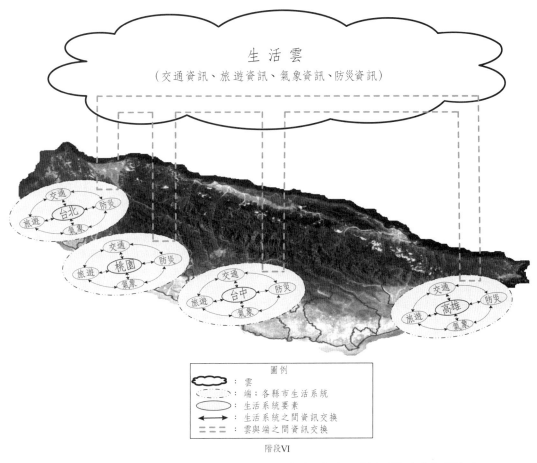

圖 8-27　區域交通控制中心與雲端運算結合之系統架構（遠程目標）

（底圖：中央大學水文遙測實驗室）

交通相關計畫與決策之重要依據。交通資料與資訊之收集需耗費很高的人力、成本與資源，如果不好好儲存與維護，就必須重複收集相同之交通資料與資訊，造成不必要之浪費，相當可惜。國內目前沒有交通資料與資訊之權責單位，但以業務性質而言，或許可由交通部運輸研究所負責此任務。

4.服務科學之概念：服務科學之概念，係由 IBM 公司於 2004 年提出，重點在於強調服務創新，目前已正式命名為服務科學管理與工程（service science, management, and engineering, SSME）（Maglio *et al.*, 2008），臺灣服務科學學會（S3TW）也於 2011 年初成立。若將服務科學之概念應用至雲端基礎式之智慧型運輸系統，至少有兩個議題值得探討：(1) 如何提供服務給目前缺乏人力設備資源的單位？(2) 如何找出雲端基礎式 ITS 的創新服務與效益？一般說來，在兼顧服務與顧客的面向下，服務策略的性質可以區分為四種，如表 8-1 所示：

表 8-1　服務與顧客矩陣

顧客性質	服務種類	
	既有的服務	新的服務
既有的顧客	強化市場占有率	開發新服務
新的顧客	開發新顧客	創造新組合

〔資料來源：吳偉文（2009）〕

　　至於如何具體化服務策略、排定執行優先順序，則可運用強弱機危綜合分析法（strengths, weaknesses, opportunities, and threats, SWOT），以及分析網路程序法（analytic network process, ANP）從事進一步的研究。

　　5. 物聯網之概念：過去強調人際互聯網，但是今天有許多的訊息是透過實體之間的傳遞，例如，行動裝置與路側設施之間的信息傳遞，車輛與衛星之間的信息傳遞等，將人與物整合在一起之網路稱之物聯網（王景弘，2010）。若要全面性提升雲端基礎式 ITS 的功能與績效，物聯網之概念是不可或缺之一環。

8.5 結論與建議

　　ITS 之成效端視是否可以獲得適時且精確的交通狀況估計。這就需要使用先進的交通模型來分析不同來源的資料（特別是即時的交通資料），從而估計、預測交通狀況，並據以執行前瞻性（proactive）的先進交通管理系統（ATMS），以及先進用路人資訊系統（ATIS）使能達成各種交通控制、管理，以及操作的目標。

　　ITS 是以用路人爲中心，環繞著眾多的服務項目，其中有部分已經實現了。但是爲了更有效的成爲無所不在的系統，仍需更努力的開發一些觀念，例如：環境智慧、服務的普及化與自主性。由於 ITS 本身已具有無所不在的特性，因此我們接下來要做的工作只是確認無所不在運輸系統的全面性的多代理人基礎的架構，以及從運輸本體論的觀點來界定所需之服務項目的規格。

問題研討

1. 請說明智慧型運輸系統之定義。
2. 請說明智慧型運輸系統之範圍。

3. 智慧型運輸系統的系統特性為何？

4. 我國 ITS 的發展課題為何？

5. 雲端運算在交通控制系統的應用方向與發展課題為何？

運輸工程相關考題

1. 近年來，智慧型運輸系統（ITS）已成為國際間交通運輸主流，也逐漸被國內各級政府列為施政之重點，有關技術研發、實作示範與具體建制之各項行動已積極展開。請以花蓮地區為例，分析 ITS 基礎建設在此區域之推動策略、適宜辦理項目、優先順序評估等事項。（25 分）（92 專技高）

參考文獻

一、中文文獻

1. 交通部運輸研究所，2010.10，ITS 整體發展規劃，MOTC-IOT-97-IEB021。

2. 中華智慧型運輸系統協會網頁，2011.01.13，http://www.its-taiwan.org.tw/。

3. 交通部運輸研究所，2010.10，ITS 整體發展規劃，MOTC-IOT-97-IEB021。

4. 交通部科技顧問室，2011，交通技術研發與人才培育規劃研究。

5. 林志敏，黃耀榮，林良泰，2010.12，「結合雲端運算支援交通資訊多元服務之智慧型交通控制器雛議」投影片，中華民國運輸學會九十九年年會暨第二十五屆學術論文研討會論文集，逢甲大學，臺中。

6. 陳惠國，2010.05，雲端運算與交通運輸，運輸人通訊，第九十九期，中華民國運輸學會編印。

7. 陳惠國，2011.03，雲端基礎式之智慧型運輸系統，中華道路季刊，第一期，第五十一卷，第 1-10 頁。

8. 蕭偉政，2010.12，「雲端運算技術在交通運輸上之應用」投影片，中華民國運輸學會九十九年年會暨第二十五屆學術論文研討會論文集，逢甲大學，臺中。

9. 蘇秀慧，2011.01.24，政府雲端應用六旗艦升空，經濟日報。

10. 維基百科，2011.1.13，網址：http://zh.wikipedia.org/zh/%E9%9B%B2%E7%AB%AF%E9%81%8B%E7%AE%97

11. Olego 島，臺北市交通控制中心，擷取日期：2018.11.15，網址：http://www.bote.taipei. gov.tw/public/Attachment/322515422220.jpg

12. ROAD TRAFFIC TECHNOLOGY，擷取日期：2018.11.15，https://www.roadtraffic-tech-nology.com/contractors/driver_info/daktronics/attachment/daktronics1/

13. 新唐人亞太電臺，防範危險駕駛　阿里山公路多管齊下，擷取日期：2018.11.15，www. ntdtv.com.tw/b5/20170311/video/192017.html

14. 許棟雄網站，〈臺北都會〉國五總量管制額外，坪林廣發居民通行證，擷取日期：2018.11.15，網址：https://blog.xuite.net/hsu440122171/twblog/225988000

15. 自由時報，〈臺北都會〉停車場資訊導引系統，8 觀光區將增 37 座，擷取日期：2018.11.15，網址：http://m.ltn.com.tw/news/local/paper/924702

16. SUPERTO8，科技執法當道，ETC 不會用來抓超速已成過去，擷取日期：2018.11.15，網址：https://www.supermoto8.com/articles/2965

17. 維基百科，電子道路收費系統（新加坡），擷取日期：2018.11.15，網址：https://zh.wikipedia.org/wiki/%E9%9B%BB%E5%AD%90%E9%81%93%E8%B7%AF%E6%94%B6%E8%B2%BB%E7%B3%BB%E7%B5%B1_（%E6%96%B0%E5%8A%A0%E5%9D%A1）#/media/File:ERPBugis.JPG

二、英文文獻

1. Passos, L.S., Rossetti, R. ,2009, Intelligent transportation systems: a ubiquitous perspective, 14th Portuguese Conference on Artificial Intelligence, Aveiro.

2. Wikipedia, 2012.8.19, http://en.wikipedia.org/wiki/Ambient_intelligence。

軌道運輸

　　在地狹人稠的臺灣，新闢道路受到限制，因此，無法僅以公路運輸滿足日益增加的陸運交通需求或有效舒緩都會區內及城際道路壅塞問題，再加上近年來環境污染及能源使用效能之課題受到高度之重視，因此亟需在公路運輸系統之外，加強發展低污染、高效能之軌道運輸系統。

　　一般說來，軌道[1] 運輸具有以下的特性：

1. 運量大、運價低廉且運送距離長。

2. 行駛具自動控制性。

3. 有效使用土地。

4. 低污染。

5. 受天候影響小。

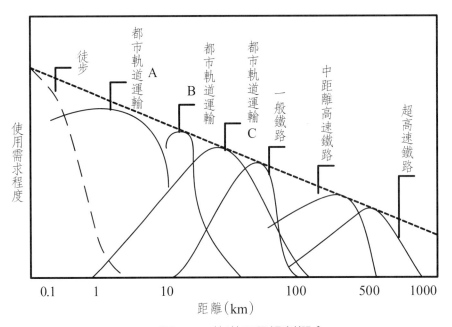

圖 9-1　軌道工程規劃概念

　　本章針對軌道工程進行探討，內容之安排順序如下：第一節先整理軌道相關名詞；第二節討論軌道運輸系統的分類；第三節探討傳統鐵路系統，包括：基本設計的型態與流程、站場（含車站與調車場）、車輛系統；第四節介紹捷運系統；第五節說明高鐵系統；第六節介紹行車控制系統；第七節討論鐵路經營效率；第八節提出軌道運輸發展的課題；第九節則提出結論與建議。

1　英文 railway, railroad, track, tramway 之涵義稍有不同，但中文都經常翻譯為軌道。

9.1 軌道相關名詞

軌道運輸常用之相關名詞如下：

1. 路權（right of way）：為供運輸設備建造和使用的合法土地；可依法律規定與運具別的不同而決定車道是在地下、地面或是高架。

2. 路基（roadbed）：為軌道路面用來承受軌道上部結構（super structure）基礎。路基型式包括：(1) 簡單的地面路基、(2) 高架路堤，以及 (3) 大型開挖和填土建造的路基等。

3. 車道結構（way structure）：包含所有用來承受軌道上部結構的建築物，最常見的型式是：橋梁、高架結構、高架橋（viaduct）和隧道等。

4. 上部結構：包含所有用來支撐及導引軌道車輛的固定實體設施，如道碴（ballast）、枕木（tie, crosstie, sleeper）、鐵軌和轉轍器（switch）；並且全線所鋪設的上部結構，必須不受路基型態的影響。

5. 導引車道（guideway）：有時會與車道結構混淆，其真正意義為運輸車道的一部分，用以引導車輛。就鐵路運具而言，其導引車道即是鐵路的軌道（track）；而由司機駕駛的車輛如公車，就沒有導引車道。

6. 袋形軌（pocket track）：亦可稱為中央避車線、袋式儲車軌。是一種可使列車駛離主線停車的軌道。此種軌道通常設置於兩條主線的中央。袋形軌除了可以臨時停放故障列車外，也能協助班車調度作業，提供列車掉頭、倒車的場所，因此可以使軌道路線在夜間等乘客較少的時段縮短服務區間。能於部分時段讓部分列車作為終點站使用。

7. 道旁設施（way equipment）：包含路邊號誌、通訊電纜和儲存設備，均沿軌道兩旁設置，用於路線營運、控制和維持等工作。

8. 電力設備（electrification equipment）：包含將電力從電廠送至在軌道上行駛之車輛，其一切與電力有關的設備；如變電所（substation）、第三軌（third rail）、架空電線（overhead wire）或電桿等。

9. 傳統鐵路系統：依軌距可區分為三種：寬軌大於 1,435 mm（西班牙，1,674 mm；俄羅斯，1,524 mm；1,520 mm）、標準軌等於 1,435 mm（中國大陸）、窄軌小於 1,435 mm（臺鐵，1,067 mm）。

10. 大眾捷運系統：大眾捷運法所稱大眾捷運系統，係指利用地面、地下或高架設施，不受其他地面交通干擾，使用專用動力車輛行駛於專用路線，並以密集班次、大量快速輸送都市及鄰近地區旅客之公共運輸系統。

11. 都市捷運系統：由於大眾捷運系統主要應用於都市地區，故可通稱為都市捷運

系統。

12. 高速鐵路系統：依軌道（輪胎）技術可區分為兩種：(1) 鋼輪鋼軌系統、(2) 磁懸浮系統。

9.2 軌道運輸系統的分類

軌道運輸系統可依「軌距」、「路權」、「路線長短」及「車速」做分類。

9.2.1 軌距分類

軌道運輸系統依「軌距」則分標準軌、寬軌、窄軌三類：

1. 標準軌距：這軌距又稱國際軌距，源自英國。國際鐵路協會在 1937 年制定 1,435 公釐為標準軌，世界上大約 60% 鐵路的軌距是標準軌。如臺北高運量捷運系統，日本（SKS）、法國（TGV）、德國 ICE（Inter City Express）高鐵等。

2. 寬軌：軌距大於標準軌距即稱之，是三種軌距類型中最少使用者，多半因國情特殊理由而被採用。如西班牙（1,674 公釐）、俄羅斯（1,524 公釐、1,520 公釐）等。

3. 窄軌：軌距小於標準軌距即稱之，其係為順應地形而有相當多種類，但以 1,067 公釐和 762 公釐兩種最為普遍。如臺灣鐵路（1,067 公釐）、林務鐵路（762 公釐、1,000 公釐、600 公釐）等。

臺灣鐵路管理局的鐵路採用 1,067 公釐，臺灣高速鐵路、臺北捷運、高雄捷運及臺灣桃園國際機場捷運採用標準軌距 1,435 公釐；中國大陸鐵路主要採用標準軌距；美國、加拿大及歐洲大部分國家都採用 1,435 公釐標準軌距。

在車輛結構上，至少應有兩軸以上固定於車架，通過曲線時有一軸或兩軸不能與軌道呈直角，而使車輪對鋼軌以直角以外之角度行進。在此情形下，車輪與鋼軌間發生之壓力使軌距擴大、鋼軌及車輪外緣產生磨耗，甚至道釘被擠出，增加列車行駛阻力、使車輪旋轉困難影響乘車舒適感或造成脫軌。因此鋪設曲線軌道時，為使車輪圓滑通過，依曲線半徑之大小將軌距向圓心方面予以拓寬，而拓寬超過正常軌距之幅度，稱為軌距加寬。

9.2.2 路權分類

軌道運輸系統依「路權」可分成 A、B、C 三種：

1. A 型路權：擁有自身的路線、車道或車軌，且與一般道路分離，其型式可以高架

或地下化或地面上，無平交道；如高速鐵路和大眾捷運系統。

2. B 型路權：部分軌道與外界隔離，以及部分軌道與外界車道共同使用，如輕軌系統。

3. C 型路權：路軌沿著道路鋪設，與一般道路混合使用，如路面電車或無軌電車。

9.2.3 路線長短分類

軌道運輸系統依「路線長短」分類：

1. 都市捷運鐵路（rail rapid transit, RRT）

都市捷運鐵路必須具備以下五個條件：

(1) 必須是大眾運輸系統。

(2) 必須位於城市之內。

(3) 必須以電力驅動。

(4) 大部分需獨立於其他交通體系（如道路和其他鐵路）以外。

(5) 班次必須頻密。

大多數的城市軌道交通系統在城市中心的路段都會鋪在地下挖掘的隧道裡。這些系統在臺灣則稱作「捷運」（mass rapid transit system, MRT）。在中國大陸亦可稱爲地下鐵路，簡稱地下鐵或地鐵。一般說來，捷運鐵路（RRT）的路線比較短，車站數比較多，速度比較慢，旅客的平均旅次長度也較短。

2. 區域鐵路（regional rail, RGR）

區域鐵路亦稱區間通勤鐵路或通勤鐵路，是一種提供市中心商業區及城市郊區的鐵路運輸系統，在臺灣的臺鐵通勤電聯車，以臺北都會區爲中心，往返基隆與桃園、中壢之間。在很多大都會，每天都有大量的乘客使用區域鐵路通勤上、下班，區域鐵路系統在國外通常都由鐵路公司來經營，而非由都市之大眾捷運公司或大眾運輸局（Transit Authority）來營運。近年很多地方的城市都著重發展區域鐵路，一方面希望減輕市區內的道路交通壓力，減少污染，以及對汽車和石油的依賴；另一方面亦希望區域鐵路能帶動途經地區發展成爲都會的住宅區。一般說來，區域鐵路（RGR）在營運路線比較長，車站數比較少，速度比較快，旅客的平均旅次長度也較長。

3. 城際鐵路（intercity rail, ICR）

所謂城際間的鐵路是以連接各大都市爲主，如臺灣西部縱貫線，即可稱爲城際間鐵路，臺鐵的自強號可稱爲城際特快車（intercity express），高鐵則爲目前最先進之城際鐵路。城際鐵路屬於最長途旅次，其班次最少、停靠站亦最少、路線最長、速度最快。

9.2.4 車速分類

軌道運輸系統依「車速」標準可以劃分成兩類：傳統鐵路、高速鐵路。

9.3 傳統鐵路系統

國內傳統鐵路就是所謂的臺鐵，依照不同的需求有不同車種可以選擇，普通、電車、復興、莒光、自強，速度及所停靠的站次也不同，最快的自強號大概就只有停幾個大站，速度最快大概在 120 公里左右。

1. 火車：以柴油動力或電力驅動推拉頭（火車頭）：以帶動的方式啟動，故站與站之間的距離較遠、班距較大，販售收票為人工或自動式，軌道必須有枕木。1,067 公釐軌道線形設計，主要依據鐵路修建養護規則、臺鐵運轉規章、交通部 1,067 公釐軌距軌道橋隧檢查養護規範、交通部 1,067 公釐軌距鐵路長焊鋼軌舖設及養護規範四大準則，及其他參考文獻，需考慮之限制項目極多，且各項目間亦具有關聯性，設計過程極為複雜，耗費大量人力、時間。

2. 電車：行駛在火車鐵路上的電車，在臺灣地區票價約和復興號差不多，車上有廁所。

傾斜式列車（tilting train），或稱搖擺式列車、擺錘式列車、振子列車（即臺鐵的新傾斜式列車）是一種車體轉彎時可以側向擺動的列車。相較於普通列車，搖擺式列車通過一般彎道時會以較快速度行駛，可以節省行駛時間。

軌道路線幾何設計必須考量的三個層面：(1) 水平定線（horizontal alignment），包括：單曲線、複曲線與反向曲線、緩和曲線、外軌超高、軌道配置（track layout）等；(2) 垂直定線（vertical alignment），例如：軌道縱剖面圖（vertical track profile）、豎曲線等；(3) 橫斷面，包括：道碴、軌枕（sleeper）、軌條（rail）、軌條扣件（fastening）、淨空（clearance）等。

9.3.1 基本設計的型態與流程

軌道運輸趨於多樣化，不同的軌道運輸系統，其用途與標準及所設置之區域特性也不同，因此，需要有不同的設計規劃與成果需求。軌道運輸為高運量運具，安全需求高，實務性強，宜參考國內外相關軌道規範及實作經驗，進行研究並歸納後，再配合系統特性展開基本設計。

軌道基本設計分為兩大型態：(1) 道碴道床軌道（ballast track bed）及一般制式軌

道材料作業；(2) 無道碴道床軌道（ballastless track bed）及其關聯性組件及設備與施工作業，如圖 9-2 所示。

(a)

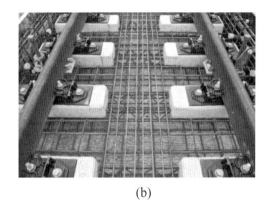

(b)

圖 9-2　(a) 道碴道床軌道（ballast track bed）及一般制式軌道材料作業；(b) 無道碴道床軌道（ballastless track bed）

　　軌道基本設計之目的與方向，是先依規劃階段所釐定的系統規劃（例如：重運量捷運或傳統鐵路之軌道系統）及區域特性（例如：臺北都會區或臺中都會區之差異性），進行評估分析，再將兩種道床型態作一佈設區段之整體性規劃，待確定後，再依實際狀況進行基本設計，主要以完成概念設計、制式規格及細部設計準則爲其目的與方向。

　　軌道基本設計之設計流程，如圖 9-3 所示，簡述如下。

1. 收集設計參數：收集列車軸重[2]、輪型、輪背距[3]、軸距[4]、軌距、軌道空間佈設、預留管線路徑、線形資料、機電設備配置之尺寸與路徑，以及其他相關項目如法規等相關資料，並加以分析評估，作爲基本設計的參考依據。

2. 道岔（turnout）[5]：收集運轉需求、列車速限、幾何線形、佈設原則及位置等資料（註：依區域特性及高鐵、傳統鐵路、重運量捷運、輕軌捷運不同等級軌道運輸而異），宜由已使用之本土化道岔中，選擇一套道岔或自行研發一套道岔型態。軌道道岔如圖 9-4 所示。

2　單一車軸之載重量。

3　車輪內面距離。

4　前輪軸與後輪軸之間的距離。

5　複式道岔、相交道岔，以及橫渡線皆為特殊之道岔。複式道岔可由一股線分成三股線；相交道岔為兩線軌道相交處之特殊布置；橫渡線是兩股平行軌道相互連接之裝置，其主要由兩個同號道岔及一連接軌所構成。採用橫渡線之佈置必須使列車以背向岔尖之方向行駛，若採面向岔尖之方向行駛，當轉轍器控制不當時，即可能因行駛於錯誤的軌道而造成對撞事故。

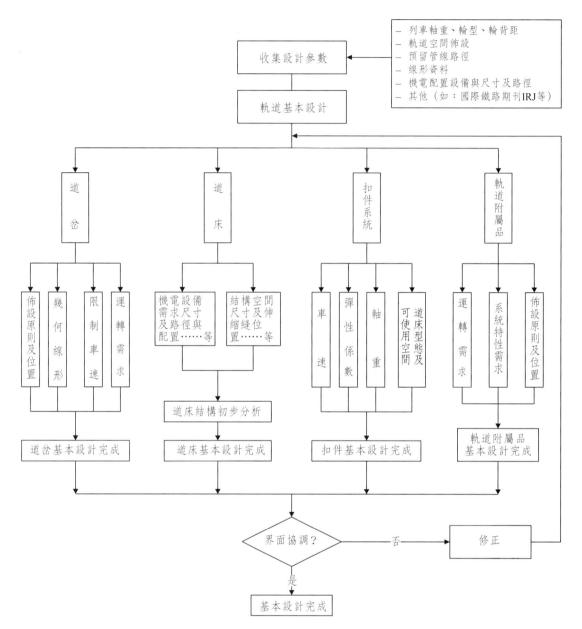

圖 9-3　軌道工程基本設計流程（黃仲宗、張思、詹宏義，2004）

圖 9-4　軌道道岔

3. 軌道道床之選取：先收集機電設備需求尺寸、結構空間尺寸及路徑與環境因素等資料，然後依據該計畫之地理環境及工程特性進行無道碴道床之選取作業，最好能從本土化所發展出之無道碴道床中，選擇一種型態或自行研發無道碴道床型態，對道床進行初步設計、配置及結構分析。

無道碴軌道道床，依照其與結構結合之型式不同，可概分為下列三種：

(1) 直接固定式：將鋼軌及鋼軌扣件直接固定於軌道道床之上，再將道床直接固定於橋面版、隧道仰拱（tunnel invert）（圖 9-5）或道碴之上。

圖 9-5　隧道仰拱

直接固定式依型式不同又可分為三種型態：

a. 直座結構道床：直接將鋼軌以扣件組固定於結構體完成面上；此型軌道並無道床，排水性質較差，軌道可能座落於排水層內。

b. 平版式道床：現場澆注混凝土道床版作為鋼軌及支承結構之介面層，兼具排水功能（圖 9-6）。

圖 9-6　臺鐵平版式道床軌道（郭致宇，2007 年）

c. 混凝土基座道床：或稱縱枕式軌道，以（連續性或非連續性）長條形之混凝土基座作為軌道承托系統（圖 9-7）。臺北捷運即採用此軌道系統。

圖 9-7　臺鐵混凝土基座道床軌道（郭致宇，2007 年）

(2) 埋入式：無道碴軌道係先將鋼軌固定於軌道承托系統（道床）中之預鑄軌枕上，於施工時吊至現場定位後再澆注混凝土，俾便將預鑄軌枕與支承下部結構體結合成一體（鄭國雄、張思，2002；郭致宇，2007 年）。

依軌枕型式之不同又可細分成以下三種：

a. 軌枕埋入式（圖 9-8）：由早期之木枕逐漸演變至混凝土枕、預力混凝土枕。由於混凝土枕之重量重且調整空間小，日本已於近期開始推廣輕質且可現場鑽掘孔洞並作為鋼軌定位之「合成木質纖維軌枕」。

圖 9-8　臺鐵軌枕埋入式軌道（郭致宇，2007 年）

b. 混凝土塊埋入式：係源自法國 STEDEF 軌枕，主要是以雙混凝土塊為主體並藉鐵桿將其連成一體，其成本較混凝土枕低廉且質輕。近年來多已捨去

連接鐵桿，採用直接將混凝土塊埋入道床版內之施作方式（圖9-9）。目前臺灣高鐵採用之 LVT（low vibration track）軌道系統即為本系統。

圖9-9　臺灣高鐵軌枕埋入式軌道（郭致宇，2007年）

c. 直接埋入式：此型軌道之特點在於捨去固定鋼軌之扣件系統及軌枕，直接於道床混凝土版預留凹槽，再將液態彈性材灌注於凹槽中使其凝固，固定住鋼軌，如圖9-10所示。目前臺灣高鐵於臺北站即採用此型軌道系統。

圖9-10　臺灣高鐵直接埋入式軌道（郭致宇，2007年）

(3) 彈性支承墊：本型道床原則上先行預鑄軌道版（道床），再至現場以彈性構材（可為橡膠、機械式彈簧或 CA 砂漿等）襯墊於軌道版及支承結構體之間，藉以增加軌道彈性係數，達到吸音減震之功效；本型道床依軌道版型式不同可分為兩種型式：

a. 浮動式道床（Floating slab）（圖9-11）：軌道版為預鑄混凝土版，系統的自然頻率與道版之尺寸、重量及彈性材之彈簧常數有關。

將鋼軌直接固定於浮動式道床隔離軌道

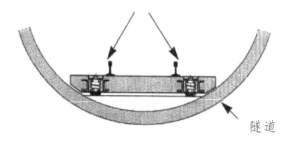

隧道

圖 9-11　浮動式道床軌道（郭致宇，2007 年；摘自 GERB informs：Low Frequency Floating Floor System with accessible integrated spring elements）

　　b. 日本框架式道床（圖 9-12）：先於支承結構上澆置道床之底層混凝土版，再將預鑄框架式軌道版吊放於底層混凝土版上。其彈性材（CA 砂漿）係由柏油乳劑、水、水泥、細骨材及添加劑拌合而成，施作於軌道版及底層混凝土版間。目前臺灣高鐵大量採用之 J-Slab 軌道系統即屬此型軌道系統。

圖 9-12　臺灣高鐵日本框架式道床軌道（郭致宇，民國 96 年）

4. 選擇鋼軌及扣件系統：依據列車之車速、軸重、扣件彈性係數、扣件型式、道床型態等因素，評估選擇或設計適合該計畫所需要的鋼軌及扣件系統。因無道碴道床為一整體剛性結構，列車行經此處時，較行經傳統道碴軌道所產生之噪音及振動量較大，因此，在鋼軌扣件吸音減震之功能需求亦較傳統道碴軌道來得重要。

　　軌道扣件系統（圖 9-13）主要由下列三部分所組成：

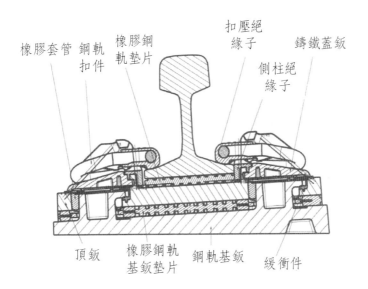

圖 9-13　扣件系統示意圖（郭致宇，2007 年；摘自 PANDROL VIPA：The next generation in track support systems）

(1) 扣夾：直接固定鋼軌於整體扣件系統之上，提供鋼軌受三向力（垂直、縱向、側向）時，有足夠之扣壓力，得以阻擋鋼軌因三向力所造成之三向變位不致過大。扣夾型式依其使用及功能性之不同可分為：

　　a. 道釘（spike）：大多使用於木枕之上，其型式有鉤頭道釘、螺紋道釘及彈性道釘。

　　b. 螺栓及楔形扣夾：以扣夾固定鋼軌於鋼軌座上，再以螺栓貫穿扣夾本體，固定於預埋件或錨碇螺紋座內。

　　c. 彈性扣夾（spring clip）：先行將錨座與鋼肩預鑄於基鈑或軌道承托系統之內，再以彈性鋼棒扣夾嵌入錨座或鋼肩之上。

(2) 基鈑（base plate）：扣件系統中，直接承載鋼軌及均勻將列車荷重及鋼軌自重往下傳遞至軌道承托系統之主要組件，亦有保護軌道承托系統並可配合吸音減震等環境污染防治特殊需求。依其型式可分為：

　　a. 單一基鈑或墊鈑：大都使用於枕木系統上，由單一鈑塊組成，介於鋼軌底部與枕木之間。

　　b. 雙層基鈑：因考慮單一基鈑之剛性過高，若需求較高彈性及吸震能力時，則另加設彈性材（包含天然橡膠或合成樹脂）於金屬鈑下，以其彈性係數之調整來配合不同軌道系統之要求，即為雙層基鈑。

　　c. 三層基鈑：在乘客舒適度要求提高及增加軌道使用年限等諸多因素考量下，發展出上下為金屬鈑以抵抗磨損，中夾彈性材以調整彈性係數提高乘

客舒適度之三層基鈑。三層基鈑依金屬鈑與彈性材之膠結方式與錨碇螺栓貫穿方式之不同而有：(a) 分離頂鈑貫穿式、(b) 分離底鈑錨碇式、(c) 膠結底鈑錨碇式，與 (d) 膠結外環鈑錨碇式等四種不同型式。

  (3) 錨碇組件：主要承受經扣件吸收折減後荷重，並傳往軌道下部結構之固定組件，亦需具備絕緣功能，以避免雜散電流竄流造成金屬組件腐蝕。

5. 軌道附屬品：收集運轉需求、系統特性需求、佈設原則及位置等資料（註：依區域特性及高鐵、傳統鐵路、重運量捷運、輕軌捷運不同等級軌道運輸而異），宜由已使用之本土化材料中，選擇一套或自行研發一套型態。

6. 界面協調：當道床型態、鋼軌及扣件系統、道岔、軌道附屬件決定後，即已初步完成軌道工程之基本設計；然後必須將已完成之設計與其他相關界面之間彼此協調整合，在技術性、施工程序及可行性各方面，尋找出一最佳之整合方案。相關界面有：

  (1) 車輛系統：設定軌距（標準軌距或窄軌）、車輪內緣形狀與軌道傾斜度需相互配合、線形設計與車輛特性配合並兼顧安全與舒適性、淨空需求需符合車輛包絡線。

  (2) 號誌系統：號誌設計需配合道岔號數、轉彎半徑、列車速限與橫渡線之設計。目前臺北捷運已能執行列車自動操作（automatic train operation, ATO[6]）及中央控制行車（centralized traffic control, CTC[7]）。臺鐵號誌系統早期僅具備列車自動警示（automatic train warning, ATW）及列車自動煞車（automatic train stop, ATS[8]）的功能，目前已提升為列車自動防護（automatic train protection, ATP），但尚無法達到列車自動操作（ATO）的技術層級。

  (3) 供電系統：臺北捷運導電軌及電纜接頭之佈置、導電軌錨座與軌道版位置之設計及迴路電纜穿越軌道版之位置〔目前列車運行之公稱電壓（nominal voltage）為 750 伏特直流電，實際電壓從 600～900 伏特不等〕。臺鐵為架

空電纜集電弓[9]（pantograph）系統則依循既有制式程序進行協調〔目前列車運行需求電壓爲 25 千伏特（KV）二單相交流電〕。

(4) 土建結構：以軌道中心線爲基線，加入淨空需求之結構基本尺度及隧道車體偏移值（隧道段），以訂出結構尺寸；另軌道組件設計需配合結構變位，避免與震動頻率相近及傳遞震動方向。

9.3.2 站場（含車站與調車場）

　　站場爲鐵路運輸之基地，代表系統與周遭環境與其他運具（例如步行、機車、小汽車等）之接觸點，是大衆運輸系統重要組成要素之一，對於鐵路運輸能力，各項服務及管理費用，均有莫大之影響。近年來，客、貨運輸數量日增，因此，站場之各項設備，必須與之配合，始能充分發揮其應有之機能。而站場設計者，對於客、貨運輸，更應有多方面之知識，依照現場地形，以及其他各種客觀條件，細心研討與努力，始能作適當完善之計畫。站場的營運除了會對旅客的方便、舒適及安全有所影響外，也會影響系統的服務可靠度、營運速度和路線容量等，而且站場設計的良窳對周圍環境也有很大的交互影響關係。

9.3.2.1 站場之分類

　　臺灣鐵路站場之分類如下（王元興，2008）：

1. 作業功能分類，如圖 9-14 所示。

　　站場爲軌道系統之主要設施，包括車站（station）、調車場（yard）與號誌站三者在內，其中車站之主要建築物包括三項：站屋、車站軌道，以及月台[10]，而調車場則包括兩種：客車場與貨車場。

9　亦稱受電弓或輸電架，是一種讓電氣化鐵路車輛從高架電纜取得電力的一種設備。

10 「月台」是因為以前的火車全列車的長度不是很長（大概只掛一、二節車廂），在火車停靠車站供旅客上、下的這一邊軌道是一條直線，其車台邊緣修整成直線；而在沒有軌道的另一邊，為了節省用地、經費與建築方便，邊緣就修整成弧形，整體看來就像半月形的月亮一般，因此車站供旅客上下車台的地方就叫「月台」。臺灣及香港仍保留「月台」一詞之用法，而在中國大陸，鐵路、地鐵、輕軌等車站的標誌一般使用「站台」一詞，「月台」一詞已經很罕見。

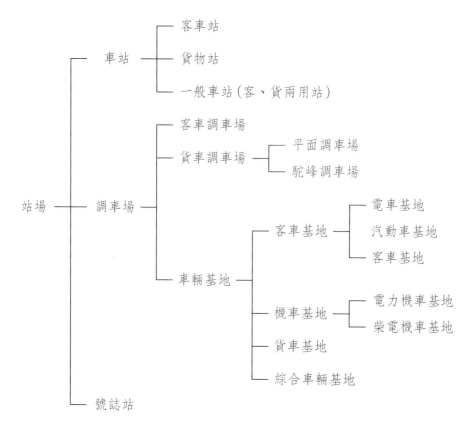

圖 9-14　站場之分類（黃民仁，2007：本書）

2. 沿線設站分類：車站（station）[11] 和終點站（terminals）[12] 兩者合稱站場。

　(1)始發站：路線出發之車站。

　(2)中間站：路線中央之普通車站。

　(3)轉運站：為鐵路樞紐站。在一線城市必定要有鐵路樞紐站與傳統鐵路、捷運鐵路、市區公車、機場巴士、長途客運等形成一多運具之轉乘系統，如臺北車站，包括高鐵、臺鐵、捷運系統、長途公路客運、臺北公車等多種運具集中的車站。

　(4)終點站：路線結束之車站。

3. 都市發展等級分類：

　(1)特等站。

　(2)頭等站。

---

11 鐵路車站（station）是指鐵路兩端行經的停靠站，有上、下行列車通過。

12 鐵路終點站（terminal）是鐵路路線完結或開始的地方。在終點站，乘客可能無需越過路軌就可以來往月臺。這種車站在歐、美最常見，亞洲國家不常使用。臺灣又分為始發站及終點站。

(3) 二等站。

(4) 三等站。

(5) 簡易站。

(6) 招呼站。

站場之計畫，不僅使客、貨運輸迅速便利，尤需顧及安全準確。為達到此目的，需有適當之路線系統，與載運客、貨之機車與車輛。茲擇其主要者分述如下：

1. 為便利旅客上下與貨物裝卸，需在適當地點設置具有適當設備之車站。

2. 為便利列車運轉，需在適當地點需設置交會待避路線，以策安全與便利。

3. 為正常供應機車添加燃料及給水，與車輛之修理清掃，應設有保養必須之設備。

4. 為達成運輸之調度便利，應設有車輛拆解、聯掛，及調車等設備。

9.3.2.2 車站設計

車站之設計一般分為三個部分：

1. 站屋：各設施之數量與空間大小，應以平常日之尖峰小時旅客數量而設計（美國亞特蘭大都會區捷運局 MARTA 之建議設計標準）。

   (1) 緊急逃生：應以尖峰15分鐘最大旅客數來設計中央大廳與通道之進出口容量。

   (2) 安全、照明、消音、空氣調節、通風。

2. 車站軌道：通過站、環狀站、末端站（亦稱高峰負載站）。

3. 月台：側向式月台、島式月台。

   車站細部佈置因地形、月台佈置、站內作業種類數量及車站本身特性等關係，沒有一定公式可循，圖 9-15 為一般站之佈置概況。

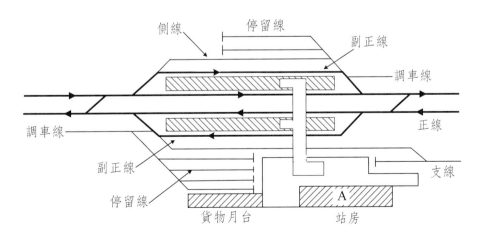

圖 9-15　一般車站的平面佈置（黃民仁，2007）

一般而言，較大的車站通常需要巨額的投資成本，因此，審慎規劃與設計車站的營

運是相當重要的。

1. 鐵路車站與設計

鐵路車站俗稱火車站,是供列車停靠的地方,用以上下乘客或裝卸貨物。多家鐵路公司一起使用的車站一般稱為聯合車站(union station)或轉車站,轉車站有時只可供其他交通工具轉乘的車站。鐵路車站的主要單元為車站軌道、月台、站房及進出通道。

車站可依據軌道佈置形狀分成以下三類:

(1) 通過站 (through station)

交通需求量少的車站列車可停靠正線軌道,而交通繁忙站則需增加月台,提供直達列車通過,慢車及貨運列車停等側線。市區繁忙站提供多月台軌道,供同時不同目的地列車駛離及到達。2.5～3.0 站軌需提供一個出入軌(throat track)。

(2) 環狀站 (loop station)

在列車班次頻繁的路線,應在正線旁另建側線以供列車停靠,以免妨礙直通列車之運行。對於轉向之列車,則可建環狀軌道使其快速作業。

(3) 殘段末端站 (stub station)

服務列車以反方向駛離站的軌道配置,設置於路線尾端之殘段末端站(為高峰負載站之意)。市區繁忙站提供多月台軌道,設置橫渡線供機車調度。大站配置環狀軌道(loop track)列車無需經由出入軌調頭。

臺灣的鐵路為環島型路線,大部分的車站都是雙向可通的停靠車站(station)。

車站內有月台(平台、站台)方便乘客上下列車,月台以人行通道跟車站的大堂連接。較常見之月台配置型式為以下兩種(參見圖 9-16):(1) 側式月台(side platform)為雙線軌道兩側的月台;(2)島式月台(island platform)為雙線軌道間設置月台。市區站的客運月台寬至少 4.5 公尺,郊區及鄉村站的客運月台寬至少 1.8 公尺。另外若鐵路車站在超過兩個月台時所採用的一種型式,即混合式的月台,可以分為三類:雙島式月台、雙側式月台和完全混合式月台。

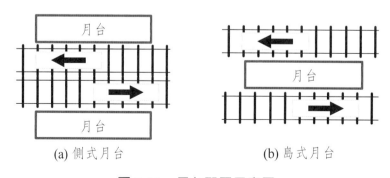

(a) 側式月台　　　　　　　　　　(b) 島式月台

圖 9-16　月台配置示意圖

車站主要建築的乘客空間要求依據經驗評估，而不同功能的配置係依據尖峰小時的乘客數。車站設施及設備需考量殘障人士的方便進出及使用。車站其他設備包括售票、候車室、在月台上供候車的座椅等等。

1. 月台尺寸標準及原則

月台尺寸會隨著系統而異，但一般採用之標準如下：

(1) 月台最大容量為依據 5 分鐘乘客數及延遲 90 秒。

(2) 月台端需有 0.3～0.4 公尺的淨空確保乘客安全。

目前臺北捷運系統之月台設計，採用側式月台[13]、島式月台[14]、側疊式月台[15]（folding platform）、島疊式月台[16]、混合式月台[17]（hybrid platform）等 5 種型式。

臺北高運量捷運系統而言，是 6 節車，141 公尺（每節車 23.5 公尺），以臺鐵而言，捷運化車站的月台長度為 180 公尺。若月台供 8 車廂的列車停靠，長度至少為 183 公尺，高架車站在等候設置座位及約 90 公尺的遮風雨板（awning）。

2. 車站乘客動線規劃

(1) 以右手方向動線為佳。

(2) 儘可能避免動線交叉。

(3) 需分離不同方向的乘客。

(4) 避免動線有不通（dead end）的情況。

(5) 減少乘客的行動延遲。

3. 車站採共構（concourse）動線設施以紓解大量乘客，並提供有關收費系統、方向及資訊的標誌以及離峰期間的候車區。

4. 車站建築設計需考慮防火區隔及人員緊急疏散之基準，緊急情況的最大乘客數為 15 分鐘的列車乘客數，以及 1 分鐘的月台候車乘客數。

5. 車站緊急出口通道需提供在 4 分鐘內人員緊急疏散

(1) 月台兩個緊急出口間隔 30.5 公尺。

---

13 又稱岸式月台，因為常成對使用，也稱為「相對式月台」或「對向式月台」，是指軌道在中央，而月台就在左、右兩側的設計，是最常見的月台型式之一。側式月台，廣泛的定義即車站只有一面有軌道，故亦包括只有一個月台與一個軌道的情況。

14 為路軌在兩旁，月台被夾在中間的設計，大部分高運量路線車站皆有採用。

15 側式疊式月台多用於腹地不足的車站。

16 島式疊式月台為兩個單一月台分別位於上、下樓層，呈現相疊的排列方式，多用於交會站。

17 同時設有側式與島式兩種月台的車站。

(2) 共構區的兩個緊急出口盡量隔開，地下站的兩個緊急出口隔開不超過 60 公尺，高架站的兩個緊急出口隔開不超過 90 公尺。

6. 車站緊急出口容量，通道寬為 6.1 公尺，每分鐘通過 40 人，步行速率為 61 公尺／分鐘。

7. 身障乘客服務

(1) 至少一個輪椅出入通道。

(2) 通道寬 1.2 公尺及坡度小於 5%。

(3) 上下坡道的坡度小於 8.33%，外側扶手高度為 81.3 公分。

(4) 牆壁扶手高度需固定在身障乘客可勾到區域。

(5) 為身障乘客設置自動停車設備。

9.3.2.3 調車場設計

調車場亦稱車場，供列車在出發前及到達後之整備、編組、調配、裝卸、檢修及洗刷等作業，依列車處理種類之不同可細分為：客車（coach）調車場及貨車調車場（sorting yard）兩類。

1. 調車場設計要素

單線鐵路調車場之副線[18]其車區軌道等皆宜設在正線[19]之一邊，以免調車工作經過正線；雙線鐵路調車場亦宜將各軌道房屋集中在二正線之中間，使二正線之中心距極大。調車場設計應考量下列各點：

(1) 每一方向出入該站列車之最長度，直達車與區間車各種貨車之分類數，以及日後增加之大約數目。

(2) 交、分道岔之設置越少越好。

(3) 調車場內軌道不宜太長，過長則調車時行駛速度將會過快，易發生危險，而且場內工人之往返亦太費時。

(4) 有聯絡之調車場應專備聯絡軌道足以容納一日間互相交換之車輛。

(5) 調車場內之岔道設置需有條理，連鎖岔道號數尺寸最好能全場一致。岔角以小者為佳，因阻力小不易出軌。

(6) 需於聯絡、收集，或分析軌道上設置磅秤，以便於行動時秤全車之重量。近磅秤兩端軌道需之少有十五公尺長之直線。除了過磅軌之外，應有二條死軌與之平行，用以運轉無需秤磅之車輛或機車。

---

18 副線亦稱之為副路，但較不常用。
19 正線亦稱之為正路，但較不常用。

(7) 當貨運量極多以及運轉笨重貨物時，可於調車場中裝設起重機以便將貨物由載重汽車直接裝卸至車輛。

(8) 調車場需有充足光線，光源需裝置高處以避免被建築物所遮蔽。

(9) 機車房附近需設置水塔與水鶴，沿收集軌道旁需設總水管，每間隔 60 公尺可設置一個水龍頭，重要房屋及存放軌道旁皆應裝設救火通水管。

(10) 如軌道太多，則應在車區段成「V」形，集中岔尖，以減少轍叉及岔尖之損傷，並縮短道軌。每一梯軌可設八至十主要平行軌道。

2. 調車場之範圍與功用

(1) 客車場：洗刷、檢修、分編、整備軌道。

(2) 貨車場：除收集、分解、編組、出發等軌道外，另需圓形機車庫、修車廠、發電廠、控制塔、辦公室。

由於客車場較為常見，因此，下節僅介紹配置較為複雜之貨車場分類。

3. 貨車場之車區分類

貨車場之車區可劃分為四類：

(1) 存放車區（storage track）：供暫時不用的空車及等待裝貨的車輛之停放區域。

(2) 修理車區（repair track）：供正在修理及待修之車輛之停放區域。

(3) 分類車區（sorting track）

　　a. 收集：到站之列車駛進此車區，整列貨車留下，然後機車取近路回到機車庫。

　　b. 分解：以調整機車將留在收集車區之貨車帶至此區，並依貨物之性質或到達目的地之不同，分別導入不同的軌道上。

　　c. 編組：將經過分類之貨車，依貨物性質或到站之先後順序，在此車區重新編組。

　　d. 出發：將已編組好之貨物列車帶入此車區停放，以等待由機車庫出來之機車帶領其出發。

(4) 雜項軌道（miscellaneous track）：可分別連接修車場、轉運月台及支線等。

4. 調車方法（車輛分類作業之程序）

調車場是指調車作業的車站，其主要任務是根據列車編組計畫的要求，集中處理大量貨物列車到達、解體、編組出發、直通和其他列車作業。調車場可對貨物列車中的車輛進行技術檢修和貨運檢查整理工作，並按照列車運行時間表，準時接發列車。調車場通常設在鐵路交換點，或有大量列車集散的工業區或港口，一般沒有專用的到達、發車和調車場，以及駝峰調車設備。

調車方法一般可分為四種：

　　(1) 推送調車法（tailing switching 或 drilling）：調車機車頂著列車後端，解開掛鉤，逐一將各組車輛頂入，推送調車法已較少使用。

　　(2) 桿式調車法（poling switching）：調車機車運行於平行軌道後端，以一木桿將各組車輛往前頂入。

　　(3) 重力調車法（gravity switching）：建造一平緩之下坡，將列車推至分解車區前，依序解開掛鉤使車輛利用本身重力駛入，重力調車法之占地面積較大。

　　(4) 駝峰調車法（hump switching）：堆築一駝峰小丘，將列車頂上駝峰後，依序解開掛鉤使車輛利用本身重力駛入（不需廣大用地，多採用），可分成：(1) 單式駝峰（single hump）、(2) 雙式駝峰（double hump），如圖 9-17a、圖 9-17b 所示。

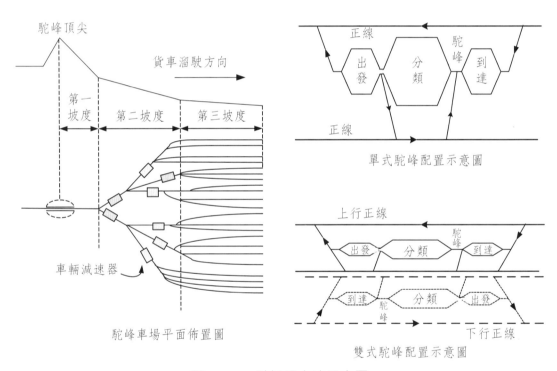

圖 9-17a　駝峰調車法示意圖

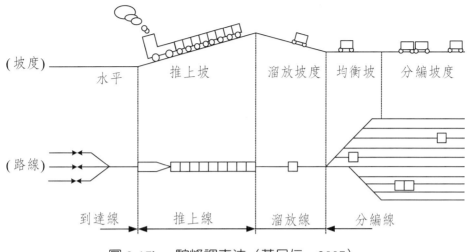

圖 9-17b　駝峰調車法（黃民仁，2007）

9.3.3 車輛系統

軌道車輛的分類如圖 9-18 所示。

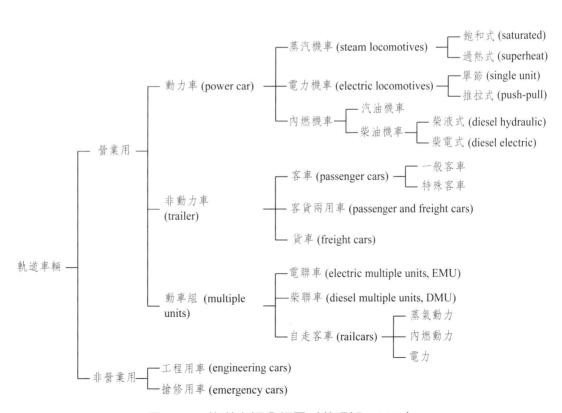

圖 9-18　軌道車輛分類圖（蘇昭旭，2011）

　　軌道車輛系統係由車體、車門系統、車廂內裝、轉向架、煞車系統、驅動系統、電器設備、連結器及緩衝裝置組成，摘要說明如下：

　　1. 列車編組：目前以電力牽引之軌道車輛，其列車編組分為：(1) 動力分散式，與 (2) 動力集中式二種。臺灣高速鐵路採用動力分散式，以數節車廂組成一個車組，該車組具有動力，可聯掛數個車組成為一列車來運轉。

　　2. 車體：車體以底架、地板、側鈑、端鈑，以及車頂蓋鈑構成。車體結構除具防蝕性外，其強度照國際標準作驗證，包括擠壓負荷、拉伸負荷及垂直負荷及疲勞強度測試等。車體材料一般使用鋼材，近年來採用鋁合金以減輕重量，在結構接縫處密封以確保防水及防塵。列車通過隧道或在車道內會車，產生之空氣壓力波及空氣壓力變化，為避免旅客不適感，車廂採氣密性設計。由於列車行駛之空氣阻力與行車速度的平方成正比，且占列車阻力之大部分，故列車兩端採用流線形設計，並使車體表面平滑以減少空氣阻力及空氣壓力之變化量。集電弓採用流線形設計以減少阻力及噪音，車間間隙盡量縮小，以減低空氣阻力。

　　3. 轉向架：轉向架支承車體並由車輪導引列車前進。轉向架以車軸數區分為：單軸、二軸及三軸轉向架。高速用轉向架為求最佳之彎道轉彎性能及考慮軸重的限制，採用二軸轉向架，軸距為 2.5～3.0 公尺。以車種區分，則有客車轉向架及動力車轉向架，其中客車轉向架裝有減振系統，而動力車轉向架則裝置牽引馬達與相關配備。

　　4. 懸吊系統：懸吊系統承載車廂及轉向架之重量，減低由轉向架傳來的振動，以提高旅客乘坐舒適性，分為主懸吊系統及次懸吊系統。

　　5. 煞車系統：煞車方式分成：(1) 摩擦式，與 (2) 動力式兩種[20]。摩擦式煞車包含：(a) 車輪踏面摩擦式、(b) 圓盤／碟摩擦式及 (c) 鋼軌摩擦式等；動力式煞車則分成：(a) 電阻式及 (b) 電力再生式等。電氣煞車系統的衍生類型，包括動力轉向架裝設電阻式、或再生式兩種煞車系統，但不是每一種車輛都有電氣煞車。柴電機車、電力機車、電聯車等有牽引馬達的車輛，有可能裝有電阻煞車或再生煞車，但也可能沒有裝設。至於柴油客車及柴聯車因為沒有牽引馬達，所以不可能有電阻煞車或再生煞車。拖車轉向架裝設圓盤式煞車系統。煞車時應避免讓乘客感到不適，且應避免在高速下使用摩擦煞車，以防車輪踏面及摩擦材料受損而增加維修成本。為確保煞車品質，在車軸上裝設防滑系統，用以監測並控制煞車力，防止車輪空轉及打滑。煞車控制方式則採用列車自動控制的車上號誌系統，依列車之位置，將路線分成不同的閉塞區間，每個區間設定不同的速度限制，避免追撞或能於定點上停車。

　　6. 集電弓／集電靴：集電弓由電車線汲取電力（或透過集電靴自供電軌取電），

20 亦可分成黏著式與非黏著式兩類。

輸送至變壓器，供應列車上設備之電力。集電弓需考慮與電車線之間的摩擦噪音及接觸性，包含動態接觸力和離線率。集電弓之集電舟接觸片材料為碳棒，硬度較電車小，需定期更換。

9.3.4 車輛阻力（周義華，2007；美國鐵路工程師協會，1995）

車輛阻力主要包括內部阻力、外部阻力、其他阻力三種阻力型式：

9.3.4.1 內部阻力

主要發生在列車的傳動系統，其大小大致與動輪之載重成正比，亦與動輪之數目成正比。

9.3.4.2 外部阻力

係發生於列車外部之阻力，又包括下列各項：

1. 軸頸阻力

為發生於軸頸與軸承間的摩擦力，其數值與輪軸載重成正比，且受到溫度高低而影響。溫度越高，內部潤滑油的流動性變大，阻力則降低；反之，若溫度降低，內部潤滑油的流動性變小，阻力則提升。

2. 滾動阻力

主要受：(1) 輪軸載重、(2) 車輪與鋼軌煉製之金屬材料，以及 (3) 車輪踏面與鋼軌表面之狀況而影響。

3. 軌道阻力

由於列車行駛時，鋼軌因受車輪重壓，使車輪在軌道任一位置行駛時就好比在爬坡。其數值主要受：(1) 輪軸之載重，以及 (2) 軌道之勁度而影響。

4. 輪緣阻力

主要受 (1) 車輪輪緣與鋼軌頭部之側面解觸而產生的摩擦力與 (2) 因軌道強度不足而產生車輛左右擺動及震動所產生之阻力所影響。其阻力與列車速率成正比。

5. 大氣阻力

主要受到：(1) 車頭受空氣阻擋、(2) 車輛表面與空氣摩擦，以及 (3) 列車尾端產生部分真空（即擾動空氣）所影響。此阻力與車速平方、車輛橫斷面積成正比。

上述六項阻力，即使在平面無坡度之直線軌道，且空氣為靜止時皆會發生，因此合稱為基本列車阻力。

9.3.4.3 其他阻力

主要包含起動阻力、外部載重阻力、風力阻力、坡道阻力、曲線阻力及加速阻力，下列說明各項阻力：

1. 起動阻力

為列車由靜止到開始行駛所需克服之阻力。當列車開始行使後，起動阻力及會迅速減少。

2. 外部載重阻力

當列車車軸上加載發電機供電力設備及車輪驅動時，對列車本身而言，發電機之重量將產生減速作用。

3. 風力阻力

指行駛中的列車受到流動空氣而產生之阻力，其中風力阻力除了包含與列車行使方向同之縱向風力外，亦需包含側向風的阻力。

4. 坡道阻力

為列車行駛於坡道路段所需克服之阻力。鐵路之坡度與公路相比下來並不大。

5. 曲線阻力

列車行駛於曲線軌道時，因車輪踏面與鋼軌頂面、輪緣與鋼軌頭部面以及內外輪差等因素所造成之所有影響阻力。

而坡度之百分比受曲線之角度而予以減少之比率，稱為曲線折減率。

美國鐵路工程師協會（1995）提出，曲線折減率會依曲線在坡道中的位置及曲線長度不同而影響：

(1) 每度平面曲線折減 0.03% 的坡度

    a. 曲線長度小於最長列車之一半。

    b. 曲線開始於上坡之 6 m 以內。

    c. 曲線之曲率不受任何限制。

(2) 每度平面曲線折減 0.03% 的坡度

    曲線長度介於最長列車之 1/2～3/4 之間。

(3) 每度平面曲線折減 0.04% 的坡度

    a. 列車在此曲線通常以低速行駛。

    b. 曲線長度大於最長列車之 3/4。

    c. 曲線外軌之超高對貨物列車而言太大。

(4) 每度平面曲線折減 0.05% 的坡度

    曲線外軌超高之損減可被容忍。

6. 加速阻力

當列車牽引力克服各種阻力後，欲加速到期望速率所需的阻力。

9.3.5 鐵公路交叉處理（周義華，2007；美國鐵路協會，1995）

鐵路與公路交叉之型式可分為平面交叉與立體交叉兩類。美國鐵路協會建議，若符合下列三種條件之一，則可採用立體交叉型式：

1. 為幹線鐵路且具有 2 股（含）以上鐵軌。
2. 為單股軌道之鐵路，但每天通過之正常列車數在 6 列（含）以上。
3. 經過延滯分析或／及安全考慮後，採立體交岔較適當者。

而採平面交叉型式時，對公路設計應特別注意臨近路段的坡度、視距及排水，其設計標準應維持應有標準。在平交道前方，應依規定設置警告標誌，而在鄰近平交道兩旁則應設置柵欄以維護安全。

軌道幾何設計尚包括豎曲線、平曲線等內容。其原理與原則和公路幾何設計內容雷同，但軌道幾何設計規範要求更為嚴格。

9.4 捷運系統

捷運系統與輕軌運輸系統在都市運輸之地位愈來愈重要，茲依序詳細說明如下。

9.4.1 捷運系統

運輸系統基礎建設為都市發展及提升經濟活力之一環。政府常藉由推動「大眾運輸導向之城市發展」（transit-oriented-development, TOD）理念，以提高運輸基礎設施之效益。在大眾運輸系統之中，公車旅次基礎設施成本投入最低；而捷運旅次由於路網效應增強，捷運旅次量隨著捷運路網長度發展有邊際增加之現象。

如以目前廣為世界各大都市所採用或發展中的技術型式來分類，（大眾）捷運系統（rapid transit, RT）大致可以分為如下六類：

1. 重軌捷運系統（heavy rail rapid transit, HRRT）

採用鋼輪鋼軌式軌道車輛，使用 4 個車軸的鐵路車廂，行駛在 A 型路權的專用車道上，其車廂容量大，使用較多的車廂（例如每列六輛、八輛或聯掛十節車廂以上）聯掛組成一列車，提供大量、迅速及可靠之運輸服務，每小時單方向運量可達 2 至 5 萬人次以上，屬於高運量捷運系統，為世界大都會高運量捷運路網普遍採用的型式。

2. 輕軌捷運系統（light rail rapid transit, LRRT）

採用輕軌運輸（LRT）的鋼輪鋼軌式軌道車輛在 A 型路權的軌道上行駛，但車廂容量較小，聯掛車廂數較少，因此，每小時單方向最高運量為 2 萬人左右，屬於中運量捷運系統，但與路權較低之輕軌運輸系統有別。

3. 膠輪捷運系統（rubber-tired rapid transit, RTRT）

是以橡膠輪胎作為支撐及導引車輛的捷運車廂，行使在 A 型路權的專用車道上，屬於中運量捷運系統。但當聯掛輛數多且列車密度高時，每小時單方向運量可達 2 至 5 萬人次以上，則與高運量捷運系統相當；此外，輪胎式捷運系統亦有鋼輪作為轉轍及輪胎失效時作為緊急支撐之用。

4. 單軌捷運（monorail rapid transit）

包括跨坐式及懸掛式兩種型態，聯掛輛數通常在 6 輛以內，車輛用橡膠輪，每小時單方向運量約可達 2 萬人次，屬於中運量捷運系統。

5. 自動導引捷運（automated guided transit）

自動化操作的導引式捷運系統，採用橡膠輪或鋼輪，其車輛與導軌結構較輕小，每小時單方向運量約可達 1.5 至 3 萬人次，屬於中運量捷運系統。中國大陸廣州市珠江新城旅客自動輸送系統（簡稱 APM 系統）於 2010 年 11 月 8 日開通試營運，全長約 3.94 公里，採用膠輪─自動導向制式，無駕駛室，採用全自動無人駕駛模式，為龐巴迪 CX-100 車型，車輛最高運行速度為每小時 60 公里。APM 系統路線客流主要以區內觀光旅遊為主，穿行於天河城、體育中心、珠江新城等廣州 CBD 商圈中心，作為 CBD 區的配套公共交通系統，為世界第 1 條全地下的旅客自動輸送系統。廣州 APM 系統，全部採用地下路線，共設 9 座車站，每列車採用兩節編組營運，設計載客 276 人，按照每天營運 18 小時計算，APM 系統運輸能力可滿足客流量需要，遠期將增加到 3 節車廂。APM 啟用至 2011 年 1 月 26 日止，日平均客流僅 7,000 人，與地鐵公司預計的 2010 年至 2011 年之日平均客流量 5 萬人次相距甚遠。雖然地鐵公司宣稱 APM 線運載能力能夠達到「單向每小時 10,028 人」的高運量，但實際上在廣州地鐵只購進了 14 輛車的情況下，運輸能力最高只能達到 4,500 人單向每小時。如果要達到廣州地鐵所宣稱的運力，則需要繼續增購列車，而增購了列車後，APM 的總體投資將會遠超過 21 億元人民幣。

6. 都會磁浮捷運系統（urban magnetic levitation transit）

利用磁力感應原理及線性馬達發展而沒有車輪的捷運車輛系統，每小時單方向運量約可達 2 萬人次，屬於中運量捷運系統。

上述六種捷運系統在技術類型差異方面，可依導引技術、路權型態、動力來源、運

量高低等方面比較各系統間之差異,如表 9-1 所示。

表 9-1　捷運系統技術類型差異比較表

捷運系統 技術類型	重軌捷運	輕軌捷運	膠輪捷運	單軌捷運	自動導引	磁浮捷運
導引技術	鋼輪鋼軌	鋼輪鋼軌	導軌及導輪	導軌及導輪	導軌及導輪	導軌
路權型態	專屬路權	專屬路權	專屬路權	專屬路權	專屬路權	專屬路權
動力來源	電力	電力	電力	電力	電力	電力
運量高低	高運量	中運量	高運量	中運量	中運量	中運量
適用地區	大都會區主要運輸走廊	大都會區次要運輸走廊、中型都市主要運輸走廊	大都會區主要運輸走廊	大都會區次要運輸走廊、中型都市主要運輸走廊	大都會區次要運輸走廊、中型都市主要運輸走廊	大都會區次要運輸走廊、中型都市主要運輸走廊
路線彈性	對次運輸走廊不佳	佳	對次運輸走廊不佳	佳	佳	佳
控制方式	手動與自動	手動與自動	手動與自動	手動與自動	自動控制	自動控制
噪音震動	大	大	較小	較小	不一定	小
成本	較高	較低	較高	-	-	較高
支撐方式	直立鋼輪	直立鋼輪	直立膠輪或併用鋼輪	跨座或懸掛膠輪	鋼軌、鋼輪或膠輪	磁力

(資料來源:黃漢榮,2005;捷運局網站)

　　影響捷運運載容量的因素主要有三個:(1) 列車長度(每列車廂數)、(2) 車廂容量(每節車廂能搭載之人數,含站位及座位數),以及 (3) 班距(headway,連續發出兩班列車的間隔)。

　　輕軌捷運與地鐵捷運的差別主要在於車輛、運量、設備自動化程度等方面,但在速度上的差異則相當有限。

　　臺灣軌道設計規格,如表 9-2 所示。

表 9-2　臺灣軌道設計規格表

項次	項目	臺鐵	捷運	高鐵
1	鋼軌	UIC60(50 N), 長銲鋼軌	UIC60(60 kg/m), 無接縫長焊鋼軌	JIS60(60.8 kg/m), 無接縫長焊鋼軌
2	軌距	1,067、762 公釐	1,435±1.5 公釐	1,435 公釐

項次	項目	臺鐵		捷運		高鐵	
3	支承間距			基鈑 75±25 公分（cm）		-	
4	扣件	彈性扣件		彈性扣件		彈性扣件	
5	道岔	8、10、16、18 號		7、10、14、17 號		BWG 高速可動岔心道岔（換算最大號數約 32 號）	
6	承托系統	道碴道床	部分高架段、地面段及隧道段	道碴道床	平面段	道碴道床	地面段及部分高架段
		無道碴道床		無道碴道床	高架段及隧道段	無道碴道床	部分隧道及高架段
7	供電系統	架空電車線，25 KV 交流電		採第三軌導電軌系統，採懸吊式支撐，使用 750 DCV 電源		採架空電車線，25 KV 交流電	

（資料來源：黃仲宗等人（2004）、蕭炎泉與黃志明（2007）、臺北市政府捷運工程局網站、本書）

9.4.2 輕軌運輸系統

輕軌運輸（light rail transit, LRT）名詞首度正式出現於 1987 年，國際公共運輸聯盟（The International Association of Public Transport, UIPT）於布魯塞爾所召開的「輕軌運輸委員會」，產生的原因爲「輕軌運輸電車施加在軌道上的荷載重量，相較於傳統鐵路或高運量捷運系統而言，明顯低得多。」

1. 國際公共運輸聯盟（UIPT）定義（1979）：輕軌運輸系統屬於軌道運輸的一種，它可以是傳統地面電車，或行駛於專用車道之軌道運輸。其中後者可進一步劃分爲不同階段，每一階段都可以是最終階段，但仍保留進化到下一個更高階段的可能性。

2. 美國運輸研究委員會（TRB）定義（1989）：一種電力驅動之都會區軌道運輸系統，係以單節車輛或連結成列車行駛於地面、地下或高架之隔離式專用車道，或偶爾行駛於街道上：其車輛設計可允許以低月台方式在軌道平面上下旅客，或以高月台方式在車廂地板平面上、下旅客。

3. 英國運輸部定義（1989）：(a) LRT_1：全部或部分的輕軌運輸系統行駛於道路上，其中輕軌運輸車輛所使用的路權與其他道路使用者（如行人）分享；(b) LRT_2：全部或部分的輕軌運輸系統行駛於道路上，其中，輕軌運輸系統爲專用，但仍保留在交通緊急時，提供其他道路交通工具使用；(c) LRT_3：輕軌運輸系統完全與道路交通（含行人）隔離。

9.4.3 市區軌道捷運車站與設計

有別於傳統鐵路車站，市區捷運車站特性如下：

1. 不處理或僅處理少量包裹。
2. 乘客密度高及交通繁忙捷運車站需要快速紓解人潮的進出口。月台需寬，車地板與月台同高以防止乘客墜入軌道，且需設置自動門。
3. 列車班距，離峰最小為 10 分鐘，尖峰最小為 90 秒；月台需區分等區及設置座位。
4. 車站提供自動購票及收費系統。
5. 市區捷運站構造為地下或高架，需考量車站垂直通道，規劃設計在街道的進出口。
6. 為確保車站公共安全需設置監視系統。
7. 郊區車站需提供轉乘設施，包括公車、小型車及機車、短及長時間停車設施。
8. 站內軌道只有兩主線軌道，需要錯車（to give right of way）的站設置側線。

捷運車站規劃設計考量因素如下：

1. 列車因素：列車長度、行車間隔及車廂寬度。
2. 乘客進出車站的方式。
3. 乘客數及時段。

除了營運需求及車站型式之必要條件外，尚需考慮多項因素：

1. 乘客動線。
2. 收費設施佈設方式。
3. 電扶梯及樓梯之佈設位置。
4. 員工及設備空間之配置。
5. 空調及通風設備之佈設方式。
6. 無障礙設施之佈設位置。
7. 月台門之設置：主要特性包含月台位置、站距、月台高度、月台長度、建築型式等。

標準鐵路捷運車站設計程序及標準：

1. 乘客量（patronage）的估計分為晨峰（A.M. peak hour）及昏峰（P.M. peak hour）兩種，同時假設上、下午尖峰乘客量相等方向相反。
2. 車站單元尺寸依據極限車站容量（ultimate station capacity）：
   (1) 極限車站容量為尖峰乘客數的 150%。
   (2) 所需停車空間依據乘客需求分析結果。

(3) 某些單元係依據 5 分鐘乘客數，即極限車站容量的 12.5%。

(4) 某些單元係依據 1 分鐘乘客數，即極限車站容量的 2.5%。

3. 車站服務水準（level of service）劃分及標準。

Fruin（1987）利用實驗觀察人流的速度與密度，訂出行人流的 6 個服務水準等級，以代表不同的行人空間及流動特性，如表 9-3a 所示。服務水準大致上與每人面積及間距有關，會影響到步行狀況，其中 C 及 D 級代表正常情況，而 E 及 F 級則為緊急情況，如表 9-3b 所示。

表 9-3a　行人服務水準等級分類表

服務水準（LOS）	走道（walkway）		樓梯（stairway）		排隊等候區（queuing zone）	
	每人面積（m²/ped）	每分鐘、公尺行人數（ped/m/min）	每人面積（m²/ped）	每分鐘、公尺行人數（ped/m/min）	每人面積（m²/ped）	行人間距（m）
A	>3.25	<22.97	>1.85	<16.40	>1.21	>1.22
B	3.25～2.32	22.97～32.81	1.85～1.39	16.40～22.97	1.21～0.93	1.22～1.07
C	2.32～1.39	32.81～49.21	1.39～0.93	22.97～32.81	0.93～0.65	1.07～0.91
D	1.39～0.93	49.21～65.62	0.93～0.65	32.81～42.65	0.65～0.28	0.91～0.61
E	0.93～0.46	65.62～82.02	0.35～0.37	42.65～55.77	0.28～0.19	<0.61
F	<0.46	>82.02	<0.37	>55.77	<0.19	緊碰

A = 自由流（free flowing）
B = 些微的速度干擾（minor conflicts to speed）
C = 些許速度受限（some restrictions to speed）
D = 大部分人移動受限（restricted movement for most）
E = 所有人移動受限（restricted movement for all）
F = 所有人緩慢移動（shuffling movement for all）

〔資料來源：Fruin（1987）；鍾志成等人（2009）〕

表 9-3b　不同行人服務水準等級下之步行狀況

服務水準（LOS）	步行狀況				應用性
	行進狀態	超越能力	碰撞可能性	其他行動	
A	完全自由	隨心所欲	無	—	公共建築或廣場，尖峰時間不擁擠
B	自由	不迂迴	稍微可能	—	運輸站場、大樓，尖峰時段稍擁擠
C	些許擁擠	有些限制	有可能	—	適用於公共建築、站場或開放空間，尖峰時段會擁擠

服務水準 （LOS）	步行狀況				應用性
	行進狀態	超越能力	碰撞可能性	其他行動	
D	許多人停住	困難	很可能	擁擠	擁擠的公共場所
E	行進困難	不可能	絕可能	行動受限	運動場或者鐵路設施站場
F	困住	絕不可能	人緊靠	癱瘓	不適用於各種環境設計

〔資料來源：Fruin（1987）；鍾志成等人（2009）〕

9.5 高鐵系統

　　高速鐵路係指列車以高於 200 公里時速行駛專用路線且無平交道之鐵路系統，主要劃分為鋼輪鋼軌與磁浮兩種列車系統，其中鋼輪鋼軌系統係指傳統之列車鋼輪行駛於鋼軌之上，車廂的車輪與鋼軌之間的接觸，為一高對的點接觸，車輪踏面接觸鋼軌面，約只有 10 cm 左右，當軌面乾燥時，其黏著力較大，但當有水漬或是黏著力降低時、列車牽引力大於黏著力時、列車軸重轉移時，就會產生空轉現象，在雨天濕滑的鋼軌上，若遇上大坡度時，列車會無法順利登坡，導致列車停滯無法前進。為改善此空轉現象，司機員遇軌道黏著力不佳時，必須小心控制列車出力，或是必要時增加列車自重（dead weight）或是黏著力（如撒砂）等方式，增加車輪踏面的黏著力。

　　磁浮系統則是靠磁懸浮力（即磁吸力和排斥力）推動列車，行駛時車輛不需接觸地面，懸浮於空中，只受到空氣阻力的影響。磁浮列車目前發展出 T 形導軌的常導型和 U 形導軌的超導型兩種，前者是利用磁性相吸的原理，後者是利用磁性相斥的原理，都是透過列車下方的電磁鐵來達成能量的轉換，使得列車懸浮於空中，目前最快可創造出超過 500 公里的驚人時速。高速鐵路與中短程的航空運輸有著高度的競爭關係，例如臺灣高鐵於 2007 年正式營運以後，許多島內的機場陸續關閉或停止營運就是明證。

　　以下簡單介紹世界主要高速鐵路系統。

9.5.1 臺灣高速鐵路系統 HSR

　　臺灣高速鐵路（簡稱臺灣高鐵）是在臺灣連結臺北、高雄兩大都市與臺灣西半部各主要縣市的高速鐵路系統，路線全長 345 公里，全線於 2007 年 1 月 5 日通車。

　　臺灣高鐵不但是臺灣第一個、也是全世界最大規模的 BOT（興建、營運、移轉）公共工程，建設總成本估計約達新台幣 5,000 億元。目前由「臺灣高速鐵路股份有限公司」（大陸工程、長榮集團長鴻建設、太平洋電線電纜、富邦產物保險與東元電機為主

要股東）負責興建、營運階段的工作，特許期限為 35 年（自 1998 年起算），事業發展用地則為 50 年。

臺灣高鐵採用日本新幹線系統作為總體基礎（新幹線系統首次向海外輸出，也因此其工程事業體註冊為「臺灣新幹線」），不過在部分細部設計以及號誌、機電系統方面則酌採歐洲規格。軌道方面比照一般高速鐵路新線標準，全線皆以 1,435 公釐的標準軌佈設（與原有臺鐵路線的 1,067 公釐軌距不同）；路線的最小曲線半徑為 6,250 公尺，最大坡度則為 35/1,000，隧道斷面面積為 90 平方公尺。

臺灣高鐵信號系統方面，採用相容於單線雙向運行的數位化自動列車控制系統（ATC），行車管理中心則設置於桃園站（中壢青埔）地上建築內。臺灣高鐵 700T 型列車（參見圖 9-19），係由 JR 東海與 JR 西日本設計的新幹線 700 系列車改良而成，為川崎重工、日本車輛、日立製作所生產；列車的最高營運速度設定為每小時 315 公里，臺北至高雄南北交通的行車時間，將由目前臺灣鐵路管理局自強號列車的 3 小時 59 分，大幅縮短為 1 小時 27 分。

臺灣高鐵列車的設計基礎來自於新幹線 700 系列車，不過在動力系統上同時也參考了 500 系列車的計；並且特別針對臺灣夏季高溫潮濕的氣候，加強車廂空調系統的冷房效率與舒適度調整。外型上則參考了臺灣高鐵方面的建議加以修改，因此，與 700 系有所差異。此外，根據統計：每 1,000 名旅客當中，約有 2 名旅客是需要使用無障礙設備的身心障礙人士，因此，也在第 7 節車廂設置 4 個無障礙座位。

2004 年 1 月 30 日，製造廠商之一的川崎重工於日本神戶的車輛工廠舉行了首組列車的出廠儀式。同年 5 月下旬，首組列車自神戶運抵高雄港 74 號碼頭。2005 年 1 月 27 日，700T 型列車首次駛出燕巢總機廠，於臺南—高雄間路段進行低速試車，由高雄大社駛向高鐵臺南站。同年的 10 月 30 日，試運轉時速首次達到 300 公里。

臺灣高鐵於 2007 年 1 月 5 日通車並進行試營運，2 月 1 日開始正式營運，通車後營運初期有 30 組 700T 型列車投入營運，於 2008 年與 2010 年各增加 8 組列車，到了 2018 年將最終增加至 51 組。

臺灣高鐵自 2007 年 1 月通車試營運以來，旅運人次持續穩定成長，營運 11 年來已提供 4 億 6,481 萬 1 千人次的旅運服務；另自 2016 年 12 月單月旅運首度突破 500 萬人次以來，已有 7 個月單月旅運超過 500 萬人次。2017 年全年旅運達 6,057 萬人次，較 2016 年成長幅度達 7%，臺灣高鐵民國 2017 年平均每日搭乘人數達 16 萬 6 千人次，其中 2017 年 12 月旅運達 561 萬 3,122 人次，創通車營運以來單月新高記錄。

圖 9-19 臺灣高速鐵路系統 HSR 之外觀（維基百科 -11）

9.5.2 德國高速鐵路 ICE 的系統

　　城際列車特快（ICE）是以德國為中心的一系列高速鐵路系統與相對應高鐵專用列車的系列。由西門子為首的開發團隊設計製造，德國鐵路股份公司[21]（德語：Deutsche Bahn AG，縮寫為 DB 或 DB AG）所營運。ICE 是德國國鐵的旗艦火車系統，於 2005 年出版的書刊上被列為「五十個喜愛德國的原因」之一。德國早在八十年代已經研究並開發 ICE 高速鐵路系統及列車，其服務範圍除涵蓋德國境內各主要大城外，還跨越鄰近國家行經多個城市。

　　ICE 系統是一個連接各大城市的高速鐵路系統，班次由每半小時、一小時，或兩小時不等。因為德國集中型城市分布較為平均，所以德國 ICE 路線旨在連接各大城市。ICE 只可以在兩段高速鐵道上使用時速 300 公里的效能。

　　目前 ICE 列車系統已發展至鄰近各國的主要城市包括阿姆斯特丹、巴素爾、布魯塞爾、蘇黎世、茵特拉根（Interlaken）、庫爾、因斯布魯克、薩爾斯堡和維也納之間形成了一個在奧地利之內的小型 ICE 網路，一些在德國開往奧地利的 ICE 列車會穿過這奧地利 ICE 網連接庫夫施泰因（Kufstein），經過羅森海姆（Rosenheim）至薩爾斯堡。在巴素爾、茵特拉根（Interlaken）與蘇黎世之間亦形成瑞士 ICE 網路。在瑞士 ICE 網路、奧地利 ICE 網路通常是無附加費的。

　　於 2007 年 6 月巴黎與法蘭克福快線（法國高速鐵路東線）通車，為法國高速列車的一條延伸路線，這是一個與法國 SNCF 高速鐵路 TGV 史特加至巴黎合併形成的「巴黎－東法國－南德」快線。法國 TGV 將於巴黎－史特加－法蘭克福線行走，而 ICE

---

21 德國鐵路股份公司係由西德的「德國聯邦鐵路」和東德的「德國國營鐵路」在德國統一後合併而成，總部設在柏林。

3M 將於巴黎—薩爾布呂肯（Saarbrücken）—法蘭克福線行走，ICE 在該線的最高營運時速為 350 公里。

1. ICE 1（參見圖 9-20(a)）：第一代的德國高鐵時速 280 公里；ICE 1 的「挑高型」餐車最具特色，挑高型餐車是有酒吧和西餐廳。

2. ICE 2（參見圖 9-20(b)）：時速 280 公里，可彈性連結的德國高鐵；因為德國的人口不斷增加，所以需要方便彈性連結的高鐵。

3. ICE 3（參見圖 9-20(c)）：亦稱為 ICE-403，時速 330 公里，營運時速比日本新幹線、法國 TGV 的 300 公里更為快速。

4. ICE 3M（參見圖 9-20(d)）：亦稱為 ICE-406，時速 330 公里，德國國際線的代表，能適應多國電壓，有 4 種電力，比原有的 ICE 3 多了 2 種，但有些 ICE 3M 的 LOGO 從德國的「DB」變成了荷蘭的「NS」。

5. ICE T（VT）（參見圖 9-20(e)）：時速 230 公里，以非高速行駛的傾斜式列車。DB 的傾斜式高鐵有 2 種，一種是電力車頭，另外一種是柴油車頭，這是專門為偏遠的地區所設計的，但 ICE T（VT）非常的小，轉向架會露出車體之外。

6. Transrapid（參見圖 9-20(f)）：時速 481 公里，德國 DB 的 Transrapid 磁浮列車是常電導吸引型磁浮式（high speed surface transport, HSST），最高記錄將近 500 公里。

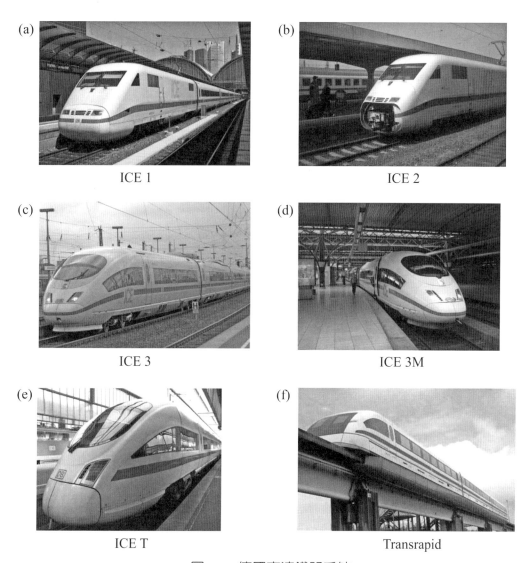

圖 9-20 德國高速鐵路系統

9.5.3 法國 TGV 高速鐵路系統

　　法國 TGV 高速列車，參見圖 9-21，為「train à grande vitesse」（高速列車）的簡稱，是法國的高速鐵路系統，由當時的 GEC（現阿爾斯通）及法國國鐵（SNCF）負責開發，營運由 SNCF 負責，往來巴黎鄰近及鄰國的城市，包括比利時、德國、瑞士等。一些國家的鐵路公司從法國購入 TGV 列車或技術，包括荷蘭、韓國、西班牙、英國、美國。

　　TGV 的驅動方式為動力集中型，前後的車輛用機車方式驅動。日本新幹線為動力分散型，便於編組。TGV 車輛製造成本便宜，可是搖晃很大，車輛的乘務員數少，線

路的維護費用大。

　　TGV 列車起初由阿爾斯通負責生產，及後龐巴迪也加入 TGV 的研發。TGV 列車主要用於載客上，有小部分用作郵政列車，服役於巴黎及里昂。現時韓國的 KTX 及西班牙的 AVE E 也應用了 TGV 的衍生技術。

圖 9-21　法國 TGV 高速鐵路系統（維基百科 -9）

9.5.4 日本新幹線 SKS 系統

　　新幹線（Shinkansen）是日本的高速鐵路系統，在日本以外的國家稱新幹線爲子彈列車（Bullet Train）或是超特急列車（Super Express）。新幹線於 1964 年 10 月 1 日，東京奧運前夕開始通車營運，第一條路線是連結東京與大阪之間的東海道新幹線。這條路線也是全世界第一條載客營運高速鐵路系統。新幹線的軌距屬於標準軌（1,435 公釐）。除了迷你新幹線的路段外，列車車速可達到 270 或 300 公里／小時。

　　新幹線通車多年來從未發生過有人死亡的事故，因此，號稱爲全球最安全的高速鐵路之一。新幹線的穩定運行全靠日本的良好電力技術，列車可以縮短至 5 分鐘的班距運行，新幹線也是世界上搖晃最少的列車之一，爲適合大量運輸的高速鐵路系統。反觀法國同類的 TGV 高速火車，由於採最前端和最尾端的火車頭驅動的動力集中方式，搖晃較大，加速較慢，無法以 5 分鐘的班距運行。

　　新幹線爲了能夠讓列車以超過時速 200 公里的速度運行，採用了許多與原有鐵道（在來線）不同的技術，希望不只在速度上，在乘客安全與搭乘舒適度上都能達到最高標準。新幹線系統之發展歷程包括：(1) 0 系（參見圖 9-22）[22]、(2) 100 系 [23]、(3) 200

[22] 0 系（參見圖 9-22）：1964 年登場的 0 系列車是新幹線諸多車型的開朝元老，在服務超過 30 多年後，此車系已於 1999 年全數退出東海道新幹線的載客服務，目前只以回聲號（Kodama）的身分行駛於山陽新幹線上，進行各站停車服務。

[23] 100 系：100 系列車已於 2003 年全數退出東海道新幹線的載客服務。現時只行駛於山陽新幹線上，作為回聲號進行各站停車服務。

圖 9-22　日本新幹線 SKS 系統──右起 0 系、300 系、700 系（維基百科 -10）

系[24]、(4) 300 系[25]（參見圖 9-22）、(5) 400 系[26]、(6) 500 系[27]、(7) 600 系[28]、(8) 700 系[29]（參見圖 9-22）、(9) 700T[30] 型、(10) N700 系[31]、(11) 800 系[32]、(12) E1 系[33]、(13) E2 系[34]、(14) CRH2 型[35]、(15) E3 系[36]、(16) E4 系[37]、(17) E954 型[38]。

- -

[24] 200 系：1982 年東北新幹線及上越新幹線通車時開始使用，原型為 0 系及 100 系。2004 年一列 200 型列車在新潟縣中越地方遇到地震而出軌，但並沒有造成人員傷亡。200 系的標準營運時速為 240 公里／小時，但依照編組的不同，E 編成僅有 210 公里／小時的營運速度，但 F90 編成卻達 275 公里／小時。

[25] 300 系（參見圖 9-22）：東海道─山陽新幹線上等級最高的希望號（Nozomi）首次登場時所使用的車種，最初以 270 公里／小時的最高車速投入營運，但目前已退出第一線，主要是作為光號（Hikari）與回聲號列車使用。

[26] 400 系：迷你新幹線行駛於山形新幹線的列車。新庄至福島 130 公里／小時，福島至東京 240 公里／小時。

[27] 500 系：最高時速達 300 公里（山陽新幹線路段），在 1997 年為世界上營運時速最快的高速鐵路列車，作為希望號使用，行駛於東京與博多之間。

[28] 600 系：此型列車的確存在，不過後來 JR 東日本將此型更名為 E1 系。

[29] 700 系（參見圖 9-22）：於 1999 年投入營運，極速只有 285 公里，但平均營運時速較 500 系為高的車型，前方車頭長 9 公尺，因造型獨特被日本人暱稱為「鴨嘴獸」。除了作為希望號、光速號與回聲號使用外，西日本旅客鐵道也使用 700 系推出不一樣的新車型，命名為光號鐵道之星（Hikari Railstar），在編組車輛數、車輛塗裝、車內座椅數與配備上，都與原有的 700 系不同。

[30] 700T 型：700T 型列車是由新幹線 700 系改良而成，是外銷臺灣作為用車的特殊衍生版，但由於是導入列車的動力輸出系統，因此，時速較原本的 700 系還高，可達 300 公里。700T 型針對臺灣更濕熱的氣候，加強車廂設計，整體車廂塗裝及設計與原本的 700 系不同。

[31] N700 系：由 700 系改良而來的測試列車，JR 東海與 JR 西日本共同開發、首度導入傾斜列車技術的第五代新幹線車輛，預計可以提升營運時速到 300 公里／小時。

[32] 800 系：由 JR 九州開發，主要行駛於九州新幹線路段，作為燕號（Tsubame）列車的使用車輛。

[33] E1 系：第一款雙層新幹線列車，使用於上越新幹線路段。

[34] E2 系：行駛於東北新幹線及長野新幹線。

[35] CRH2 型：外銷中國的 E2-1000 型列車。

[36] E3 系：行駛於山形─秋田新幹線的迷你新幹線列車，東京至盛岡 270 公里／小時，盛岡至秋田 130 公里／小時。

[37] E4 系：世界載客量最大的雙層高速鐵路列車，達 1587 人，行駛於東北新幹線上。

[38] E954 型：由 JR 東日本開發，正在實驗的下一代高速鐵路列車，可到 360 公里／小時。

9.5.5 中國大陸的高速鐵路系統

　　中國大陸相當重視高速鐵路的發展，2003 年上海浦東機場到陸家嘴的磁懸浮高鐵列車，爲全世界最早商業運轉的高速鐵路系統，參見圖 9-23(a)、9-23(b)，此後每年均持續積極投資興建高速鐵路系統，2011 年全中國鐵路安排基本建設投資 7,000 億元人民幣，新線鋪軌 7,935 公里，複線（有兩條並行的鐵軌的鐵路）鋪軌 6,211 公里，新線投產 7,901 公里，複線投產 6,861 公里，電氣化投產 8,800 公里。

(a) 列車（攝於 Oct, 2002）　　　　　　　(b) 車站（百度百科 -1）

圖 9-23(a)(b)　中國上海磁懸浮高鐵系統，(a) 列車（攝於 Oct, 2002）；(b) 車站（百度百科 -1）

　　近年來，中國大陸的高鐵發展非常快速[39]，但由於急速發展高鐵，至 2011 年上半年爲止，中國鐵道部負債總額達人民幣 2.9 兆元、資產總額 3.57 兆元，資產負債率 58.53%。中國國際金融公司曾預估，鐵道部資產負債率至 2015 年將達 75%。

　　中國鐵道之特色可區分爲以下幾項：

1. 中國大陸國內高鐵網路

　　中國高鐵規劃 16 條高鐵的「4 橫 4 縱」交通網絡，中國現有 4 條高鐵，2011 年，中國已建成並運行的高鐵有 4 條[40]，高鐵運行線路總長 3,300 公里。2011 年大陸高速鐵

---

39 中國大陸高鐵發展的相關記錄如下：(1) 高鐵營運里程暫居世界第一：截至 2010 年底中國高鐵營運里程達到 8,358 公里，約占世界高鐵的 1/3；高鐵在建里程達到 1.7 萬公里，暫居世界第一。目前，大陸已投入營運的高鐵里程達到 7,531 公里，暫居世界第一位。(2) 運行速度暫居世界第一：2010 年 12 月 3 日，大陸國產「和諧號」380A 高速動車組，創下 486.1 公里時速記錄；2011 年 1 月 9 日，「和諧號」380B 再創 487.3 公里的世界鐵路營運試驗最高速。(3) 在建規模暫居世界第一：目前興建中規模最大的國家。(4) 高速鐵路系統技術非常完整。(5) 統合（integration）能力強大。

40 2011 年中國已建成並運行的 4 條高鐵分別爲：a. 武廣高鐵（武漢—廣州）：武漢至廣州的 1,068 公里。b. 鄭西高鐵（鄭州—西安）：鄭州至西安的 505 公里。c. 滬寧高鐵（上海—南京）：滬寧高速鐵路全線長約 300 公里，在上海市境內 32 公里，江蘇省境內 268 公里，共設 31 個站點，於 2010 年 7 月 1 日起營運。d. 滬杭高鐵（上海—杭州）。滬杭高鐵 2010 年 10 月下旬通車啓用，從上海虹

路營運里程將新增 4,715 公里，總里程將突破 1.3 萬公里，有 12 條高鐵 2011 年將建成；投入營運 2011～2012 兩年營運後，大陸絕大多數省會城市可以經由高鐵在 8 小時內到達北京。2011 年建成的高鐵包括北京—上海（京滬高鐵）（圖 9-23(c)）等計有 12 條[41]。

2. 中國大陸規劃連接臺灣的高鐵網路

中國鐵道部 2010 年規劃兩條連結大陸和臺灣的高鐵，兩條鐵路[42] 都是電氣化雙線鐵路，設計時速 350 公里。參見圖 9-23(d)。

(c) 車站（百度百科 -1）   (d) 臺灣與中國大陸的高速鐵路系統網路

圖 9-23(c)(d)　(c) 中國大陸的高速鐵路系統——京滬高鐵（京滬高鐵百科 -1）；
(d) 臺灣與中國大陸的高速鐵路系統網路（維基百科 -12）

中國大陸於 2013 年倡議絲綢之路經濟帶和 21 世紀海上絲綢之路（The Silk Road Economic Belt and the 21st-century Maritime Silk Road），簡稱一帶一路[43]（The Belt

---

橋站出發，最快 38 分鐘可直達杭州。同時，滬杭高鐵在上海境內設有上海虹橋站、松江南站、金山北站等 3 座車站。目前，上海—杭州的動車二等票價為 54 元（人民幣，下同），如按滬寧城際高鐵的票價標準推算，上海—杭州高鐵二等票的價格可能在 84 元左右。滬杭高鐵專案 2008 年末批准，2009 年 2 月 26 日動工，2010 年 10 月 26 日通車營運。目前營運時速 350 公里，從上海虹橋至杭州最快只需 45 分鐘。2010 年 10 月下旬通車啟用後，中共國務院 2006 年 3 月批准滬杭磁浮新型交通建設項目，全長約 175 公里，工程總概算約 350 億元人民幣，上海到杭州需時 38 分鐘的滬杭磁浮列車計畫出現變數。

41 中國大陸 2011 年建成的 16 條高鐵包括：a. 北京—上海（京滬高鐵）（圖 9-23c）：京滬高鐵貫穿北京、天津、河北、山東、安徽、江蘇、上海七個省市，路線自北京南站至上海虹橋站，全長 1,318 公里，全線共設 24 個車站，是當今世界一次建成路線里程最長、技術標準最高、時速最快的高速鐵路。2010 年 11 月 15 日京滬高鐵完成鋪軌，2011 年 6 月 30 日通車，並即將投入春運。北京到上海最快四個小時即可抵達。b. 哈爾濱—大連、c. 北京—石家莊、d. 石家莊—武漢、e. 廣州—深圳（香港）：原本 2011 年底要開通的路段，將會延到 2012 年上半年啟用。f. 天津—秦皇島、g. 南京—杭州、h. 杭州—寧波、i. 武漢—宜昌、j. 合肥—蚌埠、k. 武漢—孝感、l. 武漢—咸寧等高鐵。

42 中國大陸規劃兩條連結大陸和臺灣的高鐵 a. 京臺高鐵：從福建平潭島延伸到臺灣的北部。b. 昆臺高鐵：昆臺高鐵是繼京臺高鐵後，又一條中國規劃連接大陸和臺灣的高速鐵路。從福建廈門延伸到臺灣南部，預計經昆明、貴陽、湖南永州、湖南郴州、江西贛州、至福建龍巖和廈門，再從海底隧道接往高雄。昆臺（昆明—廈門—臺灣）高鐵建設已提上日程著手準備相關工作，依照該計畫，未來可從廈門通過海底隧道連接高雄最後終止於臺北，一旦完成，從武漢搭高鐵可直達臺北。

43「一帶」係指從中國出發，以歐洲為終點的經濟帶，主要有兩個走向：一是經中亞、俄羅斯到達歐

and Road Initiative，縮寫 B&R）。此外，中國計畫於 2025 年之前經由三條路線與 17 個國家相連接：

(1) 中亞路線：將從新疆維吾爾自治區烏魯木齊出發，經由哈薩克、烏茲別克斯坦、土庫曼斯坦、伊朗、土耳其等國家，最終到達德國。

(2) 東南亞路線：將從中國南部的昆明出發，依次經由越南、柬埔寨、泰國（或從昆明經過緬甸到泰國）、馬來西亞，抵達新加坡。

(3) 俄羅斯橫斷高速鐵路網：則計畫從中國北部的黑龍江省出發，通過北部的俄羅斯橫斷鐵路，連接到西歐。

由上可知，軌道運輸在中國大陸推動經濟的發展上具有舉足輕重的地位。

3. 高鐵速度

(1) 滬杭高鐵 2010 年 9 月 28 日上午試運行，11 時 37 分左右，時速達到 416.6 公里，上海到杭州 202 公里的距離僅花了 40 分鐘。

(2) 京滬高鐵「和諧號 CRH — 380A」，2010 年 12 月 3 日在山東南部的棗莊市至安徽省蚌埠市之間進行試車的運行綜合試驗中，時速達到 486.1 公里。

洲；二是經中亞、西亞到達波斯灣和地中海沿岸各國。中國發展這些國家和地區的經濟合作夥伴關係，計畫加強沿路的基礎建設，也計畫消化中國過剩的產能與勞動力、保障中國的能源（如哈薩克石油）與糧食供給，並帶動西部地區的開發。「一路」則是沿著海上絲綢之路，發展中國和東南亞、南亞、中東、北非及歐洲各國的經濟合作。「一路」主要有兩個走向：一是從中國沿海港口過南海到印度洋，延伸至歐洲。二是從中國沿海港口過南海到南太平洋。新疆和福建會成為「一帶一路」的最大贏家，福建獲批 21 世紀海上絲綢之路核心區。新疆被定位為「絲綢之路經濟帶核心區」。

一帶一路範圍涵蓋歷史上絲綢之路和海上絲綢之路行經的中國、中亞、北亞和西亞、印度洋沿岸、地中海沿岸的國家和地區。「一帶一路」倡議之初曾宣示採行共商、共建、共享的原則，實現完善沿線區域基礎設施，以形成安全高效、更高水平的陸海空交流網絡。同時提升投資貿易的便利性，從而建立高品質、高標準的自由貿易區域網。以緊密聯繫沿線各國經濟。但一帶一路實施五年來，由於沿線國家易陷入沉重的債務，因此重新審視與中國簽署的交易。例如馬來西亞總理馬哈蒂爾宣布取消三項由中國貸款支持的價值 200 多億美元的基礎設施建設項目，泰國、坦桑尼亞和尼泊爾等國家也取消、減少或是重新談判有關的項目。

4. 技術輸出中國準備參與美國、南美和亞洲各國等高鐵專案招標 [44] 。

　　中國在高鐵領域的發展快速，成為德國、法國、日本、韓國等國的競爭對手，但在交通安全與工程品質上仍有待加強。

9.5.6 各國高速鐵路系統特性

　　茲將各國高速鐵路系統特性之比較整理如表 9-4。

表 9-4　臺、日、法、德、中國大陸高速鐵路系統特性之比較

比較項目	系統名稱				
	日本 新幹線	法國 TGV	德國 ICE	臺灣 700T	中國大陸 和諧號 CRH2A
軌距	1,435 mm	1,435 mm	1,435 mm	1,435 mm	1,435 mm
設計速度	240 kph	300 kph	280 kph	315 kph	300 kph
最高記錄	319 kph	515 kph	406 kph	300 kph	250 kph
開始營運	1964 年	1981 年	1991 年	2002 年	2007 年
曲線半徑	4,500 m	4,500 m	5,100 m	2,498.83 mm	2,200 mm 2,800 mm
最大坡度	2%	3.5%	4%	3.5%	12%、3.0%
電力系統	25 Kv / 60 Hz	25 Kv / 50 Hz	15 Kv / 16 2/3Hz	25 Kv / 60Hz	25Kv / 50Hz
號誌系統	CTC	CTC	CTC	CTC	GSM、CTCS
車輛長度	26,050 mm	21,830 mm	24,000 mm	25,000 mm	25,700 mm 25,000mm
車輛寬度	3,383 mm	2,814 mm	2,930 mm	3,380 mm	3,380 mm

---

44 中國準備參與美國、南美和亞洲各國等高鐵專案招標：a. 美國 2011 年 2 月 8 日宣布，未來 6 年將投資 530 億美元發展高鐵網，計畫建設美國境內第一條真正的高鐵，從加利福尼亞的三藩市經由洛杉磯到達聖地牙哥的高速鐵路計畫，總長 1,250 公里，最高時速可達 350 公里。屆時舊金山到洛杉磯的交通時間可由 9 小時縮短至 2.5 小時。加州高速鐵路管理局計畫在 2011 年底確定得標公司，2012 年動工，總工期 10 年。中國高鐵造價一般在每公里人民幣 1 億至 1.5 億元，約為國外造價的 1/3 至 1/2，具競爭力。

b. 巴西為 2016 年奧運會而正在推進的連接里約熱內盧、聖保羅、坎皮納斯的總長 510 公里的高鐵專案招標。這一工程項目費用高達 200 億美元。參加競標的有韓國鐵道公司（KORAIL）、現代 Rotem 鐵路設施公司，日本、德國、法國、義大利、西班牙，以及中國的企業。

c. 越南：計畫到 2020 年建設從河內到胡志明的 1,630 公里高速鐵路專案。

d. 中國的發展也將帶動區域發展，原預計 2011 年動工興建一條從中國出發，經過寮國、泰國、馬來西亞到新加坡的高鐵線路，與東南亞各國一同打造「鐵路新時代」。

比較項目	系統名稱				
	日本 新幹線	法國 TGV	德國 ICE	臺灣 700T	中國大陸 和諧號 CRH2A
車輛高度	4,340 mm	3,420 mm	3,650 mm	3,650 mm	3,700 mm
車輛輪徑	1,000 mm	1,000 mm	920～950 mm	860 mm	860 mm
車輛軸距	2,500 mm	3,000 mm	2,800 mm	2,500 mm	2,500 mm
車軸配置	Bo-Bo	Bo-Bo	Bo-Bo	Bo-Bo	Bo-Bo
牽引馬達	230 kw, DCx4x12 11,040 kw	同步，1,100 kwx8 8,800 kw	1,050 kw, ACx8 8,400 kw	285 kw, X4X9 10,260 kw	30kw, X2X8 4,800 kw
列車牽引	970 tons	490 tons	780 tons	503 tons	345 tons
列車編組	16 cars	10 cars	14～16 cars	12 cars	8 cars
列車長度	400 m	238 m	400 m	304 m	201.4 m
列車座位	1,300 人次	513 人次	800 人次	989 人次	613 人次
使用鋼軌	69 kgs 長焊	69 kgs 長焊	69 kgs 長焊	60 kgs 長焊	60 kgs 長焊

註：德國客車專用高速鐵路路線最高坡度為 4%，客貨兼用路線最高坡度則為 1.25%；「Bo-Bo」或
「Bo'Bo'」，是國際鐵路聯盟（UIC）定義的鐵路機車車輛軸式之一，每輛機車擁有兩副轉向架，
每轉向架擁有兩軸，每軸由一台獨立的牽引電動機驅動。這種軸式常見於快速客運機車上。
（資料來源：張志榮，都市捷運——發展與應用，p. 312）

9.6 行車控制

　　大眾運輸系統之安全性、速度、容量和生產能力與車輛行車控制方法有相當大的關
鍵。車輛之行車控制方法大致可分成三大類：(1) 手控／目視方式（manual/visual），
駕駛員不靠任何外力幫助來控制車輛；(2) 手控／號誌（manual/signals）方式，司機仍
以手控來駕駛車輛，但是利用自動號誌（automatic signals）來顯示前面軌道占用的情
形，這些號誌同時也屬於列車自動防護系統（ATP）之一部分；(3) 列車自動操作（ATO）
是指列車完全無人操作或司機只處理開始啟動之駕駛程序，而採用全自動化控制。

　　列車自動控制系統（automatic train control, ATC）可自動控制列車行駛、確保列
車安全和指揮列車駕駛，主要係指列車自動防護（ATP），但亦常包括列車自動操作系
統（ATO）、列車自動監督系統（automatic train supervision, ATS[45]）和電腦連鎖系統

---

45 此處 ATS 重新定義為列車自動監督系統，或稱之為列車自動監控，與之前定義 ATS 為列車自動煞
　　車不同。

（computer-added interlocking, CI）在內。ATC 系統之自動化之主要功能包括：

1. 監視（或偵測）。
2. 指揮。
3. 執行（或操作）。
4. 回饋。

茲將三種行車控制方法及相關之設備與技術分別說明於下。

9.6.1 手控／目視控制

車輛手控或目視控制是指需憑藉駕駛人視力來操作車輛，所以列車行進之安全程度，由駕駛人的能力和判斷力而定。這種控制方法最常見於一般的公路上，其有一定適用的運輸工具，如公車、無軌電動電車（trolley bus）、地面電車（streetcar），和大部分輕軌（light rail）運輸車輛。

車輛利用視力來控制，可由駕駛人任意選擇兩部車之間隔（gap）的大小。當交通流量達路線容量時，將導致車輛以低速行駛，除非在車站提供有效的監視系統，不然延誤是無可避免的。因此，以視力控制的路線，雖然容量很大（因班距小）但服務水準卻很低，其可靠度和速度無法令人滿意，而且會降低系統的總生產能力。

9.6.2 號誌控制

捷運鐵路（rail rapid transit, RRT）和區域鐵路（regional rail, RGR）的運具尺寸較大，為了避免人為的錯誤導致嚴重的意外事件，而造成生命、財產的鉅額損失，因此往往要求比目視控制更高層次的安全水準。所有捷運鐵路、區域鐵路系統和部分 LRT 系統必須引用號誌控制（signal control），裝設列車自動防護系統（ATP），以控制連續行進列車保持適當的間隔。

1. 列車自動防護系統（ATP）：當列車超過規定速度時即自動制動的系統，係指利用預設之自動控制系統管制列車之間距、號誌連鎖條件、行車速限等，以防止列車追撞、側撞、對撞或超速，確保列車行車安全之設備。可見於捷運鐵路，以及區域鐵路。參見 9.6.3 節。
2. 自動區間號誌控制：將全線鐵路分成很多區間（block），每一區間軌道自成一絕緣體，當某區間有列車占用時，由軌道電磁之電流經輪軸而傳回，紅燈信號立刻傳給後車（軌道電磁與號誌電磁）。參見 9.6.4 節。
3. 信號傳送方式：
   (1) 道旁號誌（wayside signal）（固定號誌）。

(2) 車載號誌[46]（cab signal）。

(3) 自動號誌：可與中央控制行車（CTC）相通，視前車之操作狀況控制列車之行止，可縮短兩列車距離提高路線容量。

9.6.3 列車自動防護系統

列車自動防護系統（ATP）監督軌道狀況及列車速度，以確保列車最安全之行駛；提供列車司機適當之資訊和警告訊號，保持適當煞車距離，防止相撞或進入未經許可之區間。

9.6.4 區間閉塞制

有別於其他運輸工具，鐵路必須遵循固定軌道行駛，中途不能超越或閃讓其他列車。故基於行車安全，為了免除列車尾追或對撞之危險，於同一區間之路線內，無論同向或反向，不容有兩列車同時行動者，稱為區間閉塞制（block system），可分為絕對區間閉塞制（absolute block system, ABS）與權宜區間閉塞制（permissive block system, PBS）兩種：

1. 絕對區間閉塞制（ABS）：即在區間內僅容許一列車行駛，其他列車絕對禁止進入，一般適用於客車之調度，為北迴鐵路所採用。

2. 權宜區間閉塞制（PBS）：通常以貨運為主，可減速或小停，安全性較差。

茲將區間閉塞制之演進順序條列如下，其中 1～5 均屬於人工區間閉塞制：

1. 通訊區間閉塞制；

2. 嚮導區間閉塞制；

3. 路牌區間閉塞制；

4. 電氣區間閉塞制；

5. 無證閉塞制；

6. 自動區間閉塞制；

7. 移動區間閉塞制。

9.6.5 連鎖制

在路線分歧之終站調車場，或軌道輻輳，鐵路平交之處，列車往來，必須適當指揮。將號誌與有關之轉轍器及其他相關號誌設備作互相關聯與牽制，以防止人為錯誤扳

---

46 亦稱車上號誌、車輛號誌，或機車號誌。

動轉轍器或顯示互相矛盾之號誌者，謂之連鎖（interlocking）。

連鎖裝置為號誌之心臟，用於轉轍或交叉，除了號誌間的連鎖之外，也需要號誌與列車行車控制設備之連鎖，就是將號誌與其他相關號誌設備及有關之轉轍器作互相關聯與牽制，因此，連鎖制之內容項目包括：

1. 號誌與轉轍器之連鎖。
2. 號誌與號誌之連鎖。
3. 轉轍器與轉轍器之連鎖。
4. 號誌與脫軌器之連鎖。

9.6.6 中央控制行車

中央控制行車（CTC）之定義為列車在一定路段上行駛，其經過閉塞區間或交會車站等行動完全受號誌之指示，路線上所有進出口的號誌及重要轉轍器均由一固定定點統一操縱之。因此，CTC 係將「區間閉塞」與「連鎖」合併統一控制。

中央控制行車制之優點為：安全性高、路線容量大增、調度員可直接控制、可過站不停（無路牌）、減少工作人員、可開行跟隨列車、減少人為疏失、號誌自動顯示危險、減少燃料消耗。

若同時將區間閉塞制、連鎖制、中央控制行車制、號誌控制聯合起來，則稱之為號誌連鎖系統，其為列車自動防護（ATP）、列車自動操作系統（ATO）、列車自動監督系統（ATS）之基礎。

9.6.7 列車自動操作系統

列車自動駕駛係由預設之程式控制列車之行駛方向、加速、減速、停靠站及車門之啟閉等動作，以達到自動運轉之設備。列車自動操作系統（ATO）分為兩種：

1. 半自動操作：與列車行車控制配合，但車門監視、列車起動和故障處理仍由駕駛員來控制，例如中運量木柵線，高運量捷運系統。

   半自動操作相對於人工操作系統之優、缺點：

   (1) 提高時刻表準確度：改進不大。
   (2) 增加路線容量：若班距小，較不顯著。
   (3) 減少能源消耗和車輛磨損：不顯著。
   (4) 增加系統安全性：可忽略。
   (5) 較高之投資成本。
   (6) 增加複雜性。

2. 全自動操作：列車內無駕駛員，列車控制和營運完全自動化，由控制中心統一調
度，例如法國 VAL 系統。

9.6.8 列車自動監督系統

列車自動監督系統（ATS）係由行車控制中心（control center room, CCR）、
各車站之自動設備之控制電腦、列車與道旁通訊（train-to-wayside communications,
TWC），以及資料傳輸系統（data transmission system, DTS）等設備所組成，用以監
測並調整列車運轉狀況，可達成自動調節列車間距及停靠站時間，以符合時刻表之需
求，站務人員並可經由詢問相關號誌設施，即時了解列車行駛狀況。

行車控制中心或各車站號誌設備室（signal equipment room, SER）之處理機係用
來提供變更、登錄列車目的地碼、調整功能位階、滑行命 等功能，ATS 系統亦提供列
車與道旁通訊（TWC）設施，並監控列車在各車站之到達與離開時間，啟動車站月台
上之揚聲器發出鳴聲，告知旅客列車停靠站時間即將結束。ATS 系統可（起始）設定
通過轉轍區的行駛列車路徑，調度列車以及使得列車對行車控制中心（CCR）所發送之
監控命令做出正確反應，其方法為藉由列車對道旁通訊（TWC）系統經由阻抗連接器
耦合至軌條。

茲將 ATS 系統之功能組件說明如下：

1. 行車控制中心（CCR）

CCR 系統設備功能為允許控制中心人員對軌道系統進行自動或手動監控。正常情
況下，列車調派是由 CCR 設備自動控制，而各連鎖區路徑之設定則由道旁控制設備自
動設定。然而，在突發狀況或其他情形下，CCR 人員可以更改自動控制為手動操作並
中斷所有自動化派車和自動路徑設定等功能，以因應狀況需要和維護系統之正常運轉。

2. 列車對道旁通訊（TWC）

行車控制中心與道旁 ATS 設備區可經由 TWC 系統對列車發送及接收由列車發送
之列車識別碼和列車目的地碼訊息，任一列車皆需被設定識別碼和目的地碼，以便當列
車停靠月台時，能將此訊息傳給道旁系統，如此 ATS 才可獲得列車相關資訊的最新訊
息。行控中心操作員也能對列車發送訊息，遙控改變列車的目的地。

列車之 TWC 訊息則是經由列車上安裝在軌道上方之 TWC 迴路天線感應至鐵軌，
以阻抗連接器耦合至號誌室內之 TWC 接收器上，然後再進行解碼將接收之訊息還原為
正確資料形式。這些資料再經由資料傳輸系統傳至行車控制中心。使用這些資料以允許
行車控制中心監視、排班等行為。

3. 設定列車路徑

ATS 系統以進口和出口點選組合，建立通過連鎖區的列車路徑。列車路徑資訊可由下列三種方式設定：

(1) 由 TWC 系統自動設定。

(2) 由號誌設備室（SER）手動控制。

(3) 由行車控制中心遙控。

4. 資料傳輸系統（data transmission system, DTS）

DTS 是由位於行車控制中心的中央資料傳輸系統（central data transmission system, CDTS）和設於 SER 現場資料傳輸系統構成 DTS 系統，作為從行車控制中心到現場線路監控設備資料傳輸的介面。

此系統可匯集中央控制的相關列車駕駛及系統狀態資訊，並可將控制中心命令傳到現場；現場資料傳輸系統（local data transmission system, LDTS）則作為現場匯集運送資料至到控制中心以及接收由控制中心轉給現場設備命令之通訊節點。CDTS 和 LDTS 會偵測通訊錯誤；錯誤接收方不處理資訊，會發出訊號要求發送方重新傳送訊息。

由以上說明可知，列車自動監督系統可由調度員對整個系統依其時刻表或班距提供全盤的控制，其功能組件包括：(1) 號誌；(2) 通訊；(3) 轉轍器等在內。

9.7 鐵路經營效率

鐵路運輸出現於 19 世紀，歷經 20 世紀中葉的榮景後開始走下坡，面對公路客貨運輸以及高速鐵路的競爭，經營赤字不斷擴大。自 20 世紀末起一直到現在，各國開始啟動鐵路運輸的改革，雖然歐洲與日本採取的改革模式不同，但由於鐵路營運仍收到政府嚴格的管制，再加上鐵路基礎設施（railroad infrastructure, RI）建設成本高、回收期程長，人事成本又高居不下，要讓鐵路經營達到自負盈虧的目標，是一項困難度極高的挑戰。

9.7.1 歐盟（歐洲大陸）各國的鐵路改革

歐盟為建立單一且整體的鐵路網，亟需實施車路分離的政策，也需開放路權讓火車可以在歐盟各國的路線上付費行駛。其次，鐵路營運單位需負擔的基礎設施之維護成本占營運成本的三成以上，沉重的負擔造成鐵路運輸的不利競爭地位。因此，歐盟各國的鐵路改革重點主要就是消除這項不利因素，大多數的國家採取政府補貼基本設施的政策，其中尤以荷蘭為最，由國家補貼全部的基礎設施成本，績效顯著。臺北捷運公司的

初期營運模式亦屬此類。

9.7.2 英國國鐵民營化

英國於 1994 年開始推動車路分離的政策，開放路權並啟動國鐵民營化，至 1997 年完成民營化作業，將原本屬於英國國鐵 BR 的客貨營運、車輛及基礎設施部門切割分屬不同公司以促進營運競爭，在這同時也開放車輛及基礎設施的維修保養市場。其中將負責鐵路基礎設施新建及維修的 Railtrack 出售，於 1996 年成立完全民營化的 Railtrack PLC，其經營路線長達 20,000 英里，管理車站 2,500 個，旗下員工 10,000 人，至 1997 年完成民營化作業。惟至 2001 年，Railtrack PLC 的外債高達 33 億英鎊，已達公司破產門檻，於是英國政府於 2001 年 10 月 7 日宣布將 Railtrack PLC 納入行政機關，重新國有化（re-nationalization），至此英國國鐵民營化工程似以失敗告終。

9.7.3 日本國鐵改革

過去日本鐵路系統除了全國性的的國營鐵路（JNR）之外，尚存在許多存民營、准民營、准公營等地區性鐵路公司，鐵路經營者原則上必須自負盈虧，政府不給予補助，但允許鐵路經營者從事多角化的經營。由於國鐵預算與營運常受政治干預，又必須肩負政策任務不得隨意調整票價，因此在推動新幹線建設、更新基礎建設、從事現代化工程等項目時，均必須依靠借貸方式自籌經費方得以進行。雖然推動國鐵改革以來，歷任內閣均給予補助，1960 年代開始發生虧損，逐年擴大，到了 1980 年代營業虧損達 2 兆餘日圓，年虧損達 5 兆餘日圓，累積虧損達 25 兆餘日圓。

為改善鉅額虧損，日本國鐵除了例行開源措施之外，主要還是以節流措施為重點，總員工人數從 1949 年的 50 萬人精簡至 1987 年的 20 萬人。但人員銳減的結果造成人力不足、人才斷層、服務品質降低、交通事故不斷、勞資關係惡化等負面效果。於是於 1987 年開始進行大規模的國鐵改革[47]，其目標在於強化鐵路運具的相對競爭力。茲將各國鐵路運輸系統改革作法以及整體表現比較整理如表 9-5。

---

[47] 日本於 1987 年開始進行大規模的國鐵改革，其具體作法包括：1. 將全國鐵路網分割成六大區域（JR 東海、JR 東日本、JR 西日本、JR 北海道、JR 四國、JR 九州），每一區域成立一家鐵路客運公司，兼辦基礎設施維修。2. 成立一家貨運公司（JR 貨物），向鐵路客運公司承租路線辦理全國鐵路貨運。3. 國鐵外債 37.1 兆日圓中的 14.5 兆交友本州三大鐵路公司承接，其餘由國鐵清算事業集團進行專案清算處理。4. 鐵路建設委由建設公團統籌辦理。5. 成立經營安定基金補貼運量小、持續虧損的鐵路公司。6. 鐵路公司需在轉虧為盈後上市股票，以逐步達到民營化的目標。7. 國鐵清算事業集團的責任包括：(1) 處分土地以清償債務；(2) 安置遣散的員工。

表 9-5　各國鐵路改革作法及整體表現比較

	依營運獨立自主性分類				依分割方法分類				依路網開發程度分類		R1定價層級分類				依R1收支百分比分類			改革後的整體表現				
	國營公司	公民營合資公司（公股多數）	公民營合資公司（民股多數）	完全民股公司	軌路一體、會計分帳	軌路分離（皆公股）	軌路整合、地區分割	軌路分離、獨立公司	限制性開放	開啟	未有規定	政府或立法規定	R1政府主管單位擬，政府核定	R1民營公司擬，政府核定	接近100%	還低於100%	接近0%	R1品質	營運品質	營運公司財務	R1公司財務	政府財務負擔
盧森堡 CFL	✓				✓					✓	✓											
愛爾蘭 CIE	✓				✓				✓		✓											
葡萄牙 CP、REFFER	✓							✓	✓			✓										
丹麥 DSB、BS	✓							✓		✓		✓										
奧地利 ÖBB	✓				✓					✓			✓									
希臘 OSE	✓				✓				✓		✓											
西班牙 RENFE	✓				✓				✓				✓									
比利時 SNCF	✓				✓				✓			✓				15%						

法國 SNCF、RFF					○	○			√		√	√			√
JR 貨	×	○		○	○				√		√		√	√	√
JR 北海道	×	○		○	○			√		√	√				√
JR 九洲	×	○		○	○			√		√	√	√			√
JR 四國	×	○		○	○		√	√		√	√		√		√
德國 DBAG、DBNETS				○	○					√			√	√	√
義大利 FS						40%		√		√	√		√	√	√
荷蘭 NS、RSILNET	×	○	○	○	○	√			√	√		√	√	√	√
瑞典 SJ、BV						15%			√	√					√
芬蘭 VR、RHK		○	○	○	○				√	√	√			√	√
JR 東日本		○	○	○	○		√	√		√		√	√	√	
JR 東海		○	○	○	○		√	√		√		√	√	√	
JR 西日本		○	○	○	○		√	√		√		√	√	√	
英 TOCs、Railtrack		×	×	○	×	70%	√	√(客)	√(貨)		√				
瑞士及大部分 EU 會員國															

註：○、√、×分別表是評等屬等良、可、差。

（資料來源：黃民仁，2005, p. 18-16）

9.8 軌道運輸發展的課題

相對於私人機動運具，軌道運輸系統在「環境」與「社會公平」之永續性具有優勢；然而，若無法完整考量財務與政策機制面的永續性，則軌道運輸之發展勢必受到嚴重考驗。以臺鐵為例，每天虧損高達 3 千萬，在公共利益之前題下，是否每個鐵路業者都應該追求利潤或自給自足（即：建設支出＋維修支出＋管理支出，是否應大於各種收入）？

香港地鐵公司（MTR）與日本東日本鐵道公司是世界能自償其建設成本的兩家軌道運輸公司。香港地鐵公司過去十多年營收約 48% 來自房地產、物業開發，即便如此，香港之發展與捷運系統能量將無法持續其原有之財務結構，基於財務永續的考量，香港 MTR 在 2003 年正式對外宣布其技術輸出之行動策略，MTR 在過去已成功標下北京城市軌道四號線之營運—移轉（OT）案，以及深圳後續兩條地鐵的 BOT 案，其技術輸出甚至打入英國倫敦軌道系統計畫。而日本東日本鐵道一家公司承擔東京都會區 22% 以上之旅次，雖然沒有承做房地產業務，但經由股票上市獲得不錯利潤。

反觀臺北捷運公司營收來源，其超過 80% 是來自票箱收入，而業外收入，特別是聯合開發與物業等方面收入相當有限，臺北捷運公司之財務結構會顯得更為脆弱；而隨著路網擴大，在初期是會產生邊際效益的，換言之，其乘客增量會超過捷運路網增量，但到初期路網完成後，其邊際增量開始下降，此意味著營收之增量無法趕上未來路網自償部分與重置基金所需費用。全世界最大的 BOT 專案臺灣高鐵公司，亦有類似過度依賴運輸收入之情形。

因此，基於永續財務之思維，軌道運輸發展的具體作法如下：

1. 納入更大規模捷運車站與沿線土地開發：透過都市計畫、都市更新等方法落實 TOD 理念之諸多大型土開計畫，亦有學者曾經建議將「捷運工程局」改為「土地開發局」，並建立獎勵機制來鼓勵捷運工程局推動更大規模的聯合開發，而不是現在依靠中央及臺北市就捷運建設非自償部分進行補助。

2. 吸引更多民眾使用大眾運輸系統：必須要有更具規模、更可靠、更優質的大眾運輸服務，然而，單靠公部門的力量已無法在短期內完成合理捷運路網規模，提供整合服務。在土地開發、引入民資、落實 TOD 政策等方面，實有繼續努力空間。

3. 臺灣鐵路產業目前面臨許多課題，例如：民眾希望臺鐵的服務能夠提升，政府希望臺鐵的績效能夠提高，臺鐵員工希望改善工作環境等。參考 1980 年代日本鐵路民營化起，世界各國 Railway-Reform 不斷地推動仿效，或許這是一個值得研究之方向。

4. 在推動軌道建設之前，先推動實施 BRT 系統培養運量：不論 MRT、LRT，或公車捷運系統（bus rapid transit, BRT）都是捷運系統（rapid transit），也因為上述工期與財務理由，運用 BRT 可以在 2 至 3 年即形成現有臺北捷運 76 多公里之路網規模，而

在 5 年內形成 150 公里路網規模，同時可以在有限資源內，在 BRT 興建的走廊上同時創造出步行、腳踏車、公車之優質綠色交通環境。

9.9 結論與建議

臺灣的軌道運輸在改善營運效能的同時，也必須提供足夠的措施以維護乘客的安全。茲將過去發生之重大交通安全事故以及保安事件列舉如下，以資警惕。

臺鐵近幾年來發生過三起重大交通安全事故，包含：(1) 2012 年 1 月 17 日臺鐵自強號太魯閣列車於埔心平交道與砂石車對撞事故，造成火車駕駛死亡、22 名旅客受傷、(2) 2013 年 8 月 31 日臺鐵枋山一號隧道東口外遭受土石流衝擊造成列車車廂脫軌，造成乘客 17 人受傷，以及 (3) 2018 年 10 月 21 日普悠瑪 6432 次列車在宜蘭縣多山－蘇新間東正線發生出軌事故，共 18 死 175 人受傷，是近 27 年來臺鐵最大事故。針對普悠瑪列車翻覆事件，交通部 2018 年 10 月底提出的補救措施包括：(1) 補全不足人力，未來兩、三年會達到晉用近 3 千人的目標；(2) 持續強化高風險路段管理，截彎取直工程，把風險降到最低；(3) 線上營運車輛進行總體檢，例如列車自動保護功能（ATP）關掉以後的速限將有明確規範，相關計畫採購案也持續進行中；(4) 在 ATP 功能沒有完整前，太魯閣號、普悠瑪號從 2018 年 10 月 30 日開始，全部採雙駕駛運行。

除了交通安全事故，保安事件也是軌道運輸必須面對的重要課題。2016 年 7 月 7 日臺鐵 1258 次區間車遭人放置炸彈爆炸事故，造成 25 名旅客受傷；2014 年 5 月 21 日臺北捷運（板南線龍山寺站－江子翠站間）發生隨機殺人事件，造成乘客 4 人死亡 24 人受傷；2013 年 4 月 12 日上午 9 時許臺灣高鐵 616 號列車車廂女廁遭人放置兩個行李箱爆裂物，幸及早發現未造成重大傷亡。由於軌道運輸承載大量乘客，稍有閃失就會造成重大傷亡，引起整個社會人心惶惶，是個不可忽視的議題。

問題研討

1. 請說明軌道路線幾何設計必須考量的三個層面。
2. 請說明軌道工程之基本設計的型態與流程。
3. 請說明軌道扣件系統的組成。
4. 車站之設計分為那幾個部分？請說明。
5. 請說明標準鐵路捷運車站設計程序及標準。

6. 請說明調車場設計應考量之要點。

7. 請說明調車場型式及其內容。

8. 請說明軌道車輛系統之組成元件與功能。

9. 請說明行車控制方法。

10. 何謂中央控制行車制？又何謂號誌連鎖系統？

11. 請說明列車自動防護系統（ATP）、列車自動操作系統（ATO），以及列車自動監督系統（ATS）。

12. 請依「軌距」、「路權」、「路線長短」及「車速」對軌道運輸系統做分類。

13. 假如雪山隧道通的是鐵路，臺北到宜蘭 20 分鐘，臺北到花蓮不用 1 小時，請比較評估該方案與現行小汽車使用之公路的優、缺點。

14. 臺灣高鐵、臺灣鐵路安全可靠嗎？你認為政府應加強那些措施以確保鐵路安全？

相關考題

1. 近年來我國大眾運輸之發展將納入對輕軌運輸系統（LRT）的考慮。請說明輕軌運輸系統之路權型式有那幾種，並比較其利弊。另分析其設置在道路不同橫斷面位置的利弊，以及不同路權與橫斷面配置下輕軌運輸系統對於交叉路口績效的不同影響及如何配合設計？（25 分）（90 專技高）

2. 橫渡線（crossover）為特殊鐵路道岔佈置之一，試說明其主要功用，並繪圖說明此種軌道連接佈置之特點。（25 分）（90 專技高）

3. 請分別說明鐵路列車與公路車輛在行駛前進的過程中各會遭遇那幾種阻力？並請分析每一種阻力產生的原因。（25 分）（91 專技高）

4. 依照臺灣地區現行鐵路平交道設置標準，其考量之因素有那幾項？請分別說明其意義。（25 分）（92 專技高）

5. 試分別推導公路超高公式與鐵路平衡超高公式，而二者所考慮因素有何異同之處？（25 分）（93 專技高）

6. 試敘述公路車道加寬與鐵路軌距加寬之原因何在？又鐵路軌距餘裕之意義若何？（25 分）（93 專技高）

7. 何謂鐵路列車之速度斷面（velocity profile）？其對列車運行及工程設計層面而言，可如何應用？（25 分）（93 高三級第二試）

8. 影響都會區軌道捷運系統的整體運輸容量有那些因素？請說明每一項因素對容量的影響情形。（20 分）（94 高三級第二試）

9. 為何都市捷運系統兩條路線相交之處不宜採用類似高速公路之系統交流道設計？（25分）（95專技高）

10. 何以在公路與鐵路的平面線形中，常在圓曲線與直線之間，插入緩和曲線（transition curve）。（15分）又，在鐵路的平面線形中，運用緩和曲線遠較公路頻繁，試說明其理由。（10分）（96專技高）

11. 某鐵路列車以100公里/hr之速率正開始上一山坡，此列車除機車頭外共有20節車箱，如此時車頭拉桿之牽引力為10,000 kg，每節車箱之阻力為400 kg，列車總重為100公噸，請問：（97專技高）

(1) 機車可用於爬坡之牽引力為何？此時之控制坡、惰力坡為何？

(2) 若此山坡之坡度是5%，則列車可行駛多遠？

(3) 若此山坡之坡度是1%，則此列車加速至200公里/hr時之時間地點為何？

12. 何謂鐵路「車輛傾倒安全係數」？實務上訂定最大超高時，車輛傾倒安全係數採用3，為何臺灣鐵路管理局實用最大超高比該計算值還小？（20分）（98專技高）

13. 試述鐵路車站之站屋（terminal building）內應有那些主要設施，並述規劃站屋各項設施配置之原則。（25分）（99專技高）

14. 都會區捷運系統之路基型式可分為無道渣道床及道渣道床，軌道結構則可分為道渣軌道（ballast track）與無道渣軌道（non-ballast track），此二種軌道均可為彈性式或固定式，配合足以控制震動、噪音之構件而成。試比較道渣軌道與無道渣軌道之優缺點。（20分）（100專技高）

15. 列車在正常行車環境中所受的基本阻力因素極為複雜，但原則上與列車輪軸載重、列車車速，以及列車截面積等因素有密切關係。試以下列關係式為例，說明基本列車阻力與各項阻力因素的參、變數間的因果關係，$R = a + bV + cV^2$，其中 R 為基本列車阻力，V 為車速，a、b、c 為參數。（20分）（101專技高）

16. 請說明鐵路列車外部阻力（external resistance）及影響因素。（20分）（102專技高）

17. 都市捷運系統的軌道常設有橫渡線（Crossover）及袋形軌（Pocket Track or Reversing Siding），請說明其意義及與捷運營運之關係。（20分）（102專技高）

18. 一般列車在平面線形的彎道上運行時，由於車重大、且車廂前後連結的關係，必須審慎設計平曲線與超高（含超高漸變段）的處理。在給定的列車速度（V）與轉彎半徑（R）之下，為避免列車翻覆或打滑，可以利用列車受重力與行駛彎道的離（向）心力平衡之下，計算均衡高程（equilibrium elevation, E），即內、外軌條的水平高度差。試說明均衡高程與列車速度、轉彎半徑之關係，其中內、外軌條之間的距離稱為有效軌距（effective gauge, G）。另以軌道的平面線形設計為例，說明均衡高程與圓心曲率（curvature, D）的關係。請繪製必要的圖形，輔助解題說明。（20分）（103專技高）

19. 詳述軌道路基發生噴泥之原因與改善對策。（20 分）（104 專技高）

20. 請說明鐵路車站位址之選擇原則與考慮因素。（20 分）（105 專技高）

21. 鐵路行車控制可分為區間閉塞控制與連鎖控制，試分別說明其特性。（20 分）（106 專技高）

參考文獻

一、中文文獻

1. 王總守，高運量／中運量／輕軌捷運系統，臺北捷運報導，No. 217，網址：http://www2.dorts.gov.tw/news/newsletter/ns217/rp217_01.htm。

2. 王元興，2008，站場佈置，臺灣鐵路局。

3. 周義華，2007，運輸工程（六版），華泰文化事業股份有限公司，臺北。

4. 林仁生、陳勇全，2004，軌道機電系統概論，高立圖書有限公司。

5. 張有恆，1993，運輸學，華泰文化事業股份有限公司。

6. 張有恆，1993，都市大眾運輸——系統與技術，華泰文化事業股份有限公司。

7. 黃民仁，2005，新世紀鐵路工程學，文笙書局。

8. 黃民仁，2007，新世紀鐵路工程學，文笙書局。

9. 黃仲宗、張思、詹宏義，2004，國內不同軌道系統基本設計實務探討——捷運與傳統鐵路，第 62 期，中華技術電子書，網址：http://www.ceci.org.tw/book/62/ch62_1.htm。

10. 黃漢榮，2005，軌道工程學，高立圖書有限公司。

11. 陳惠國，1999，軌道運輸與土地開發，華泰文化事業股份有限公司。

12. 鍾志成，2009，臺北高鐵臺北站旅客疏運能力分析，中華民國運輸學會 98 年學術論文研討會。

13. 蘇昭旭，2011，世界鐵道與火車圖鑑，人人出版股份有限公司。

14. 蕭炎泉、黃志明，2007，臺灣高鐵之長焊鋼軌與溫度預力工法介紹及探討，現代營建，326，頁 24-35。

15. 鄭國雄、張思，2002，軌道工程：高鐵、捷運、輕軌、傳統鐵路，大中國圖書公司。

16. 郭致宇，2007.06，臺鐵「軌枕埋入式軌道」振動特性研究，國立交通大學工學院碩士專班碩士論文。

二、英文文獻

1. Fruin, J.J., 1987, Pedestrian Planning and Design, Revised Version, New York.

三、網站資料

1. 教學投影片，http://teg.ce.tku.edu.tw/lee/te/13%E9%90%B5%E8%B7%AF%E6%A9%AB%E6%96%B7%E9%9D%A2.pdf

2. 維基百科 -1，http://upload.wikimedia.org/wikipedia/zh/8/82/Side_platform_new.png

3. 維基百科 -2，http://upload.wikimedia.org/wikipedia/zh/e/ea/Island_platform_new.png

4. 維基百科 -3，http://zh.wikipedia.org/wiki/File:DB_401_Frankfurt.jpg

5. 維基百科 -4，http://zh.wikipedia.org/wiki/File:402039-2.jpg

6. 維基百科 -5，http://zh.wikipedia.org/wiki/File:ICE3-Einfahrt-Dortmund.jpg

7. 維基百科 -6，http://zh.wikipedia.org/w/index.php?title=Image:Icensbrusselmidi.JPG&variant=zh-hant

8. 維基百科 -7，http://zh.wikipedia.org/wiki/ICE%E5%88%97%E8%BB%8A

9. 維基百科 -8，http://zh.wikipedia.org/wiki/File:Transrapid.jpg

10. 維基百科 -9，http://zh.wikipedia.org/wiki/File:TGV_train_inside_Gare_Montparnasse_DSC08895.jpg

11. 維基百科 -10，http://zh.wikipedia.org/wiki/File:Shinkansen-0_300_700.JPG

12. 維基百科 -11，http://zh.wikipedia.org/wiki/File:Taiwan-HighSpeedRail-700T-test-run-2006-0624.jpg

13. 維基百科 -12，大中華地區的高速鐵路網（營運中路線），2010.10.26，http://upload.wikimedia.org/wikipedia/commons/3/38/China_Railway_High-Speed_.png

14. 維基百科 -13，和諧號 CRH2 型電聯車，2018.11.15，https://zh.wikipedia.org/wiki/%E5%92%8C%E8%B0%90%E5%8F%B7CRH2%E5%9E%8B%E7%94%B5%E5%8A%9B%E5%8A%A8%E8%BD%A6%E7%BB%84

15. 百度百科 -1，中國上海磁懸浮高鐵車站，http://baike.baidu.com/albums/1126133/1126133.html#0$55a628d1b8686f769b5027b2

16. 百度百科 -2，和諧號 CRH2 型電力動車組，2018.11.15，https://baike.baidu.com/item/%E5%92%8C%E8%B0%90%E5%8F%B7CRH2%E5%9E%8B%E7%94%B5%E5%8A%9B%E5%8A%A8%E8%BD%A6%E7%BB%84?fromtitle=CRH2&fromid=8904837#7_1

17. 京滬高鐵百科 -1，2011.03.27，中國大陸的高速鐵路系統——京滬高鐵，http://jinghugaotie.baike.com/article-14057.html

18. 2011.09.24，網站：http://www.railway-technical.com/Track-construction-x-section.gif

19. 峰製作所，網站：http://www.mine-s.co.jp/business/products_rail.html

20. 科技大觀園，公共運輸工具運載容量的精打細算，擷取日期：2018.11.28，網站：https://scitechvista.nat.gov.tw/c/sfDn.htm

21. 軌距加寬投影片，擷取日期：2018.11.25，網站：http://mail.tku.edu.tw/yinghaur/lee/rail/rail-lc3.pdf

22. 維基百科 -14，袋形軌，擷取日期：2018.11.28，網站：https://zh.wikipedia.org/wiki/%E8%A2%8B%E7%8B%80%E8%BB%8C

四、交通運輸科系與土木系常用的鐵路工程教科書

1. Vuchic, V.R., 2007, *Urban Transit Systems and Technology*, John Wiley & Sons.

2. Vuchic, V.R., 2005, *Urban Transit: Operations, Planning, and Economics*, John Wiley & Sons.

3. Bonnett, C.F., 2005, *Practical Railway Engineering*, 2nd Edition, London: Imperial College Press.

4. Profillidis, V.A., 2006, *Railway Management and Engineering*, 3rd Edition, Aldershot, England; Ashgate.

5. Kerr, A.D., 2003, *Fundamentals of Railway Track Engineering*, Omaha, NE: Simmons -Boardman Books, Inc.

五、鐵路號誌工程師學會有一系列鐵路控制系統之報告

1. Bailey, C. (ed.), 1995, The Institution of Railway Signal Engineers (IRSE), European Railway Signaling, London: A&C Black.

2. Leach, M. (ed.), 1991 reprint 1993, The Institution of Railway Signal Engineers, Railway Control Systems, London: A&C Black.

航空運輸

　　航空運輸的內容非常廣泛，其範圍涵蓋機場設計與航空站之規劃及管理、飛航管制系統、飛航安全之風險分析與安全管理、航空業經營與管理、航空器製造商、國與國之航權談判與諮商、民航主管機關之發展政策等課題。受到篇幅限制，本章主要集中探討機場實質設施，但也涉及飛航管制作業、航線、航權，以及營運改善方向等內容。

　　機場的基本組成單元為航站大廈與飛機跑道。航站大廈主要提供旅客在進出航站、候機、轉機的功能，安排旅客入出境及其行李的流暢路線；而飛機跑道的主要功能為提供飛機進行起降作業，跑道的設計原則要能夠滿足飛機的大小、起降次數需求，以及起降的方便安全等。由此可知，機場規劃設計涉及交通、土木、建築、機械、氣象、力學、數學、統計等，是一門涵蓋知識層面相當廣泛的專業學問。

　　1986 年我國依據美國航空總署（Federal Aviation Administration, FAA）的相關規定頒布「機場工程施工技術規範」，2003 年依據國際民航組織（International Civil Aviation Organization, ICAO）的相關規定頒布「民用機場設計暨運作規範」。臺灣現有之民用機場主要係沿用日據時代所設立之空軍軍事基地逐步擴充改建而成，因此除桃園（中正）國際機場外，各機場各項設施均未能全面滿足國際民航規範，尤其是空側跑、滑道地帶平整要求，區域淨空與各種飛航限制面規定多未達標準，只能採取權宜之計，利用飛航指南（Aeronautical Information Publication, AIP）公告之方式指定為特殊機場。但這種方式只適用於國內航線之機場，因為國內飛安係由民航局負責，與外國無涉；至若屬於國際機場或經營國際包機之機場，則機場設施必須符合國際民航規範後才可經營國際航線。

　　本章主要介紹國內民用機場規劃概念與設計之基本原則，至於國際航線之機場則需採取更高設計標準。本章內容之安排順序如下：第一節整理航空相關名詞；第二節介紹機場航站區域之規劃與佈設；第三節說明機場跑道之佈設；第四節說明滑行道之佈設；第五節介紹停機坪之規劃設計；第六節探討飛航管制作業；第七節介紹航線、航權；第八節介紹國內航空發展課題及營運改善方向；第九節則提出結論與建議。

10.1 航空相關名詞

　　為了便於了解航空運輸內容，茲參考民用航空法（2009 修訂）、民用機場設計暨運作規範（民航局，2011），以及航空運輸學（張有恆，2007）等相關資料，先將重要之名詞定義整理如下：

　　1. 航空站（aerodrome）：亦稱機場（airport），指具備供航空器載卸客、貨之設備及航空器起降活動之區域，包括相關建築物與設備，該區域全部或部分供航

空器起飛、降落及地面活動。

2. 空側（airside）：包括停機坪（apron area）及登機門地區（gate area）、滑行道系統（taxiway system）、等候區（holding pad）、跑道（runway）及航空站空域（terminal airspace）等，參見圖 10-1。

3. 陸側（landside）：包括航站大廈（terminal buildings）、車輛停車及旅客動線規劃，以及航空站聯外運輸系統等（airport ground access system），參見圖 10-1。

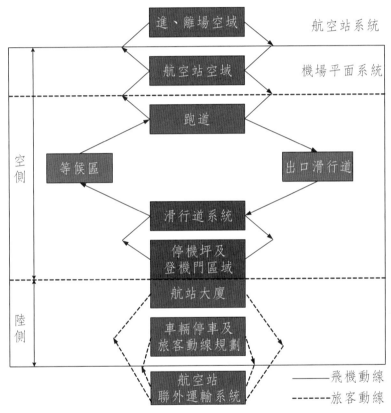

圖 10-1　航空站系統組成關係圖（張有恆，2007）

4. 飛航管制（air traffic control）：指飛航管制機構為防止航空器間、航空器與障礙物間，於航空站跑、滑道碰撞，以及加速飛航流量並保持有序飛航所提供之服務。

5. 目視飛航（visual flight）：目視天氣（目視管制）雲幕高約 460 公尺（1,500 英尺）及地面能見度約 5 公里（16,404.2 英尺）時。

6. 儀器飛航（instrument flight）：亦稱儀錶飛航（或飛行），為儀器飛航規則（instrument flight rules, IFR）允許的飛機操作，其儀錶氣象條件（instrument meteorological conditions, IMC）遠低於目視天氣。當儀器天氣低於目視天氣時，

又可分為非雷達及雷達管制兩種。

7. 助航設備（navigation facilities）：指輔助飛航之通信、氣象、無線電導航、目視助航及其他用以引導航空器安全飛航之設備。

8. 民用航空運輸業（civil air transport enterprise; civil air transportation）：指以航空器直接載運客、貨、郵件，而取得報酬之事業。

9. 普通航空業（general aviation industry）：指以航空器經營民用航空運輸業以外之飛航業務而取得報酬之事業，包括空中遊覽、勘察、照測、消防、搜尋、救護、拖吊、噴灑、拖靶勤務、商務專機及其他經核准之飛航業務。

10. 航空貨運承攬業（air freight forwarder）：指以自己之名義，為他人之計算，使民用航空運輸業運送航空貨物及非具有通信性質之國際貿易商業文件而取得報酬之事業。

11. 航空站地勤業（airport ground handling service）：指於機坪內從事航空器拖曳、導引、行李、貨物、餐點裝卸、機艙清潔、空橋操作及其有關勞務之事業。

12. 航空貨物集散站經營業（air cargo entrepot）：指提供空運進口、出口、轉運或轉口貨物集散與進出航空站管制區所需之通關、倉儲場所、設備及服務而受報酬之事業。

13. 機場識別指示牌（aerodrome identification sign）：為便利從空中識別機場而設置之指示牌。

14. 機場交通密度（aerodrome traffic density）：
    (1) 低密度（light）：平均尖峰小時內，每一跑道飛機起降架次不超過 15 架或全機場之飛機起降架次少於 20 架。
    (2) 中密度（medium）：平均尖峰小時內，每一跑道飛機起降架次介於 16 至 25 架或全機場之飛機起降架次介於 20 至 35 架。
    (3) 高密度（heavy）：平均尖峰小時[1]內，每一跑道飛機起降架次大於 26 架或全機場之飛機起降架次[2]大於 35 架。

15. 停機位（aircraft stand）：停機坪上供航空器停放之指定區域。

16. 停機坪：在陸上機場供航空器上下乘客、裝卸郵件或貨物、加油、停機或維修等目的而劃設之區域。

17. 操作區（manoeuvring area）：機場內供航空器起飛、降落及滑行之區域，包

---

1 平均尖峰小時飛機起降架次為全年之日尖峰小時飛機起降架次之算術平均值。
2 起飛或降落各代表一個起降架次。

括跑道及滑行道，但不包含停機坪。

18. 活動區（movement area）：機場內供航空器起飛、降落及滑行之區域，由操作區及停機坪組成。

19. 清除區（clearway）：主管機關在陸上或水面劃定之長方形區域，經選定或準備供飛機能在其上空進行一部分起始爬升到特定高度之適當區域。

20. 道路等待位置（road-holding position）：於空側進行勤務車輛停等之指定位置。

21. 位移跑道頭（displaced runway threshold）：航機起降時，在某些情況下，可用跑道頭會不同於跑道端點之跑道頭，起降活動必須在此點之後，稱之爲位移跑道頭。

22. 跑道（runway）：於陸上機場內所劃定供航空器降落及起飛之矩形區域。

23. 緩衝區（stopway）：在可用之起飛滾行距離末端外地面上所劃定之長方形區域，供航空器於放棄起飛時，可在該適當區域內停住。

24. 公布距離（declared distances）：

    (1) 可用之起飛距離（take-off distance available, TODA）：可用之起飛滾行距離，如設有清除區時，則加上清除區之長度。

    (2) 可用之加速至停止距離（accelerate-stop distance available, ASDA）：可用之起飛滾行距離，如設有緩衝區時則加上緩衝區之長度。

    (3) 可用之起飛滾行距離（take-off run available, TORA）：經公告爲可使用，並適合飛機自地面滾行起飛[3]之跑道長度。

    (4) 可用之降落距離（landing distance available, LDA）：經公告爲可使用，並適合飛機降落滾行之跑道長度。

25. 等候區（holding pad）：供航空器等待或避讓之特定區域，以利航空器有效率之場面活動。

26. 識別標燈（identification beacon）：發出編碼信號使能識別某一參考點之航空標燈。

27. 獨立平行進場（independent parallel approaches）：航空器於相鄰且平行或近似平行之儀器跑道中心線延長線上，不需訂定最小雷達隔離間距而同時進場。

28. 獨立平行離場（independent parallel departures）：由平行或近似平行之儀器跑道同時離場。

29. 非儀器跑道（non-instrument runway）：供航空器使用目視進場程序作業之跑道。

3　飛機由滑行道進入跑道時，對準跑道後沒有暫停便將引擎推力推上去，開始滑行起飛的方式。

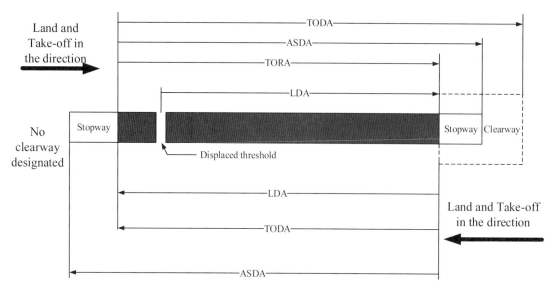

圖 10-2　公布距離示意圖

30. 精確進場跑道（precision approach runway）：詳見第 31 項儀器跑道。

31. 儀器跑道（instrument runway）：可供航空器使用儀器進場程序之跑道，其類別如下：

 (1) 非精確進場跑道（non-precision approach runway）：裝有目視輔助設施及至少提供適於直線進場方向導引非目視輔助設施之儀器跑道。

 (2) 第 I 類精確進場跑道（precision approach runway, category I or CAT I）：裝有儀器降落系統及（或）微波降落系統及目視輔助設施，供決定高度不低於約 60 公尺（200 英尺）及能見度不低於 800 公尺或跑道視程不低於 550 公尺時作業之儀器跑道。

 (3) 第 II 類精確進場跑道（precision approach runway, category II or CAT II）：裝有儀器降落系統及（或）微波降落系統及目視輔助設施，供決定高度低於約 60 公尺（200 英尺）但不低於約 30 公尺（100 英尺）及跑道視程不低於約 300 公尺時作業之儀器跑道。　．

 (4) 第 III 類精確進場跑道（precision approach runway, category III or CAT III）：裝有導引至跑道及道面之儀器降落系統及（或）微波降落系統之儀器跑道，其中：

 A 類：供決定高度低於 30 公尺（100 英尺）或無決定高度且跑道視程不低於 200 公尺時之作業。

 B 類：供決定高度低於 15 公尺（50 英尺）或無決定高度且跑道視程低於 200 公尺但不低於 50 公尺時之作業。

C 類：供無決定高度與無跑道視程限制之作業。

32. 雷射光束禁制飛航區（laser-beam free flight zone, LFFZ）：緊鄰機場之空域，於此區域內之輻射照度被限制在不易產生任何視覺干擾之程度。

33. 雷射光束臨界飛航區（laser-beam critical flight zone, LCFZ）：鄰近機場但於雷射光束禁制飛航區（LFFZ）外之空域，於此區域內之輻射照度被限制在不易產生眩光效應之程度。

34. 雷射光束靈敏飛航區（laser-beam sensitive flight zone, LSFZ）：雷射光束禁制飛航區（LFFZ）及雷射光束臨界飛航區（LCFZ）以外，且無需與其鄰接之空域，於此區域內之輻射照度被限制在不易造成閃光視盲或視覺暫留效應之程度。

35. 近似平行跑道（near-parallel runways）：兩跑道中心線延長線之聚合或擴散夾角不大於 15 度之非交叉跑道。

36. 一般飛航區（normal flight zone, NFZ）：非雷射光束禁制飛航區（Laser-beam free flight zone, LFFZ）、雷射光束臨界飛航區（Laser-beam critical flight zone, LCFZ）或雷射光束靈敏飛航區（Laser-beam sensitive flight zone, LSFZ）劃設之空域，但應受保護，以避免雷射輻射造成對眼睛生物上之損壞。

37. 障礙物淨空區（obstacle free zone, OFZ）：位於內進場面、內轉接面與中止降落面等上方之空域，以及由該等面所界圍之長形地帶。除供航空導航所需之輕質量且易斷之設施外，任何固定障礙物不可突出於該區域內。

38. 主跑道（primary runway (s)）：在條件許可情形下，較其他跑道優先使用之跑道。

39. 受保護飛航區（protected flight zones）：指用以減緩雷射輻射危害效應之特定空域。

40. 跑道端安全區（runway end safety area, RESA）：對稱於跑道中心延長線，與跑道地帶端相接之地區，主要作用為減少飛機過早觸地或衝出跑道時損壞之風險。

41. 跑道警戒燈（runway guard lights）：用以警示航空器駕駛員或車輛駕駛人將進入使用中跑道之燈光系統。

42. 跑道等待位置（runway-holding position）：為保護跑道、障礙物限制面或儀器降落系統／微波降落系統臨界／靈敏區所指定之位置，滑行中航空器與車輛除獲得機場塔台授權，應於此位置前停止及等待。

43. 跑道地帶（runway strip）：包含跑道及設有緩衝區之劃定區域，用於：
(1) 減少航空器衝出跑道時損壞之風險。

(2) 保護航空器於起飛或降落作業中安全飛越其上空。

44. 跑道迴轉坪（runway turn pad）：為使航空器能在跑道上完成 180 度迴轉，於陸上機場鄰接跑道所劃設之特定區域。

45. 隔離平行作業（segregated parallel operations）：於平行或近似平行之儀器跑道同時作業，其中一條跑道專供進場，而另一條跑道專供離場使用。

46. 指示牌（sign）：
(1) 固定訊息指示牌：僅顯示一種訊息之指示牌。
(2) 可變訊息指示牌：視需要可顯示多種預設訊息或無訊息之指示牌。

47. 滑行道（taxiway）：又稱聯絡滑行道，俗稱聯絡道。係指陸上機場劃定供航空器滑行之路線，用以連接機場某一區域與其他區域，包括：
(1) 停機位滑行路徑（aircraft stand taxilane）：將停機坪之一部分指定為滑行道，僅供進出停機位使用。
(2) 停機坪滑行道（apron taxiway）：滑行道系統中位於停機坪之部分，供作穿越停機坪之滑行通道。
(3) 快速出口滑行道（rapid exit taxiway）：以銳角與跑道連接之滑行道，可供降落飛機以較其他出口滑行道更快之速度離開，減少其占用跑道時間。

48. 滑行道地帶（taxiway strip）：包含滑行道在內之區域，用於保障在滑行道上運作之航空器，及降低意外衝出滑行道時航空器損壞之風險。

49. 跑道頭（threshold）：跑道上供降落使用之區段之起始位置。

50. 著陸區（touchdown zone）：逾跑道頭之部分跑道區域，供降落飛機最初接觸跑道之用，係自跑道頭起算 900 公尺或跑道前 1/3 段，取較小值之範圍。

10.2 機場航站區域之規劃與佈設

機場航站區域之規劃與佈設可分成三大部分，即機場規劃之類型、機場主計畫，以及機場設施需求分析與概念規劃，三者關係如圖 10-3 所示，依序分別說明於下。

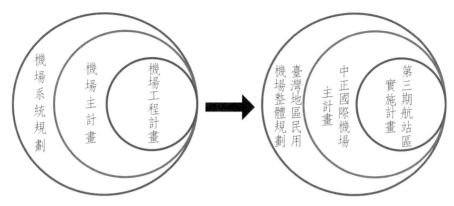

圖 10-3　機場規劃關係圖（民航局，1994：本書整理）

10.2.1 機場規劃之類型

機場規劃之類型可細分為機場系統計畫、機場主計畫、機場工程計畫等三類。

1. 機場系統計畫（airport system plan）

機場系統計畫為最上位之政策指導，關係著全國或一大區域內所有機場之分布、功能定位、預定發展方向與規模，例如，於 2001 年完成之「臺灣地區民用機場整體規劃」。

機場系統計畫可再分為全國性與區域性二種層級。2001 年完成之「臺灣地區民用機場整體規劃暨未來五年發展計畫」即是全國性之機場系統計畫；2003 年完成之「臺灣南部發展新國際機場之整體評估」即屬區域性之機場系統計畫。

2. 機場主計畫（airport master plan）

機場主計畫是機場規劃中最重要的一環，其內容勾勒出單一機場未來短、中、長期發展的願景，除包括機場內飛機活動，以及旅客、貨物、車輛活動空間的規劃外，尚需考量政策面的協調規劃、經濟分析、財務分析以及環境影響分析。即在財務、土地取得、環境保護及施工條件等可行的情況下，考量相關資料及發展原則，以解決現存之航空、環境及社會經濟等問題，利用圖說闡述計畫之發展構想，研擬滿足未來需求之機場發展方案，以作為既有機場擴建、整建或新建機場之依據。例如，交通部民航局曾先後完成「桃園（中正）國際機場主計畫」與「高雄國際機場主計畫」。

3. 機場工程計畫（airport project plan）

機場工程計畫為落實前二類型規劃所進行之實務，其內容包括機場內各項設施興建、擴建、重建之工程規劃，例如「桃園（中正）國際機場第三期航站區工程計畫」。

機場一般可分為航站區、跑滑道系統、助導航設施、支援輔助設施等幾個重要區塊，其間進行相關工程之興建、整建、擴建時均需先進行規劃作業，例如「桃園（中

正）機場跑滑道整建工程規劃」、「桃園（中正）機場四號焚化爐興建工程規劃」、「中部國際機場第一期擴建工程規劃」、「金門機場航站區整體規劃」、「北竿機場儀降設備設置工程規劃」等皆屬於此種類型。

機場工程規劃之範圍其規模大小不一，但以不影響整體機場運作為宜，若因規劃範圍太大，已牽動整體機場之系統運作或影響未來發展，則應進行機場整體規劃或機場主計畫之修訂。

依 106 年 6 月 14 日行政院修正核定之「政府公共工程計畫與經費審議作業要點」第四點規定，工程規劃設計之前，應辦理先期規劃構想或可行性評估，其內容至少應包含下列項目：

(1) 公共工程計畫之緣起及目的。

(2) 公共工程計畫之概述及內容。

(3) 基本資料調查及分析（如工址調查、水文氣象、公共管線、文化遺址調查等）。

(4) 環境影響概述、環境影響說明或環境影響評估。

(5) 土地之取得。

(6) 財務效益評估。

(7) 節能減碳、維護管理之策略及因應措施。

(8) 在地住民意見。

(9) 總工程建造經費概估。

(10) 預期效益。

(11) 結論及建議方案。

10.2.2 機場主計畫

在進行機場主計畫之前，有三個要項需要先行決定：

1. 機場定位：為國際或國內機場？以客運或貨運為主之機場？

2. 使用機場的最大型機：為波音 757、波音 747-400，或空中巴士 A380 機場最大型機（亦稱之為「設計航機（datum aircraft）」）。

3. 機場的儀降系統標準：為目視、儀降系統第一類（CAT I）、儀降系統第二類（CAT II），或儀降系統第三類（CAT III）機場？

機場主計畫是一個機場短、中、長期發展的藍圖，關係著整個機場未來的發展及規模，將最終的機場設計利用圖及書面報告型式，做最有效率的表達，因此，應對機場所有設施、設計理念、整體區域發展及整體規劃作通盤的定義及準備，計畫範圍不僅包括機場內之各項設施，並且涵蓋鄰近地區之土地使用計畫。

　　機場主計畫爲在財務、土地取得、環境保護及施工條件等可行的情況下，解決現存之航空、環境及社會經濟等議題，以圖說闡述計畫之發展構想、考量原則及相關資料，研擬滿足未來需求之機場發展方案，以作爲既有機場擴建、整建或新建機場之依據。本節依照民航局之「航空運輸專論」，特別介紹「機場主計畫」，依序說明其目標、內容、流程、成果、修訂等內容。

10.2.2.1 機場主計畫的發展目標

　　機場主計畫的發展以安全，效率、便捷與環保爲主要目標，並帶動國家與區域之整體發展，包括土地開發、經濟成長等綜合性與區域性指標。因此，其所需之配套實質內容亦相當廣泛，必須涵括：

1. 發展機場的實體設施。
2. 發展機場內及周邊的土地。
3. 確定機場建設及營運對環境所造成的影響。
4. 建立聯外運輸所需設施。
5. 透過對各方案的完整研究，建立建議方案之技術、經濟及財務可行性。
6. 建立計畫改善方案的優先順序及時程表。
7. 以可行的財務計畫支持執行時程。

其最終呈現之具體結果如下：

1. 以圖面顯示機場未來空側及陸側全部機場區域發展藍圖，同時顯示鄰近區域之土地使用建議。
2. 考量技術、經濟及環境等議題，發展概念與替選方案。
3. 建立發展方案之執行計畫，特別是近程之改善計畫。
4. 配合執行計畫提出可行之財務計畫。
5. 供政府訂定土地使用限制及預算編列之參考。
6. 爲後續之規劃作業建立計畫整體架構及時程。

10.2.2.2 機場主計畫的流程與內容

　　規劃者應全面了解航空、運輸以及所有相關規劃需求，於主計畫規劃過程中兼顧機場營運者、使用者，以及受機場影響民眾之立場，若能事先達成共識，將有助於後續的環境影響評估等作業與計畫之推展。由於機場之規模、複雜程度及所面對的問題不同，因此，主計畫內容項目及深度亦將有所不同，因此，宜針對計畫機場特性與需求，提出適當有意義的內容。

　　民航局之主計畫流程，如圖 10-4 所示。

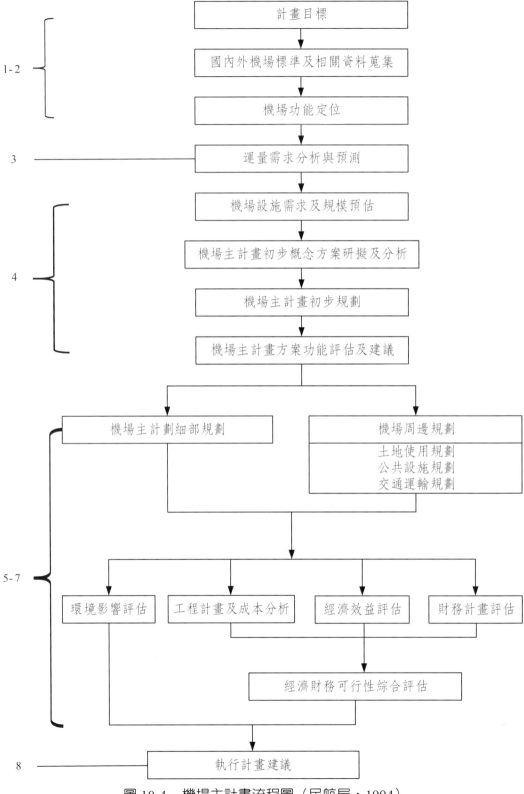

圖 10-4　機場主計畫流程圖（民航局，1994）

　　主計畫規劃程序之流程與內容主要包括以下八大項：

1. 擬定主計畫規劃作業綱要

2. 蒐集航空運輸資料

　　蒐集相關機場、空域、土地使用、其他計畫（相關上位計畫、區域性發展計畫）等多項資料，而蒐集現況資料可以了解現有航空運輸的狀況，對其規劃品質影響重大。現況資料主要包含一般社經資料、歷年運量資料、社區發展資料、自然地理特性資料、現有機場之相關資料、地面運輸系統資料、財務資料、工程建造資料。現況資料的具體項目為：

(1) 航空運輸需求資料

a. 旅客需求資料

  (a) 最近十年每年之旅客數量。

  (b) 最近五年每月之旅客數量。

  (c) 最近五年最尖峰十天之每小時旅客數量。

  (d) 國內及國外旅客數成長之相關資料。

b. 班機營運資料

  (a) 最近十年每年之班機架次。

  (b) 最近五年每月之班機架次。

  (c) 最近五年最尖峰十天之每小時班機架次。

  (d) 目前各型飛機之混合比率。

  (e) 各航空公司之班次時刻特性。

  (f) 若有軍機共用機場，蒐集活動架次資料。

(2) 一般社經資料（包括全國、區域、地區性之層級在內）

a. 人口數量分布資料。

b. 就業資料。

c. 旅行遊憩資料。

d. 所得資料。

e. 商、工、營建等資料。

(3) 社區發展資料

a. 地區計畫之法規。

b. 區域、都會、地區發展計畫之內容，包括綱要及細部規劃。

c. 機場土地現況及未來發展。

(4) 自然地理特性資料

a. 機場周圍 30 公里之地形資料，等高線之間隔為 10 公尺，地圖大小比例為 1：

50000。

b. 機場周圍 3～5 公里內地理資料，等高線之間隔爲 1 公尺，地圖之比例爲 1：20000。

c. 氣象資料。

d. 機場鄰近之動、植物生態環境資料。

(5) 現有機場之相關資料

a. 原有機場設計之細部資料。

b. 各類設施之結構強度及外部狀況。

c. 現有雨水及污水排水設施狀況。

d. 現有跑道、滑行道、停機坪、進場區域之標示系統及燈光系統狀況。

e. 助航設施及遠距通訊系統之容量、廠牌及堪用狀況。

f. 侵入飛航空域以及妨礙飛機安全之障礙物資料。

g. 其他設施狀況。

h. 現有聯絡運輸系統使用狀況。

(6) 地面運輸系統資料

a. 地面競爭運輸系統之服務水準及費率資料。

b. 地區及全國運輸系統之發展計畫及各級政府之投資時程。

(7) 其他資料

a. 空中航線資料。

b. 現有機場營運作業之財務資料。

c. 營建材料及機具之成本資料。

3. 航空運量預測

運量預測是設施需求預測之基本工作，提供機場所需之設施規模、大小及發展時程之參考依據。一般以 5 年爲近程計畫年期，10 年爲中程計畫年期，20 年爲長程計畫年期。預測項目包括客運量、貨運量、機隊組合、機型、承載率以及航機起降架次等；主要考量時間點爲年運量、尖峰小時運量；預測方法有經驗判斷法、趨勢推算法、經濟計量模式、市場調查法等，整個運量預測流程如圖 10-5 所示。

其中航機起降架次需分別預測：

(1) 客機起降架次

$$每架飛機平均座位數 = \sum_i i \text{ 類飛機座位數} \times i \text{ 類飛機承載率}$$

$$\times i \text{ 類飛機所占比例} \tag{10-1a}$$

$$客機起降架次預測量 = 客運預測量 \div 每架飛機平均座位數 \tag{10-1b}$$

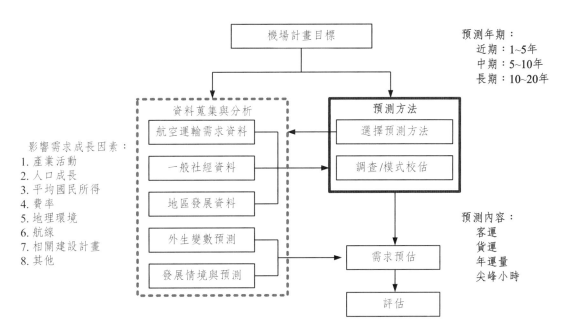

圖 10-5 運量預測流程圖（民航局，1995）

(2) 全貨機起降架次

以全貨機載送的貨運預測量＝貨運預測量×全貨機載貨的比率 　　（10-2a）

全貨機起降架次預測量＝全貨機載送的貨運預測量÷每架全貨機平均噸數

　　（10-2b）

機場主計畫與運量預測關係如圖 10-6 所示。

茲將機場設施需求分析以及概念規劃說明於下。

4. 機場設施需求分析及概念規劃

設施需求分析為根據航空運量預測，評估既有機場容量及潛在的限制是否能滿足未來需求。空側容量需求以跑道及相關之滑行道與停機坪之尺寸及數量表示，如跑道數目、方位；停機坪數量、航廈量體；陸側容量需求則包括航站建築物空間、停車場及道路系統等。

若經過評估，既有場址可滿足未來需求容量，則進行細部規劃；當既有機場容量不敷未來需求，則應研究替選方案，如進行場址研選以開發新場址、取代或增加新場址、改變既有機場定位等。詳細內容將於 10.2.3 節加以說明。

5. 環境分析

在主計畫中，應考慮機場對環境造成之既有及潛在影響，以及其減輕對策；機場開發計畫應符合環保署相關規定。

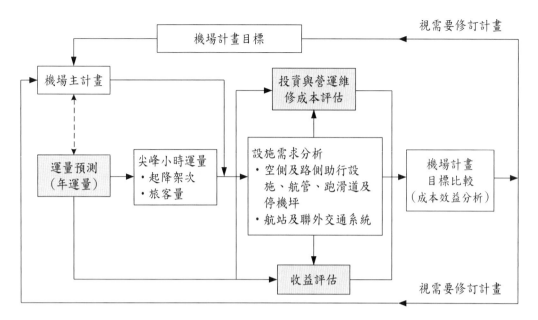

圖 10-6　機場主計畫與運量預測以及設施需求分析關係圖（民航局，1995）

　　大型工程建設應儘可能減少環境品質的危害，應針對每一方案做下列環境衝擊項目評估：

(1) 機場周圍噪音變化程度。

(2) 對空氣及水污染程度。

(3) 對景觀或視覺破壞程度。

(4) 需搬遷之居民數。

(5) 對當地居民權益影響。

(6) 對社區可能引起隔離情形，及土地使用計畫產生之不良影響。

(7) 對觀光遊憩引起之不良影響。

(8) 對動植物生態影響。

(9) 所衍生地面運輸系統交通擁擠問題。

6. 模擬

　　機場模擬可研選出最有效率之配置方案，規劃者應針對希望評估之項目選擇適合的模擬工具。電腦模擬程式通常適用於複雜機場或大型擴建計畫，需要蒐集並輸入大批資料，包括各項因子之相對重要性及優先順序，如：機場類型、限制條件、政策或其他考量。經由模擬可比較分析各主計畫發展方案之優劣，特別是尖峰時段航機調度時間及燃油消耗成本等方面；最後根據各配置方案之優劣點的分析結果，評選出最佳方案。

7. 機場主計畫之規劃成果

　　機場規劃主要以圖面顯示，包括：

(1) 機場配置圖：顯示機場範圍、降落區配置、陸側設施區域、助航設施位置、進場及障礙物限制等。

(2) 土地使用圖：在機場範圍內之旅客航站區、維修區、貨運設施、普通航空業務基地設施、商業及工業區等建議配置圖。若為顯示噪音影響程度及範圍、障礙物情況，以及可能影響機場作業之設施及活動等，則應標示現況及建議之機場範圍外土地使用。

(3) 航站區配置圖：顯示航站區各主要設施配置及其相互關係。一般建議以較大比例分別圖示旅客航站建築物區域、貨運站建築物區域，以及棚廠區域等。

(4) 聯外交通圖：顯示機場主要聯外道路至鄰近之商業中心路線，以及與其他主要幹線與交通系統之銜接點。機場範圍外之運輸系統，應配合既有之相關計畫進行規劃或建議新路線，由交通主管單位進行詳細評估。

主計畫成果的數量、格式等內容會因機場規模或複雜程度不同而有所差異，但基本內容必須包含主計畫報告及一系列規劃圖。主計畫報告應包括計畫過程中之調查及分析結果，針對特殊或不符規定事項（位置或尺寸）提出說明，必要時，以另冊之技術報告輔助說明。至於較複雜之主計畫，可針對不同階段、目的或對象（民航主管單位、業者或民眾等），提出期中或階段性報告。

此外，為方便民眾參考，需將相關資料、結論與建議彙整成摘要報告，甚至利用多媒體或模型系統，使民眾易於了解機場之興建或擴建之經濟效益，如此可有助於減輕機場營運伴隨之噪音等負面影響所造成的阻力。至於規模較小或報告份量不大之計畫，可將摘要報告附於主計畫報告內。

8. 執行計畫

計畫執行主要包括發展計畫時程及費用。主計畫發展計畫一般劃分為近程（5年）、中程（10年），以及長程（20年）計畫年期。其執行計畫必須提出初期主要、以及後續營運與維修等成本之財務來源。

10.2.2.3 主計畫的修訂

主計畫每 5 年應通盤評估及修訂 1 次，但當經濟、財務、環境、機場營運有明顯的變化時，修訂的期間應予以縮短。

主計畫至少每年檢討及更新資料 1 次，以即時反映現況及需求。持續更新資料有助於檢核預測資料、隨需求修訂發展期程；從噪音監測系統所得之資料，可用以檢討航機操作程序，以及決定機場範圍外土地使用策略。

10.2.3 機場設施需求分析與概念規劃

進行機場設施需求分析與概念規劃，必須先要設定機場設施規劃原則、了解航機特

性，才能做好後續之空側設施規劃、陸側設施規劃、容量分析，以及支援輔助設施規劃等項目，茲分別敘述如下：

10.2.3.1 機場設施規劃原則

機場設施規劃的原則如下：

1. 先依據運量預測結果，估計空側及陸側之設施需求，再經由既有機場設施狀況調查，評估機場空側及陸側設施容量是否能滿足所預測之需求。若經評估既有設施容量不敷需求，則考慮進行擴建。

2. 若既有機場之擴建受財務、硬體及環境限制，可評估將部分運量轉移至其他機場或新建機場之可行性，後者將衍生出既有及新機場之定位及未來發展課題。

3. 藉比較航機因延滯增加之成本（航機作業維修、旅客時間等），與新增空側設施之建造成本，可評估安排空側設施興建時程。

4. 機場發展計畫一般分為近程（5 年）、中程（10 年）及長程（20 年）發展計畫。近程發展計畫詳細地說明短期內之執行項目；而中程發展計畫則著重於旅運需求分析；長程發展計畫規劃有關機場最終發展目標。換句話說，中、長程發展計畫著重於以特定運量水準來評估機場設施需求。

10.2.3.2 航機特性

航機特性與機場規劃設計有關，說明如下：

1. 重量：航機重量決定跑道、滑行道及停機坪之鋪面厚度。

2. 尺寸：翼展寬度及機身長度決定停機位大小，同時連帶影響旅客航站配置；航機尺寸影響跑道及滑行道寬度及相關距離。

3. 載客容量：航機載客容量為考量航站區設施之重要因素。

4. 需求跑道長度[4]：機場場址範圍主要受跑道長度的控制，跑道長度則取決於最大使用航機。

10.2.3.3 空側發展

機場管制區域之空側部分之組成要素包括跑道、滑行道、停機坪、空域（airspace）、機場助航及管制設施，為航空運輸專業之必備知識、內容較為豐富，將另立專節說明。

---

[4] 受航機操作特性影響，不一定是航機實體上的尺寸。例如搭配不同引擎，操作特性就會有所不同，亦會同時影響「重量」(起降重量) 與「跑道長度」。

10.2.3.4 陸側發展

機場區域之陸側部分的重要設施包括旅客航站、貨運站、道路及停車場，分述如下：

1. 航站大廈

航站大廈為航站區域內最主要的設施之一，其規模的大小及所需具備的功能依飛航活動的多寡及旅客服務的需要而定。一般而言，航站大廈應具備之設施包括：

(1) 服務旅客基本需要之設施，如售票、行李寄運及提領、候機及休息等。

(2) 增進旅客便利之額外設施，如禮品店、汽車出租、餐飲店、銀行、旅館等。

(3) 航空地勤人員作業之設施，如飛航情報中心、空勤及地勤人員之待命室。

其他如旅客動線安排、航空公司報到櫃檯作業、安全檢查、候機室及登機作業、行李輸送、提領作業、出入境證照及海關行李檢查作業等，皆會影響航站大廈營運績效。

2. 貨運站

現代貨運站的規劃設計應考量以下各點因素：

(1) 貨運運載量因採用大型飛機而增加、貨櫃管理方法的改善、貨櫃的材質及使用、自動化設備改善貨運作業彈性及擴充性等。

(2) 貨運站與航空站的規劃類似，一般的規劃方針如下：
　　a. 收集所有航空貨運公司過去、現在及未來的相關貨運資料。
　　b. 判斷貨運、郵件及儲存空間的影響。
　　c. 根據貨物的特性及數量來規劃所需之設備與系統。

(3) 貨運站所需設備之設計應能處理最大貨運量，並考慮未來可能的擴建能力。

(4) 確保貨運站有足夠的停機位、卡車裝卸貨物的空間、停車場、必要通路及可能的未來的擴建空間。

(5) 貨運站的設計也應考慮操作特性（全貨運區或混合區），在運輸過程中提供最短運輸時間的貨運路線。

(6) 應提供足夠空間供固定或移動性的維護設備、油料車輛等設備使用。

(7) 應注意最高垂直淨空高度及地面空間，以配合立體貨品或多層處理設備。

(8) 第一樓層應盡量作為貨運處理空間，即如果可能應將行政辦公室移到二樓。

(9) 應避免空運貨物及設備未獲授權被搬離貨運站。

(10) 貨運站應提供適當及彈性的通行聯接通道、可移動及可調式斜坡道等，以配合不同高度的卡車。

(11) 提供足夠的貨品保存空間，如貨櫃及機艙底層貨櫃。以機艙底層貨櫃為例，此種貨櫃必須被快速的處理，以減少飛機在地面上停留的時間。

(12)一般貨運站都應配合機場主計畫及其他相關因素考慮，加上彈性擴建空間以配合貨運的成長，所以其計畫時間一般爲二十年。

(13)機場貨運站應規劃與現有及未來計畫的交通運輸系統相聯結。滑行至貨運站應保持最短及最直接的距離。

3. 聯絡道路系統

(1) 係指供公、私運具進出機場的道路設施，所構成的機場車輛的流動路線。

(2) 影響機場聯絡運輸系統的容量與服務水準的因素主要有下述幾項：

　　a.可用的運具及價格：方便性（特別是行李及換車方便性）、舒適程度、價格高低。

　　b.到達時間：包括等候車輛及來往機場的時間。

　　c.旅客特性：旅客對各種運具選擇的特性，包括車輛所能提供的空間、接送旅客隨行人員數目、旅客行李裝載、起迄點等。

　　d.車輛使用者行爲。

　　e.班機時刻表及承載率：決定使用地面設施的基本人數。

　　f.交通設施及其便利情形：高速公路和大衆捷運路線等。

4. 場站停車場

(1) 大部分機場距市區約需 30 分至 60 分鐘車程，因此，有相當比例的航空旅客、機場員工及航空公司人員出勤需依賴汽車，因此，提供充分的停車位及適當的管理，乃爲規劃場站所不可或缺的重要工作。

(2) 影響場站停車場的服務水準與容量的因素，可分爲出境與入境兩部分說明：

　　a.出境

　　　(a) 可使用的空間：如到站大廈的距離、停車價格、遮蔽風雨的等待區、行走區域。

　　　(b) 到達時間：包括找尋車位、等待及離開時間。

　　　(c) 旅客特性：包括駕駛人數比例、車輛大小、訪客多少及停留時間。

　　　(d) 價格：價格高低影響需求意願。

　　　(e) 班機時刻表：決定到達停車場人數的基本因素。

　　b.入境

　　　(a) 可及時間：包括到停車位置的時間，考慮遮蔽風雨等待區及行走區域的可及性。

　　　(b) 出口位置及工作人員效率：直接出口的數目、出口區的服務時間。

10.2.3.5 容量分析

容量分析內容包括機場容量、跑道容量、滑行道容量的分析方式，以及機場作業技術對容量的影響。有關跑道容量、滑行道容量的分析方式併入以下專節內容，茲將機場容量內容，以及機場作業技術對容量的影響說明如下。

1. 機場容量

(1)「容量」定義為在可忍受的延滯條件下，一小時內最大航機起降作業次數。因各時段之跑道使用方式、航機組合、塔台管制措施等不同，機場容量可能隨時間變化而不同。

(2)「延滯」定義為受限制及不受限制之情況下，航機作業所需時間的差異。延滯的發生起因於在同一時間，對於同一設施之需求，對延滯的可忍受程度因機場而異。

(3) 複雜機場之容量及平均航機延滯分析，可採美國聯邦航空署（FAA）發展之有關機場容量及航機延滯計算模擬程式，例如：

　　a. Upgraded Airfield Capacity Model and Annual Delay Model.

　　b. Airfield Delay Simulation Model, ADSIM.

(4) 各種跑道組合形式之起降架次容量及年服務量，因航機組合、到站航機比例及能見度等因素而異，可查閱設計規範。

(5) 機場容量詳細資料參考 FAA AC 150/5060-5 "Airport Capacity and Delay"。

2. 機場作業技術對容量的影響

隨著科技進步，未來機場容量可能因機場作業技術之改良而大幅提升，進行機場長程規劃時，可將最新發展之技術納入考量。如：

(1) 進離場航機前後隔離縮小。

(2) 採用衛星導航系統做為目前儀器降落系統之替代系統。

(3) 全球定位系統做為地面導航系統的輔助系統使用。

(4) 跑滑道系統良好配置與電腦化之機場／空域管理系統。

10.2.3.6 支援輔助設施

支援輔助設施分成三部分，即機場作業及支援設施、輸油設施，以及安全措施，分別說明如下：

1. 機場作業及支援設施

機場作業及支援設施包括：

(1) 管理及維護單位。

(2) 航醫中心。

(3) 車輛加油站。

(4) 電源供應站。

(5) 供水及污水處理。

(6) 空廚。

(7) 氣象服務。

　　a. 氣象台。

　　b. 航空氣象觀測站。

(8) 空勤人員作業。

(9) 航機維修區域。

(10) 救援及消防。

(11) 普通航空業務設施。

(12) 共同管道。

(13) 飛航管制、通信、航警局，以及旅館等。

2. 輸油設施

輸油設施必須考量規劃原則、儲存容量、貯油槽位置、輸油系統設計考量因素。

(1) 規劃原則

機場輸油設施規劃原則：

a. 安全。

b. 最短使用停機坪時間。

c. 重、大型車輛對停機坪及勤務道路鋪面的影響。

(2) 儲存容量

a. 依據運量結果估計儲存容量，考量因素包括：

　　(a) 使用航機機型。

　　(b) 作業頻率。

　　(c) 尖峰時段加油量。

　　(d) 航機加油高度。

　　(e) 需求燃油種類。

b. 燃油自煉油廠或其他貯油設施，以船、鐵路、油罐車或輸油管線等方式運送至機場，輸油系統之選用及配合之輸油碼頭、道路、鐵路及管線等，可能影響機場之初期建造成本。

(3) 貯油槽位置

a. 貯油槽位置宜盡量靠近航機加油區域，以降低管線埋設、泵送，以及維護成

本，但不可成為機場作業之障礙物。

b. 盡量將漏油、逸散、廢污水等對環境之負面影響降至最低。航空燃油油氣在靜風狀態下可能長時間聚積在低窪處，規劃前應進行機場周圍之住宅區及風向調查。

(4) 輸油系統設計考量因素

a. 便於消防裝備抵達航機加油位置及固定加油設施位置。

b. 機場輸油系統計畫時除參考既定之國際或各國規範，宜徵詢航空公司、使用者、油品公司、設施製造商等之意見。

c. 航機活動區域下方之油槽及輸油管線等，應考量航機載重／輪重，採適當之回填材料及埋設深度。

d. 除非地下油管以鋼鐵單獨包覆，輸油管線不得穿越建築物或登機廊廳下方（不含空橋）。

e. 輸油管線及加油栓之流動速率高於 23 L/min，距離航站建築物、機棚、服務大樓及步行廊道等至少 15 公尺。

f. 停機坪橫向坡度不得大於 0.5%，縱向坡度不大於 1.0%，以避免停放航機兩側機翼高度差異過大。

g. 停機坪排水方向應自航站建築向外，排水方向以離開輸油管線或加油栓為宜，避免淤積於加油設施位置。

h. 停機坪鋪面應採可抗油蝕之材料。

i. 供軍機使用之機場，需將軍機用油及加油設施納入考量。

3. 安全措施

安全措施必須考量規劃原則、空側安全措施、陸側安全措施：

(1) 規劃原則

a. 機場規劃應先將安全措施納入考量，以避免機場興建完成後，其動線及管制方式變動的彈性相對地較小。

b. 每一座機場特性不同，所適用內容也不盡相同，於規劃時應評估個別機場各項目所應達到之安全等級，在實施時應將對旅客、空勤人員、行李及貨物等造成之不便與延滯降到最低。

c. 除了空側區與陸側區管制區域之外，亦應考量納入其他區域之管制如：機場範圍外之助航設施、貯油區、水源及電力供應站。

(2) 空側安全措施

a. 航機作業區域

(a) 應確實區隔公共區域及管制之作業區域，通常二者距離越遠，區隔效果越好。

(b) 跨越一般道路之跑道或滑行道橋，應嚴密防止進入，並避免該橋梁結構體遭受破壞。

(c) 航機低空掠過之跑道進場及離場區域，於機場規劃開始階段即應考慮納入機場範圍取得用地。

(d) 航機作業區域可採圍籬、柵欄、燈光、加鎖、警鈴、守衛崗亭等方式，避免非必要進出空側。

b. 道路

(a) 空側勤務道路僅供機場工作人員使用，需與旅客使用之公用道路區隔；

(b) 環場道路設於機場圍籬範圍內，供維修及巡場使用。

c. 圍籬

(a) 機場非公共區域應設置圍籬阻止閒雜人等進入，圍籬不可影響機場作業；

(b) 視需求設置人、車進出口，進出口數量應降至最低，並確實管制；

(c) 使用頻繁之進出口宜設置守衛崗亭，崗亭位置需能清楚監視鄰近區域，並方便進行人車檢查，夜間使用需設置照明、機場安全服務中心間通信設備，與緊急狀況警鈴等；

(d) 通往機場之地下管線、排水溝應設置柵欄；若因維修等因素需進出，出入柵門應予上鎖；

(e) 當建築物作為圍籬的一部分時，應注意勿使建築物屋頂成為進入管制區的入口，必要時可設置投光燈或警報系統。

d. 隔離停機坪

(a) 供具有危險性、或非法降落，需特別服務或處理之航機停放；

(b) 其位置盡量遠離一般停機坪、建築物、公共區域及機場圍籬，距離至少100公尺。有具危險性之航機停放時，該限制範圍內之跑道或滑行道航機之活動，必要時需封閉；

(c) 航空燃油、汽油、主要供水、電力或通信等管線不得通過本區域下方；

(d) 視需求設置行李、貨物、郵件及機上物品等之檢查設施。

e. 警戒停機坪

除隔離停機坪外，考量航機有遭受攻擊之危險時之停放位置。

f. 普通航空停機坪

普通航空停機坪安全措施與一般停機坪相同；通往普通航空停機坪之滑行道應予標示註明，避免商用客機停放。

g. 爆裂物放置區

機場或航機上之疑似爆裂物放置或引爆區域，應遠離機場設施，建議設置可供車輛直接駛入並卸下物品之掩體或建築物，以提高安全性。

(3) 陸側安全措施

a. 旅客航站安全檢查

(a) 旅客航站應嚴密區隔公共區域及非公共區域（營運作業、行李處理、行政管理及維修），目的在防止非相關人員經由陸側進入空側。

(b) 在旅客登機區及登機門入口設置門式旅客檢查及 X 光行李檢查設備，並於附近設置進一步人工檢查之空間。

(c) 以實體隔離已通過檢查旅客與其他旅客。

b. 貴賓候機室

貴賓候機室不允許未授權之陸側／空側通行，自貴賓候機室直接登機之旅客仍應接受旅客及行李安全檢查。

c. 旅客景觀眺望區

若設置旅客眺望區供旅客眺望空側停機坪，其位置應在旅客通過安全檢查後，以封閉之透明實體（如玻璃等）隔離旅客與機坪或配置警衛巡查，防止自眺望區傳遞物品至旅客停機坪。

d. 機場緊急應變／安全服務中心

機場必須設置機場緊急應變／安全服務中心，通常設於旅客航站或鄰近適合之建築物，不宜設於空側（如塔台）。

e. 公共置物櫃

(a) 公共置物櫃宜設於發生爆炸意外時損傷最小的公共區域。

(b) 旅客航站置物櫃需有排氣孔，使爆炸方向不朝向旅客密集區域及機場重要設施。

(c) 當遇到特殊事件時，置物櫃必須能開啓檢查。

f. 行李處理設施

(a) 應提供足夠空間供航空公司處理行李，只有登機旅客已通過安全檢查的行李才可運送至航機。

(b) 航站設計時應考慮行李自陸側輸送至空側之過程，若無法採用行李輸送帶，應有適當之保全措施。

(c) 盡量避免機場外／站緣側辦理行李托運手續。

g. 誤失／無人提領行李儲存區

旅客航站內應規劃管制之誤失／無人提領行李儲存區域，等待旅客領取、轉運

或丟棄。

h. 到站／離站旅客實體隔離

旅客航站空間規劃時應將到站／離站旅客以實體隔離，避免動線紊亂。

i. 貨物處理設施

應考慮貨物之保全及特殊處理設施。

(4) 助航燈光裝備（FAA, 2011；周義華，2007）

機場燈光系統功能主要提供航空氣飛行員在夜間或低能見度情況，辨識各機場設施及障礙物。據機場規模、氣候，以及夜間的交通量及架構與區域氣候情況，而設置不同的燈光系統。燈光系統大置可分為障礙標示燈光、機場標誌、進場燈光、跑道燈光及滑行道燈光：

a. 障礙標示燈光

主要確保航空氣飛航安全，於建築物、高塔、橋樑、煙囪及其他結構等障礙物，設置一定數量的障礙燈光，以輔助飛行員判別障礙物。障礙燈光會依據結構物高度決定位置、型式及數量。

b. 機場燈標

主要在夜間時顯示機場位置以輔助航空器降落，安裝於相對的建築物上。

c. 進場燈光

主要供航空器在夜間或者低能見度情況下進場時，提供跑道入口位置和方向的醒目的目視參考。美國聯邦航空總署將進場燈光分為「中強度進場燈光系統」，以及「高強度進場燈光系統」。

(a) 中強度進場燈光系統：主要用於一般飛航活動機場，其使用之燈泡數較少且瓦數較低，因此較為經濟。

(b) 高強度進場燈光系統：主要提供具有定期航班之機場，以輔助儀降系統引導航空器進場，其使用之燈泡數較多且瓦數較高，因此較為昂貴。

d. 跑道燈光

主要輔助航空器接近跑道、落地及起飛之安全。而為了避免影響航空器之起降作業，跑道燈光事先安置於小型金屬箱或混凝土箱內，再埋設於機場跑道地下。依佈設位置分為「跑道末端燈光」、「跑道中心線與落地區域燈光」，以及「跑道邊際燈光」：

(a) 跑道末端燈光：主要佈設於跑道末端外側，寬度涵蓋整個跑道寬度，用以警告航空器飛行員跑道之末端位置。

(b) 跑道中心線與落地區域燈光：主要與精確儀降助航設施、高強度進場燈光共

　　同輔助航空器於夜間或低能見度下降落機場。

e. 滑行道燈光

　　主要輔助及導引航空器於滑行道上滑行。可分為「滑行道中心線燈光」，以及「滑行道邊際燈光」。

(a) 滑行道中心線燈光：主要引導航空器於夜間或低能見度情況下於滑型道上運型。

(b) 滑行道邊際燈光：用以標示滑行道主要範圍。

10.3 機場跑道之佈設

跑道主要由以下區域組成：

(1) 跑道道面：承載航機重量之鋪面。

(2) 跑道道肩：鄰近跑道道面之鋪面區域，防止航機噴氣侵蝕道面，供維修及巡場車輛通行。

(3) 跑道地帶：包括跑道道面、道肩及經整地排水良好的帶狀區域。供航機意外衝出跑道面時予以支承，使航機結構及人員損傷降至最低，同時供維修、緊急救援等車輛通行。跑道地帶寬度取決於設計機型及進場類別。

(4) 噴氣防護坪：設於跑道頭外，用以：

a. 防止噴射引擎所產生之急風熱氣侵蝕地面；

b. 提供消防、救援裝備行駛及航機意外衝出跑道端時支承用；或

c. 保護降落航機不受未經處理之地面的傷害。

(5) 跑道端安全區（RESA）：設於跑道地帶二端，提供航機過早落地或衝出跑道時之平整區域。

(6) 緩衝區：設於起飛跑道末端外，當航機起飛失敗時，可供減速安全停機之用。

(7) 清除區（clearway）：為自跑道端外延伸之一矩形區域，供航機起飛滾行達到抬升之決定速度後，航機一具引擎故障，仍必須繼續起飛情況下，保障其起飛安全之用。

10.3.1 跑道之規劃設計

　　跑道系統之佈設關係整個機場的運作效率，同時也影響跑道本身容量，其佈設型式受機場地形影響，其數量取決於風速、風向及未來所需服務之架次。以下依序介紹常見跑道型式、跑道配置因素、跑道方位及編號、平行跑道間距、跑道頭定位、跑道長度，

以及跑道設計準則。

10.3.1.1 常見跑道型式

常見跑道型式包括單一（single）跑道、兩平行（parallel）跑道、開口 V 型（open-V）跑道，以及交叉型（intersecting）跑道等四種。

1. 單一跑道：爲最簡單跑道型式，參見圖 10-7，終站區域緊鄰其中央，此型是兩個方向皆可實施起降作業，惟在同一時間，起飛及降落不可同時進行，而擇一實施。若採行目視飛行規則（visual flight rules, VFR）其容量約爲每小時 54 至 98 架次，若採儀器飛行規則（instrument flight rules, IFR）約爲每小時 50 至 59 架次。若未來需要擴增容量時，可在外側加建一平行跑道（圖 10-7 虛線所示），原有跑道可供作起飛之用，新建跑道則作降落之用，可同時進行起降作業。如：松山機場、澳門機場。

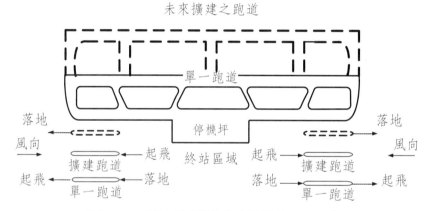

圖 10-7　單一跑道型式（周義華，2007）

2. 兩平行跑道：參見圖 10-8，其中間可爲終站區域，滑行道不穿越跑道，終站區域有充分的空間供未來擴建。兩平行跑道之端點可對齊，亦可錯開。當兩平行跑道中心線間隔距離達 215 公尺以上，即可同時在兩跑道允許飛機以同一方向降落，可提高尖峰時間跑道的容量，若欲同時以反方向作業，其間隔距離在 VFR 需長達 420 公尺（日）或 840 公尺（夜）以上，在 IFR 需 1070 公尺以上，如：高雄小港機場——窄間距兩平行跑道、桃園機場——中間距兩平行跑道、洛杉磯機場——階梯式四條平行跑道。

機場跑道之設計，若兩平行跑道末端對齊，且其中一跑道專供起飛，另一跑道專供降落，則最小隔距距離爲 1,065 公尺；若兩平行跑道之末端錯開，則每錯開 150 公尺，其間隔距離可增加或減少 30 公尺，如圖 10-9 所示。若跑道如圖 10-9(b) 所示，因降落跑道與起飛跑道相互影響較小，故其間隔距離可以減少 30 公尺；若跑道如圖 10-9(c) 所示，降落與起飛跑道之相互影響較大，間隔距離應增加 30 公尺。

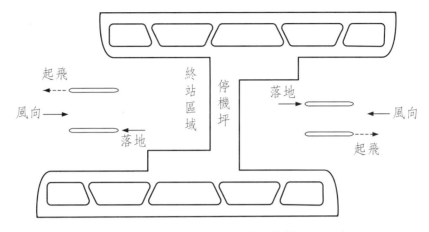

圖 10-8　兩平行跑道型式（周義華，2007）

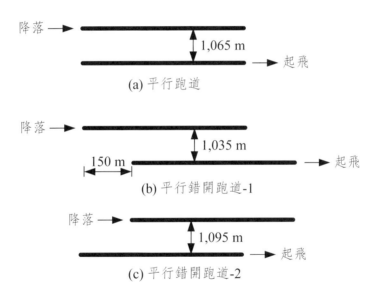

(a) 平行跑道

(b) 平行錯開跑道-1

(c) 平行錯開跑道-2

圖 10-9　平行跑道之最小間隔距離（IFR Rules）

若兩平行跑道同時供降落使用，則其最小間隔距離為 1,310 公尺。

供同時降落使用

圖 10-10　同時降落平行跑道之最小間隔距離

3.開口 V 型跑道：參見圖 10-11，兩跑道之間為終站區域，只要風速不大，可供飛機在四種不同風向中進行逆風起降作業。當平行跑道或 V 型跑道有擴增容量的需要時，可在原有跑道外側 215 公尺以上加建平行跑道，這樣可以每兩個跑道為一組，其中一組

為降落之用，另一組則為起飛之用，如 Kansas City 機場－Ｖ型跑道。

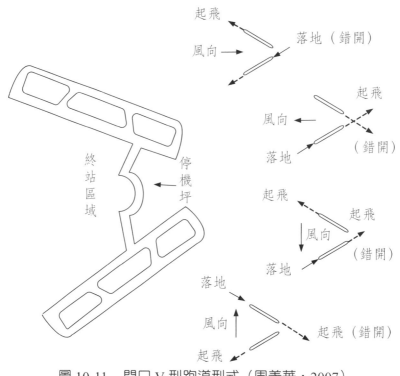

圖 10-11　開口Ｖ型跑道型式（周義華，2007）

　　4. 交叉型跑道：參見圖 10-12，當常年風向使飛機場的使用要求必須由兩條或兩條以上跑道交叉佈置，航站區之位置在交叉點與兩條跑道所夾的場地內。兩條交叉跑道的容量通常取決於交叉點與跑道端的距離，以及跑道的使用方式，交叉點離跑道起飛端和

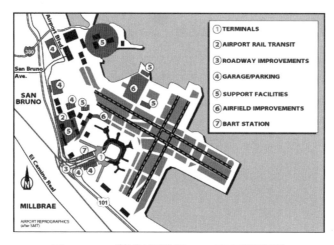

圖 10-12　舊金山機場——交叉型跑道

入口越遠，容量越低；當交叉點接近起飛端和入口時，容量最大。在目視飛行情況下，交叉跑道的小時容量為 50～175 架次；在儀器飛航情況下為 40～70 架次。年容量約為 9.5～27 萬架次，如舊金山機場。

茲將各類跑道的起降容量整理如表 10-1。

表 10-1　各類跑道的起降容量

跑道型式		VFR	IFR
單一跑道		50～100	50～70
平行跑道	窄間距	60～200	50～60
	中間距	60～200	60～75
	寬間距	60～200	100～125
V 型跑道	分叉 V 型	80～180	50～80
	聚合 V 型	50～100	50～60
交叉型跑道	前端交叉	70～175	60～70
	中間交叉	60～135	50～65
	後端交叉	50～100	40～60

10.3.1.2 跑道配置影響因素

跑道配置（位置、方位及數量）之影響因素，大致上可歸納為自然及需求二方面。

1. 自然因素：在天氣方面主要為風向、風速、雲幕高度、能見度、雨、雪、溫度等項目；地形及周遭環境方面應避開禁航區、人口密集區、鳥群聚集區、學校、醫院等，並考慮與航站區之關聯性、飛行途中或終點上空之空域限制、助導航設施地形位置限制、空中交通管制過程、現在及未來擴充用地、聯外系統、噪音干擾、社會因素、投資成本等。

2. 需求因素：包括尖峰小時飛機起降架次、機型組合、起降組合、飛機特性等，決定跑道需求數量。

原則上，跑道配置方位及數量必須能提供設計機型使用，建議其可使用率達 95% 以上。

10.3.1.3 跑道方位及編號

1. 跑道方位

(1) 影響跑道方位之風速、風向資料，建議採用 5 年以上，至少每 3 小時觀測記錄 1 次之歷史性天候資料加以統計。如歷史性資料取得困難，可視個案採用較短年期，但

至少 3 年爲宜。

(2) 若觀測站不在場址範圍內,可取鄰近地區 2 個以上觀測站之資料組合統計,另佐以現場觀察如樹木彎曲形狀、當地居民訪問等補充之。

(3) 機場若僅供白天或季節性營運使用,應取用與營運時段相同之資料,以符合實際狀況。

(4) 依據所蒐集之風向風速資料,繪製風頻圖或稱風玫瑰圖(wind rose)(參見圖 10-13)後據以決定跑道方位,盡可能與最大頻率的風向一致。若風頻圖資料爲眞方位,需換算成磁方位。

(5) 跑道方位應與最常出現的風向一致,即跑道有最大側風風速限制,如表 10-2 所示。側風風速係指與跑道不同向之側向風,經向量分解後垂直於跑道方位之風速;當跑道縱向摩擦係數不足導致煞車作用不良時,側風風速不得超過 24 km/h。當單一跑道最大之風頻涵蓋率小於 95% 時,需考慮設置另一方位副跑道之可行性,以提高機場之可使用率。

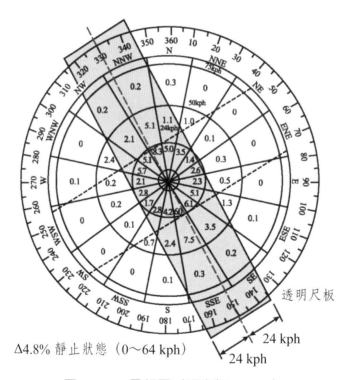

圖 10-13　風頻圖(張有恆,2007)

表 10-2　跑道側風風速限制

跑道參考長度（L）	側風風速	
	Knots	Km / h
L＜1,200 公尺	10	19
1,200 公尺 ≦ L＜1,500 公尺	13	24
L ≧ 1,500 公尺	20	37

（資料來源：民航局，機場主計畫，1995）

2. 跑道編號

(1) 跑道編號以進場方向視跑道之磁方位數字決定，個位數採四捨六入之方式，例如：磁北 183 度，跑道編號 18；磁北 87 度，跑道編號 09；磁北 185 度，跑道編號可爲 18 或 19。

(2) 2 條以上平行跑道時，以進場方向決定數字後之英文字母 L（左）、C（中）或 R（右）：

a. 平行跑道，磁方位 182 度──跑道編號分別爲 18L、18R。

b. 平行跑道，磁方位 87 度──跑道編號分別爲 09L、09C、09R。

10.3.1.4 平行跑道間距

平行跑道間距設置原則如下：

1. 因運量需要而需配設 2 條以上平行跑道時，其間距應視空中交通管制、儀航設備、設施需求、機場場址環境等因素而定。

2. 爲了營運操作上之安全與效率考量，平行跑道間距越寬越佳；且應避免兩跑道運作之相互干擾。

3. 平行跑道中心線建議最小間距請參考機場設計規範。

10.3.1.5 跑道頭定位

在一般情況下，跑道頭設在跑道道面起點，其設置原則如下：

1. 有下列特殊情況時採用跑道頭內移，使跑道達到最大利用效益：

(1) 機場主管機關無法移除或降低干擾進場空域之障礙物。

(2) 環境因素之考量，如減輕噪音。

(3) 爲提供標準的跑道安全區、跑道無障礙區等，需在跑道頭外之延伸長度。

2. 除固定障礙物外，由跑道頭起距跑道中心延伸線至少 1,200 公尺長，跑道中心線兩側各 75 公尺寬範圍內之活動障礙物如汽車、鐵路車輛也應一併考慮其高度。

3. 跑道頭內移需在詳細評估後，爲唯一可行之替代方案時採行。

4. 障礙物影響跑道頭定位準則

(1) 障礙物突出進場面之解決方式

a. 拆、遷或降低障礙物。

b. 移動跑道頭位置以避開障礙物。

c. 提高進場能見度最低限制。

(2) 相關評估因素

a. 飛機型式及性能。

b. 最低著陸標準的限制。

c. 障礙物移除或降低之成本。

d. 跑道潮濕或結冰時，減少之有效長度。

e. 因內移縮短飛機降落所需之滾行長度，而必須向另端跑道延伸道面長度時，其延伸成本、環境及大眾接受態度。

f. 遷移目視及電子助航設施之可能性及成本。

g. 跑道頭移位對噪音減輕效果。

10.3.1.6 跑道長度

美國 FAA 將跑道長度分為 2,250 公尺以上、1,801～2,250 公尺、1,261～1,800 公尺、961～1,260 公尺、601～960 公尺、600 公尺六類；國際民航組織（ICAO）將標準大氣狀況下海平面高度的跑道長度由長而短分成 A（>2,150 公尺）、B（1,500～2,150 公尺）、C（900～1,500 公尺）、D（750～900 公尺）、E（300～750 公尺）五類。

1. 影響跑道長度因素

(1) 設計機型性能及操作重量。

(2) 天氣，如地面風速及溫度。

(3) 跑道特性，如：縱坡度及道面狀況。

(4) 機場位置，如：機場高程及地形限制。

2. 參考跑道長度

(1) 亦稱基本跑道長度，係指飛機以其設計最大起飛重量或按航程核算之最大起飛重量、海拔高程、標準大氣狀況、靜風及跑道縱坡為零等條件下之最低需求跑道長度。

(2) 參考跑道長度分為起飛跑道長度及降落跑道長度，可由飛機製造商提供之該型飛機飛航手冊內查得在不同引擎、翼襟角度等條件下之參考跑道長度。

(3) 一般之起飛跑道長度已包括緩衝區及清除區所需長度。

(4) 通常起飛長度較降落長度長，但仍需加以校核，以確保滿足安全起降之長度需

求。

3. 跑道長度計算

(1) 依據設計機型之參考跑道長度，配合機場與跑道實際狀況進行修正。

(2) 各飛機製造商提供之各型飛機操作手冊中，有關跑道長度資料之提供方式不同，例如：不同引擎、翼襟角度、道面狀況、載重、溫度等條件下之起飛與降落參考跑道長度。跑道長度選用時應確認該長度之假設基準，再視現場狀況作適當之修正。

(3) 起飛跑道長度修正項目包括高程、溫度及縱坡度；降落跑道長度僅需進行高程修正。

(4) 修正參數說明如下：

a. 高程修正：機場高程自海平面起，每增加 300 公尺，修正值增加 7%。

$$L_e = L_0 + L_0 \times (E/300) \times 0.07 \qquad （10\text{-}3a）$$

其中，

L_e：高程修正後之跑道長度（公尺）

L_0：參考跑道長度（公尺）

E：機場高程（公尺）

b. 溫度修正：機場參考溫度（T）每大於標準大氣狀態下溫度（T_a）1℃ 時，跑道長度增加 1%。

$$L_{et} = L_e + L_e \times (T - T_a) \times 0.01 \qquad （10\text{-}3b）$$

其中，

L_{et}：高程及溫度修正後之跑道長度

T：機場參考溫度（至少 3 年，每年最熱月份平均日最高溫）

T_a：標準大氣狀態下之溫度，採 15℃

c. 縱坡度修正：當基本跑道長度 ≥ 900 公尺時，跑道有效縱坡度每增加 1%，跑道長度需增加 10%。

$$L = L_{ets} = L_{et} + L_{et} \times (S) \times 0.1 \qquad （10\text{-}3c）$$

其中，

$L = L_{ets}$ = 高程、溫度及縱坡度修正後之實際所需跑道長度

S = 跑道有效縱坡度 =（最高點標高 – 最低點標高）÷ 跑道全長

(5) 跑道長度計算之例題，可參見 2012-0124 之網站：http://ab.hc.cust.edu.tw/T_faculty/Sway%20Web/_teach_ach/Airport%20design%20standard.pdf

4. 公布距離計算

刊載於飛航指南（AIP）之跑道的各項長度資料，供飛行員操控飛機起降之判斷依據。

(1) 可用之起飛滾行距離（TORA）：供飛機起飛時地面滾行之用。

(2) 可用之起飛距離（TODA）：TORA ＋清除區（CWY）。

(3) 可用之加速停止距離（ASDA）：TORA ＋緩衝區（SWY）。

(4) 可用之降落距離（LDA）：供飛機降落時地面滾行之用。

10.3.1.7 跑道設計準則

跑道區域除跑道本身外尚包括：跑道道肩、緩衝區、清除區、跑道地帶及跑道端安全區等，參見圖 10-14。

圖 10-14　整體跑道區域示意圖（交通部，2005）

跑道（實質細部）設計之準則如下：

1. 跑道

(1) 跑道寬度

跑道寬度建議最小值視飛機大小而有不同之尺寸。

(2) 跑道縱坡度

跑道縱坡度及相關建議值可查閱機場設計規範。

(3) 跑道橫坡度

a. 跑道表面原則上採雙向坡，以利排水。

b. 跑道橫坡度，飛機翼展分類A、B類1～2.0%，建議採2.0%；C、D、E、F類1～1.5%，建議採 1.5%。

c. 在兩跑道交叉處，可視實際狀況調整橫坡度，以平順銜接，但坡度仍應符合上述規定。

(4) 跑道視距

a. 循起飛或降落方向在跑道面上任一點之視點高程「H」處，建議至少能通視二分之一跑道長度範圍內高度「H」之目標物。

b. 在未設有與跑道同長平行滑行道之單一跑道，在跑道面上任一點之視點高程「H」處，必須能通視整條跑道。

c.「H」值可查閱設計規範，依飛機大小而不同。

2. 跑道道肩

(1) 跑道道肩長度

跑道道肩之長度與跑道相同。

(2) 跑道道肩寬度

a. 飛機大小屬於 D、E 類，跑道寬度小於 60 公尺者，應設置道肩，使跑道及其道肩總寬度不小於 60 公尺；飛機大小屬於 F 類，必須設置道肩，使跑道及其道肩總寬度不小於 75 公尺。

b. 當設置跑道道肩時，建議飛機大小屬於 A、B 類之道肩寬度採 3 公尺，屬於 C 類道肩寬度採 6 公尺，屬於 D、E、F 類道肩寬度採 7.5 公尺。

(3) 跑道道肩縱坡度

跑道道肩縱坡度與跑道相同。

(4) 跑道道肩橫坡度

a. 跑道道肩橫坡度建議不大於 2.5%。

b. 跑道道面與道肩銜接處必須平順處理，如為清楚劃分道面與道肩，可採用 ≤ 2.5 公分之差降。

(5) 跑道道肩鋪面強度

a. 跑道道肩供飛機滑出跑道時能支承該飛機，避免飛機損傷。

b. 跑道道肩鋪面強度應可承受維修、救援等車輛荷重。

3. 跑道地帶

(1) 跑道地帶為包括跑道、道肩之矩形平順區域。

(2) 跑道地帶建議長度、寬度及整地寬度與縱、橫坡度需查閱設計規範。

(3) 參考跑道長度為 3 或 4 分類之非精確進場跑道[5]，其跑道中段兩側之整地範圍可考慮予以加寬。

5　國際民航組織（ICAO）建議當機場供夜間使用，其參考跑道長度分類為 3 或 4 之非精確進場跑道或非儀器跑道時，除非目視條件良好且有其他目視助航設施可提供導引外，機場應裝設簡易進場燈系統。第 I、第 II、以及第 III 類精確進場燈系統，機場應對應本身具備儀降條件設立之。

(4) 跑道地帶內有必須整地範圍，以維持良好排水功能，保持乾燥，以供航空器意外衝出跑道面時能予支承，而不損及飛機結構及人員傷亡；同時亦需能提供維修、緊急救援等車輛通行。

(5) 跑道地帶與道面、道肩必須平順銜接，如為防綠地長草阻斷排水，可採 4 公分高差。

(6) 若跑道地帶上可能對飛機構成危險的物體，應被視為障礙物，盡可能移除。

(7) 除採易斷接頭之必要設施外，在跑道地帶範圍內之下述區域，不得有固定物體；飛機起飛或降落作業時，不允許有可移動物體存在：

　　a. 參考跑道長度屬於 4 類，飛機大小屬於 F 類，且為第 I 、II ，或III 類精確儀器進場，跑道中心線兩側各 77.5 公尺以內；

　　b. 參考跑道長度屬於 3、4 類，第 I 、II ，或III 類精確儀器進場，跑道中心線兩側各 60 公尺以內；

　　c. 參考跑道長度分類 1、2 類，第 I 類精確儀器進場，跑道中心線兩側各 45 公尺以內。

(8) 跑道地帶整地範圍內不得設置明溝；若必須設置排水設施，需予加蓋，其強度應能承受航機重量。

(9) 建議跑道入口前至少 30 公尺部分之跑道地帶表面經適當處理，避免因強風吹襲侵蝕，造成降落飛機碰觸裸露的跑道頭之危險。

4. 跑道端安全區

(1) 參考跑道長度屬於 3、4 類，以及第 I 、II 類儀器跑道，必須於跑道地帶二端設置跑道端安全區，以提供飛機過早落地或衝出跑道時之平整區域。

(2) 跑道端安全區長度及整地縱、橫坡度需查閱設計規範。

(3) 跑道端安全區寬度至少為 2 倍跑道寬度；建議採與跑道地帶整地範圍同寬。

(4) 跑道端安全區之長度建議至少延伸至鄰近跑道端外之障礙物，例如：精確進場跑道之儀器降落系統（instrument landing system, ILS）定位台（localizer）；非精確進場或非儀器跑道則可能為道路、鐵路或其他建物或自然地形。

(5) 於跑道端安全區上可能對飛機構成危險的物體，應被視為障礙物，盡可能移除。

5. 清除區

(1) 清除區為自跑道可用之起飛滾行距離（TORA）端點起向外延伸之一矩形區域，供飛機起飛滾行達到抬升之決定速度後，飛機一具引擎故障，仍必須繼續起飛情況下，保障其起飛安全之用。

(2) 清除區非必要設置，設置清除區可增長跑道可用之起飛距離（TODA）。

(3) 清除區長度建議小於二分之一可用之起飛滾行距離（TORA）；建議清除區寬度自跑道中心線向兩側各至少 75 公尺。

(4) 縱坡度自可用之起飛滾行距離（TORA）端點，沿跑道中心向上 1.25%。

(5) 建議除飛航所需設施外，不得有任何物體或地形突出上述向上 1.25% 清除區平面；必須之助航設施需以易斷接頭與底座連接。

(6) 跑道、道肩或跑道地帶高出清除區之部分，不必為配合清除區而修整。

(7) 當地形或物件在跑道地帶末端外，突出清除面，但低於跑道地帶限制面，除了有礙飛安者外，不必清除。

(8) 在跑道中心延伸線兩側各 22.5 公尺範圍內之清除區，其坡度、坡度變化、及跑道至清除區之轉接，除獨立的窪地如橫越清除區之溝渠外，一般應符合跑道之規定。

6. 緩衝區

(1) 設於起飛跑道末端外，當飛機起飛失敗時，可供減速安全停機之用。

(2) 緩衝區非必要設置，設置緩衝區可增長跑道可用之加速停止距離（ASDA）。

(3) 緩衝區寬度與所連接之跑道寬度相同。

(4) 緩衝區坡度及坡度變化，建議除下述者外與跑道相同：

　　a. 跑道兩端 1/4 長部分之縱坡度 ≤ 0.8%，不適用於緩衝區。

　　b. 參考跑道長度分類代號 3、4 之緩衝區及緩衝區與跑道面交接處縱坡度變化之最大比例可用每 30 公尺變化 0.3%（100 公尺／%，即最小曲率半徑 10,000 公尺）。

(5) 建議緩衝區鋪面需能負荷飛機重量；如緩衝區道面強度與跑道相同，則可以免除跑道兩端均設置緩衝區之狀況。

(6) 建議當設有鋪面之緩衝區表面為潮濕時，仍能提供良好摩擦係數；無鋪面緩衝區表面之摩擦係數，不應顯著小於相連接之跑道的摩擦特性。

7. 跑道噴氣防護坪

(1) 建議設於跑道頭之前，用以防止噴射引擎所產生之急風熱氣侵蝕地面、提供消防、救援裝備行駛、飛機意外衝出跑道端支承用，或保護降落飛機不受未經處理之地面的傷害。

(2) 跑道噴氣防護坪長度至少 30 公尺，寬度為跑道與道肩總寬度。

8. 跑道端迴轉坪

(1) 跑道末端未配設出入滑行道，而航機迴轉所需道面寬度超出跑道寬度時，必須

在跑道末端設置迴轉坪，以供飛機迴轉之用。

(2) 迴轉坪原則上宜設置於停機坪側。

(3) 迴轉坪之長、寬應以計畫使用該機場航機中之最大迴轉需求配設之；迴轉坪參考尺寸規格可查閱設計規範。

(4) 縱橫向坡度同跑道規定。

9. 跑道保護區

(1) 距起飛跑道遠端或降落跑道近端起 60 公尺外之梯形區域。

(2) 活動管制區允許不吸引鳥類聚集及不干擾助導航之設施或活動，如高爾夫球場（不含俱樂部房舍）、農業活動（不含林產及畜牧）；停車設施雖不鼓勵，但可允許；停車設施及其附屬物除符合前述條件之外，需設在跑道端至少 300 公尺以外；儲油區不可設在跑道保護區內。

(3) 建議機場主管單位取得或掌握跑道保護區控制權，以符合地面清除及土地使用標準與建議。

10.3.2 跑道容量分析

(1) 一般說來，單一跑道機場若配合適當的滑行道系統、停機坪及航管措施，年起降可超過 195,000 架次。

(2) 當現行跑道容量不敷使用時，可依據運量預測結果增建跑道，各類跑道的起降容量參見表10-3，根據民航局之「航空運輸專論」（2005），其評估原則如下：

a. 若跑道容量在未來 5 年內達到飽和狀態，可考慮設置適合之平行跑道[6]。

b. 若起降架次在未來 5 年內達到目前跑道容量之 60%，可考慮設置較短平行跑道。新跑道與航站距離不宜過長，新增之「較短」跑道長度及寬度需可提供足夠容量，使機場在未來 5 年內不必再因容量問題建造跑道。

c. 當年起降 75,000 架次，其中包含 30,000 以上運輸型態（transport type）架次，可規劃較短平行跑道供小型航機使用。

d. 當起降架次在未來 5 年內將達到目前雙平行跑道系統容量之 75%，可將較短之平行跑道延長以增加容量。

e. 不建議設置相交跑道或「V」型跑道，但若因受地形、噪音或障礙物等因素限制時，則需評估相交或「V」型跑道是否能提供足夠容量，並與興建平行跑道之建造成本與容量進行比較。

6　平行跑道分為窄間距平行跑道、中間距平行跑道、寬間距平行跑道及階梯式平行跑道等。

f. 重要區域（如：首都、大都會等）的機場，建議設置一條以上跑道，以避免因意外事件、維修等因素必須關閉跑道造成之重大影響。

表 10-3　各類跑道的起降容量（架次／小時）

跑道型式		目視飛行規則（VFR）	儀器飛行規則（IFR）
單一跑道		50～100	50～70
平行跑道	窄間距	60～200	50～60
	中間距	60～200	60～75
	寬間距	60～200	100～125
交叉型跑道	前端交叉	70～175	60～70
	中間交叉	60～135	50～65
	後端交叉	50～100	40～60
V 型跑道	分叉 V 型	80～180	50～80
	聚合 V 型	50～100	50～60

（資料來源：民航局，93 機場主計畫，2004）

10.4 滑行道之佈設

由於航機在滑行道上的滑行速度遠低於在跑道上速度，滑行道尺寸規定不如跑道嚴格。滑行道主要部分簡述如下：

1. 滑行道道肩：用以保護滑行道道面不受航機噴氣直接侵蝕。
2. 基本滑行道系統至少包括：通往停機坪之滑行道或跑道兩端迴轉滑行道。
3. 規劃滑行道系統時，應盡量縮短不必要的滑行，以避免：
   (1) 加長滑行時間。
   (2) 燃油浪費。
   (3) 航機耗損。
   (4) 過長的滑行距離可能造成輪胎過熱的危險。

10.4.1 滑行道之規劃設計

滑行道的主要功能在連接跑道、航站大廈及服務維修區。在比較繁忙的機場，通常會設置一與跑道平行的滑行道（parallel taxiway），此平行滑行道可雙向運行，通常設

置於跑道與航站大廈之間，以避免航機穿越跑道。

10.4.1.1 常見滑行道型式

滑行道依其功能分可爲：一般滑行道、跑道端出入口滑行道（參見圖 10-15a、10-15b）、快速出口滑行道（參見圖 10-16）、等待區及旁越滑行道（參見圖 10-17）、停機坪滑行道（參見圖 10-18）、停機滑行路徑等。除停機滑行路徑及快速出口滑行道之幾何設計參數另有規定者外，其他各類滑行道之規定與一般滑行道相同。滑行道鋪面強度建議至少等於所服務之跑道強度。

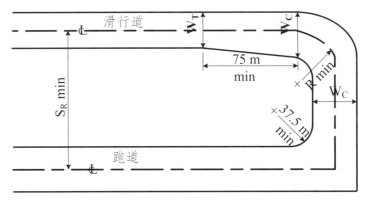

圖 10-15a　入口滑行道設計（FAA：張有恆，2007）

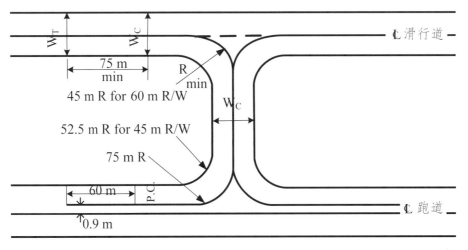

圖 10-15b　出口滑行道設計圖（垂直型出口滑行道）（FAA：張有恆，2007）

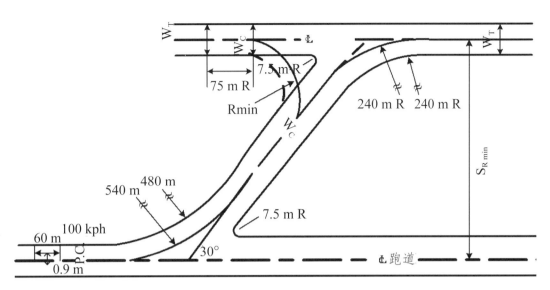

圖 10-16　出口滑行道設計圖（快速型出口滑行道）（FAA；張有恆，2007）

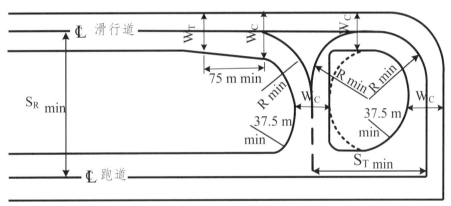

圖 10-17　旁越滑行道設計圖（FAA；張有恆，2007）

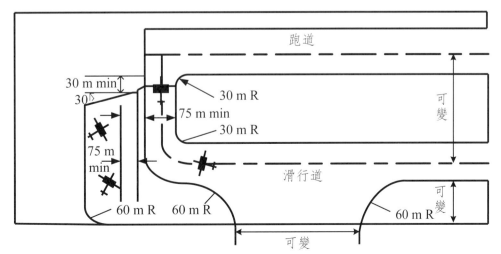

圖 10-18　等待機坪設計圖（FAA；張有恆，2007）

10.4.1.2 滑行道設計準則

除停機滑行路徑及快速出口滑行道之幾何設計參數另有規定者外，其他各類滑行道之規定與一般滑行道相同。滑行道鋪面強度建議至少等於所服務之跑道強度。滑行道（實質細部）設計之準則如下：

1. 滑行道之主體設計

    (1) 滑行道間距

    a. 滑行道與跑道建議最小間距依飛機大小而訂定，國際機場宜符合規範規定數據之規定；國內機場可參考國際規定或以設計機型翼展計算最小間距。

    b. 滑行道與平行滑行道或物體間距建議亦以飛機大小區分，國際機場宜符合規範規定；國內機場可參考國際規定或以設計機型翼展計算最小間距。

    (2) 滑行道寬度

    a. 滑行道直線段道面建議最小寬度依飛機大小而定。

    b. 滑行道彎道部分（如交叉或接續處）需考慮鼻輪沿中心線滑行之機輪偏移及輪緣與道邊淨距。

    (3) 滑行道坡度

    a. 滑行道縱、橫坡度建議值依飛機大小而定。

    b. 道面與鋪面道肩之銜接處，可採 ≤ 2.5 公分高差以為分界。

    (4) 滑行道轉彎半徑及轉彎處加寬漸變

    a. 滑行道建議最小轉彎半徑依飛機大小而定。

    b. 當飛機駕駛艙沿滑行道轉彎中心線滑行時，為維持輪緣與道邊最小淨距，彎道處之鋪面需採加寬及漸變處理。

2. 滑行道道肩

    (1) 供渦輪噴射引擎航機及 C、D、E、F 類航機使用之滑行道，建議設置鋪面道肩，其他滑行道則視需求設置。

    (2) 滑行道及其道肩總寬度，建議最小值依飛機大小而定。

    (3) 供渦輪噴射引擎航機使用之滑行道道肩表面，應能抵抗氣流侵蝕，防止表面物體被引擎吸入。

    (4) 建議橫坡度 1.5～5%，鄰近道面邊緣外 3 公尺可採向下 5%；無鋪面道肩坡度宜 ≥ 3%。

3. 滑行道地帶

    (1) 滑行道地帶應包含滑行道全長，滑行道地帶自滑行道中心線對稱地向兩側伸展，建議寬度依飛機大小而定。國際機場宜採用飛機大小分類之表列數值，國內機場可

採用飛機大小分類之表列規定或採計算式所得寬度。

(2) 滑行道地帶之整地範圍寬度亦依飛機大小而定。

(3) 滑行道地帶範圍內應避免可能危及滑行中飛機之物體存在。

(4) 排水設施避免設於滑行道地帶範圍內；必須設置排水設施時，可予加蓋。

(5) 滑行道地帶橫向向下坡度不宜大於 5%；相對於相鄰之滑行道表面，飛機大小分類 A、B 類向上坡度不大於 3%，C、D、E、F 類向上坡度不大於 2.5%。整地範圍以外之部分，橫向向上坡度不大於 5%。

(6) 滑行道地帶與道面、道肩建議平順銜接，如為防綠地長草阻斷排水，可採 4 公分差降。

(7) 停機滑行路徑地帶寬度亦依飛機大小而定，其他規定同滑行道地帶。

4. 出入口滑行道

(1) 跑道端出入口滑行道

a. 跑道端出入口滑行道設於跑道兩端，一般與跑道垂交，提供飛機離場起飛及部分未能利用快速出口滑行道脫離跑道之飛機使用。

b. 跑道端出入口滑行道之設置標準同一般滑行道。

(2) 快速出口滑行道

a. 尖峰小時飛機起降次數大於 25 架次時，應設置快速出口滑行道。

b. 第 1、2 類機型使用比率大之機場，可在距跑道頭 450～600 公尺間設一快速出口滑行道。

c. 快速出口滑行道位置受飛機速度、進場程序、航站區位置、飛機組合比例之影響。

d. 快速出口滑行道與跑道之交角介於 25°～45°，宜採用 30°。

5. 等待區及旁越滑行道

(1) 機場年起降量大於 50,000 架次或尖峰小時 30 架次以上，建議設置等待區或旁越滑行道。

(2) 等待區能供飛機隨時離開等待行列進入離場機隊中，使用彈性較大；飛機於旁越滑行道上需依序前進。

(3) 旁越滑行道之設置標準同一般滑行道。

(4) 在等待區或入口／旁越滑行道上等待之飛機應不侵入淨空區、進場面、起飛爬升面，或干擾助導航無線電運作。

6. 滑行道橋

(1) 盡量避免設置滑行道橋，若要設置，則需採用單一橋梁結構。

(2) 滑行道橋建議設在直線段上，其前後也應與直線段銜接，直線段長度必須至少為 2 倍飛機軸距。

(3) 滑行道橋避免設在滑行道交叉處，或快速（銳角）出口滑行道處。

(4) 滑行道橋寬度必須大於或等於滑行道地帶整地寬度；如提供側向護緣時，滑行道橋寬度至少為道面＋道肩＋邊緣保護設置（護緣）＋地勤救援裝備活動空間＋噴射氣流防護裝置＋翼下引擎淨距。

(5) 若飛機引擎懸於橋面之外，需考慮於橋下受噴射氣流影響區域，設置防護裝置。

(6) 跑道（或滑行道）橋縱橫向坡度與一般跑道（或滑行道）相同。

(7) 視情況設置緣石、安全圍籬、護欄等。

10.4.2 滑行道容量分析

滑行道可提高跑道之使用效率，使其發揮至最大容量，並有助於作業安全。以下說明各種滑行道之設置條件：

1. 平行滑行道（parallel taxiways）：運量預測結果顯示，在未來 5 年內將達到下列情況之一，則建議考慮設置平行滑行道。

   (1) 一般尖峰小時中有 4 次儀器進場作業；

   (2) 年起降作業 50,000 架次；

   (3) 一般尖峰小時場際（非起降於同一機場）起降作業 20 架次；

   (4) 一小時總起降作業：

      a. 一般尖峰小時 30 架次：小型航機占 90% 以上，且飛航訓練作業比例低於 20%；一般尖峰小時 40 架次且飛航訓練作業比例高於 20%。（起飛及降落計為 2 次起降作業）。

      b. 一般尖峰小時 30 架次：小型航機占 60～90%。

      c. 一般尖峰小時 20 架次：大型航機占 40～100%。

   在此所稱「一般尖峰小時」為無特殊節日之一週內之尖峰小時；但應用於儀器進場時，為儀器進場作業之時段中，最高 10% 小時之平均值。

2. 部分平行滑行道：部分（非全長）平行滑行道亦提供相當之效益及安全性，當起降作業達全長平行滑行道之 60% 時，可設置部分平行滑行道。

3. 出口滑行道（exit taxiways）：當滑行道建造費用不高，預測運量超過跑道容量 40% 時，或當滑行道建造費用高，預測運量超過跑道容量 75% 時，建議在基本滑行道配置之外，於跑道兩端及中間各設置一條出口滑行道。

4. 等待區及旁越滑行道（bypass taxiway）：等待區及旁越滑行道較無用地問題，且有助於提高機場容量，其興建評估原則說明如下：

　　(1) 當一般尖峰小時達 30 架次，或每年 20,000 架次場際作業（非起降於同一機場），或年總起降 75,000 架次，並考慮下列情況時，應規劃設置等待區。

　　　a. 不同型態航機混合作業，如軍機、民航客機及普通航空航機。

　　　b. 機場配置。

　　　c. 助航設施位置（與既有或計畫之助航設施所屬之臨界區域之關係）。

　　(2) 等待區一般容納 2～4 架位，若經評估需求量高於 4 架位，則建議尋求其他解決方式。

10.5 停機坪之規劃設計

　　停機坪為機場內供航機停放的平地，供旅客上下、貨物裝卸、航機清掃、加油、簡易檢修之用，在航空展時還會擴充為飛機的展示場及飛行表演的觀眾席。

　　停機坪規劃重點簡述如下：

1. 規劃參數

　　(1) 停機坪位置：停機坪位置與航站區關係密切，應妥善配置以達最佳結果。

　　(2) 停機坪尺寸：依據其功能及目的進行規劃。

　　(3) 航機停放配置：航機進出停機位一般採自力迴轉或直線進出（自力進入、以拖車推出）。

2. 旅客航站停機坪

(1) 需求停機位數

　　a. 旅客航站停機坪停機位數取決於尖峰小時各機型架次，以及占用停機位時間。

　　b. 停機位數決定停機坪大小，且影響航站型式與配置，為主計畫中重要的一環。

　　c. 航機尺寸大型化趨勢建議納入考量。

　　d. 停機位數需求應分別就近、中、長程預測，依序發展。

(2) 停機坪與航站關係

　　停機坪配置影響航站概念型式，基本航站概念型式包括：線型前列式（frontal, linear, gate/arrival）、高密度前列式（compact）、指狀長堤式（pier/finger）、衛星式（satellite）及遠端停機式或接駁式（remote, open-apron），以及由數個概念型式航站組合而成之單元組合式。

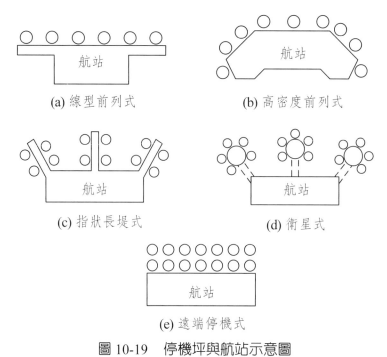

(a) 線型前列式　　(b) 高密度前列式

(c) 指狀長堤式　　(d) 衛星式

(e) 遠端停機式

圖 10-19　停機坪與航站示意圖

3. 貨運站停機坪

    (1) 貨運站停機坪為專供貨機使用之停機坪。在貨運量較少之小型機場，貨物以客機運輸，可不設置貨運站停機坪。

    (2) 但貨運站宜鄰近旅客航站以縮短運送距離。

    (3) 依據貨運量預測結果評估是否設置貨運站停機坪，停機配置則需參考採用之貨物處理設備。

4. 維修機坪

    (1) 航機維修主要分為四類：

        a. 停機線維修。

        b. 機體維修。

        c. 發動機維修。

        d. 附件維修。

        維修的類別及頻率依航機機型而定。

    (2) 停機線維修可在停機坪上執行；但並非每個機場均需提供維修區域與機坪，因為航空公司可能在其基地安排航機其他類別維修。

    (3) 作為航空公司基地的機場，其維修區域包括棚廠、工場、貯藏室及停機坪。維修區域規模視航空公司之機隊及維修規定而定。

    (4) 維修區域宜鄰近停放機坪，與旅客航站停機坪區隔。除停機坪外，視需求提供

配有降低引擎噴氣之阻流牆及噪音設備的引擎測試區域（試車坪）。

(5) 視需求規劃公共試車坪，供各航空公司作爲航空器試車之用，其區位應考量避免受風向影響與噪音之限制。

5. 停放機坪

停放機坪供航機較長時間停放，宜鄰近旅客航站停機坪。在登機門數量不足的機場，停放機坪可作爲遠端機坪，以接駁車運送旅客往返航站。

6. 等待區

等待區一般設於起飛跑道頭，供起飛航機依序進入跑道之等待位置，及活塞引擎航機起飛前準備作業，其位置：

(1) 與跑道或滑行道上航機保持適當淨距；

(2) 螺旋槳氣旋及航機噴氣不可直接朝向其他航機；

(3) 不可干擾進離場助航設施；

(4) 不可有來自非管制區的干擾。

7. 普通航空停機坪

當機場同時提供普通航空服務，建議設置獨立之普通航空停機坪及站屋，盡量避免與定期航班作業發生衝突。

8. 直昇機停機坪

當機場同時提供直昇機起降，建議設置獨立之直昇機停機坪及航站站屋，其位置視服務性質（載客、救難或其他商業活動）而定。

9. 停機坪安全

停機坪規劃設計時應考慮防範可能的破壞及武力侵犯問題，管制非工作人員進入停機坪。

10. 固定式停機坪服務設施

(1) 航機導引設施

a. 航機導引設施可安全地導引航機進入指定的停機位置，停機坪標線爲最常見之導引方式。另可埋設地面燈光，在夜間及低能見度天候狀況下協助駕駛辨識。

b. 對於直線進出停機方式並使用空橋的停機位，精準地進入停機位十分重要，可採目視航機導引系統進行導引。

(2) 航機服務

固定式航機服務設施可降低地面作業車輛數量及縮短作業時間，一般包括：輸油、電力、飲用／非飲用水、供氣，以及空調等。

11. 停機坪滑行道及停機滑行路徑

停機坪應規劃適當的滑行道及停機滑行路徑，以避免動線衝突，其數量視航站概念型式、登機門數及尖峰小時交通量而定，規劃時應注意保留與其他停放、滑行航機或物體淨距。

12. 停機坪勤務道路及裝備停放區

(1) 停機坪勤務道路銜接停機坪與服務區域，應經由適當的配置規劃，將對航站及航機作業之衝突降至最低。在直線進出停機方式之旅客航站停機坪，勤務道路可設於航機前方或後方；航機平行航站停放之停機坪，勤務道路宜設於航機外側。

(2) 停機坪應規劃臨時或長期裝備停放區域，設有固定設施（如維修工場、加油站）之裝備停放區宜規劃於較遠位置，以保留停機坪擴建空間。

停機坪之規劃設計內容說明如下：

1. 停機坪之主體設計

建議停機坪應鄰近旅客登、離機、裝卸貨物或郵件，以及飛機勤務所在地點，且不影響機場交通的位置。

(1) 停機坪大小

建議停機坪的全部面積應足以迅速處理該機場預期最大之航空交通量。

(2) 停機坪強度

建議停機坪的每一部分應能承受使用該停機坪的航機通行，部分停機坪要考慮能承受較大的通行頻率和因航機緩行或停留而產生較高的載重。

(3) 停機坪坡度

a. 建議停機坪及停機滑行路徑之坡度應足以防止表面積水，但應在可提供排水功能的情況下盡量保持平坦。

b. 建議停機位最大坡度不大於 1%。

(4) 停機坪淨距

a. 建議停機位上停放之航機應與任何鄰近的建築物、停放之航機及物體、勤務道路及停放裝備等之間保持最小淨距。

b. 飛機大小分類為 D、E 或 F，採直線進出停機方式的停機位，可縮減以下淨距：

(a) 機鼻與航站建築、空橋之間；

(b) 設有航機停靠導引系統之停機位，飛機任何部位與其他物體之間。

2. 隔離航機停機坪

(1) 已知或疑似被非法控制的航機，或由於其他原因需與正常機場活動隔離的航機，必須停放於指定之隔離的位置，或是將停放位置通知機場的管制塔台。

　　(2) 隔離航機的停放位置應盡量遠離其他停機位、建築物或公共區域等，且距離100 公尺以上；不可位於地下公共管線，如瓦斯管道和輸油管道之上方；盡量避免位於地下電力或通信電纜管線（道）上方。

3. 其他

　　停機坪除應考量前述之設計準則外，尚需考量航機停機及運轉相關尺寸、停機位需求、停機位配置、地勤裝備停放、勤務道路、鋪面、阻流牆、標線、航機導引系統，以及固定式航機服務設施等。

10.6 飛航管制作業

　　飛航空域的大小、周遭環境特性，以及相關飛航的管制作業影響機場的容量與安全至鉅，分別說明如下。

10.6.1 飛航空域的定義與限制

　　空域泛指機場空側部分，會影響航空器起飛、降落及飛航動線的範圍。機場空域經常會因環境因素受到限制，需要妥善予以因應。

　　1. 造成機場空域限制之原因如下：

　　　(1) 永久障礙物，如地形及建築物等，可能限制新增路徑及運轉區域空間。

　　　(2) 相鄰機場之空域共用，影響起降作業。

　　　(3) 繞行航路通過中間管制點之要求。

　　　(4) 尖峰需求或不良天候造成飛航管制系統超過負荷。

　　　(5) 電磁波干擾通信或助航設施。

　　2. 當空域受到限制時，進離場航機空中動線亦受到影響，因此，機場依據可使用之終端空域建立飛航管制程序。

10.6.2 飛航空域之障礙（FAA, 2011；周義華，2007）

1. 障礙認定標準

　　美國的聯邦航空總署（Federal Aviation Administration, FAA）在聯邦航空規範（Federal Aviation Regulations, FAR）77 編（Part）中訂定飛航空域的障礙認定標準（Obstruction Criteria）。在此標準中規定凡任何物體延伸至假想面（imaginary surfaces）之上，如圖 10-20(a)、(b) 及表 10-4 所示，即被認定為飛航之障礙物。在圖 10-

20(a)、(b) 中，機場參考點（Airport Reference Point）大致位於機場的中心，用以代表機場位置的地理位置，例如桃園國際機場的參考點為東經 121 度 13 分 26 秒，北緯 25 度 4 分 55 秒。

2. 跑道之基本面（primary surface）

以跑道為中心之長條型範圍，其寬度隨跑道之重要性及飛航管制方式而定，若跑道具有堅硬之表面，則基本面延伸至跑道末端之外 60 m，若跑道不具堅硬之表面，則基本面之端點即為跑道之端點。在機場高度之上 45 m，以各跑道基本面末端中心點為圓心，半徑為 B 畫圓弧，各圓弧之間則以切線相連接，此一範圍稱為水平面（horizontal surface）。圍繞在此水平面之外，水平寬度 1,200 m，上升坡度為 20：1 之範圍為圓錐面（conical surface）。

3. 儀降系統（ILS）的進場面（approach surface）

由儀降跑道（instrument runway）末端之後 60 m，寬度為 300 m 起算，以上升坡度 50：1 延伸 3,000 m，寬度並逐漸擴大至 1,200 m。然後，再以上升坡度 40：1 延伸 12,000 m 長，寬度再擴大至 4,800 m。非儀降系統的進場面則由非儀降跑道末端之後 60 m 起算，延伸 3,000 m，至於各相關部位的寬度及坡度，請參閱表 10-4。

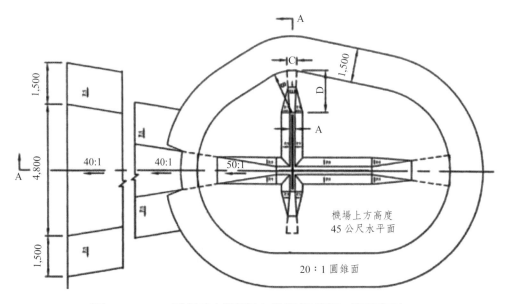

圖 10-20(a)　飛航空域障礙之機場假想面（平面圖）

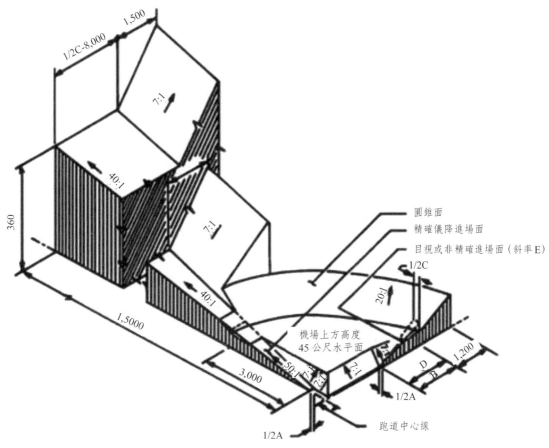

圖 10-20(b)　飛航空域障礙之機場假想面（斷面圖）

表 10-4　機場假想面之主要數據表（FAA）

（單位：m）

項目	目視飛航		非精確進場管制			精確進場管制
	(1)	(2)	(1)	(2)		
				(3)	(4)	
A（進場面裡端之寬度）	75	150	150	150	300	300
B（水平面半徑）	1,500	1,500	1,500	3,000	3,000	3,000
C（進場面外端之寬度）	300	300	600	1,050	1,200	4,800
D（進場面長度）	1,500	1,500	1,500	3,000	3,000	*
E（進場面斜率）	20：1	20：1	20：1	34：1	34：1	*

註：

(1) 小型機場（Utility Airport），供 5,670 kg 以下之螺旋槳飛機使用

(2) 跑道長度大於小型機場

(3) 最短視線超過 1.2 km

(4) 視線最短為 1.2 km

* 裡端 3,000 m 之斜率為 50：1，另外 12,000 m 之斜率為 40：1

在進場面的兩邊以 7：1 的坡度往外往上延伸，直到與水平面或圓錐面相交的範圍稱爲漸變面（transitional surface），而在儀降系統的進場面，突出在圓錐面外或上面的部分，其兩側則以 7：1 的坡度往外往上延伸 1,500 m 的範圍亦皆屬於漸變面。在採用目視飛行規則（visual flight rules, VFR）作業之跑道，水平面的半徑爲 1,500 m；圓錐面的寬度爲 900 m；進場面爲由跑道末端之後 30 m 處（寬度爲 60 m）以 20：1 之上升坡度延伸 900 m（寬度爲 150 m）之範圍，垂直面（vertical surface），爲由進場面往上，直到與水平面相交之範圍。爲了確保飛航的安全，必須採取所有可行的方法，以防止任何物體侵入上述各假想面的上空。

10.6.3 飛航管制依據及定義

基於飛航安全之需要，機場應規劃飛航管制系統、導引航機進場的助航設施，以及管制地面航機及車輛活動設施。

飛航管制就是「空中交通管理」，負責在航空器起飛、降落及飛航途中，利用雷達及其他輔助性自動化資訊裝備，透過陸空無線通信，提供航空器安全、有序、便捷之專業性服務。

飛航管制業務的所有作業程序及管制技術都必須依據並符合國際間的通用標準。

1. 飛航管制相關法規：包含民用航空法第四十一條、飛航及管制辦法、飛航管制程序、飛航指南、無線電通話程序等。

    (1) 爲維護飛航安全，航空器飛航時，應遵照一般飛航、目視飛航及儀器飛航之管制，並接受飛航管制機構之指示。

    (2) 前項一般飛航、目視飛航及儀器飛航等事項之管制辦法，由民航局定之。

2. 飛航管制定義：簡稱航管服務，指爲防止航空器間及航空器與障礙物間之碰撞，並保持與加速空中交通之有序暢通，所提供之機場管制（aerodrome control, or airport control）、近場管制及區域管制等服務。

10.6.4 飛航管制之區分

根據民航局之「飛航管制簡介」，飛航管制之區分爲以下三種。

1. 機場管制

機場管制（tower control）塔台負責執行航空器後推、滑行、起飛、降落、重飛等的飛航管制服務，其管轄範圍最小，通常以機場爲中心，平面七海浬或五海浬爲半徑之範圍，以及垂直三千英尺以下空域範圍，包含機場上空及地面操作區空域之航空器在內。管制員及飛行員間運用陸空通信頻率，及國際通用之無線電通話程序相互聯絡報告

位置及高度，並利用航管指示保持間隔或避讓之方式以實施目視管制服務。目前臺灣轄區內所屬管制塔台計有、臺北、松山、北竿、南竿、高雄、臺東（豐年）、馬公、金門、恆春、綠島及蘭嶼等 11 座機場管制塔台。

2. 終端管制

終端管制（terminal approach control），又稱近場管制。近場管制台負責對航空器之離、到場、爬升、下降提供隔離與管制之服務。詳言之，對於繁忙之機場，或者機場密集的區域，通常會成立近場管制台，以利導引由機場起飛的航機，經由離場程序，順利進入航路交由區域管制中心管制；或者協助航路上飛機順利遵循進場程序，交由機場塔台管制員管制，在跑道降落。

目前臺灣轄區內有共有臺北、松山、北竿、南竿、高雄、金門、臺東（豐年）、馬公、恆春、綠島、蘭嶼等 11 個近場管制台，亦以無線電與雷達為工具，提供在轄區內之飛航管制服務。

3. 區域管制

區域管制（area control），又稱航路管制。區域管制中心負責臺北飛航情報區內之守助業務及出入境申請查核，並利用航管自動化系統，提供在本區飛航之航空器管制服務。詳言之，由民航局臺北區域管制中心負責將「臺北飛航情報區」內航路飛航之航空器，以無線電與雷達指揮及引導航空器保持相互間標準之安全隔離，並與香港、馬尼拉、琉球等鄰區之區域管制中心聯絡，交換航空情報與交管航機。

10.6.5 飛航管制隔離標準

根據民航局之「飛航管制簡介」（2002），飛航管制隔離標準分成垂直隔離與水平隔離兩部分，說明如下：

1. 垂直隔離（vertical separation）

(1) 在 29,000 英尺以下：1,000 英尺之間隔。

(2) 在 29,000 英尺以上：2,000 英尺之間隔。

2. 水平隔離（horizontal separation）

(1) 前後隔離（longitudinal separation）

航機間所需之最小前後隔離依機型、航速及所配備管制飛航設備之類別而定。又依航機之航速、是否配備測距儀及飛行地區是否有雷達管制可分為以下兩種：

a. 以時間為準（time separation）：同高度不得少於 10 分鐘。

b. 以距離為準（distance measure equipment separation, DME separation）：同高度不得少於 20 海浬。

(2) 左右隔離（lateral separation）

航管隔離標準：

a. 不同之航路或航線（其寬度或其保護空域不重疊）。

b. 助航電台：15 度以上之夾角，需在 20 海浬以外始有隔離。

在海平面（mean sea level, MSL）上 550 公尺以下時，相鄰兩航機之左右隔離不得小於 8 海浬（nm）；在 MSL 上 550 公尺以上則為 20 海浬（nm）；若在海洋上空，左右隔離需拉大至 100～120 海浬（nm）。

(3) 雷達隔離（radar separation）

a. 雷達天線 40 海浬內：3 海浬。

b. 雷達天線 40 海浬外：5 海浬。

c. 多雷達共用之航管隔離標準。

10.6.6 飛航管制設施與系統

飛航管制相關的設施與系統，大致可區分為三大類，包含「通信裝備」、「助導航裝備」、「雷達裝備」：

1. 通信（communication）裝備：透過高頻（HF）、特高頻（VHF）、超高頻（UHF）等波段通訊機，提供航管人員與飛行員間的陸空通信，以利航管人員提供航管服務。

2. 助導航（navigation）裝備：提供航機航向、距離等導航資訊，相關設備的名稱與功能如下。

   (1)特高頻多向導航臺（VOR）：提供航機以磁北方向為參考點之方位資料。

   (2)歸航臺（NDB）：可發射無方向性之垂直極化波，航機藉由自動方向探知器（automatic direction finding）接收此信號，據以測出發射電臺之方位。

   (3)儀降系統（ILS）：主要包括左右定位臺（LLZ）、滑降臺（GP）、信標臺（marker），提供航機降落時，水平與垂直的導引。

   (4)測距儀（DME）：經由航機上之詢問機（interrogator）以 UHF 頻帶的詢問脈衝波向地面的答詢機（transponder）詢問，藉以提供航機與電台間的距離資料。

3. 監視（surveillance）裝備：以雷達（radar）搜索飛行於航路上及各終端近場管制區之航空器，以利管制員了解航空器動態、進行管制作業。

10.7 航線、航權

我國的航空發展可分成航線開闢以及航權拓展兩部分加以說明。

10.7.1 航線與航空市場

飛機飛行的路線稱為空中交通線，簡稱航線。飛機的航線不僅確定了飛機飛行具體方向（以航線角表示）、距離、起迄點（區分國際航線和國內航線）和經停點，而且還根據空中交通管制的需要，規定了航線的寬度和飛行高度。航線之確定除了維護空中交通秩序，保證飛行安全之外，亦取決於經濟效益和社會效益的大小。航線安排一般以大城市為中心，在大城市之間建立幹線航線，同時輔以支線航線，由大城市輻射至周圍小城市。

有航線代表兩座城市之間有直達航班，而飛機飛某兩個城市之間的具體航線稱為航路。航路是由無線電導航設施確定中心線，並具有一定寬度的空中走廊，其為管制區或管制區的一部分。飛行高度層 6,000 公尺（含）以下最小寬度為中心線兩側各 8 公里，6,000 公尺以上為中心線兩側各 10 公里。好的航線網路主要考慮的有：協調經濟、社會的發展情況，以及合理配置各種交通運輸方式（與水路、公路、鐵路）。

開闢航線之考慮因素有以下三點：

1. 經濟可行性（航空運輸需求與成本）；
2. 良好的機場（設備良好、氣候良好、交通便利）；
3. 良好的地勤服務。

航線可依據地區或飛行技術加以分類如下：

1. 依地區分類

(1) 國際航線，需取得航權始得飛航。

(2) 國內航線（按起始地點之地域關係，分為幹線航線和支線航線）。

(3) 兩岸特殊航線。

2. 依飛行技術分類

(1) 大環航線：地球上兩點間最短之距離（球面幾何）。

(2) 北極航線：飛越北極之航線。

我國航線主要以地區分類，分別說明如下：

1. 國際航線空運市場

至 2017 年底止，我國籍及外國籍航空公司經營國際定期航線，共計 296 條（客運航線 211 條 + 貨運航線 85 條），起降架次為 308,799 架次，可達全球 141 城市。國際

航線進出旅客也達 3,113 萬人次，貨運量爲 238.6 萬公噸。

根據民航局「臺灣地區航空公司家數」，至 2017 年底止我國目前有 16 家國籍航空公司、49 家外籍航空公司及 19 家陸籍航空公司，其中有 6 家國籍航空公司飛航國際定期航線，至 2017 年飛航 27 個國家（或地區）、85 個營運航點，參見表 10-5，主要航線網路爲以臺北爲轉運中心的亞洲與美國間航線、由臺灣出發經東南亞、印度或中東等地之歐洲航線，及臺灣與東南亞、東北亞間航線，並持續擴展營運航點，其中又以貨機航點之擴展較爲快速，此與目前全球航空貨運需求成長趨勢相互吻合，配合兩岸政策的突破，我國業者將能有另一波成長。

臺灣幅員不大，發展國際航空，雖有地理區位之優勢，但受限於政治因素、航權談判、運量與機隊規模，轉運中心之發展並不順利。經過多年的努力，政府在國際網路佈建上已有初步成果，未來幾年開拓國際航線的重點將視航空公司營運需求略作調整，開發重點在擴增現有航約的航線、班次上，開發新航線部分則著重在新興市場上，如東歐、北歐國家、中亞的土耳其、北非國家、南美的巴西等國及兩岸直航航線等。

表 10-5　國籍航空公司飛航定期航線營運航

洲名	國家（或地區）	數量	營運航點
美洲	美國	14	紐約、舊金山、洛杉磯、西雅圖、關島、休士頓、安克拉治、芝加哥、檀香山、亞特蘭大、邁阿密
	加拿大		溫哥華、多倫多
歐洲	荷蘭	9	阿姆斯特丹
	義大利		羅馬、米蘭
	盧森堡		盧森堡
	奧地利		維也納
	比利時		布魯塞爾
	英國		倫敦（希斯洛、蓋威克）
	法國		巴黎
	德國		法蘭克福
	捷克		布拉格
大洋洲	澳大利亞	5	雪梨、布里斯本、墨爾本
	紐西蘭		基督城、奧克蘭
亞洲	日本	91	大阪、小松、仙台、札幌、石垣島、名古屋、旭川、函館、岡山、東京（成田、羽田）、宮崎、琉球、高松、鹿兒島、富山、新潟、熊本、福岡、廣島、靜岡

洲名	國家（或地區）	數量	營運航點
亞洲	韓國	91	大邱、首爾（仁川、金浦）、釜山、濟州
	香港		香港
	泰國		曼谷（廊曼、蘇凡納布）
	菲律賓		馬尼拉、宿霧、長灘島
	馬來西亞		吉隆坡、亞庇、檳城
	新加坡		新加坡
	印尼		雅加達、峇里島、泗水
	越南		胡志明市、河內、峴港
	澳門		澳門
	印度		德里
	帛琉		帛琉
	柬埔寨		金邊
	中國大陸		三亞、上海（虹橋、浦東）、大連、天津、太原、北京、石家莊、合肥、成都、西安、西寧、呼和浩特、延吉、昆明、杭州、武漢、長沙、長春、青島、南京、南昌、哈爾濱、威海、重慶、徐州、桂林、海口、烏魯木齊、張家界、深圳、揚州、無錫、黃山、廈門、溫州、煙臺、寧波、福州、銀川、廣州、鄭州、濟南、瀋陽、鹽城
	斯里蘭卡		可倫坡
中東	阿拉伯聯合大公國	1	杜拜
總計	27	120	

（資料來源：民航局網站，2017）

2. 國內航線空運市場

1987 年以前，僅有中華及遠東兩家航空公司經營本島航線。1987 年放寬允許新航空公司申請籌設，初期國內航線各航空公司平均載客率約 80% 左右，1991 年因大量引進新機隊，加上經濟結構轉型及陸面運輸日漸完善，造成空運市場需求減弱。而 2007 年高速鐵路通車後國內線航空市場更難再成長，西部走廊因地面運輸完善，尊重市場機制，讓不同運具間良性競爭，未來空運發展之目標，將以擔負東西部間及離島間的旅客運輸為主，並進而結合觀光旅遊提供的配套服務。

根據民航局統計資料，截至 2017 年底，民用航空運輸業在臺閩地區經營國內航線部分，有 4 家航空公司，分別為遠東、立榮、華信及德安，本島離島航線共有 32 條，但實際有飛行之航線只有 24 條，飛行總班次達 79,638 架次。

10.7.2 航權

航權的概念是依據 1944 年所訂立之「國際民用航空公約（Convention on International Civil Aviation）」（簡稱「芝加哥公約（The Chicago Conference）」）而來。其中對於定期航線，規定必須在多邊或者雙邊的架構下，授予航權才能從事營運，而與海運事業有迥然不同的架構。

航權為允許通航的權利，為國家主權的一種，其申請與獲得均以互惠為原則。航權型態主要有 5 種：

1. 第一航權：通過權，為飛越領空之權利，一般均由航空公司向擬飛越之國家申請即可。

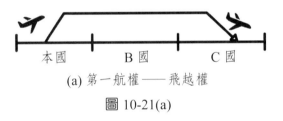

(a) 第一航權——飛越權

圖 10-21(a)

2. 第二航權：停站權，為技術降落之航權，非商業目的之降落，如由本國至 C 國路程較遠，必須在 B 國降落加油或補充其他補給品始能續飛，此種得以在 B 國降落加油之航權，即為第二航權。而依據第二航權降落之客、貨機，不得在當地裝卸客、貨及郵件，航空器申請緊急技降，如機械故障及旅客緊急傷病等，政府一般均予同意。

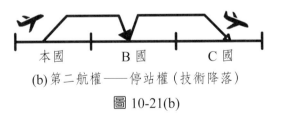

(b) 第二航權——停站權（技術降落）

圖 10-21(b)

3. 第三航權：卸載權，將載自航空器登記國領域內之乘客、郵件及貨物卸下之權利。如自本國至 B 國之客、貨機，可在 B 國降落並卸下客、貨及郵件，但回航時不能在 B 國裝載客、貨及郵件之航權。

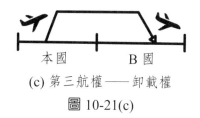

(c) 第三航權——卸載權

圖 10-21(c)

4. 第四航權：裝載權，裝載客、貨及郵件飛往航空器登記國領域之權利。如本國的航空器得在 B 國的航空站降落，並裝載 B 國之客、貨及郵件回航本國之權利，但不得將來自本國之客貨郵件在 B 國航空站卸下。

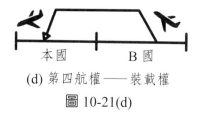

(d) 第四航權——裝載權

圖 10-21(d)

5. 第五航權：貿易權，裝載客、貨及郵件飛往任何其他締約國領域與卸下來自該領域之客、貨及郵件之權利，惟其班機之起點或終點必須於航空公司登記國內。如本國的航機得在 B 國的航空站降落，不但可卸下來自本國之客、貨及郵件，且得裝載 B 國之客、貨及郵件繼續飛航 C 國之航權。

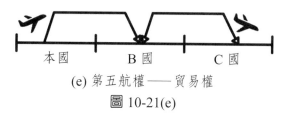

(e) 第五航權——貿易權

圖 10-21(e)

6. 第六航權：經停航空公司登記國而在其他兩國間載運客、貨、郵之權利，其實即為前置點（behind point）第五航權。例如：倫敦（B 國）—臺北（本國）—東京（C 國），中華航空（本國）如果獲得英國（B 國）賦予的第六航權，就可以將源自於英國（B 國）的乘客、貨物經臺北後再運到東京（C 國）。

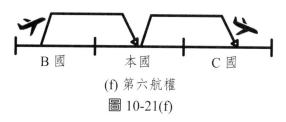

(f) 第六航權

圖 10-21(f)

7. 第七航權：在航空公司登記國以外之任何兩國間載運客、貨、郵之權利，又可稱之爲境外營運權。例如：倫敦（B國）—巴黎（C國），長榮航空公司（本國）如果獲得英國（B國）賦予的第七航權，就可以將來自於英國（B國）的乘客、貨物直接運到巴黎（C國）。

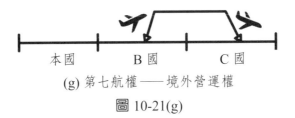

(g) 第七航權——境外營運權

圖 10-21(g)

8. 第八航權：又稱爲延續的境內營運權，其定義爲外籍航空公司在締約國領域內兩點之間載運境內客或之權利或特權，但該服務之啓程地與目的地需爲航空公司登記國。例如：國籍航空公司由臺北（本國）飛往目的地法國尼斯（B國），若獲得由法國賦予的第八航權即可於途中在巴黎（B國）降落並搭載旅客。

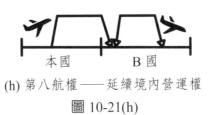

(h) 第八航權——延續境內營運權

圖 10-21(h)

9. 第九航權：亦爲獨立境內營運權（stand alone cabotage），本國航機得以在締約國領域內營運境內航線。例如：如果華航（本國）獲得美國（B國）賦予的第九航權就可以在美國經辦國內航線，如舊金山（B國）到紐約（B國）的航線。

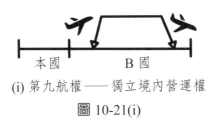

(i) 第九航權——獨立境內營運權

圖 10-21(i)

10.8 國內航空發展課題及營運改善方向

10.8.1 國內航空運輸系統的發展課題

　　航空運輸之第一要務為安全，其次才是效率、服務等因素。由於航空運輸是各項長程運輸之中最為快速的一種，價格也較為昂貴，但隨著世界經濟景氣的轉變，航空運輸事業未來的走向仍然有很大的空間可供發展。即使在景氣不好的狀態下，航空旅行仍是人們長程運輸的必備選擇方式，即便商務旅行可能減少，但其他目的的旅次將不會衰減，所以航空事業必將成長只是會隨景氣的好壞而在快慢的程度上有所區別。

　　截至 2011 年 6 月底，民航局目前共設有 17 個航空站管轄機場業務，包括由民航局直接督導之高雄國際航空站、臺北國際航空站、花蓮航空站、馬公航空站、臺南航空站、臺東航空站、金門航空站、臺中航空站及嘉義航空站等 9 個航空站，以及由臺北國際航空站督導之北竿航空站與南竿航空站、高雄國際航空站督導之屏東航空站與恆春航空站、馬公航空站督導之望安航空站與七美航空站、臺東航空站督導之綠島航空站與蘭嶼航空站。

　　營運之航線及航空公司分為三類：國際航線、國內航線、國內機場飛航國際包機，說明如下：

　　1.國際航線：目前計有高雄及臺北國際航空站經營，相關航點如表 10-6。

表 10-6　航空站經營國際航線

航空站	營運航點
高雄國際航空站	曼谷、新加坡、香港、馬尼拉、成田、上海、深圳、北京、重慶、關西、仁川、新千歲、熊本、琉球、澳門、廣州、寧波、天津、福岡、福州、杭州、昆明、無錫、胡志明、河內、廈門、長沙、梅縣、泉州、海口、釜山、南京、武漢、南昌、名古屋、吉隆坡
臺北國際航空站	東京、首爾
花蓮航空站	香港
台中航空站	東京、沖繩、胡志明、河內、香港、澳門、韓國、杭州、寧波、深圳、廣州、廈門、南京、海口、三亞、天津 （不定期航線：韓國光州、曼谷、無錫、梅州）

　　2.國內航線：各國內機場營運航線，如表 10-7。

表 10-7　航空站經營之國內航線

航空站	營運航線
臺北國際航空站	花蓮、臺東、馬公、金門、南竿、北竿、恆春
高雄國際航空站	花蓮、馬公、金門、望安、七美
花蓮航空站	臺北、高雄、臺中
馬公航空站	臺北、臺中、嘉義、臺南、高雄、七美、金門
臺南航空站	馬公、金門
臺東航空站	臺北、綠島、蘭嶼
金門航空站	臺北、臺中、嘉義、臺南、高雄、馬公
臺中航空站	馬公、金門、南竿、花蓮
嘉義航空站	馬公、金門
北竿航空站	臺北
南竿航空站	臺北
恆春航空站	臺北
望安航空站	高雄
七美航空站	高雄、馬公
綠島航空站	臺東
蘭嶼航空站	臺東

3. 國內機場飛航國際包機

目前花蓮、馬公、金門、臺東，以及臺中等國內機場，奉行政院同意開放飛航國際包機業務。

國內航空受到國際航線與臺灣高鐵之劇烈競爭，運量日益萎縮，也衍生出下列課題（陳惠國，2008）：

1. 臺灣需要幾個國際機場？

從國際航線之觀點來看，臺灣只需要一個國際機場，而實際的運作情形也說明只要一個桃園國際機場再加上一個高雄小港機場做為輔助機場，就已經足以應付目前之旅運需求。特別在臺灣高鐵已經邁入實際商業運轉之情形下，甚至連高雄小港機場作為輔助機場之必要性都可以提出來重新檢討。

另外兩個國際機場，即花蓮國際機場與臺中清泉崗國際機場，並沒有國際定期航線需求量、無法自行存活。花蓮國際機場之掛牌營運過程並不順利，除了曾因無法取得使用執照而造成預定進度時程延宕，即使在啟用之後，亦僅出現零星鄰近國家偶爾飛來包

機之外，也並未發揮國際機場功能。至於臺中清泉崗國際機場之情況也不理想，2007年陸委會規劃直航機場原本就沒有包括清泉崗機場，因此，從水湳機場搬遷過來之後，亦僅具備國內機場的條件，並未建置常態性之出入境查驗機制。而且，當初急就章刻意限制新建機場面積只有4.9公頃，現在如果要擴建為國際機場，就必須嚴肅面對冗長的環評作業。

2. 同一個縣市需要幾個國內機場？

我國有兩座以上國內機場的縣市整理如表10-8。臺灣全島南北縱長約395公里，東西寬度最大約144公里，國內航空航線之發展並不符合經濟之原則，更遑論在同一個縣市設置兩座國內機場了。很顯然的在本島部分，似乎沒有必要兩座機場。至於離島部分，目前馬祖有「南竿機場」與「北竿機場」兩座機場，但兩座機場的需求量並不高。

表 10-8　我國有兩座以上機場的縣市

縣市	機場	軍用專用機場
桃園	桃園（中正）國際機場	桃園空軍基地
高雄	高雄國際機場	空軍岡山基地、海軍左營基地
屏東	恆春機場	空軍屏東基地
花蓮	花蓮機場	空軍佳山基地
臺東	臺東豐年機場、綠島機場、蘭嶼機場	空軍志航基地
澎湖	馬公機場、七美機場、望安機場	
連江縣	馬祖南竿（主）機場、馬祖北竿（輔助）機場	
金門	金門機場	空軍金門機場

3. 臺灣需要幾個特殊航線的機場？

臺灣與中國大陸的經貿往來日益密切，旅遊觀光活動也蓬勃發展，自由行也已開放，因此，兩岸之間的航空需求也大幅成長，需要妥善規劃與因應，考慮因素包括：

(1) 臺灣需要幾個中國大陸特殊航線的機場？

(2) 指定機場之相關設施是否達到標準？

10.8.2 國內航空產業的營運改善方向

傳統航空站的經營方式是由政府機關負責管理（如我國），以服務及非利潤為導向，成本的控制層次較低，著重航空營收（aeronautical revenue）（約占整體營收60～70%），其中降落費、停機坪使用費等為主要收入來源。

國內航空營運的品質不佳，在航站硬體部分，包括屋頂漏水、廁所堵塞、手推車破

損、餐飲昂貴等；在航空營運部分，目前所面臨的問題爲建置經費龐大、民航局缺乏專責單位及人力、單位間的配合協調問題、各系統間的整合、功能改進及日後之發展等問題。由於上述因素導致國際排名落後，究其原因，除了航空站缺乏自動化、航空站之位階過低及自主權有限之外，部分員工之保守心態與紀律不佳亦是重要原因。

爲改善國內航空的營運狀況，我國民航局在軟、硬體部分也有多項重要變革與措施包括：

1. 開放新航空公司申請籌設與航空公司整併。

2. 航空票價自由化。

3. 保障旅客權益、提升服務品質。

4. 離島偏遠航線運輸之變革及補貼。

5. 協助國內線業者克服經營困境。

6. 臺北航空貨運站民營化及二期貨運站興建、營運、移轉（build, operate and transfer, BOT）。

7. 推動航空自由貿易港區。

在經過整修改善之後，桃園機場在 2011 年第一季的全球機場服務品質調查評比名次大躍進，候機室整體舒適度擠進前三名。

10.8.3 高速鐵路、廉價航空之衝擊

臺灣高鐵從 2007 年營運至今，總共包含 12 個車站（臺北、板橋、桃園、新竹、苗栗、臺中、彰化、雲林、嘉義、台南、左營、以及南港），主要提供西部重要城市城際運輸服務。高鐵之運量更於 2016 年創近年來新高，共高達 5,659 萬旅次。也因高速鐵路所帶來的便利性，對航空業者帶來相當大的衝擊。主要原因除了高鐵行駛速度快，以及全列車可乘載總人數遠大於飛機座位數之外，最大優點在於高鐵比航空少了繁複且冗長的登機與候機時間，遠遠降低民眾的整體旅行時間。因此也逐漸造成客運流量從航空轉移至高鐵。例如：我國國內航線除了本島—外島航線仍有營運之外，其餘本島的國內航線幾乎皆已關閉。

低成本航空公司（low-cost Airline），亦稱爲廉價航空公司（簡稱廉航）。指將營運成本控制至比傳統航空公司爲低的航空公司。與傳統航空公司相比，低成本航空公司經營模式有著相當大的不同，主要特點包括：每日飛航時數高、偏好飛航短程航線、托運與餐飲服務需另外收費等等。簡而言之，透過較低的服務水準以降低整體服務成本。因降低了整體的機票成本，而有愈來愈多的民眾在搭乘短程航線時選擇廉航。2014 年臺灣本土廉價航空出現，主要包括復興航空所成立的「威航」以及華航成立的

「臺灣虎航」，其中威航受母公司復興航空之營運影響，於 2016 年 10 月正式結束營業。目前臺灣市場的廉航旅客量，以臺灣虎航最多。以 2018 年 1 月為例，臺灣虎航占比為 23.81%，其次是酷航 11.82%，第 3 是香草航空 8.53%、第 4 是樂桃航空 7.82%、第 5 是越捷航空 6.7%、第 6 為釜山航空 5.19%。隨著廉航快速發展，傳統航空公司在中、短程航線上受到衝擊，為了減緩衝擊所帶來的負面影響，傳統航空公司可加強長程航線、提供更高服務品質或是加強轉機服務等。

10.9 結論與建議

航空運輸之第一要務為安全，其次才是效率、服務等因素，因此，在航空運輸系統中，必須妥善監督系統及使用航空器，以確保航空運輸安全之首要目標。由於各項運輸之中，航空運輸是長程運輸最為快速的一種，價格也較為昂貴，但隨著世界經濟景氣的轉變，航空運輸事業未來的走向仍然有很大的空間可供發展。即使在景氣不好的狀態下，航空旅行仍是人們長程運輸的必備選擇方式，即便商務旅行可能減少，但其他目的的旅次將不會衰減，所以航空事業必將成長只是會隨景氣的好壞而在快慢的程度上有所區別。

另航空業的最主要產品即是飛機的飛航時刻表，因此，排班的優劣將反映在航空公司整個的營運、銷售情況及服務水準，故航空排班問題也格外重要。

此外，由於高速鐵路之快速發展，在中、短程運輸方面具有相當之優勢，面對強烈之競爭，臺灣本島之國內航線應該調整以為因應。

問題研討

1. 請說明機場規劃之類型與其內容。
2. 請說明機場主計畫的規劃程序。
3. 機場作業技術對容量的影響有那些？
4. 請說明機場跑道是由那些主要區域所組成？其個別功能為何？
5. 請說明機場陸側設施種類及其個別功能。
6. 請說明常見跑道型式及其優缺點。
7. 滑行道的功能分類與規劃設計內容。
8. 請說明飛航管制之區分方式與航管隔離標準。

9. 請說明航權的種類與內容。

運輸工程相關考題

1. 繪示意圖並簡答下列各題：（70 分）（97 專技高）
   (1) 目視滑降燈光之設置原理與原則為何？
   (2) 試繪空對空轉運量遠大於空對陸轉運量之轉運中心（Air Hub）航站配置圖。

2. 試分別說明兩種主要飛航管制作業（Flight rules）的適用情況，並簡要說明不同的管制作業規則對機場設計的影響。（25 分）（90 專技高）

3. 雙跑道的機場有那幾種可能的佈設方式？請繪示意圖說明每一種方式的特點。（20 分）（91 專技高）

4. 請說明機場跑道方位推算之原則，以及跑道依方位編號之方式。（25 分）（92 專技高）

5. 試說明航空站跑道容量及跑道長度之影響因素？（25 分）（93 專技高）

6. 試述鐵路車站站屋及機場航站大廈之規劃目標與原則。（25 分）（94 專技高）

7. 機場系統通常可以概分為空側（Air Side）與陸側（Land Side）兩大次系統。請分別說明這兩個次系統所包括的設施及其功能。（20 分）（94 高三級第二試）

8. 桃園國際機場擴建方案之一為利用鄰近之桃園空軍基地之跑道為第三跑道，試說明工程規劃、設計時需考慮之重點。（25 分）（95 專技高）

9. 試分別說明設計機場跑道方位及跑道長度之推算方法。（25 分）（96 專技高）

10. 美國聯邦航空總署（FAA）對飛航空域之障礙有一認定標準。試繪圖就至少三個假想面說明。（20 分）（98 專技高）

11. 試述機場位址之選擇應考慮之因素。（25 分）（99 專技高）

12. 試繪圖並說明何為機場跑道清除區（clear zone），並詳述機場之所有權人對清除區內之土地應有何種作為。（20 分）（100 專技高）

13. 何謂機場的跑道容量（runway capacity）？影響機場跑道容量的因素有那些？一般機場跑道如何編號？（15 分）（101 專技高）

14. 請說明機場主計畫（master plan）所涵蓋的重要設施名稱及其功能。（20 分）（102 專技高）

15. 一項機場的主計畫（master plan）主要由：空域（airside）與陸域（landside）等兩部分的相關子系統組合而成。在民用航空的需求方面，為因應未來市場需求，必須進行機場的運量預測，包括：搭機人數（enplanements）與班機起降數（number of operations）等

兩部分。試說明上述兩項數據如何預測，同時說明該兩項數據用於機場主計畫的那些設施規劃之用。（20 分）（103 專技高）

16. 詳述運用風頻圖（wind rose method）推算跑道方位之步驟。（20 分）（104 專技高）

17. 請說明中、大型機場燈光系統之分類與功能為何？（20 分）（105 專技高）

18. 跑道為機場主要設計之一部分，試說明影響機場跑道所需長度之因素。（20 分）（106 專技高）

參考文獻

一、中文文獻

1. 管德，2001，坐飛機去，牛頓出版股份有限公司，臺北。

2. 張瑞奇，2008，航空客運與票務，揚智文化，臺北。

3. 張國政，2007，民用航空局 60 週年紀念特刊，交通部民用航空局，臺北。

4. 周義華，2007，運輸工程，華泰書局。

5. 張有恆，2007，航空運輸學，華泰書局。

6. 張有恆，1993，運輸學，華泰書局。

7. 交通部民用航空局，1994，機場主計畫，臺北。

8. 交通部民用航空局，1995，機場主計畫，臺北。

9. 交通部民用航空局，2003，國內機場規劃設計規範之研究，臺北。

10. 交通部民用航空局，2002，臺灣地區民用機場整體規劃暨未來五年發展計畫，臺北。

11. 交通部民用航空局，2002，飛航管制簡介，臺北。

12. 交通部民用航空局，2000，中正國際機場整體規劃暨第一期發展計畫，臺北。

13. 交通部民用航空局，2003，臺灣南部發展新國際機場之整體評估，臺北。

14. 交通部民用航空局，2011，99 中文年報，臺北。

15. 交通部民用航空局，2011，民用機場設計暨運作規範，臺北。

16. 交通部民用航空局，2000，民用航空法，九十八年一月二十三日修訂。

17. 交通部民用航空局（空運組）業管專有名詞中英譯對照表（一般性專有名詞）。

18. 交通部民用航空局飛航服務總台，2018，106 年報，臺北。

19. 交通部民用航空局，2018，106 年報，臺北。

20. 交通部民用航空局，2018，航空運輸專論，擷取日期：2018.10.10，https://www.caa.gov.tw/BIG5/content/index.asp?sno=383。

21. 桃園國際機場，2015，臺灣桃園國際機場第三航站區建設計畫。

22. 行政院公共工程委員會，政府公共工程計畫與經費審議作業要點，民國 106 年 06 月 14 日修訂。

23. 陳惠國，2008.5.22，公共交通工程與事業問題現況之探討，運輸人通訊，第七十五期，中華民國運輸學會編印。

24. 機場經營與管理講義，Ch5 航空貨運站作業管理，擷取日期：2011.08.12，http://mail.knu.edu.tw/～mtwang/doc/course/09601/Airport%20Operations%20and%20Management/AOMch5.pdf。

25. 交通部民用航空局飛航服務總台網頁，擷取日期：2011.08.16，http://www.anws.gov.tw/installment/installment.php。

26. 交通部民用航空局，2005，航空運輸專論，擷取日期：2011.08.17，http://www.caa.gov.tw/big5/content/index.asp?sno=383。

27. 臺北市立圖書館，兒童電子圖書館，網址：http://kids.tpml.edu.tw/sp.asp?xdurl=DR/library03_1.asp&id=9591&mp=100。

28. 臺中航空站，航空資訊，營運航線，擷取日期：2018.10.10，網址：https://www.tca.gov.tw/cht/index.php?code=list&ids=14。

29. 高雄國際航空站，航班資訊，營運航空公司，營運航線，擷取日期：2018.10.10，網址：https://www.kia.gov.tw/Schedule/AirRoutes/AirRoutesTable.htm。

30. 花蓮航空站，班機資訊，擷取日期：2018.10.10，網址：https://www.hulairport.gov.tw/content/schedule/schedule01.aspx。

31. 臺北國際航空站，航班資訊網，國際及兩岸航班，定期班表，擷取日期：2018.10.10，網址：https://www.tsa.gov.tw/tsa/zh/flights_schedule.aspx?id=1019&airFlyLine=1。

32. 經濟日報，成長飛快廉航 2018 旅客量預估破千萬，2018.03.25，網址：https://money.udn.com/money/story/5641/3050576

33. 交通部民航局飛航服務總台——助航燈光裝備，2018.11.14，網址：https://www.anws.gov.tw/cht/index.php?code=list&ids=29

34. 維基百科，進場燈光系統，2018.11.14，網址：https://zh.wikipedia.org/wiki/%E8%BF%9B%E8%BF%91%E7%81%AF%E5%85%89%E7%B3%BB%E7%BB%9F

35. 飛航空域障礙之機場假想面（斷面圖），網址：https://www.ngs.noaa.gov/AERO/3dfar77.html

二、英文文獻

1. ICAO Annex 14, 1999, Aerodromes Vol. I, Aerodrome Design and Operation, 3rd Edition.

2. ICAO Doc 4444-RAC/501, 1996, Rules of the Air and Traffic Services, 3rd Edition.

3. ICAO Doc 9157-AN/901, 1984,（1990 修訂）, Aerodrome Design Manual Part 1 Runways, 2nd Edition.

4. ICAO Doc 9157-AN/901, 1991,（1997 修訂）, Aerodrome Design Manual Part 2 Taxiways, Aprons and Holding Bays, 3rd Edition.

5. ICAO Doc 9137-An/898/2, 1983, Airport Services Manual, Part 6 Control of Obstacles, 2nd Edition.

6. FAA AC 150/5300-13, 2000, Airport Design.

7. FAA AC 150/5325-4A, 1990, Runway Length Requirements for Airport Design.

8. FAA AC 150/5340-1H, 2000, Standards for Airport Markings.

9. FAA Part 77, 1975, Objects Affecting Navigable airspace.

10. FAA 14 CFR Part 77, 1995, Objects Affecting Navigable Airspace.

11. Horonjeff, R, X.M, Francis, 1994, Planning & Design of Airports, 4th Edition.

12. ICAO Doc 9157-AN/901, 1993, Aerodrome Design Manual Part 4 Visual Aids, 3rd Edition.

13. ICAO Doc 9184-AN/902, 1987, Airport Planning Manual，Part 1 Master Planning, 2nd Edition.

14. FAA AC 150/5070-6A, 1985, Airport Master Plans.

15. FAA Engineering Brief #64D, Runway Status Light System，擷取日期：2018.11.14，網址：https://www.faa.gov/airports/engineering/engineering_briefs/media/eb-64d.pdf

第 11 章

水道運輸

　　水道運輸簡稱「水運」，一般通稱「航運」，係指利用船舶航行於水域完成貨物與旅客運送之經濟行為。水運依航行水域可分為內河運輸（inland water transportation）與海洋運輸（marine transportation; ocean transportation）；依航行航線可分為國內航線與國際航線；就水運經營而言，也可分為國內水運與國際水運。一般說來，水道運輸的優點為：(1) 運輸量大、(2) 能源消耗低、(3) 單位成本低、(4) 續航力大、(5) 調度容易；至於其缺點則為：(1) 易受天候影響、(2) 受港口條件限制、(3) 速度慢。

　　從事水道運輸，以船舶為運送工具進行貨物或旅客運送服務，並收取運費報酬之行業稱之為「航運業」（marine industry）。航運業競爭十分激烈，研究如何有效經營航運業，使其得以成長發展，稱之為「航業經營學」（shipping and transportation management）。

　　本章概略介紹港口的設施、作業、與經營的基本內容，各節之順序安排如下：第一節整理水道運輸相關名詞；第二節說明港口之規劃；第三節探討港埠裝卸容量；第四節介紹貨物裝卸系統；第五節簡述船舶導航系統；第六節介紹航線與港埠經營；第七節為結論與建議。

11.1 水道運輸相關名詞

　　為了便於深入了解水道運輸之內容，茲先將部分之重要名詞定義整理如下：

1. 貨物吞吐量（cargo throughput; cargo handling capacity of a port）

　　貨物吞吐量是指在一定時期內進出港區，並經過裝卸的貨物數量，貨物重量以公噸為計算單位，而貨櫃則以 20 呎標準櫃（twenty-foot equivalent unit, TEU）為計算單位。貨物吞吐量是衡量港口生產規模的主要指標，也是進行港口規劃建設的基本依據。一般說來，貨類（或稱貨種）之組成、數量和貨物主要流向，可以反映該港在國內、外貨物交易的地位與所扮演的角色。

2. 港口（port; harbor）

　　指停泊船隻和運輸人員、貨物的地方，位於洋、海、河流、湖泊等水體上，通常也兼具口岸[1]的功能。

3. 港口腹地（harbor hinterland）

　　港口腹地是指港口之旅客集散和貨物吞吐所及的地區範圍，其範圍可通過調查分析確定。港口腹地可分為直接腹地和中轉腹地兩種：直接腹地係指通過各種運輸工具可以

1　口岸是設有邊防檢查的邊界地點。

直達的地區範圍；中轉腹地則係指貨物和旅客經過港口中轉所到達的地區範圍。一般而言，腹地內的貨物經由該港進、出是比較經濟合理的。

4. 港口作業區 (port operations area)

港口作業區係指將港口劃分為幾個相對獨立的裝卸生產單位，以便於提高港口的生產管理水準。一般而言，港口作業區會根據港口布局和船型、貨種、吞吐量、貨物流向等因素進行劃定。原則上，劃分作業區可使同一貨種集中到一個作業區內進行裝卸，如此，可以避免不同貨物的相互影響，防止污染，提高機械化、自動化程度和充分發揮機械設備的效率，保證貨物的品質和安全，便於貨物的存放和保管，充分利用倉庫能力等。

5. 吞吐量尖峰係數

吞吐量尖峰係數為港口裝卸工作不平衡性的一種指數，用以反映港口受到工農業生產的季節性和貨種、船型變化、船舶不均勻到港[2]，以及自然條件等諸多因素的影響，是測定港口建設規模和通過能力的一個重要參數。按照時間之長短可有不同之尖峰係數，其中應用最多的吞吐量月（日）尖峰係數，其計算公式如下：

$$吞吐量月尖峰係數 = 最大月吞吐量 / 全年平均月吞吐量 \qquad (11\text{-}1a)$$

$$吞吐量日尖峰係數 = 最大日吞吐量 / 全年平均日吞吐量 \qquad (11\text{-}1b)$$

在設計碼頭時，通常採計至少連續三年的貨種及港口的統計資料（新建港口參照相近港口正常生產完成情況）。

6. 港區 (harbor district)

港區係指由港務部門管理之港界範圍（包括陸域和水域）。港區範圍內可根據港口具體情況和吞吐量的大小，劃分為幾個作業區，以充分發揮港口設備能力，便利裝卸管理。港區範圍劃分作業區原則為：(1) 便利港口水陸聯運和港區內外聯繫；(2) 密切與城市規劃配合，使港區作業區盡可能便於為城市和工礦企業服務；(3) 近期與遠期結合、平常與非常結合、理想與現實結合。此外，為同時達到水域與陸域之合理使用，除了充分發揮現有設備能力之外，還必須保留未來發展的餘地。

7. 港界

港界係指港口水域與陸域之間的邊界線，係根據地理環境、航道情況、港口設備、港內企業、港內生產管理的需要，並留有一定發展餘地的原則進行劃定。港界一般利用海島、岬角、海岸突出部分、岸上顯著建築物或設置籬牆、燈標、燈椿、浮筒等作為標誌。港界劃定後由港務部門統一管理，以確保港口建設有計畫、有步驟地合理進

---

2 裝卸的船舶貨物量在時間上分布不均勻。

行，並保證船舶在港內停泊和行駛的安全。

8. 港口貨物裝卸量（port cargo handling capacity; port's cargo throughput）

貨物裝卸量係指貨物重量或體積噸（一立方公尺）兩者之中較高者之計算標準，一般作為港口貨物裝卸計費之依據。

9. 泊位能力（berth capacity）

泊位能力係指一個泊位在一年中能夠裝卸貨物的合理裝卸量，以公噸或標準櫃（TEU）表示，它是決定港口通過能力的主要組成部分。泊位能力大小取決於碼頭裝卸設備和效率、管理水準、船舶到港不平衡情況，與泊位年工作天數等多種因素。

在港口規劃建設中，一旦確定了泊位能力，就可以根據港口吞吐任務，計算需要的泊位數量和碼頭線的長度。

10. 庫場通過能力

庫場係指港區的倉庫或貨場，而庫場通過能力則表示在一年中能夠通過的合理貨物數量，以噸表示。庫場能力也是港口通過能力的重要組成部分之一，它與庫場的有效面積、單位面積堆存量，以及貨物平均堆存期等許多因素有關。

11. 疏（集）運能力

疏（集）運能力係指貨物由船舶運出（或運進）港口後，經由船舶、鐵路、公路或其他運輸工具將貨物疏散出去（或集中起來）的轉運能力。港口的疏（集）運能力需要與主要水運（一般指長途）能力保持平衡或稍有餘裕，才能使港口經常保持暢通而不致發生阻塞或導致水運能力的浪費。

12. 港口通過能力

港口通過能力係指港口（在一定設備條件下，按合理的操作過程、先進的裝卸作業，）在一定的時間（年、月、日）內所能完成裝卸船舶的貨物最大數量，以噸表示。港口通過能力主要由泊位能力、庫場、鐵路裝卸線、道路等部分所組成，其中泊位能力為決定性的因素，在分貨類計算的基礎上，港口通過能力可以簡化為港口所有泊位通過能力的總和。

一般來說，港口通過能力除了會受到貨物種類及其比重變化、產品的季節性、車船到港的均衡性的影響之外，同時也會受到設備數量和狀況、船型、車型、機型、甚至勞動組織、管理水準等許多因素的限制。

13. 港口總體佈置

港口總體佈置包括碼頭的佈置，水、陸域面積的大小，庫場與碼頭泊位的相對位置，作業區的劃分以及港內交通路線的佈置等。合理的港口總體佈置，不僅能充分利用港區的自然條件，避免大量的浚深和填方，減少外堤長度，確保最小的建築工程量和最

低的建築費用，而且能使船舶方便安全地進出港區、靠離碼頭，以進行裝卸作業。

　　良善的港口總體佈置，能夠有效聯繫港口與內陸城市的交通運輸，同時也能妥善銜接港內內河船和海船、車輛與船舶的接駁流程，提高船舶裝卸效率，充分利用泊位生產能力。反之，若港區佈置紊亂，不僅會造成船舶在港作業過程中的重覆移泊，而且也可能造成作業環節的相互干擾，從而影響到裝卸效率，限制港口的通過能力。

14. 碼頭專業化（specialized marine terminal）

　　碼頭專業化植基於裝卸作業的簡單化（單一）和標準化。裝卸作業簡單化才有可能實現裝卸作業標準化，有了裝卸作業標準化，裝卸品質才能得到確實的保證。由於碼頭專業化是按貨物種類、流向，以及船型或航線來劃分，同時也使用高效率裝卸機械設備，因此，可以大幅提高船舶裝卸效率與港口通過能力。

　　結合碼頭專業化與貨物和船型的規格化、標準化，會使港口通過能力顯著提高，這也是貨櫃碼頭裝卸貨櫃船舶的通過能力高於普通雜貨碼頭數倍的主要原因。但專業化必須要有一定數量的吞吐量，才能有效發揮港口通過能力；否則，通過能力雖然很大，也未必能發揮實際的作用。

11.2 港口之規劃

　　港口之規劃係根據國家經濟發展的方針，國內外貿易增長的需要，並對港口建設發展進行全面性的調查研究後，所提出的建設方案。港口的規劃要適應主客觀條件之發展與變化、對其發展建設內容進行調整和改進。

11.2.1 港口規劃分類

　　港口規劃可以按照時間劃分為近期規劃、遠景規劃，或三年、五年規劃和十年、十五年規劃等多種。也可以按照層級的高低劃分為三類：港口布局規劃、港口總體規劃、港口細部規劃，分別說明如下。

1. 港口布局規劃

　　港口布局規劃是指在（全國的或區域的）海運規劃或（江河的）流域規劃的基礎上進行港口的分布規劃，規劃重點是確定港口的總體發展方向，明確訂定各港口的地位、作用、主要功能與布局等，俾以合理規劃港口岸線資源，促進區域內港口健康、有序、協調發展，並指導區域內的港口總體規劃。港口布局規劃內容主要是根據工農業生產發展、地區資源條件，並結合工礦企業、城鎮、鐵路交通、水利等的布局，從而提出港站位置的合理安排，並相應地進行港址選擇。

　　港址選擇是一件複雜而細緻的工作，其成敗不僅是技術經濟問題，而且涉及長期的營運發展。一般而言，港口建設地點的選擇是在港口布局的基礎上進行，即根據港口生產規模（客貨運量）、進港船型、發展遠景，結合當地地形、地質地貌、水文氣象、陸上交通和水電供應、城市發展等條件，從政治、經濟、軍事和技術等各方面進行分析比較後確定。

2. 港口總體規劃

　　港口總體規劃需遵循港口布局規劃的指導，屬於港口建設發展的具體規劃，其規劃重點為確定港口性質、功能和港區劃分，然後根據港口資源條件、遠近期的客貨吞吐量、貨物種類及其流量流向、到港船型等考量因素，經過多方案的分析評估後，提出港口發展建設的分區、分期、分階段的具體安排。（「港口總體佈置」定義請參見名詞解釋 13）。

3. 港口細部規劃

　　港口細部規劃是根據港口客貨規劃吞吐量、進港船型、貨物種類和流量流向，對一個港口的進港航道、港池、錨地、碼頭、倉庫貨場、鐵路以及裝卸搬運作業等整套設施，進行充分的分析研究後，使其組成一個完整的系統。彼此之間既相互協調又靈活，並留有發展餘地，達到裝卸作業合理、先進，裝卸效率高、投資省，建設快等要求。

11.3 港埠裝卸容量

　　港埠裝卸容量係指處理貨物的裝卸能力，在一定程度上反映港口的設施是否足夠因應貨物裝卸的需求。以下分別說明碼頭規劃、船席佈設，以及通棧與岸肩的內容。

11.3.1 碼頭規劃

　　由於碼頭規劃的目的是提高裝卸船舶的效率，降低裝卸與運輸成本，因此，必須強調碼頭專業化。（「碼頭專業化」定義請參見名詞解釋 14）。

11.3.1.1 碼頭設施

　　港口的各項作業中，影響進出貨作業的最大關鍵為碼頭的吞吐能力，因此，完善的碼頭規劃及設施興建，可大幅提升進出貨作業的順暢性。

　　碼頭設施的規劃設計，必須考慮到貨物搬運的每一過程，亦即從貨車進入碼頭開始將貨物搬運至碼頭上，一直到貨車離開碼頭，設計者必須使車輛及貨物有效率且安全的移動。

為使整個作業達到安全、效率，碼頭設施的規劃設計需遵循以下原則：

1. 碼頭設施的設計，必須使卡車能快速且安全的進出港區碼頭從事裝卸貨作業。
2. 設計碼頭尺寸，必須盡可能兼顧所有貨車的規格，以期提供最有效率的作業服務。
3. 慎選碼頭設備以保障碼頭作業員裝卸貨物的安全。
4. 碼頭內部規劃暫存區，使物料能有效率地在港內及碼頭間移動。

11.3.1.2 碼頭類型

碼頭是貨車裝卸貨物作業的場所，可按照作業區域配置、設計形式、結構型態等標準加以分類（圖 11-1）。

1. 碼頭依作業區域配置型態可區分為兩種：集中型、分散型。
   (1) 集中型：傳統上，倉庫（或物流中心）只有一碼頭區域，而且在較小的倉庫（或物流中心），進貨及出庫是合併的。而在較大的倉庫（或物流中心），進貨及出貨就可能分開但相鄰在一起。這種類型碼頭的外部貨車作業空間，需以最大型的貨車來規劃。集中型的碼頭其最大的好處就是可降低監管成本及有效運用倉管人員及設備。
   (2) 分散型（point-of-use）：分散型碼頭是將好幾個碼頭分散於廠房的四周，而每一個碼頭配合特定的產品線或作業區域。因應及時生產（just-in-time）的要求，分散型碼頭有普遍發展的趨勢。
2. 碼頭按用途進行分類，可分為客運碼頭、貨運碼頭（公眾貨運碼頭、貨櫃碼頭、油碼頭、礦產碼頭、煤碼頭、漁碼頭）、讓在陸上的汽車上船貨讓船上的汽車下船之用的汽車碼頭、供遊艇泊岸的遊艇碼頭、供港內工作船使用的工作船碼頭，以及為修船和造船工作而專設的修船碼頭、舾裝碼頭[3]、海軍軍艦停泊和補給的海軍碼頭（亦稱為軍用碼頭）等。
3. 碼頭又可依設計形式（或平面佈置）分為四種：泊渠碼頭（dock wharf）、平行碼頭[4]（quay wharf）、突堤碼頭（pier wharf）（含鸞式碼頭）、離岸式碼頭（detached wharf）。
   (1) 泊渠碼頭：係圍成內凹型式的碼頭配置。泊渠種類有：閉口式、開口式泊渠。泊渠碼頭的優點為風浪靜穩，潮差得以利用，碼頭可達所需長度；但其缺點則為船舶進出不便。世界各港之泊渠碼頭最著名者，有英國倫敦港、利物浦

---

3 船上錨、桅桿、梯、管路、電路等設備和裝置的總稱。
4 平行碼頭又可稱為橫碼頭。

港、南韓仁川港。

(2) 平行碼頭：順海岸而建立者，成爲平行碼頭，其設置略與海岸平行。平行碼頭的優點爲碼頭堆棧後面，有充分之倉庫可用，機具調派效率佳；但其缺點則爲碼頭船席較易受到碼頭長度限制。較著名者爲美國紐澳良港、日本下關、長崎等。

(3) 突堤碼頭：此種碼頭係由海岸突出，伸入海中，與海岸線近於垂直。突堤碼頭的優點爲在有限之海岸上延伸碼頭長度，取得較多船席；但其缺點則爲堆棧倉庫與碼頭距離較遠，且不利於機具、車輛調度。較著名者爲紐約、神戶、橫濱、大阪。鸞式碼頭係於突堤中間，闢設一條駁船用淺水泊道，成一凹字形，使外側大船，可經過堆棧與駁船取得聯繫起卸。

(4) 離岸式碼頭：此式碼頭爲在碼頭與陸岸間留一線泊道，專供駁船之用，以便輪船與駁船同時工作。

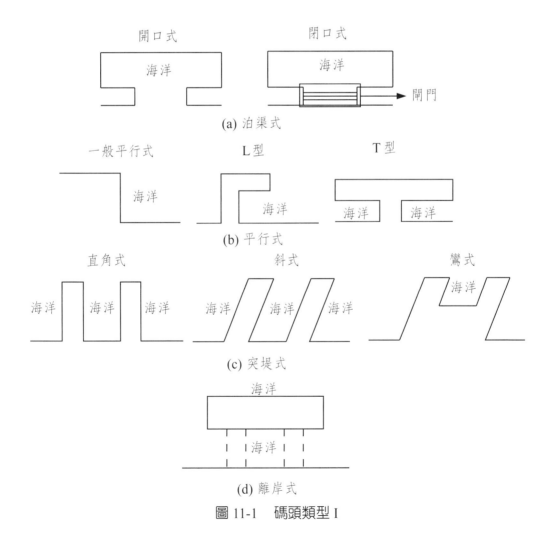

(a) 泊渠式

(b) 平行式

(c) 突堤式

(d) 離岸式

圖 11-1　碼頭類型 I

4. 碼頭以結構分類則又可分為：棧橋碼頭（pier with approach trestle）、沉箱碼頭、混凝土碼頭，以及鋼板椿碼頭等四類（圖11-2）。

(1) 棧橋碼頭[56]：又稱打椿碼頭，碼頭下方為中空，有消波功能。

(2) 沉箱碼頭：又稱重力式碼頭，係由沉箱排列為擋土牆而成之擋土碼頭，由於臨水面為直立壁，故具有反射波浪的作用。

(3) 混凝土塊碼頭：係由大型混凝土塊疊砌成牆之擋土碼頭，亦有反射波浪作用。

(4) 鋼板椿碼頭：係以打設鋼板椿而成之碼頭，亦為擋土碼頭，但因鋼板椿過於單薄，多不能作為深水碼頭之用，除特殊設計外，一般鋼板椿碼頭之水深多在9.0公尺以內。

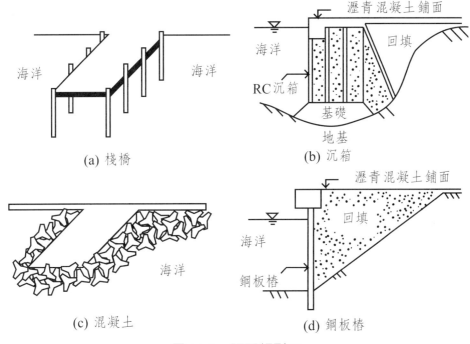

(a) 棧橋　　　　(b) 沉箱

(c) 混凝土　　　　(d) 鋼板椿

圖 11-2　碼頭類型 II

5. 按照碼頭周圍水域是否有掩護進行分類，可分為有掩護碼頭和開敞碼頭兩種形式。有掩護碼頭又分為具有天然掩護和人工掩護兩種。例如，在挖入式或回填式港池內所建的碼頭屬於人工掩護碼頭。多數超大型油輪（very large crude carrier, VLCC）碼頭屬於外海開敞式碼頭。

5　係指利用前沿裝卸平台通過引橋（或再加引堤）與後方岸線連接的碼頭。

6　引橋式碼頭則可依照棧橋（trestle）之位置分為三種（DOD, 2005）：T型碼頭（T-type wharf）、L型碼頭（L-type wharf），以及U型碼頭（U-type wharf）。

從以上之各種不同的碼頭分類可知，受到地方認知之影響英文的碼頭定義迄今仍未存在統一的定義。

11.3.1.3 碼頭尺寸

一般說來，「碼頭尺寸」包含了碼頭長度、寬度，與深度：

1. 碼頭長度

碼頭長度與所需靠泊之船型之設定及考量兩船之安全間距等因素有關，分為船身長度及船舶帶纜空間二部分。船長以貨輪噸位作為依據，船舶帶解纜空間需求約等於船舶寬度，一般參考港灣構造物設計標準及港口設計（port design）等兩規範，進行碼頭長度需求設定。

2. 碼頭寬度

碼頭寬度與裝卸貨物上岸之設備有關，係指碼頭結構體之寬度，亦即碼頭面之寬度，碼頭面習稱碼頭岸肩，大都介於 15～30 公尺之間。

3. 碼頭深度設計

碼頭設計深度 H（單位為公尺）與船舶之噸位有關，可以表示為：

$$H = d + c_1 \qquad\qquad （11\text{-}2）$$

其中，

d：靠泊船隻滿載時之吃水深，單位為公尺

c_1：餘裕至少應大於 0.5 公尺

碼頭附屬設施分成兩類：碼頭本體附屬設施以及分立附屬設施。本體附屬設施如碰墊及繫纜柱等，分立附屬設施如跨越式吊車及通棧（transit-shed）等。

至於碼頭方向需考慮船舶進港方向及裝卸作業受風作用的影響，應避免與恆風方向垂直，同時佈置需能充分利用通棧、倉庫、臨港交通設施之空間為原則。

11.3.2 船席佈設

船席（berth）又稱為船位或泊位，是指碼頭或繫船浮筒附近所占之水域，即碼頭之前方水面停船之空間。

船席數與碼頭之等待時間、服務時間、使用率之間關係密切。當碼頭使用率很高時，會增加船隻等待時間；相反地，當碼頭使用率低時，雖然船舶等待時間少，但卻會形成浪費。船舶到達具隨機性，船席規劃必須應用等候理論推定適當船席數及容量。

船席必須有足夠長度、寬度、水深以容納船隻，使船隻可以安全泊靠，並能從事貨物裝卸。一般說來，船席的長度設計標準有兩種：

1. 港灣構造物設計標準

　　船席之餘裕長度約為船寬，因此，船席之長度為船長（length over all, LOA）＋船寬（breadth, B），如圖 11-3 所示。

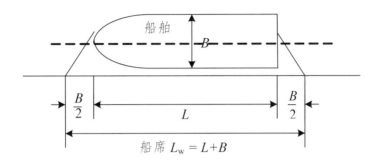

圖 11-3　船席長度需求（張徐錫等人，2010）

2. 港口設計

　　當船席區需要容納一艘以上的船隻時，如圖 11-4 所示，兩船之間距至少需為較大船長的 0.1 倍。當兩船併靠時，其間隔大小設定如表 11-1 所示。

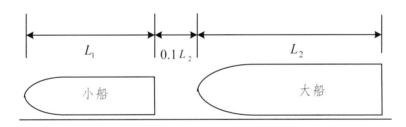

圖 11-4　兩船同時靠泊之淨間距需求（張徐錫等人，2010）

表 11-1　兩船併靠時之間隔（單位：公尺）

噸數	100	500	1,000	5,000	8,000	10,000	15,000	30,000	50,000
間隔（公尺）	6	10	15	17	18	18	18	20	25

　　各種船舶靠岸時，船席寬度應略大於船寬，船席的水深需依規範設定。至於碼頭岸壁之高度，需考量大潮水位、波浪及地盤下陷等因素。普通大型碼頭，潮差在 3.0 公尺以上者，其高度在平均滿潮位上 0.5 至 1.5 公尺；潮差在 3.0 公尺以下者，為 1.0 至 2.0 公尺。小型碼頭潮差在 3.0 公尺以上時，出水高度為 0.3 至 1.0 公尺；潮差不滿 3.0 公尺者，出水高度為 1.0 至 1.5 公尺。

11.3.3 通棧與岸肩

以下分別說明通棧與岸肩的內涵。

1. 通棧

通棧（transit-shed）為碼頭前線倉庫，提供即將裝船之出口貨或剛卸船之進口貨臨時存放之場所，多為空間寬闊之單層建築，其使用週轉率因港而異。

通棧之大小為碼頭前泊船之最小容量，其大小需由使用週轉率、進港船舶之艘數、在港停留日數分布、儲貨分布、出倉分布、通棧進倉分布等來決定。通棧屋內之普通高度約為 4.5～7 公尺，通棧門寬及高均為 4.5～5 公尺。通棧之長寬尺寸可由下式概算：

$$LB = W/\alpha w \qquad\qquad (11\text{-}3)$$

其中，

B：通棧寬（與碼頭垂直方向）：大型碼頭為 25～45 公尺，小型碼頭為 15～30 公尺

L：通棧長（沿碼頭線方向）：大型碼頭為船席長之 70%，小型碼頭為 30～60 公尺

w：單位面積儲藏量（ton/m^2）

W：通棧之貨物儲存能量（ton）

α：貨物儲存率（α= 0.5～0.7）

2. 岸肩

岸肩（apron）指碼頭空地，其寬度取決於裝卸貨設施所需之寬度。由於貨運量日益頻繁，碼頭面裝卸車輛日益增大，因此，岸肩需同時規劃可供起重機、卡車，及堆高機行駛的車道，岸肩車道可分單車道及雙車道等，其一般設計約介於 15～30 公尺之間。

11.3.4 護墊系統（周義華，2007）

為於垂直海面之碼頭牆面，主要防止船舶駛進船席時對對碼頭牆面造成激烈之撞擊，同時亦可降低船舶停泊時船身對於碼頭牆面之摩擦與接觸。護墊多為垂直碼頭牆面方向且等距設置，其間距依停靠船泊之大小而定。最常見的構造型式包括懸掛式木架、木樁、以及橡膠材料等三類，茲分別說明如下：

1. 懸掛式木架護墊

為最簡單的護墊系統構造，各木料之斷面約為 20 cm × 20 cm，垂直木料之長度在水面之上，且各木料間皆以螺栓緊旋形成一木架。而木架本身緊貼碼頭牆面，主要透過

碼頭牆面所突出之混凝土支撐上端橫木。

其優點爲：

(1) 建置成本低。

(2) 因位於水面上方，較少受水中生物之侵害。

其缺點爲：

(1) 此類護墊主要透過木材之壓縮以吸收船泊之衝擊力，因此木材本身需具備一定的厚度才可發揮良好的防護效果。一般多設至於漁船等小型碼頭。

(2) 適用於水面較安靜及潮汐較小的港灣，否則易受水中生物之侵害。

2. 木樁護墊

係由一排斜木樁所構成，木樁直徑約 50 cm，斜度約爲 1：24，各木樁間距約 2.3 m，並以 25 cm × 25 cm 之橫向木樁於下方頂住，而頂端部分則固著於碼頭牆面上端。此類護墊亦可以鋼樁或混凝土樁構成。

其缺點爲

(1) 此類護墊主要透過木樁之變位來吸收泊船之衝擊力，極易受船泊衝擊而損壞，因此效果較不理想。

(2) 由於木樁會深入水中，因此易受水中生物之侵害，因此木樁表面應浸漬木餾油或塗上焦油以防止侵害。

3. 橡膠護墊

爲最常見之碼頭護墊型式，最簡單之護墊爲橡膠輪胎，多用於小型碼頭；其次爲圓筒型橡膠，爲中空之圓形橡膠管，兩端以鐵鍊或繩索固定於碼頭之鐵環上，較適用於距有堅實牆面之碼頭。

另外亦有其他具有專利權之橡膠護墊廣受採納，其中較著名的有夾層式護墊及勞德護墊。

11.4 貨物裝卸系統

貨物裝卸系統的良窳，關係著港口之營運效率與未來發展，以下分別說明裝卸搬運的概念、裝卸搬運的地位、裝卸搬運的特點、裝卸設備、裝卸搬運的分類，以及裝卸原則。

11.4.1 裝卸搬運的概念

　　裝卸係指在同一地域範圍內（例如：車站範圍、工廠範圍、倉庫內部等）進行改變「物」的存放、支承狀態的活動；而搬運則是指從事改變「物」的空間位置的活動。裝卸與搬運在實際操作中，兩者是伴隨在一起發生且密不可分的。因此，裝卸與搬運兩者經常合稱使用，在物流領域常將兩者當成一種活動，並不強調兩者的差別。但有時即使單稱「裝卸」或「搬運」也包含了「裝卸搬運」的完整涵義。

　　在物流領域（如鐵路運輸）常習慣將裝卸搬運這一整體活動稱作「貨物裝卸」；在生產領域中則常將這一整體活動稱作「物料搬運」。實際上，活動內容都是一樣的，只是領域不同而已。

　　此外，搬運的「運」與運輸的「運」是有些許區別的。搬運是在同一地域的小範圍內發生的，而運輸則是在較大範圍內發生的，中間並無一個絕對的界限。

11.4.2 裝卸搬運的地位

　　裝卸搬運活動是由運輸和保管等活動衍生出來的必要活動，其基本動作包括：裝船（車）、卸船（車）、堆置、入庫、出庫，以及連結上述各項動作的短程輸送。

　　在物流過程中，裝卸搬運活動是不斷反覆出現的，頻率高於其他各項活動，是物流過程中降低物流費用的主要環節。裝卸搬運過程會產生三項成本如下：

　　1. 時間成本：每次都要花費很長的作業時間，所以往往成為決定物流速度的關鍵。

　　2. 人力成本：所耗費的人力很多，裝卸費用在物流成本中所占的比重也較高。

　　3. 損壞成本：裝卸操作容易造成貨物破損、散失、損耗、混合等損失。例如袋裝水泥的紙袋破損和水泥散失的問題，而玻璃、機械、器皿、煤炭等產品在裝卸時也容易造成損失。

11.4.3 裝卸搬運的特點

　　裝卸搬運作業有以下三項特點：

　　1. 裝卸搬運是附屬性、伴生性的活動：裝卸搬運是物流每一項活動開始及結束時必然發生的活動，因而成為他項操作時不可缺少的組成部分。

　　2. 裝卸搬運是支持、保障性活動：裝卸搬運對其他物流活動有一定決定性，會影響其他物流活動的質量和速度，如果裝車不當，會引起運輸過程中的損失；而卸放不當，也會引起貨物轉換成下一步運送的困難。許多物流活動在有效的裝卸搬運支持下，才能實現高效率與品質。

3. 裝卸搬運是銜接性的活動：不同物流活動之間都是以裝卸搬運來銜接，因此，裝卸搬運往往成爲整個物流「瓶頸」，是物流各功能之間能否形成有效聯繫和緊密銜接的關鍵，也是建立一個有效的物流系統的重點。

11.4.4 裝卸設備

裝船或卸船貨物需有通棧提供暫時存放之處；若爲貨櫃碼頭，則需有貨櫃場、控制塔，以及零貨配送站等；若爲特種貨物用碼頭，則需特殊機具來輔助，如油槽等。裝卸設備包括各種裝卸機械，例如起重機、堆高機等。

裝卸作業有以下兩項原則：

1. 選用機具以降低裝卸成本，考慮因素包括：

(1) 作業方式、速度。

(2) 機具成本。

(3) 配合貨物種類。

2. 採取適當的堆存方法，以增進作業效率，考慮因素包括：

(1) 堆存方法的適當性。

(2) 理貨、貨物安全。

(3) 裝卸及搬運。

主要的裝卸設備包含以下幾種：

1. 堆高機（fork lift truck）：爲一種裝有貨叉等積載裝置，可利用桅桿將貨物上舉或下放，並能夠提舉貨物前後移動之搬運車。

2. 吊桿（derrick/lift）：吊桿係由吊鉤、鋼索、支桿、滑車等所組成之貨物裝卸機具。

3. 橋式起重機（gantry crane, or quay crane）：橋式起重機設置於碼頭岸肩，爲貨櫃輪裝卸專用機具，需在地面鋪設軌道，以便移動。橋式起重機的操作靈活、快速、安全，爲目前貨櫃場前線主要裝卸機具。

4. 門式起重機／高架換載起重機（transtainer）：門式起重機專供貨櫃場內貨櫃裝卸車之用，可堆積多層貨櫃。

5. 跨載機（straddle carrier, SC）：跨載機爲貨櫃搬運機具的一種，在搬運貨櫃時，會騎跨在貨櫃的上面，可供貨櫃裝卸車之用，亦可將貨櫃由堆積場直接挾至船邊裝船。

6. 拖車（trailer）：拖車包括車頭一輛，尾車一列，由車頭拖帶而行，車身轉動靈活，在倉間內也可行駛，使用於雜貨碼頭，可載貨 10～20 噸。

11.4.5 裝卸搬運的分類

裝卸搬運的分類方式有五種：

1. 按物流設施、設備對象分類：可分為倉庫裝卸、鐵路裝卸、港口裝卸、汽車裝卸、飛機裝卸等。

   倉庫裝卸配合出庫、入庫、維護保養等活動進行，並且以堆疊、上架、取貨等操作為主。港口裝卸包括碼頭前沿的裝船，也包括後方的支持性裝卸運，有的港口裝卸還採用小船在碼頭與大船之間「過駁」的辦法，因而其裝卸的流程較為複雜，往往經過幾次的裝卸及搬運作業才能最後實現船與陸地之間貨物過渡的目的。

2. 按機械作業方式分類：可分成使用吊車的「吊上吊下」（lift on/lift off）式，使用半拖車或叉車的「駛上駛下」（roll on/roll off）式、「駁進駁出」（float on/float off）式、「移上移下」式，以及「散裝裝卸」式等。

   (1)「吊上吊下」式：採用各種起重機械從貨物上部起吊，依靠起吊裝置的垂直移動進行裝卸，並在吊車運行的範圍內或回轉的範圍內進行搬運或依靠搬運車輛進行小搬運。由於吊起及放下屬於垂直運動，這種裝卸方式屬垂直裝卸。

   (2)「駛上駛下」式：亦稱之為「滾上滾下」式，主要指港口裝卸的一種水平裝卸方式。利用叉車（forklift）或半拖車（semitrailer）、貨車承載貨物，連同車輛一起開上船，到達目的地後再從船上開下，稱「駛上駛下」方式。

   利用叉車的駛上駛下方式又可稱之為「叉上叉下」式，採用叉車從貨物底部托起貨物，並依靠叉車的運動進行貨物位移，搬運完全靠叉車本身，貨物可不經中途落地直接放置到目的處。這種方式垂直運動不大而主要是水平運動，屬水平裝卸方式。「駛上駛下」方式需要有專門的船舶，對碼頭也有不同要求，這種用於裝運汽車和貨櫃的專用船舶稱「滾裝船」。

   滾裝船是從火車、汽車渡輪的基礎上發展而來的一種新型運輸船舶。在船艏、船側，或船尾有類似登陸艇的巨大跳板和收放跳板的起重柱。世界上第一艘滾裝船是美國於 1958 年建成並投入使用的。近年來，世界各國相繼建設了一定數量的滾裝船，成為遠洋船隊中一支現代化的新生力量。我國實現滾裝化也已有多年，在運載汽車作業上，效果十分顯著。

   (3)「駁進駁出」式：亦稱母子船或稱浮式貨櫃，係利用大型起重機，直接吊卸「子船」或利用船身下沉，將船尾門打開，海水進入船身內，所載的貨櫃，即可駁進駁出。在船舶運輸方面，亦有使用載駁船（又稱子母船）改善裝卸作業，將已載貨的駁船裝在母船上，從事遠洋運輸的新船型。當到達目的港

後，卸下的駁船再頂入或拖入內河，在這同時，母船又裝載等候的滿載駁船返航。

(4)「移上移下」式：是在兩車之間（如火車及汽車）進行靠接，然後利用各種方式，不使貨物垂直運動，而靠水平移動從一台車輛上推移到另一車輛上。移上移下方式需要使兩種車輛水平靠接，因此，對月台或車輛貨台需進行改變，並配合移動工具進行這種裝卸。

(5)「散裝裝卸」式：針對散裝物從裝點直到卸點，中間不再落地的裝卸與搬運方式。

3. 按貨物裝卸方向分類：可分垂直裝卸、水平裝卸兩種形式。

4. 按搬運對象分類：可分成散裝貨物裝卸、雜貨裝卸[7]、貨櫃裝卸等。

5. 按作業特性分類：可分成連續裝卸與間歇裝卸兩類。連續裝卸主要是同種大批量散裝或小件雜貨通過連續輸送機械，連續不斷地進行作業，中間無停頓，貨間無間隔，在裝卸量較大、裝卸對象固定、貨物對象不易形成大包裝的情況下適用採取這一方式。間歇裝卸有較強的機動性，裝卸地點可在較大範圍內變動，主要適用於貨流不固定的各種貨物，尤其適於包裝貨物、大件貨物，散裝貨物也可採取此種方式。

11.4.6 裝卸原則

裝卸原則有以下六點：

1. 盡量不進行裝卸

裝卸作業不僅要花費人力和物力，增加費用，還會使流通速度放慢，而且不適當的裝卸作業，就可能造成商品的破損、丟失、消耗，或使商品受到污染。因此，裝卸作業的經濟原則就是盡量「不進行裝卸」，所以應當考慮減少裝卸次數、縮短移動商品的距離。

2. 連續性的流程

進行裝卸作業時，為了保障各種作業順暢配合，作業流程的連續性是很必要的，因此，必須對商品的流動進行「流程分析」，協調配合相關的作業。所以某一次的裝卸作業，某一個裝卸動作，有必要考慮下一步的裝卸而有計畫地進行。要使一系列的裝卸作業順利地進行，作業動作的順序、作業動作的組合或裝卸機械的選擇及運用是很重要的。

7　雜貨裝卸之搬運每次在 5 噸以下，稱為正常裝卸（normal lift）；若每次搬運在 50 噸以上，則稱為重物裝卸（heavy lift）。

3. 機械化的作業

　　機械化主要是利用一些自動化機械進行貨物搬運，以取代勞力搬運，為裝卸作業的重要方式。機械化主要的目的在於減輕勞工體力負荷、縮短勞動時間、降低人工成本，更能大幅提升裝卸效率和裝卸能力。

4. 提高「搬運靈活性」

　　物流的作業過程中，常需再次或多次搬運暫時存放的物品，因此，對於經常性的搬運作業，必須考慮物品易於移動的程度，稱之為「搬運靈活性」。一般將衡量商品堆存形態的「搬運靈活性」用五個等級靈活性指數表示，即：

　　4 級：裝在輸送帶上。

　　3 級：裝在車台上。

　　2 級：裝在貨盤或墊板上。

　　1 級：裝入箱內。

　　0 級：散堆於地面上。

5. 貨櫃化

　　貨櫃化以及棧板化的方式就是把商品裝在貨櫃、太空袋、貨物網，以及棧板（pallet）中原封不動地進行裝卸、搬運，輸送、保管。

(1) 專用貨櫃

　　貨櫃係將商品匯集成一個單元（一定單位數量），然後再進行裝卸，可避免損壞、消耗、丟失，又容易清點貨物數量，其最大的優點在於加大裝卸、搬運的單位，使得裝卸、搬運的靈活性提高，機械化的程度得以提升。

　　a.通風式貨櫃適用於不怕風吹雨淋的商品，如日用陶瓷等，和怕悶熱的農、副、土、特產品，如水果等。

　　b.摺疊式通風貨櫃適用於裝運瓜果、蔬菜、陶瓷等商品。

　　c.多層合成貨櫃既通風又固定，每一層都有固定的格子，主要用於裝運鮮蛋，鮮蛋裝滿後，將每一層用固定裝置組成貨櫃。

　　d.掛衣貨櫃。

(2) 太空袋

　　集裝袋是一個大型口袋，上下都能開口，裝貨時用繩結將下口栓住從上口裝貨，卸貨時將下口的繩結拉開，商品即可自動出來。主要用於裝運化肥、鹼粉等袋裝商品。

(3) 貨物網

　　集裝網用麻繩或鋼絲繩製成，麻繩網主要用於裝運水泥等商品，鋼絲繩主要用於裝運生鐵。

(4) 棧板

棧板是一類似托盤可將許多件商品置於其上，然後用塑料帶或鐵皮把商品捆扎在棧板上。棧板有木材製成的，也有由鋼材、塑料等材料製成的。木製棧板的不同之處在於它隨貨而去，較少回收。棧板除了起搬運工具的作用外，主要用來集合商品。

棧板化具有許多優點，包括：(a) 適合機械裝卸，提高裝卸效率；(b) 減少破損，有效地保護商品；(c) 推動包裝的標準化，節省物流費。

6. 從物流整體的角度去考慮：

在物流過程中，裝卸效率的高低與運輸、儲存、保管、包裝等作業息息相關，需要整體考慮。裝卸規模要能提高運輸、儲存保管能力。至於商品的包裝則盡量採用集合包裝，以節省包裝材料，同時也減少不必要的運輸。

11.5 船舶導航系統

船舶導航系統（marine navigation system）目的為促進航行安全與效率並保護海上環境，可先提供簡單之資訊，進而擴及港內及航道之交通管理。

導航設施或稱助航設備（aids to navigation, AtoN）可簡單分為以下幾項：

1. 航路標誌：燈塔、浮標、標椿、無線電椿。
2. 信號設備：信號台、海岸信號、夜間信號。
3. 照明設備：照明燈、導航燈。
4. 港務通訊：海岸電台、特高頻率（very high frequency, VHF）無線電話通訊站、船舶交通系統（vessel traffic service, VTS）。

航標（buoy）則可分類成三種：

1. 視覺航標：它包括有燈塔、燈椿、立標、燈浮標、浮標（buoys）、燈船（light-ships）、系碇設備和導標等。
2. 音響航標：音響航標包括霧鑼、霧鐘、霧號、霧砲等多種形式。
3. 無線電航標：無線電指向標／差分全球定位系統（RBN/DGPS）、船舶交通服務（VTS）、船舶自動識別系統（AIS）。

目前之船舶導航系統包括下列四項：

1. 電子海圖（electronic navigation chart, ENC）

電子海圖將紙海圖的資訊諸如海岸線、水深、助航設施等數位化，經由特定系統平臺，在電腦螢幕上顯示。利用全球定位系統所提供的經緯度資訊，可以顯示船舶的精確位置。電子海圖顯示與資訊系統（electronic chart display and information system, EC-

DIS）被認爲是繼整合雷達（radar），以及雷達自動測繪設備（automatic radar plotting aid, ARPA）導航系統後之後另一項電子航儀的技術創新。

電子海圖顯示與資訊系統必須具有之特點如下：

(1) 爲向量式電子海圖。

(2) 功能等同於紙海圖。

(3) 由政府或由政府授權之水道量測機構所發行。

(4) 爲船舶航行安全或防止擱淺之利器。

(5) 提供更多、更快、更精確的資訊。

(6) 減少紙海圖之費時作業，讓航海人員更能集中精神於航行及船舶管理決策。

2. 衛星指南針（satellite compass）

衛星指南針接收全球衛星定位系統（GPS）的信號，轉換爲方位指示信號，供操船者判讀。

3. 方位圈（azimuth circle）

方位圈設置在船上的磁羅盤（magnetic compass）或陀螺儀羅盤（gyro compass）上，作爲目視測定船位的工具。在天氣晴朗時，利用方位圈測量並讀出（兩個以上的）陸地目標（如燈塔、山頂等明顯的目標），在海圖上找出所測量目標作爲基點，將其與正北方向夾角的直線繪出，兩個目標兩條直線的交叉點，就是船的位置。

4. 陀螺儀羅盤（gyro compass）

陀螺儀羅盤利用迴轉儀（gyroscope）的「慣性」或「剛性」（rigidity），以及「偏移性」或「歲差」（precession）原理，使正北方位的指示不會隨著船舶的轉向而改變，而達到方向指示的功用。現在有以光通過光纖線圈測量地球自轉速度的電羅盤，同樣可以指示出正北的方位。

11.6 航線與港埠經營

11.6.1 航線

航線爲狹義之航路，係指航業經營者爲了達到營利之目的，在各種不同航路中，就其本身具備之主觀條件，及外在之客觀條件，所選擇的營運航路。航線選擇之考慮因素如下：

1. 商港供需之特性：航商開闢航線必須了解各商港間貿易貨運的特性，包括兩港間貨物流向爲單向或雙向，貨運量每年有多少，輸出輸入各有多少噸數，最後亦應了解兩

港貨運以何種貨物爲大宗。

2. 港口間或航線的運輸業務性質：即其適合何種船舶行駛？現有航線已有多少船舶航行？其船舶性能噸位如何？船期航次安排如何？每航次所裝物種及數量如何？各公司經營狀況如何？競爭情形如何？是否有運費同盟組織？如果新增船舶參加營運，是否能獲得適當貨源？此航線適合何種經營方式？應如何訂定航期？以上課題均應事先加以研究確定。

3. 貿易通商之可能性：各國間由於天然資源分配之不同、勞工條件之差異、產業分工之互異，均需互通有無，即輸出過剩之產品，以交換缺乏之物品，乃構成貿易之可能性。今日世界各國貿易之可能性端視兩國政治上之融洽與經濟上的依存程度，若能建立良好之關係，雙方互相輸出入，物資增加，貿易繁榮，則海運需求殷切，自然構成開闢航線之條件。反之，若兩國生產條件相同，或政治敵對，或無貿易上之條件，自然無航線開闢可言。

11.6.2 港埠經營

港口經營首先要考慮本身在全球貿易活動上可能扮演的功能角色。比利時學者De Monie（1997）將港口所扮演的角色分類爲：(1) 全球性航線的樞紐港（Hub）、(2) 區域性航線的轉運港、(3) 地區內的附屬轉運港、(4) 集貨船靠泊的港口。據此，De Monie（1997）認爲港口地位歸屬必須要考慮下列主要因素：

1. 是否位於國際貿易上的中心點。

2. 集貨船的服務路線和內陸運輸的連接情形。

3. 可使用的基礎建設和相關港口設施的品質。

4. 港口營運在生產力和各項技術的發展。

5. 港埠管理制度。

6. 港埠成本和定價結構。

以下依序說明港埠經營發展階段、港埠經營之管理模式、港埠經營之管理類型、港埠經營之環境分析，以及港埠經營之策略規劃。

11.6.2.1 港埠經營發展階段

港埠經營發展分爲以下幾個階段：

1. 第一代港口：在 1960 年代以前，港口僅作爲貨物在水陸運輸的轉換地點，其特點包括：(1) 僅擔負將貨物從船邊運到岸邊功能，無港區外運輸、未進行對外貿易活動；(2) 僅有少數港口使用電子數據交換（electronic data interchange, EDI）系統，大部分跟港口使用者的電腦系統並不相容；(3) 像個獨立王國，跟地方政府很少合作；(4) 不同

港口間的互動不多。

2. 第二代港口：港口發展成運輸、工業和商業服務中心，其特點包括：(1) 提供工商服務給港口使用者，但不是直接與其裝卸活動有關；(2) 引用較具彈性的管理理念擬定港口發展策略；(3) 工業設施設在港區內；(4) 運輸、貿易業者在港區內有設置儲運設施，因此與港口保持密切關係；(5) 與當地產業保有較密切關係。

3. 第三代港口：在 1980 年以後，進行貨櫃化及複合運輸的發展，港口型態包括了一些特點：(1) 港口變成世界生產與配送的運輸樞紐；(2) 傳統活動變得更有價值、專業和整合性；(3) 港口基礎建設配合資訊流程；(4) 簡化海關作業；(5) 重視客戶的便利性；(6) 開始重視環境保護；(7) 整合組織結構；(8) 提供加值服務，特別是貨物的集散和即時存貨資訊提供、重新包裝等。

4. 第四代港口：(1) 不同港口共同營運或管理：由於船公司和碼頭營運公司結盟經營世界各地港口的碼頭，貨櫃船東使用大型船舶行駛樞紐港並發展區域性轉運港，而這些碼頭恰提供共同經營與管理所需的標準設施；(2) 公營港口轉為民營化作業：維持公用的普遍使用性、保持公營的管理監督規劃功能，但仍又能發揮港口效率。

因此，一個港口可依其國家的經濟成長、國家整體發展、區域發展及創造就業機會等目標所作貢獻，區分為不同的任務角色。此應由政府來界定港口的目標，選擇未來作業方式。而公開清楚表明港口的角色，有利建立政府與民間業者彼此的合作互信關係，亦可吸引較多民間人士對參與航港設施的建設。

11.6.2.2 港埠經營之管理模式

港埠經營之管理模式可按照營運組織主體分為：國營制港埠（state-owned port）、地方自治港（municipal port）、公營自治港埠（autonomous port authority）、私有制港埠（company port）等四種。

11.6.2.3 港埠經營之類型

1. 公營服務港（public service port）：公部門擁有、維持、開發下層基礎設施（infrastructure）與上層基礎設施（superstructure），營運全部裝卸設備與執行其他商港功能。

2. 民營服務港（private service port）：私部門擁有、維持、開發下層基礎設施與上層基礎設施，營運全部裝卸設備與執行其他商港功能。

3. 工具港（tool port）：公部門擁有與開發港口下層基礎設施，再出租給民間業者執行其他商港功能，但上層基礎設施仍為政府擁有。

4. 地主港（landlord port）：公部門擁有與開發港口下層基礎設施，再出租給民間業者擁有與營運上層基礎設施。

表 11-2　港埠經營類型

類型	下層基礎設施	上層基礎設施	港口勞工	其他功能
公營服務港	公有	公有	公有	大部分公營
民營服務港	民有	民有	民有	大部分民營
工具港	公有	公有	民有	公／民營
地主港	公有	民有	民有	公／民營

11.6.2.4 港埠經營之環境分析

　　進入二十一世紀，港務局與港口服務提供者面臨五種競爭壓力，分別為：(1) 既有港口與現有競爭者之對抗、(2) 新興港口之威脅、(3) 全球潛在的替代港口、(4) 港口使用者之談判力、(5) 服務提供者之談判力。這五種競爭壓力會刺激產生軟、硬體之改善需求，包括：擴大港口規模、擴張港口業務、改善服務項目與品質、影響定價決策，以及其他管理行動之需求。

　　在多元化競爭情境中，港埠產業之成敗主要取決於港埠經營者如何設定市場定位與制定經營策略。

11.6.2.5 港埠經營之策略規劃

　　港埠經營之策略規劃包括港埠行銷、港埠物流策略、港埠物流資訊策略、港埠產業群聚與腹地策略，以及港埠多角化投資策略，分別說明如下：

1. 港埠行銷

　　所謂港埠行銷，是以全面顧客滿意度為依據，規劃構思、價格、促銷、配銷產品及服務，以滿足個人或組織目的來創造交換價值的一種過程。港埠行銷是由市場調查與行銷執行所組成，市場調查活動主要在於市場分析、目標設定、制定策略，以及對象確定等事項。行銷執行則是指利用促銷工具搭配來達成預定活動之目的。

2. 港埠物流策略

　　港埠物流被視為第三代港埠經營不可忽視的重要機能。所謂港埠物流，是以港口之終點（terminal）為基礎，在港口執行的經濟活動而言。亦即供給者克服時間與空間的隔閡，將有形與無形之經濟財，經由港埠有效的運送到需求者，以滿足顧客的需求。就綜合物流系統的觀點而言，港埠物流除了延續過去僅處理裝卸、保管機能，也將其範疇擴大納入航行支援系統、內陸連接系統、港埠資訊系統在內。

3. 港埠物流資訊策略

　　港埠物流資訊策略可分類為港埠與貿易兩方面。港埠方面可分為港埠服務、港埠手續、貨櫃場營運手續；貿易方面則可分為輸出、入手續和相關業務。

4. 港埠產業群聚與腹地策略

(1) 產業群聚概念

產業群聚是指將相互競爭或彼此互補之企業予以集中設置，產業群聚優點在於可增加生產力、減少交易成本、驅使技術創新、促進新事業擴展。因此，大型港口提供場地吸引種子產業與流通密集企業進入。

(2) 港埠腹地之概念

港埠腹地是指透過港口來收取或裝卸貨物所需而開發之陸上區域，因此，腹地（land space）又可稱為港口之輔助區域（tributary area）。

港埠腹地設立目的為支援與活絡港口機能，特別是提高附加價值服務、減少物流費用、誘導港埠相關產業的直接效果。

港埠腹地主要執行機能包括：物流、加工、組裝、商業、業務、研究、新興事業、親水、娛樂等，由於需執行前述活動事項，因此，需要設置不同目的之用地。

5. 港埠多角化投資策略

港埠營運業者為提升其對航商之服務品質，必須：(1) 除了提供典型的港口營運活動之外，亦積極投資推動與港埠物流相關的多角化活動；(2) 因應全球化趨勢，以及國際物流需求，建構一站式服務（one stop service），以確保安定的經營基礎。

11.6.3 水道運輸經營之型態

水道運輸經營之型態可分為三種：

1. 定期船業務（liner service）

定期船業務，係指經營有固定船舶、固定航線、固定船期、固定運價及固定港口，對公眾提供客貨運輸服務之海運業務，但主要仍以貨運為主。定期航業之船舶大多為雜貨船（general cargo 或 break bulk ship）及貨櫃船（container ship）。

2. 不定期船業務（tramp service）

不定期船業務亦稱租傭船業務，係以經營無固定船舶、航線、船期、運價、港口之海運業務。不定期船以散裝船為主要運送工具，並以散裝貨物（bulk cargo）為主。

不定期船之交易型態分為：論程傭船或航次傭船（voyage charter 或 trip charter）、論時傭船或定期傭船（time charter）、光船租賃或空船出租（bare-boat charter）。

3. 專用船業務（private vessels）

專用船業務係指公、私企業機構自置或租賃船舶，從事本身企業自有物資運輸的海洋運輸企業。

11.7 結論與建議

　　由於國際貿易的發達，造成地區之間的運輸極為頻繁，水道運輸雖然速度慢、受港口限制，也容易受天候影響，但水道運輸卻具有運輸量大、調度容易、運價低廉、續航力強等優點，因此，其在貨物運輸上仍然扮演著重要的角色。

　　目前航運界經營的一種趨勢是船舶的大型化及快速化。就船舶進出的港口而言，因地理位置固定，範圍尺寸不變，所以港口之完善的規劃格外的重要。

　　而港口功能依地理位置而不同，也受到腹地之經濟與科技發展而影響，可視為運輸鏈之一環。

　　現代港口為物流鏈之一部分，由於現代生產技術與消費型態增加運輸活動，需要更專業化的裝卸、儲存與其他物流服務。因此，應創造新服務提高港口績效與競爭優勢來吸引既有與潛在顧客。

　　此外，環境評估對於水道運輸也是很重要的，各種開發計畫擬定之前，要先評估對自然環境，包括對地理及生態的一時或長遠的影響，以及對人文環境的影響，並檢討其影響的內容和程度，進而提出改善方案。更需在計畫中增加使現況更加美化、淨化，更適於民眾生活，增進其福祉的設施。

　　隨著近年來環境保護意識提升，經營管理型態逐漸朝向綠色港口方式發展。綠色港口意旨於利用管理的手段、具體的建設和政府法規，以及規範要求等，致力於減少港口於施工建設階段到港口營運間所有環節中對生態環境系統的不良影響。綠色港口不但能提高港區的生活環境品質外，亦能透過節約以提高能源使用率及設備效率，同時亦可擴大整體的經濟效益。簡單來說，綠色港口之目的在使經濟效益與自然環境達到平衡，以滿足全球海運永續發展之趨勢。

問題研討

1. 請說明港口規劃之分類，並詳細說明其內容。
2. 請說明碼頭之設計型式，並詳細說明其內容。
3. 請說明「駛上駛下」以及「載駁船」兩種裝卸作業方法之優、缺點。
4. 請說明船舶導航系統之組成。
5. 請說明港口經營之管理模式的種類，並比較其優、缺點。

運輸工程相關考題

1. 繪示意圖並簡答下列各題：（70分）（97專技高）

   (1) 試繪示意圖說明鏈斗式挖泥船之構造與作業範圍。

   (2) 試繪平面配置圖說明吊上吊下貨櫃裝卸系統在碼頭及貨櫃場之配置及機具。

2. 試說明影響內陸水路通航價值之主要因素，並列出適合通航之工程標準。（25分）（90專技高）

3. 估算港埠裝卸容量有哪幾種方法？請分別說明每一種方法的內容，並分析比較各種方法的優點與缺點。（25分）（91專技高）

4. 何謂碼頭、通棧、岸肩與護墊系統？並繪圖說明四者之相對佈設位置。（25分）（93專技高）

5. 國際港埠碼頭船席的佈設有那幾種不同的類別？請分析比較各類別的相對優點與缺點。（20分）（94高三級第二試）

6. 試述鐵路車站及港灣（harbor）位址之選擇應考慮因素。（25分）（94專技高）

7. 何謂橫碼頭（marginal wharf）與突堤碼頭（finger pier），並比較兩者之優缺點。（25分）（96專技高）

8. 保護海港與河港的海岸工事（coastal works）有那些？試列舉說明之。（20分）（98專技高）

9. 海岸的防護設施中，其中防波堤（breakwater）係以實體設施圍繞部分港灣範圍，以維護港內水域之平靜。一般防波堤可以分為堆石式防波堤與直立式防波堤兩大類，一般防波堤形式的選擇，受那些因素影響？兩者一般適用的條件為何？（15分）（101專技高）

10. 請說明下列港埠設施之意義與功能：（每小題5分，共20分）（102專技高）

    (1) Turning Basin

    (2) Light House

    (3) Wharf

    (4) Seawall

11. 為維護船舶在河海運輸的安全，一般透過漂浮式與固定式等兩類導航與安全設施加以指引與警示；在固定式的導航設施方面，一般有那些類別？另船舶在大海中航行，透過蒐集某些固定式導航設施定期所發送之訊號，可以計算該船舶與固定式導航設施之間的約略距離，試詳述其原理。（20分）（103專技高）

12. 為適應貨櫃船大型化之發展，以高雄港為例，說明如何因應此趨勢進行港埠工程？（10分）（104專技高）

13.何謂丁壩（groin）？請繪圖並說明丁壩對海岸之穩定作用。（15 分）（105 專技高）

14.試說明理想港灣位址應具備之條件。（20 分）（106 專技高）

參考文獻

一、中文文獻

1. 黃光渠，2008，投影片，Transportation Section1: Transportation Methods Part One: Water，網址：http://myweb.ncku.edu.tw/～kuangchi/transwater1.pdf

2. 張有恆，1993，運輸學，華泰書局。

3. 湯麟武，1996，港灣及海域工程，第二版，中國土木水利工程學會。

4. MBA 智庫百科，擷取日期：2011.01.21，網址：http://wiki.mbalib.com/zh-tw/%E8%A3%85%E5%8D%B8%E6%9C%BA%E6%A2%B0%E5%8C%96。

5. 港埠經營與管理，2009，投影片，網址：http://www.baphiq.gov.tw/public/Attachment/98516103971.pdf。

6. 楊鈺池，高雄海洋科技大學航運管理系暨研究所，投影片，網址：http://mework.nkmu.edu.tw/userfilev4/4194/%E7%AC%AC%E4%BA%94%E7%AB%A0%E8%B2%A8%E6%AB%83%E7%A2%BC%E9%A0%AD%E6%B8%AF%E5%9F%A0%E7%89%A9%E6%B5%81.pdf。

7. 世紀安捷物流，2010.07.14，裝卸搬運的基本概念以及分類，中國叉車網，網址：http://www.sjaj56.com/Knowledge/20100714/094525.html。

8. 交通部運輸研究所，2001，臺灣地區港埠能量調查分析與估算方式之研究。

9. 交通部運輸研究所，2005，港灣構造物設計基準修訂（上、下冊）。

10.交通部運輸研究所，2007，港灣構造物設計基準增補研究（一）計畫。

11.交通部運輸研究所，2008，臺灣地區整體港埠發展規劃之研究——港灣構造物設計基準增補研究。

12.交通部運輸研究所，1996.10，港灣工程專有名詞。

13.交通部，2007，港灣構造物設計基準增補。

14.張徐錫、廖學瑞、張欽森、張文奐，2010，既有貨櫃中心之改建與更新探討，中華技術，專題報導，頁 108-121。網址：http://www.ceci.org.tw/book/85/web/108-121.pdf。

15.台灣港務股份有限公司，擷取日期：2018.10.03，綠港政策主題網，網址：https://www.twport.com.tw/GP/cp.aspx?n=0BA3EF5B47665DC8。

16. 中國海事局，http://www.aton.gov.cn/ShowInner.aspx?id=51349

二、英文文獻

1. Department of Defense, 2005, Design: Piers and Wharves, Unified Facilities Criteria（UFC），UFC 4-152-01, USA.

2. Carl A. Thoresen, 2006, Port Designer's Handbook, Thomas Telford Ltd, London.

國家圖書館出版品預行編目資料

運輸工程／陳惠國著. -- 初版. -- 臺北市：
五南圖書出版股份有限公司, 2019.07
　　面；　公分
　ISBN 978-957-763-346-0（平裝）

1.交通運輸學

557　　　　　　　　　　108003720

5G2A

運輸工程

作　　者 ― 陳惠國（259.6）

發 行 人 ― 楊榮川

總 經 理 ― 楊士清

總 編 輯 ― 楊秀麗

副總編輯 ― 王正華

責任編輯 ― 金明芬

封面設計 ― 王麗娟

出 版 者 ― 五南圖書出版股份有限公司

地　　址：106臺北市大安區和平東路二段339號4樓

電　　話：(02)2705-5066　　傳　　真：(02)2706-6100

網　　址：https://www.wunan.com.tw

電子郵件：wunan@wunan.com.tw

劃撥帳號：01068953

戶　　名：五南圖書出版股份有限公司

法律顧問　林勝安律師

出版日期　2019年7月初版一刷
　　　　　2024年3月初版二刷

定　　價　新臺幣650元

經典永恆・名著常在

五十週年的獻禮 —— 經典名著文庫

五南，五十年了，半個世紀，人生旅程的一大半，走過來了。

思索著，邁向百年的未來歷程，能為知識界、文化學術界作些什麼？

在速食文化的生態下，有什麼值得讓人雋永品味的？

歷代經典・當今名著，經過時間的洗禮，千錘百鍊，流傳至今，光芒耀人；

不僅使我們能領悟前人的智慧，同時也增深加廣我們思考的深度與視野。

我們決心投入巨資，有計畫的系統梳選，成立「經典名著文庫」，

希望收入古今中外思想性的、充滿睿智與獨見的經典、名著。

這是一項理想性的、永續性的巨大出版工程。

不在意讀者的眾寡，只考慮它的學術價值，力求完整展現先哲思想的軌跡；

為知識界開啟一片智慧之窗，營造一座百花綻放的世界文明公園，

任君邀遊、取菁吸蜜、嘉惠學子！